정신분석 세미나 XV－XVI

전이와 반복

정신분석 세미나 XV－XVI

전이와 반복

임진수

이번에는 2학기(1년)에 걸친 두 권의 정신분석 세미나 — 『세미나 XV: 전이』(2010년 1학기)와 『세미나 XVI : 반복』(2010년 2학기) — 를 한 권의 책(『전이와 반복』)으로 묶어낸다. 그래서 이 책은 크게 두 부분으로 나뉜다. 전반부(1장에서 7장)는 <전이>에 관한 세미나이고, 후반부(8장에서 9장)는 <반복>에 관한 세미나이다.

1장에서는 프로이트가 『히스테리 연구』에서 전개한 전이의 개념, 즉 억압된 사랑의 기억이 회상되는 대신 분석가에게로 전이되는 것을 고찰했고, 2장은 『꿈의 해석』에 나타난 전이 개념, 즉 무의식적 소원이 전의식적 표상으로 이동하는 과정을 다루었다. 3장과 4장은 무의식의 핵 — 오이디푸스 콤플렉스 — 에 가까이 갈수록, 환자가 그것을 언표화하는 대신 행동화로 나타내는 것으로서의 전이를 살펴보았다. 라캉은 그것을 행위로의 이행과 구분하고, 전자를 보여주기(monstration)로, 후자를 상징계 밖으로 떨어지기(niederkommen)로 재해석하고 있다.

5장에서는 전이가 실제 경험과 감정이 분석가에게로 이동하는 것이 아니라, 오이디푸스 콤플렉스와 관련된 아버지의 이마고(이상적인 상)가 분석가에게 투사되는 것이라는 사실을 밝혔다. 이러한 전이의 개념은 라캉에 이르러 자아이상의 투사에 의한 반하기와 <안다고-가정된-주체>의 구현으로 더욱 심화 발전한다.

6장에서는 분석의 종료가 가까워질수록 병의 이득을 위해 증상에 계속 머무르려고 하거나, 원초적인 죄책감에 의해 성공하는 순간 실패하는 반복으로서의 전이 — 프로이트의 후기 전이 개념 — 을 집중 탐구했다. 이것은 8~9장의 <반복>의 개념과 곧바로 연결된다.

7장은 회상이나 언표화에 대한 저항으로서 전이가 나타나든, 아니면 부정적 치료반응으로서 전이가 나타나든, 전이는 저항의 일종이라는 사실을 살펴보았다. 프로이트에 따르면, 전자는 정신신경증을 전이신경증으로 바꾸어 무의식의 핵을 말로 드러냄으로써 치료할 수 있는데 반해, 후자는 치료 불가능하지만(왜냐하면 죽음욕동은 치료 대상이 아니기 때문에), <관통작업>을 통해 죽음욕동이 반복될 때마다 그것을 해석으로써 뚫고 나가야 한다.

8장 1절에서는 그러한 반복강박이 죽음욕동(니르바나의 원칙) — 자극의 제로점(즉 무생물)을 지향하는 생명의 경향 — 과 연결된다는 프로이트의 발견을 구체적인 예를 들어가며 논증해보였다. 그리고 2절에서는 그러한 죽음욕동이 상징적 놀이에 의해 사랑의 대상 — 사물(das Ding) — 이 상실되는 것이라는 사실 — 그리하여 사물의 죽음이 상징화되면서 상징계에 등록된 결과라는 사실 — 을 보여주는 <fort-da> 놀이 — 프로이트의 외손자가 창안한 놀이 — 를 집중 분석하였다.

마지막으로 9장 1절에서는, 그러한 프로이트의 발견 — 즉 죽음은 상징에 의한 사물의 죽음이고, 그것이 반복되는 것은 상징계의 내적 구조(자기 자신과의 차이를 반복할 수밖에 없는 상징계의 특성) 때문이라는 사실 — 을, 라캉이 포(Poe)의 『도둑맞은 편지』의 분석을 통해 예증하는 과정을 자세히 따라가 보았다. 그리고 2절에서는 반복과 관련된 라캉의 독특한 개념 — 투케와 아우토마톤 — 을 정의했다. 라캉의 관점에서, 전자는 실재와의 우연한 만남이고, 후자는 그 실재가 기호형식의 망에 걸려 상징계의 특성에 의해 자동적으로 반복되는 것을 말한다. 그것은 라캉이 반복을 실재계와 상징계의 관계로 해석했다는 것을 의미한다.

이 책을 내는 데 도움을 주신 많은 분들이 있다. 그 분들의 이름을 일일이

열거하면서 감사의 말을 전해야 마음의 짐이 덜어지겠지만, 지면상 그들을 불러주지 못하는 것이 못내 아쉽다. 그들은 역시 항상 내 곁에 있으면서 나를 응원해준 이동민 선생님을 비롯한 <프로이트 라캉 정신분석 학교>의 학우들이다. 그들에게 이 자리를 빌려 심심한 감사의 말을 전한다. 끝으로 이 책이 출간될 수 있도록 기회를 제공해준 유제구 파워북 사장에게도 고맙다는 인사를 전한다.

2016년 5월 31일

대구에서

임 진 수

차례

I

사랑의 전이와 회상

회상, 저항, 전이
잘못된 연결, 연합강박
정동의 해소, 의식화, 언표화
사건과 증상의 기간의 불균형
정신적 외상, 이물질, 증상
상징적 관계

전이는 프로이트의 독창적인 개념일 뿐 아니라, 프로이트에 의해 정신분석이 창시된 이래, 정신분석의 가장 핵심적인 개념 중의 하나이다. 라캉은 그의 『세미나 XI : 정신분석의 네 가지 기본개념』에서, 정신분석의 기본개념으로 무의식, 욕동, 반복, 전이를 들고 있다. 그만큼 프로이트의 정신분석을 정통으로 계승하고 있다는 라캉이 보기에도, 전이는 정신분석의 핵심개념이었다.

프로이트는 그의 첫 저서 『히스테리 연구』(1895년)에서 전이를 처음 언급한다. 말하자면 전이는 히스테리 치료과정에서 처음 발견된 것이다. 어쩌면 발견이라는 말보다 발명이라는 말이 더 적합할지 모른다. 왜냐하면 처음에는 전이 현상을 발견했지만, 나중에 밝혀지겠지만 뒤로 갈수록 그것은 프로이트에게 아주 독창적이어서 창작에 가까운 개념으로 발전하기 때문이다.

프로이트는『히스테리 연구』맨 뒤에 수록된「히스테리의 심리치료」에서, 그것도 그 논문의 마지막에, 정화 분석(analyse cathartique)[1]의 수행에 나타나는 장애에 대해 이야기한다.

> 마지막으로 나는 또 하나의 주제를 논하고자 한다. 그것은 이와 같은 카타르시스적 분석을 수행하는 데 바람직하지 않은 큰 역할을 담당한다. 앞에서 나는 이미 모든 확신과 주장에도 불구하고 압박법이 실패할 가능성이 있음을 인정한 적이 있다. 그리고 압박법이 실패한다면, 다음의 두 가지 가능성이 있다고 했다. 우리가 탐색하고 있는 바로 그 지점에 정말 아무것도 찾을 만한 것이 없는 경우든[…], 아니면 우리가 나중에만 극복할 수 있는 저항에 부딪쳤고 우리가 아직은 뚫고 들어갈 수 없는 새로운 층에 직면해 있는 경우[…]이다.[2]

압박법은 프로이트가 최면요법을 포기한 뒤, 그야말로 <자유연상>으로 나아가기 전에 연상을 강요하는 기법으로, 머리 좌우 관자노리 부분을 손으로 압박하면서 기억을 억지로 떠올리게 하는 연상 방법이다. 그러나 그것은 최면을 완전히 포기하고 각성 상태에서 연상을 한다는 점에서, 완전한 자유연상은 아닐지라도 자유연상의 초기형태라고 말할 수 있다. 아무튼 압박법에 의한 회상(remémoration)은 치료 방법의 차원에서 정신분석의 토대이자 주춧돌이다. 그런데 그런 정신분석에 장애가 나타난다 — 프로이트의 표현

---

1 이 당시까지는 아직 정신분석이라는 용어가 만들어지지 않았기 때문에 <정화 분석>이라고 말하고 있을 뿐이지, 사실은 정신분석의 핵심방법론인 <자유연상>과 <말치료(talking cure)>가 확립된 상태이기 때문에 <정화 분석>은 <정신분석>과 동의어라고 할 수 있다.

2 프로이트,『히스테리 연구』, 열린책들, 전집 III, p.389.

에 따르면 '압박법이 실패한다' — 는 것은, 회상이 더 이상 안 되고 막다른 골목에 부딪쳤다는 말에 다름 아니다. 프로이트는 앞에서 그런 경우는 두 가지가 있다고 말하고 있다. 하나는 정말 기억해낼 것이 아무것도 없는 경우이고, 다른 하나는 아직 기억할 것이 많이 남아 있는데, 더 이상 기억나지 않는다고 말하는 저항의 경우이다. (후자는 다시 두 경우로 나눌 수 있다. 더 깊은 층위의 기억이 저항에 의해 기억나지 않는 — 왜냐하면 무의식의 핵에 가까이 갈수록 저항이 심해지기 때문이다 — 무의식적인 저항과, 기억은 나지만 말하지 못하는 의식적인 저항이 그것이다.) 그런데 프로이트는 그러한 두 가지 경우 외에, 앞으로 <전이>라고 불릴 <제3의 가능성>을 이야기하고 있다.

> 그리고 제3의 가능성이 있는데, 그것은 […] 내용 속에 원래 있던 장애물이 아니라, 이번에는 외적 장애물이 있다는 증거일 수 있다. 그것은 환자가 치료자와 갖는 관계에 문제가 있을 때 일어나며, 이것이야말로 우리가 부딪칠 수 있는 가장 최악의 장애물이다. 그러나 우리는 비교적 신중한 모든 분석에서 으레 부딪친다고 보아야 한다.[3]

프로이트가 말하는 제3의 장애는 여러 가지 면에서 우리를 놀라게 한다. 우선 그것이 저항 중에서 '가장 최악의' 저항이라는 점이 그렇고, 그러한 강력성만큼이나 놀라운 것은 그것의 보편성이다. 웬만한 '진지한 분석에서는 으레 부딪친다니' 놀랍지 아니한가? 그리고 거기에 그것이 히스테리 치료와 연구 말미에서 발견됐다는 사실과, 그것을 극적으로 『히스테리 연구』 말미에 부록으로 첨부하듯이 끼워 넣었다는 점이 덧붙여진다. 아무튼 그것은 기억의 내용에 회상의 장애가 있는 것이 아니라, 환자와 치료자의 관계에

3 *Id.*

문제가 생길 때 나타나는 회상 장애이다. 환자와 치료자 사이에 어떤 일이 일어나기에 분석치료에 장애가 생기는 것일까?

> 저항의 심리적 힘에 대항할 동기를 형성하는 데 치료자라는 인물이 담당하는 중요한 역할에 대해서 이미 언급한 바 있다. 여러 사례에서, 특히 여성들의 경우나 성적인 사고를 밝히는 것이 관건인 사례에서, 환자의 협력은 결국 사적인 희생을 의미한다. 이에 대해 사랑의 대체물로서 보상해주어야 한다. 치료자가 하는 수고와 친절이 그러한 대체물로 충분하다. 이제 만약 환자가 치료자에게서 바라는 이러한 관계가 방해를 받게 되면, 환자는 협조를 잘 안 하려 할 것이다. 그때 의사가 다음의 병적인 사고를 탐구하려 해도 환자 쪽에서는 의사를 향해 쌓인 불만을 의식하게 되어 방해받는다.[4]

말하자면 환자는 치료를 위해 정신적 외상의 아픈 기억을 분석가에게 이야기해야 하는데, 그것을 회상하는 것 자체가 고통인데다가, 그래서 그것을 언표화하지 않으려고 하는, 저항이 일어나 치료가 방해를 받는 진퇴유곡의 상황에 빠진다. 이때 환자가 그러한 심리적 질곡에서 빠져나올 수 있는 것은, 환자에 대한 분석가의 지지 또는 사랑이고, 또한 그것에 대한 환자의 기대다. 그런데 환자가 바라는, 분석가에 대한 그 기대가 어긋나게 되면, 환자는 불만이 쌓여 분석치료 — 즉 말에 의한 치료 — 에 협조를 안 하게 된다. 다시 말해 기억 내용을 말로 표현[5]하려고 하지 않는 것이다. 그러한

---

4 *Ibid.*, pp.389-90.

5 거듭 말하지만, 프로이트가 『히스테리 연구』에서 정의한 정신분석치료는 세 가지 요법으로 압축된다. 첫째는 히스테리의 원인이 되는 사건을 기억해내고(의식화), 둘째 거기에 얽힌 정동을 불러내어 방출시키고(정동의 해소), 셋째 그것을 말로 표현하는 것이다.(언표화) 이중에서 마지막 세 번째 언표화가 가장 중요하다. 그래서 정신분석은 <말치료(talking cure)>라는 별명을 갖고 있는 것이다: "환자가 히스테리의 원인이 되는(증상을 야기한) 사건에 대한 기억을 백일하에 드러내고, 그 기억이 동반하는 정동을 불러내는 데 성공하면,

환자-분석가의 관계가 환자의 분석치료에 장애가 되는 경우를, 프로이트는 다시 세 가지로 구분하고 있다.[6]

첫째는 환자가 '개인적인 소외감'을 느끼는 경우이다. 이것은 "환자가 자신이 버림받았거나, 거의 인정받지 못했거나 모욕당했다고 느끼는 경우, 아니면 환자가 치료자나 그의 치료법에 대해 불리한 이야기를 들은 경우이다."

둘째는 환자가 치료자에게 개인적으로 너무 익숙해질까 봐 두려워하는 경우이다. 즉 약물에 의존하는 것처럼, "독립성을 잃고 치료자에게 의존할까 봐 두려워하는 경우이다." 이 경우는 첫 번째보다 중요하다. 왜냐하면 장애의 요인이 개인적인 데 있지 않고, 치료 자체에 내재하기 때문이다. 그래서 "환자는 저항의 새로운 동기를 갖고 어떤 특정한 회상뿐만 아니라 모든 치료 시도에 관련해서 저항을 나타낸다."

마지막으로 세 번째는 "환자가 치료자라는 인물에 분석 내용으로부터 떠오른 고통스런 관념을 전이한다는 사실에 공포감을 느낀 경우이다. 이것은 자주, 그리고 어떤 분석에서는 으레 생기는 현상이다. 치료자에게 전이(Übertragung)되는 것은 <잘못된 연결(*falsche Verknüpfung; fausse association*)>을 통해 일어난다."

이 셋 중에서 가장 중요하고, 고유한 의미에서 전이에 해당하는 것은 세 번째 경우이다. 그것은 분석치료 중에 떠오른 연상과, 그 연상의 상황을

그리고 환자가 그 사건을 가능한 한 상세하게 기술하고, 그 정동을 말로 표현하면, 히스테리 증상은 즉시 그리고 영원히 사라진다. [...] 이 요법은 정동의 전하가 방전된 기억에는 대체로 전혀 효과가 없기 때문에, 사건이 발생했을 당시의 심리적 과정이 대체로 가능한 한 생생하게 반복되어야 하고, 발생 당시의 상태(*in statum nascendi*)로 거슬러 올라가서 그것이 말로 표현되어야 한다."(『히스테리 연구』, 김미리혜 역, 열린책들, pp.17-8)

6 프로이트, 『히스테리 연구』, 김미리혜 역, 열린책들, pp.390-1 참조.

분석가에게 대입시키는 것이다. 가령 어떤 유부남의 아내가 되는 소원을 가진 여자환자의 환상이 분석 치료사에게로 옮겨와 분석가의 아내가 되는 소원환상이 떠오르는 것이 그것이다. 프로이트는 그러한 전이의 예[7]로, "상대방 남자가 대담하게 주도권을 쥐고 자기에게 입맞춤을 해주기를 바라는" 소원환상이, 치료 회기가 끝날 즈음 프로이트에게 이동한 여자환자의 경우를 제시하고 있다. 그 환자는 그 소원환상 때문에 괴로워하면서 두려움에 떨며 잠도 못 잔다. 그래서 다음 치료 회기 때 치료를 거부하지는 않았지만, 분석 작업이 제대로 이루어지지 않는다. 연상이 협조적으로 잘 일어나지 않은 것이다. 정확히 "그 소원이 과거에 속한 것임을 가르쳐줄 만한 주위 상황에 대한 기억이 나지 않은 것이다." 프로이트는 그것을 <잘못된 연결(*mésalliance*)[8]>이라고 부른다. 즉 그녀의 과거의 소원 대상이 현재의 프로이트라는 분석가로 잘못 옮겨온 것이다. 그렇다고 연결이 잘못되었다고 해서, 원래 대상에게 느꼈던 정동도 잘못되어 다른 정동으로 바뀌는 것은 아니다. 잘못된 연결이지만 정동은 동일하다. 그래서 그 정동은 오래 전에 금지된 소원이 거부됐듯이 다시 거부되기에 이르고, 환자는 프로이트와의 키스를 꿈꿀 때 두려움에 떠는 것이다. 그런데 환자는 정작 그러한 사실 — 즉 그것이 전이라는 사실 — 을 전혀 모른다. 그렇기 때문에 그 전이가 계속 되풀이되는데도 매번 그녀는 전이에 속아 넘어간다.

그런데 여기서 우리가 눈여겨보아야 할 것은, 프로이트가 <잘못된 연결>을 말하면서, <연합 강박(compulsion à l'association; compulsion associative)>이라는 표현을 쓰고 있다는 것이다. 그것은 <잘못된 연결>이 강박적으로

7 *Ibid.*, p.391 참조.

8 프로이트는 여기서 <잘못된 연결(*falsche Verknüpfung*; *fausse association*)>을 가리키는 단어로, <*mésalliance*>라는 프랑스어를 직접 선택하고 있다. 그러나 그 프랑스어는 원래 출신성분이 낮고, 주위 상황이 열악한 사람과의 결혼을 말한다.

이루어지고 있다는 것을 말한다. 여기서 <강박적으로>라는 표현은, 환자 자신도 모르게 <무의식적으로>, 그리고 <반복자동적으로>, 그리고 마지막으로 원래의 표상과 정동을 <피하려고>(즉 일종의 <방어 또는 저항의 방식으로>)라는 뜻이다. 프로이트는 그러한 <연합 강박>의 예를 체칠리 M. 부인에게서 찾고 있다. 그녀는 매우 특이한 히스테리 상태였는데, <히스테리성 소멸 정신증(psychose hystérique d'abolition)>을 앓고 있었다. "그녀는 놀랄 만큼 많은 기억들을 가지고 있었지만 그것들은 아주 현저한 공백을 보였다. 그녀의 표현을 빌자면, 삶이 마치 조각조각 난도질당한 것 같다고 했다. […] 그녀의 병을 치료해줄 수 있었던 유일한 방법은 최면을 건 뒤, 당시 그녀를 괴롭히는 특정 회상에 관해 이야기하도록 그녀에게 기회를 제공하는 것뿐이었다. 그러면서 얽혀 있는 모든 정동들과 그 신체적 표출을 그대로 다 표현하게 하는 것이다. 내가 없을 때, 그녀는 그녀를 두렵게 하는 사람 앞에서 털어놓아야 할 때가 있었다. 그 때 그녀는 그 사람에게는 아주 평온하게 이야기를 한 뒤, 나중에 나와의 최면 중에 그 사람과 이야기할 때 하고 싶었던 대로, 모든 눈물을 있는 대로 다 쏟으며 모든 비애를 다 발산하는 것이었다. 최면 중, 이러한 종류의 정화가 끝난 뒤, 몇 시간 동안 그녀는 꽤 좋아 보였고 현실로 돌아와 있었다. 짧은 휴식 후에, 같은 시리즈에 속한 또 다른 회상이 떠오르곤 했다. 그러나 이 회상이 시작되기 수 시간 전에 그 회상에 적합한 정동이 먼저 불러일으켜졌다. 그녀는 불안해지거나 짜증스러워지든지 비참해지는데, 그 정동이 현 순간에 속한 것이 아니라, 앞으로 처할 상태에 속한다는 점을 눈치도 채지 못했다. 이 변화기 동안, 그녀는 <잘못된 연결>을 습관적으로 하고, 다음 최면까지 고집스럽게 그 <잘못된 연결>에 매달렸다. 예를 들면 그녀는 다음의 질문을 하면서 나를 맞은 적이 있었다. <나는 가치 없는 인간이 아닐까요? 제가 어제 한 일을 당신에게 말했던 것이 무가치의 표시 아닐까요?> 사실 전날 그녀가 말해준

것은, 그러한 자기비난을 정당화시켜주지 못하는 것이었다. 짧은 대화를 나눈 뒤, 그녀는 분명히 그 사실을 깨달았다. 그런 뒤 다음 최면 시간 동안 어떤 사건에 관한 회상을 떠올렸다. 그 사건은 12년 전에 일어났던 것으로, 당시 심한 자기 비난을 유발했다."[9]

이 사례에서 알 수 있는 것은, 과거의 사건과 그 사건에 얽힌 정동이 현재의 상황과 잘못 연결되는데도 정작 환자는 그 사실을 모르고 있고, 또한 그 잘못된 연결이 환자의 삶을 따라 반복적으로 계속된다는 것이다. 따라서 환자가 과거의 상황을 전이시키는 그 현재의 상황은 분석상황이고, 환자의 심리에 연루된 분석가는 환자가 과거에 관계를 맺었던(또는 맺고 싶었던) 대상의 대체이다. 앞의 사례에서도 과거에 말을 걸고 싶었던 사람에게 말을 하지 못한 것은 그 회상내용이 자기비난을 가져왔기 때문인데, 이번에는 그 말을 프로이트에게 한 다음에도 그 말을 했다는 사실 자체가 자기비난을 야기한다. 그런데 정작 그 기억은 그렇게 기억력이 좋은 체칠리 부인에게 공백으로 남아 있어서 최면으로밖에 회상시킬 수 없다. 말하자면 그 기억내용 자체가 자기비난에 의해 의식으로부터 거부되어 무의식으로 억압된 것이다. 그러나 그렇게 억압된 기억은 의식이 있는 그대로 인정할 때까지 의식으로 되돌아온다. 그러한 회귀 움직임이 과거의 기억을 현재 상황과 잘못 연결시키는 것이다.

그렇다면 그러한 분석의 저항을 극복할 수 있는 방법은 없을까? 그것을 극복하는 방법을 알지 못한다면 분석은 성공에 이를 수 없을 것이다.(엄격히 말해서 완전한 극복과 완전한 성공은 없다. 여기서 극복과 성공이라고 말하는 것은, 단지 저항 거부되는 기억을 있는 그대로 인식 인정하고, 그것을 말로 표현하는 것이다. 그러면 완전한 성공은 아닐지라도 증상을 견딜 수 있는 정도의 성공이 찾아온다.)

9 *Ibid.*, pp.96-7 각주.

우리는 대응 방식을 찾을 수가 있는데 그것은 이전의 모델에서 새로 발생한 증상을 이전의 증상과 똑같이 취급하면 된다. 우선 환자에게 <장애>가 있음을 의식화시키는 것이 과제다. [⋯] 그 장애가 처음 생긴 바로 그 순간으로 환자를 되돌려 보면 본다. 압박법은 이 순간을 되돌리는 데 실패한 적이 없다. 장애를 발견하고 보여주었을 때 비로소 첫 번째 어려움이 극복된 것이다. 그러나 더 큰 장애가 남아 있다. 그것은 개인적인 관계가 얽히고, 제3의 사람이 치료자라는 인물과 합치되는 것에 대한 이야기를 환자가 하도록 하는 것이다. [⋯] 그러면 환자 또한 점차적으로, 치료자에 대한 전이에서 분석의 마지막에서 사라져 없어질 욕동과 잘못이 관건이었다는 것을 깨닫게 된다.[10]

그렇다. 프로이트가 마지막까지 강조하는 것은, 장애가 되는 기억을 의식화(즉 회상)하고, 그리고 마지막 장애인, 과거의 대상과 치료자를 합치시킨다는 것(즉 전이)을 인식하고 말로 표현하게 하는 것이다.(이러한 전이의 언표화에 의한 인정은 치료의 끝에서 일어나는 일이기도 하다). 프로이트는 『히스테리 연구』의 마지막을 다음과 같은 아름다운 말로 장식하고 있다:

나 스스로는 종종 카타르시스에 의한 정신 요법을 외과적 수술에 비유하여 <정신치료적 수술>이라고 명명하였고, 고름이 찬 화농 부위의 절개나 부식된 환부를 긁어내는 것 등과 유사점을 찾고자 하였다. 그러나 그러한 유사점은 병적인 요소를 제거한다는 데 있기보다는, 오히려 회복의 방향으로 진행 과정을 이끌 만한 상태를 만드는 데 더욱 큰 의의가 있다.

내가 카타르시스 요법을 가지고 환자에게 어떤 도움이나 개선을 약속하면, 나는 다음과 같은 이의에 부딪치는 일이 종종 있다. <아니, 지금 선생님은 제 병이 아마도 제 삶의 사건과 관련이 있을 거라고 말씀해주시는데, 그러한 것들을 결코 바꿀 수는 없는 것 아닙니까? 그렇다면 어떻게 해서 나를 도와주

10 *Ibid.*, pp.392-3.

> 실 수 있다는 겁니까?> 그러면 나는 다음과 같이 답할 수 있다. <저보다는 운명이 당신의 병을 낫게 해주는 것이 쉽겠지요. 그렇지만 당신의 히스테리로 인한 비참함을 보통의 일상적인 불행 정도로 바꾸는 데 우리가 성공한다면 많은 것을 얻을 수가 있다고 자신을 설득할 수 있을 것입니다. 정신생활이 건강을 되찾는다면 그러한 불행에 대해 더 잘 대응할 준비가 되어 있을 것입니다.>[11]

정신분석 치료란, "히스테리로 인한 비참함을 보통의 일상적인 불행 정도로 바꾸는 것"이라는 이 구절은, 정신분석을 공부하는 사람이라면 누구에게나 두고두고 여운이 남는 아름답기까지 한 결론일 것이다. 감 농사를 짓는 농부가 겨울에 까치가 먹을 감을 감나무에 남겨놓듯이, 불행을 남겨놓는다는 것은 대체 겸손인가, 달관인가, 아니면 신의 피조물인 인간이 신을 위해 자신에게 남겨놓는, 신이 천국의 겨울에 먹을 감인가? 그렇다면 그 마지막 감은 대체 무엇인가? 환부의 화농을 다 긁어낸 뒤에도 남근 상처 자체가 아니라면 말이다. 사실 상처는 아물 뿐이지 없어지지 않는다. 그것이 바로 프로이트가 말하는 이물질의 형태로 존재하는 정신적 외상이다.

프로이트는 『히스테리 연구』의 권두 논문인 일명 「예비적 보고서」(원제 「히스테리 현상의 심리 기제에 대하여」)의 첫 장부터 히스테리의 원인으로 외상적 사건을 주목한다. "사람들이 생각하거나 인정하는 것 이상으로 히스테리의 정신 병리를 결정하는 데 외부적 사건이 큰 작용을 한다는 것을 알 수 있다. <외상성> 히스테리의 경우 분명히 특정 사건이 증상을 야기한다는 것은 말할 필요도 없다." 그러나 문제는 유발 사건은 한 번인데 증상은 수년간 지속되는 기간의 불균형이었다. "우리가 외상에 의한 신경증 환자들

---

11 *Ibid.*, pp.393-4.

을 보면, 히스테리 증상이 수년간 지속되는 데 반해, 증상들을 유발한 사건은 단지 한 번밖에 일어나지 않았다." 그것은 <원인이 멈추면 결과도 멈춘다.>는 명제와 반대였다. 프로이트는 여기서 사건과 기억의 관계에 문제를 푸는 실마리가 있다고 생각한다.

사실 프로이트의 환자들은 물론이려니와, 모든 환자들이 증상의 지속성 — 항구성에 가까운 — 으로 고통스러워한다. 식사 중에 연상된 고통스러운 정동을 누르고 억지로 식사한 환자는 히스테리성 구토로 몇 달씩 고생한다. 또 불안 속에 환자(아버지)를 돌보던 한 소녀(안나 O)에게는 섬망 상태에서 환영이 계속 나타난다. "그녀는 의자의 등받침대 위에 올려놓은 오른팔이 갑자기 저려 왔다고 한다. 바로 여기서 경직과 신경마비를 수반한 마비가 시작되었던 것이다. 그녀는 기도를 드리려 했지만, 아무런 말도 생각해낼 수 없었다. 기껏 영어로 어린 시절의 기도를 되풀이할 수 있을 뿐이었다. 급기야는 매우 심하고 복잡한 히스테리로 발전되었는데, 그때쯤부터 그녀는 모국어를 잃어버린 채 18개월 동안 영어만 쓰고 말하고 들을 수 있었다." 또 "어떤 어린이 환자의 어머니는 겨우 잠이 든 아이를 깨우지 않기 위해 의지력을 총동원해서 가만히 있으려고 온 정신을 집중했다. 바로 그런 의도 때문에 그녀는 혀 차는 소리를 냈다.(히스테리성 <반대-의지>의 한 예) 이 소리는 꼼짝 않고 가만히 있었으면 하고 바랄 때 반복되곤 했다. 그리고 바로 여기서 혀를 차는 틱이 생긴 것인데, 그로부터 수년 동안 그녀가 흥분하기만 하면 틱이 나타났다." 그뿐 아니다. "매우 지적인 한 남자는 자기의 형제가 마취 상태에서 교착된 다리 관절을 펴는 시술을 지켜보게 되었다. 관절이 우두둑하는 소리와 함께 펴지는 순간 지켜보던 자신의 관절에 극심한 통증을 느꼈는데, 이 통증이 거의 일 년 동안 지속되었다."[12] 이 모든 사례는 일회적인 외상적 사건이 기억에 기록된 다음, 지속적으로 증상을 발생시키는 것으로 요약된다.

현실		심리		육체
외상적 사건	⇒ (기록) ⇒	기억	⇒ (전환) ⇒	증상
일회적		지속적		

이 도식이 보여주듯이, 어떻게 보면 일회적인 외상적 사건은 증상의 촉발 원인에 불과하고, 증상의 진정한 원인은 기억이라고 말할 수 있다. 사실 프로이트 자신도 다음과 같이 말하고 있다.

> 여기서 짚고 넘어가야 할 것은, 결정적인 정신적 외상이 히스테리 현상이 원인이라고 해서, 외상이 촉발 인자로서 증상을 일으키고, 이후에는 그 증상만이 계속해서 독립적으로 존재한다는 말은 아니다. 오히려 정신적 외상(좀 더 정확하게 말해 외상에 대한 기억)은 이물질의 형태로 존재하고, 이 이물질은 한번 침투하면 멈추지 않고, 오랫동안 원동력으로서 작용한다. 매우 흥미로운 증상을 통해 이에 대한 증거를 발견했는데, 그것은 우리들이 증상에 대해 어떤 판단을 내릴 때 실제적으로 중요한 도움을 준다.[13]

말하자면 외상적 사건이 증상을 야기한 뒤, 기억에 기록되어 이물질로 남아, 그 이물질이 계속해서 증상을 발생시키는 원동력으로 작용한다는 것이다. 그렇다면 왜 그 사건은 기억의 이물질로 남는 것일까? 프로이트에 따르면, 현실적인 외부 사건이 정신적 외상으로 남으려면, 그것이 심리의 저항력(또는 보호막)을 뚫을 만큼 심리에 강력한 충격을 주면서, 고통스러운 부정적 정동을 일으켜야 한다. "외상성 신경증에서 작용한 원인은 사소한 신체적 손상이 아니라 두려움이라는 감정, 즉 정신적 외상이다. 관찰 결과를

12 *Ibid.*, p.15.
13 *Ibid.*, p.17.

유추해서 적용해 보면, 대부분은 아니더라도 많은 히스테리 증상에서 정신적 외상이라 부를 만한 촉발 원인을 찾을 수 있다. 고통스러운 정동—공포, 불안, 수치심—을 야기할 수 있는 모든 사건은 심리적 충격으로 작용할 수 있다."[14] 따라서 우리는 앞의 도식을 다음과 같이 수정해야 한다.

현실		심리		육체
외상적 사건	⇒ (기록) ⇒	기억	⇒ (전환) ⇒	증상
일회적		+ 정동		
		⇓		
		이물질	⇒ (전환) ⇒	증상

결국 우리는 <기억의 이물질> 때문에 괴로워하는 것이고, 고통스러운 증상을 겪는 것이다. 그래서 프로이트는 "히스테리 환자의 대부분은 무의식적인 기억으로 괴로워하고 있다"[15]고 말하는 것이다. 여기서 <무의식적인 기억>에 해당하는 독일어는 *Reminiszenzen*(영어 reminiscences)인데, 그것은 말 그대로 <의식하지 못하는 기억>을 말한다. 프로이트가 <기억의 이물질>이라는 표현을 *Reminiszenzen*으로 바꾼 것이다. 그러나 그러한 단어의 대체는 <기억의 이물질>의 발견이 나중에 <무의식>의 발견으로 이어진다는 것을 암시하고 있다.(나중에 밝혀지겠지만, 이것은 전이라는 개념의 발전에도 획기적인 전환점이 된다.)

그런데 우리가 여기서 눈여겨보아야 할 대목이 하나 더 있다. 외상적 사건은 이물질을 통과하면서 증상과 상징적 관계를 맺는다는 것이다. 프로이트는 말한다: "촉발 원인과 병리 현상 간에 단지 상징적 관계라고 할

14 *Ibid.*, p.16.
15 *Ibid.*, p.19.

수 있는 것이 존재한다. 그러한 관계는 건강한 사람도 꿈꾸는 동안 나타난다. 이러한 상징적 연결의 예로서는 정신적 고통을 겪은 후에 신경통이 따른다든지, 도덕적 혐오감을 느낀 후에 구토가 따른다든지 하는 것 등을 들 수 있다. 우리는 이런 유의 상징화를 매우 자주 사용한 환자들을 연구한 적이 있다."[16] 말하자면 기억의 이물질과 증상은 상징적 관계로 연결되어 있는 것이다.

이물질 ⇒ (상징적 관계) ⇒ 증상

그렇다면 이러한 문맥에서 분석치료는 어떻게 이루어져야 하고, 전이는 또 분석치료의 어느 지점에서 발생하는가? 앞에서도 말했듯이, "환자가 히스테리의 원인이 되는(증상을 야기한) 사건에 대한 기억을 백일하에 드러내고, 그 기억이 동반하는 정동을 불러내는 데 성공하면, 그리고 환자가 그 사건을 가능한 한 상세하게 기술하고, 그 정동을 말로 표현하면, 히스테리 증상은 즉시 그리고 영원히 사라진다. [⋯] 이 요법은 정동의 전하가 방전된 기억에는 대체로 전혀 효과가 없기 때문에, 사건이 발생했을 당시의 심리적 과정이 대체로 가능한 한 생생하게 반복되어야 하고, 발생 당시의 상태(*in statum nascendi*)로 거슬러 올라가서 그것이 말로 표현되어야 한다."[17] 이것을 달리 표현하면, 고통스러운 정동이 담긴 기억의 이물질을, 발생 상태로 <회상>해서 말로 표현하면서 정동을 방출하면, 증상은 사라지고 영원히 나타나지 않는다. 그렇다면 결국 <정신적 외상>의 <무의식적 기억>을 <회상>으로 바꾸어 <언표화>하는 것이 곧 치료의 요체이다. 그런데 문제는

16 *Ibid.*, p.16.
17 *Ibid.*, p.17.

기억이 회상으로 바뀌는 것을 거부하는 저항이 일어난다는 것이다. 그러한 저항의 원흉은 외상의 기억을 이물질로 정착시켰던 문제의 고통스러운 정동이다. 프로이트가 전이를 거론하는 것은 바로 이 지점이다. 즉 정신적 외상의 기억을 회상하고 언표화하는 것이 힘들어지자, 정확히 말하면 그 거부감이 최고조에 달하자, 정신적 외상의 상황을 분석 상황으로 옮겨와, 외상 당시의 대상에 대한 정동을 분석가에게 이동시키는 것이다.

정신적 외상 ⇒ 기억의 이물질 ⇒ 회상 저항 ⇒ 전이

그렇다면 전이와 증상은 어떤 관계에 있는가? 전이와 증상은 같은 차원에 있는 것이 아닌가? 왜냐하면 둘 다 기억의 이물질에서 상징적 관계를 통해 생성되기 때문이다. 결국 회상은 무의식적으로 일어나는 이물질에서 증상에 이르는 상징적 길을 의식화해서 말로 표현하는 것에 지나지 않는가? 게다가 앞에서 프로이트가 말했듯이, 그러한 상징적 관계의 길은 꿈에서 가장 잘 나타난다면, 전이와 꿈과 증상은 동일한 차원에 있는 것이 아닌가? 그래서 우리는 『꿈의 해석』에서 전이가 어떻게 발전적으로 정의되는지 궁금해지는 것이다.

정신적 외상 ⇒ 기억의 이물질 ⇒ 회상 저항 ⇒ 전이
↑ 언표화
정신적 외상 ⇒ 기억의 이물질 ⇒ 상징적 관계 ⇒ 증상 / 꿈

2010년 2월 24일 / 3월 3일

II

전이와 소원의 이동

비교의 제3항(*Tertium comparationis*)
무의식적 소원의 낮의 잔재로의 이동 : 환상
사물표상과 상형문자
낱말표상과 기호형식
상징계의 상상계화

『꿈의 해석』(1900)에 이르러 전이의 개념은 진일보한다. 프로이트가 꿈에 대해 <전이>라든가 <전이 사고(pensées de transfert)>라는 말을 할 때, 그 말이 가리키는 것은 무의식적 욕망이 전날의 전의식적인 잔재에 의해 제공된 재료를 통해 변장 표현되는 이동 방식이다

꿈에 대해 낮의 잔재가 갖는 의미를 위에서 제한하기는 했지만, 좀 더 주의를 기울일 만한 가치는 충분하다. 극히 사소할 때도 많은 최근의 낮의 인상과의 관련이 놀랍게도 모든 꿈-내용에서 발견된다면, 낮의 잔재는 꿈 형성의 필수적인 요소가 틀림없다. 우리는 낮의 잔재가 꿈 형성에 개입해야 하는 불가피성을 인식할 수 없었다. 이 불가피성은 무의식적 소원의 역할을 굳게 믿고 신경증의 심리학에서 설명을 구할 때에만 명백해진다. 신경증 심리

학의 연구는 무의식적 표상이 그 자체로 전의식으로 들어가는 것은 완전히 불가능하며, 이미 전의식에 있는 무해한 표상과 연계하여 그 표상에 자신의 강도를 전이시키고, 그 표상을 통해 자신을 은폐함으로써 비로소 효과를 발휘할 수 있다고 가르쳐 주고 있다. 그것이 바로 신경증 환자의 정신생활에서 많이 나타나는 현상을 설명해줄 수 있는 <전이>이다.[1]

『꿈의 해석』에서 전이에 대해 언급하는 부분 중에서, 전이를 가장 명쾌하게 정의하고 있는 앞의 인용문은, 우리가 1장에서 살펴본 『히스테리 연구』에서의 전이의 개념과 여러 가지 점에서 차이를 보인다. 우선, 『꿈의 해석』은 전이를 무의식적 표상이 전의식적 표상으로 이동하는 것으로 정의하고 있다. 그것은 『히스테리 연구』에서 정신적 외상으로부터 남은 기억의 이물질이 회상되지 않고 의사에게 전이되는 것에 초점을 맞춘 것과 사뭇 다르다. 그것은 기억의 이물질이 무의식의 표상으로 명확해졌고, 의사라는 표상이 전의식적 표상으로 일반화되었다는 것을 의미한다. 말하자면 『꿈의 해석』은 기억에서 분석에 이르는 과정에서 나타나는 전이작용을, 무의식에서 전의식으로 이르는 과정에서 일어나는 전이작용으로 관점을 이동시킨 것이다. 기억의 이물질은, 그것이 아무리 무의식의 기원이라고 하더라도, 정신적 외상의 기록에 불과하다. 거기에 반해 무의식적 표상은 지형학적인 의미에서의 무의식 체계를 구성하는 억압된 내용물인데다, 그보다 더 중요한 사실로, 그것이 사건이나 사물을 있는 그대로 전사한 것이 아니라 상징적인 언어 기호의 가치 — 사물의 가치가 아니라 — 를 갖고 있다. 『히스테리 연구』에서 치료자가 『꿈의 해석』에서 전의식적인 표상으로 재해석되는 것도 그와 무관하지 않다. 즉 분석가라는 표상은 환자에 의해 특권적으로 선택된, 환자

1 프로이트, 『꿈의 해석』, 1900. p.651.

가 항상 사용할 수 있는 일종의 낮의 잔재이며, 따라서 전의식적인 표상에 다름 아닌 것이다. 따라서 『히스테리 연구』에서 말하는 전이는 어떤 표상에서 다른 표상으로 이동하는 현상 중에서 특수한 경우에 지나지 않으며, 그에 따라 『히스테리 연구』에서처럼 분석치료에서 마주친 전이를 설명하기 위하여 내세운 것과, 꿈을 해석하는 과정에서 내세운 전이를 다른 기제로 보는 것은 잘못이라고 할 수 있다.

그러나 그러한 일대일 대응 식의 비교는 문제가 있다. 왜냐하면 무의식적 표상은 전의식적 표상으로 진입해야만 의식될 수 있는데(무의식적 표상은 말 그대로 전의식적 표상으로 갈아입지 않으면 의식될 수 없다), 전의식에서 그것을 호락호락 용인하지 않는다는 것이다. 즉 무의식적 표상은 은폐 위장되어야만 전의식적 표상으로 들어갈 수 있다. 무의식적인 "억압된 표상의 이러한 상황은 미국의 치과 의사가 우리나라[오스트리아]에서 처한 상황과 비슷하다고 말할 수 있다. 그는 합법적 면허를 가진 의학 박사의 명의를 빌어 법망을 피하지 않는 한 진료를 할 수 없다. 그 치과 기술자와 그런 식으로 제휴하는 사람들이 일이 많은 의사들은 아닌 것처럼, 심리적인 것에서도 전의식에서 활동하는 주의를 충분히 끌 수 있는 전의식적 표상 또는 의식적 표상들은 억압된 표상의 은폐를 위해 선택되지 않는다. 무의식은 사소한 것으로서 관심 밖에 남아 있거나 주의를 끌더라도 배척되어 곧 다시 관심 밖으로 밀려나는 전의식의 인상들이나 표상들과 주로 결합한다."[2] 말하자면, 무의식과 전의식 사이에는 검열이 작용하고 있어서, 무의식적 표상이 그 검열을 통과하기 위해서는 의식의 용인하는 전의식적 표상의 옷을 입어야 하는데, 이 때 전의식적 표상은 눈에 띄는 것보다 눈에 잘 띄지 않는 사소한 것이라

2 프로이트, 『꿈의 해석』, 1900. p.651.

는 말이다. 그래서 전의식적 표상은 변형 왜곡되게 마련이고, 그 결과 전의식적 표상을 가지고는 원래의 무의식적 표상을 알아볼 수 없다.

그러나 그러한 설명조차도, 억압된 욕망을 고백하는 것이 특별히 어려울 때(즉 그 욕망이 겨냥하는 사람에게 고백해야 할 때), 분석가에 대한 전이가 일어나 그러한 저항을 피할 수 있도록 도와주지만, 그것 자체가 전이저항이라는 사실과 전이의 내용은 잘 알려지지 않는다는 「히스테리의 심리 치료」의 지적과 크게 다르지 않다. 아무튼 『히스테리 연구』에서 말하는 <연합 강박>에 의한 <잘못된 연결>과 무의식과 전의식의 연결은 동일한 맥락에 있다고 해도 과언이 아니다. 그래서 앞에서 이미 인용했듯이, 프로이트는 말한다: "우선 욕망의 내용이 환자의 의식 속에 나타났다. 그러나 그녀는 과거에 있었던 주변 상황을 전혀 기억하지 못했다. 그리고 그 욕망은 의식을 지배하고 있던 연합 강박(la compulsion à associer)에 따라, 당연히 환자의 사고를 차지하고 있던 사람과 결부되고, 내가 잘못된 연결이라고 명명한 잘못된 연결(*mésalliance*)의 결과, 예전에 그 여자 환자로 하여금 금지된 욕망을 거부하게 만들었던 것과 똑같은 정동이 깨어났다."[3]

그렇다면 무의식의 표상과 전의식의 표상 사이의 전이는, 정신적 외상에 대한 회상 저항 때문에 기억이 분석가와 분석상황으로 전이되는 것과 별로 다른 것이 없고 발전된 것이 없다는 말인가? 그렇지는 않다. 거듭 말하지만, 프로이트가 『꿈의 해석』에서 전이라는 이름으로 가리키고 있는 것은, 욕망의 실현의 중심 요소의 일부를 구성하는 무의식적인 꿈 사고의 요소들이, 전의식적인 낮의 잔재 위로 이동하는 것을 말한다. 그것은 분명히 전이의 상징적 차원을 강조하고 있고, 또한 무의식적 소원(또는 욕망)은 어린 시절의

3 프로이트, 「히스테리의 심리 치료」, 1895. p.391.

사건과 무관하게 인간에게 보편적이고 항구적인 것이다. 그래서 프로이트는 그것을 자본가와 기업가에 비유하면서, 무의식적인 소원표상이 전의식적인 표상으로 묘사된다는 사실을 보여주고 있다.

> 나는 무의식적 소원이 꿈에 대해 무엇을 의미하는지 분명하게 말할 수있다. 꿈의 <자극>이 주로 또는 전적으로 낮 생활의 잔재에서 비롯되는 부류의 꿈들이 있는 것은 확실하다. 친구의 건강에 대한 염려가 낮부터 지속되지 않았더라면, 언젠가는 외래 교수가 되고 싶다는 내 소원이 그날 밤 나를 조용히 자게 내버려두었을 것이라고 나는 생각한다. 그러나 이 염려가 꿈을 만들어내지는 않았을 것이다. 꿈에 필요한 <원동력>은 어떤 소원이 제공한 것이 분명하다. 꿈의 원동력으로서 그러한 소원을 조달하는 것은 염려의 몫이다. 이것을 비유적으로 표현하면 다음과 같다. 낮의 사고가 꿈에 대해 <기업가>의 역할을 하는 것은 충분히 가능한 일이다. 그러나 흔히 말하듯, 아이디와 아이디어를 행동으로 옮길 열정만 있을 뿐 자본이 없는 기업가는 아무것도 할 수 없다. 그에게는 비용을 대는 <자본가>가 필요하다. 낮의 사고가 무엇이든지 간에, 꿈에 심리적 비용을 부담하는 이 자본가는 무조건 <무의식에서 비롯된 소원>이다.[…]
>
> 여기서 사용한 비유들의 <공통분모(*Tertium comparationis*)>[4], 즉 자유롭게

4 프로이트는 <비교의 제3항>이라는 뜻을 가진 <*Tertium comparationis*>(이것은 보통 <공통분모>라고 번역된다)라는 라틴어를 자주 사용한다. <비교의 제3항(*Tertium comparationis*)>은 두 사물이 비교될 때 그것들이 공통적으로 갖고 있는 특질을 가리킨다. 예컨대 <필요는 발명의 어머니>라는 비유가 있다고 하자. 여기서 필요성과 어머니의 공통성이 바로 <비교의 제3항>이다. 말하자면 어머니가 아기를 낳듯이, 필요는 발명품을 낳는다.(수학 공식으로 표시하면 <어머니 : 아기 = 필요 : 발명품>이다.) 따라서 어머니와 필요의 <비교의 제3항>은 <어떤 것이 유래하는 원천>이다. 이것을 정신분석에서 가장 잘 활용한 예가 <남근>이다. "남근은 (남성 기관의 형상화되고 도식적인 표상이라는 의미에서) 하나의 상징이면서, 상징 이상의 것으로서, 의미작용 — 즉 아주 다양한 표상에서 상징되는 것 — 으로 존재한다. 프로이트는 그의 상징 이론에서, 그것은 [상징하는 것들(symbolisants)에 의하여] 보편적으로 상징되는 것(symbolisé) 중의 하나라고 지적하고 있다. 그는 작은 것(das Kleine)이라는 공통된 특징을, 남성기관과 그것을 표상하는 것(ce qui le représente)[즉 le représentant] 의

> 사용할 수 있도록 할당받은 양을 꿈 구조의 해명에 더욱 정교하게 이용할 수 있다. 앞에서 설명한 바와 같이 대부분의 꿈들은 감각적으로 특히 강도 높은 중심점을 지니고 있으며, 일반적으로 그것은 소원성취를 직접 묘사하는 부분이다. 꿈작업의 이동을 원상 복구시켜놓고 보면, 꿈사고 요소들의 심리적 강도가 꿈내용의 감각적 강도에 의해 대체된 것을 알 수 있기 때문이다. 소원성취 주변의 요소들은 자주 소원성취의 의미와는 아무런 관계도 없으며, 소원에 반대되는 고통스러운 사고의 산물로 드러난다. 그러나 그것들은 종종 인위적으로 형성된 중심 요소와 관계를 통해 꿈에서 묘사될 수 있을 정도의 높은 강도를 얻게 된다. 소원성취를 묘사하는 힘은 그런 식으로 특정 영역의 관계로 확산되고, 이 영역 안에서의 모든 요소들은 그 자체 아무런 수단이 없어도 묘사될 수 있다. 원동력을 이루는 소원이 여러 개인 꿈에서 각 소원성취의 영역을 분리하고, 또한 꿈속의 공백을 경계지대로 이해하기는 쉽다.[5]

프로이트의 소원과 욕망의 개념적 차이는 차치하더라도[6], 프로이트는 전이를 분명히 무의식적인 욕망의 전이로 보았고, 그것은 표상의 차원에서 일어난다는 사실을 분명히 밝히고 있다. 그것은 분명히 획기적인 발견이자 발전이다. 왜냐하면 전이는 과거의 구체적인 실제 대상과 사건(의 기억)과

제3의 비교항(tertium comparationis)으로 생각했다."(라플랑슈, 『정신분석 사전』, 열린책들, p.89) 그렇다면 여기서 <비교의 제3항>은 무엇일까? 언어학의 힘을 빌리면, 남성기관은 지칭물(référent)이고, 그것을 표상하는 것(le représentant)이 기호형식(signifiant)이라면, 필시 <비교의 제3항>은 기호내용(signifié)일 것이다. <남근>에서 무의식의 표상과 전의식의 표상의 관계에서도 이러한 <비교의 제3항>은 그대로 유효하다. 그렇다면 무의식의 표상과 전의식의 표상의 <비교의 제3항>은 무엇일까? 결론부터 말하면, 그것은 우리가 곧 밝힐 무의식의 소원이다.

5 프로이트, 『꿈의 해석』, 1900. p.649-51.

6 프로이트의 소원(Wunsch)과, 우리가 보통 라캉의 개념으로 알고 있는 욕망(désir)은 다르다. 그러나 후자는 전자로부터 나왔으면, 전자에 헤겔의 욕망의 개념을 결합함으로써 태어난 것이다. 그런 관계로 전자가 후자로 번역되기도 한다. 소원과 욕망의 관계에 대해서는 졸저, 『소원, 욕망, 사랑』(파워북, 2015) 제7장 참조.

관계없이[7] 구조적이고 체계화된 욕망이 전의식적인 표상에 집중 투여됨으로써, 환상적이고 환각적으로 실현되는 것이기 때문이다. 프로이트는 전의식의 표상에 무의식의 소원(또는 욕망)이 집중 투여되는 것을 다음과 같이 길게 말하고 있다.

> 말하자면, 우리는 그러한 사고과정을 <전의식적>이라고 부르고, 그것을 완전히 정상적이라고 간주한다. 그것은 중단되거나 억제될 수 있는 만큼 버려질 수 있다. 그래서 표상의 흐름에 대한 명확한 개념을 제시하도록 하자. 우리가 <(리비도) 투여 에너지>라고 부르는 어느 정도 양의 흥분은 목표-표상으로부터 출발한다고 생각한다. <등한시된[버려진]> 사고의 흐름은 그러한 투여를 받지 못한 것이다. 그리고 <억제되거나 배척된> 사고의 흐름은 그러한 투여가 철수된다. 그 둘은 모두 자기 자신의 흥분에 내맡겨지는 것이다. 투여된 목표 사고의 사슬은 어떤 조건에서 의식의 주의를 자기 쪽으로

---

7 그러나 프로이트는 『꿈의 해석』 제7장에서 무의식과 유아기 체험의 관계를 다음과 같이 이야기하고 있다. "꿈사고에서 유아기 체험이나 그 체험에 근거한 환상에 주어지는 역할을 기억한다면, 그리고 그러한 사실들의 파편이 얼마나 자주 꿈내용에 다시 나타나고, 꿈의 욕망들이 거기서 유래하는지를 상기한다면, 다음의 가설이 그럴듯할 것이다: 사고가 시각적 이미지로 변하는 것은, 되살아나려는 시각적 기억이 사고—의식에서 분리되어 표현되기를 갈망하는—에 행사하는 일련의 <흡인력>일 수 있다. 그러한 개념에 의하면, 꿈은 <전이에 의해 최근의 영역으로 변경된 어린 시절의 장면의 대체>일 수 있다. 그 유아기 장면은 그 자체가 다시 나타날 수 없다. 그것은 꿈으로 되돌아오는 것으로 만족해야 한다."(『꿈의 해석』 열린책들, p.634) 여기서 우리가 알 수 있는 사실은, 전이가 어린 시절의 기억 장면을 최근의 전의식적인 영역으로 이전시키는 것이라는 점이다. 그래서 그러한 전이의 개념은 『히스테리 연구』에서의 전의 개념과 별반 다르지 않은 것처럼 느껴진다. 그러나 유아기의 기억은 첫째 무의식적이라는 점에서 정신적 외상의 회상과 다르고, 둘째, 따라서 그것이 실제 기억인지 아니면 환상인지 모른다는 점에서(왜냐하면 그것은 절대 있는 그대로 의식에 나타나지 않기 때문이다. 그런 점에서 그것은 현실적 실마리에 의해 촉발되는 환상이라고 말하는 것이 더 정확할 수 있다.), 정신적 외상의 회상과 크게 다르다. 게다가 무의식적 기억장면의 전이에서 중요한 것은, 그것이 사건의 기록이냐 아니냐보다, 거기에 담겨 있는 소원이다. 전이는 그 소원에 고유한 에너지를, 전의식적인 사고 표상을 무의식 속으로 끌어들여, 거기에 투여하는 것이다.

끌어당겨, <과투여>를 받을 수 있다. 우리는 의식의 본질과 활동에 대해 잠시 뒤에 설명할 것이다.

이렇게 전의식에서 야기된 사고의 흐름은 스스로 꺼지거나 지속될 수 있다. 이 첫 번째 경우는, 그것의 에너지가 그것으로부터 출발한 온갖 방향의 연상으로 분산되는 것 같다. 그리고 그러한 에너지는 사고의 전 사슬을 우선 한 순간 지속하는 흥분상태에 놓은 다음에 꺼지는데, 방출되려는 흥분은 정지 에너지 투여로 변형되는 것 같다. 그런 경우, 그 과정은 꿈 형성에 더 이상 이득이 되지 않는다. 그러나 전의식 속에는 또 다른 목표 표상들이 도사리고 있다. 그것들은 항시 활동적인 무의식의 소원으로부터 솟아난다. 그것들은 자신에게 남겨진 사고 범위와 결부된 흥분을 낚아채서, 그것[사고]과 무의식의 소원 사이를 결속시키고, 그것[사고] 위로 그 소원에 고유한 에너지를 <전이시킨다.> 그렇더라도 그러한 강화가 의식에의 접근 권리를 그것[사고]에 조금도 열어주지 못하지만, 그로부터 버려지거나 억제된 사고 흐름은 유지될 수 있다. 우리는 그때까지 전의식적이던 사고가 <무의식 속으로 끌어당겨졌다>고 말할 수 있다.

또한 꿈 형성에 전제가 되는 다른 별자리들이 있을 수 있다. 전의식적인 사고의 흐름이 이미 무의식적 소원과 관계가 있어서, 바로 그 이유 때문에 지배적인 목표 투여에 의해 버려진 것일 수 있다. 아니면 다른 원천(예컨대 신체적인)에서 솟아나와 아무것도 만나지 못한 무의식적 소원이, 아직 투여를 받지 못한 전의식의 심리적 잔재에 전이되려고 하는 것이다. 그 세 가지 경우는 궁극적으로 동일한 결과에 도달한다. 즉 전의식의 투여를 받지 못하다 무의식적 소원에 의해 투여된 사고가 전의식에서 태어난다는 것이다.[8]

이 인용문은 무의식의 소원이 전의식에 투여되는 세 가지 경우를 말하고 있다. 하나는 전의식에 투여된 에너지가 연상의 흐름에 따라 분산되다 소멸

8 프로이트, 『꿈의 해석』, 1900. p.664-65.

되는 경우고, 다른 하나는 전의식의 사고 흐름이 이미 무의식적 욕망과 관계를 갖고 있어서 의식의 지배적인 목표 투여에 의해 버려지는 경우이고, 마지막 세 번째 경우는 아예 투여 자체를 받은 적이 없는 전의식의 잔재이다. 여기서 우리가 주목해야 할 사실은, 첫째, 전의식적인 낮의 잔재가 무의식적인 소원의 투여와 전이가 일어나지 않으면 결코 꿈내용에 진입할 수 없다(다시 말해 전의식적인 소원들(복수)은 무의식적 소원(단수)과 결합될 때만 비로소, 꿈에서 환각적으로 실현된다.[9])는 것이고, 둘째, 그 때의 전의식적인 사고 표상은 전의식 쪽에서 투여가 철수되어야 무의식적인 욕망의 투여가 일어날 수 있다는 것이다. 전자는 그런대로 이해할 수 있는데 후자는 대체 무슨 말인가? 우리는 그에 대한 답변을 프로이트의 1915년 논문 「무의식에 관하여」에서 찾을 수 있다. 거기서 프로이트는 무의식의 표상과 전의식의 표상의 차이를 상세하게 정의하고 있다.

다 알다시피, "의식적 표상은 사물표상과 그에 대응하는 낱말표상을 함께 포괄하는데 반해, 무의식적인 표상은 사물표상 하나뿐이다."[10] 프로이트는 무의식의 표상을 여러 텍스트에서 여러 각도로 규정하고 있다. 그 중에서 무의식의 개념과 함께 출현한 정의는 무의식은 최초의 기억흔적들 중에서 리비도가 재투여되면서 재기록 재배열된 표상이다. 그 결과 기억흔적은 동시성에 의해서 기록되고 지각의 기억 이미지이기 때문에 비교적 사물 전체의 유사물이라고 할 수 있지만, 무의식은 그러한 사물 전체의 유사물에서 리비도가 투여된 부분 이미지들이고, 유사성에 의해서 재기록되는 것이기 때문에, 사물의 측면으로만 현전하기 때문에 상형의 가치로 읽어서는 안

9 전의식적인 소원들(복수)와 무의식적 소원(단수)의 관계에 대해서는 졸저, 『소원, 욕망, 사랑』(파워북, 2015) 제6장 참조.

10 프로이트, 「무의식에 관하여」, 1915. 열린책들 전집 XI, p.210.

되고 기호의 가치로 읽어야 한다.[11] 그래서 프로이트는 무의식의 표상을 상형문자에 비유하곤 하는 것이다. 말하자면 무의식의 사물표상은 <상형문자>라는 단어의 <상형>에 방점이 찍힌 것이 아니라, <문자>에 방점이 찍힌 표상이다.

다른 한편 전의식의 표상은 그러한 기억흔적과는 전혀 무관하다. 무의식의 표상이 기억흔적의 변종은 아닐지라도 기억흔적으로부터 파생한 것인데 반해, 전의식의 표상은 아예 기억흔적과 관계가 없다. 그것은 청각적인 말과 모종의 관계가 있는 낱말표상으로 구성되어 있고, 따라서 그것은 사고 또는 개념과 연결된다. 그래서 무의식에서 전의식으로 이동하는 것은 사물표상을 낱말표상으로 번역함으로써, 사고를 발생시키는 것이다. 그래서 프로이트는 전의식적 과정을 <사고의 동일성>의 과정이라고 규정한다. 이렇게 해서 무의식과 전의식은 완전히 서로 다른 표상으로 구성될 뿐 아니라, 바로 그러한 이유로 해서 지형학적으로도 완전히 구분되는 것이다.

> Vb(*Vorwebusstsein*; 전의식)는 낱말표상과 결부된 세 번째 기록으로, 공식적인 자아와 일치한다. 전의식으로부터 나오는 투여는 어떤 법칙에 따라 의식화된다. 시간적으로 좀 더 나중에 나타나는 그러한 이차적인 의식-사고는 아마 낱말표상의 환각적인 활성화와 결부되어 있다. 그래서 의식 상태의 뉴런은 지각 뉴런이 되는 것이고, 그 자체로는 기억과 무관한 것이다.
>
> 내가 지각과 세 가지 기록[기억흔적, 무의식, 전의식]의 심리학적인 특성을 완벽하게 설명할 수 있다면, 나는 새로운 심리학을 세울 수 있을 것이다. 그것을 위한 약간의 자료가 내 수중에 있지만, 당장은 그것을 그러한 목적에

11 "사물 표상은 사물에 대한 직접적인 기억 이미지의 투여는 아니더라도, 적어도 그 이미지로부터 파생하고 그로부터 좀 더 멀리 떨어진 기억 흔적의 투여로 이루어져 있다."(「무의식에 관하여」, 1915. 열린책들 전집 XI, p.210).

> 이용할 생각은 없다.
>
> 나는 연속적인 기록들이 연속적인 삶의 시기들의 심리적인 생산을 나타낸다는 사실을 강조하고 싶다. 두 시기의 경계에서는 심리적인 재료의 번역이 이루어진다. 나는 정신신경증의 특수성을, 어떤 재료들의 번역이 잘 이루어지지 않는 것으로 가정하고 있다. 그것은 어떤 결과를 가져온다. 왜냐하면 나는 양적인 균등을 향한 경향이 있다는 것을 확고하게 믿고 있기 때문이다. 모든 새로운 기록은 앞선 기록을 방해하고, 그것[앞선 기록]으로부터 흥분 과정을 자기 자신에게로 빼돌린다. 만약 새로운 기록이 일어나지 않으면, 흥분은 앞선 심리시기를 지배하는 심리 법칙에 따라, 그리고 그 당시에 열려 있던 길을 따라 흐른다. 그리하여 우리는 시대착오 속에 놓이게 된다. 그것은 마치 어떤 지역에서 아직도 푸에로(fuero)가 존재하고, 과거의 흔적이 살아남아 있는 것과 같다.
>
> 번역의 실패를 우리는 임상에서 억압이라고 부른다. 그것의 동기는 항상 번역에서 생기는 불쾌감이다. 모든 것은 마치 그 불쾌감이 번역 과정을 방해함으로써 사고를 교란시키는 것처럼 진행된다.[12]

따라서 무의식의 사물표상이 상형문자에 비유된다면, 전의식의 낱말표상은 음성언어에 비유될 수 있다. 그렇다고 사물표상은 시각적이고 낱말표상은 청각적이라고, 낱말표상의 특권을 시각에 대한 청각의 우위로 환원할 수 없다. 여기서 문제가 되는 것은 단지 감각 기관의 차이가 아니다. 프로이트가 「꿈 이론과 메타심리학」에서 보여주었듯이, 정신분열증에서는 낱말표상 자체가 사물표상으로 취급되고 있기 때문이다.[13] 즉 전의식의 낱말표상

12 프로이트, 『정신분석의 탄생』(임진수 역), <플리스에게 보낸 편지 52>, pp.112-4.

13 프로이트는 이것의 가장 적절한 예로, 빅토르 타우스크(V. Tausk)의 정신분열증 환자의 사례를 제시하고 있다. 그녀는 <남편은 위선자(Augenverdreher)다. 그 남자가 제 눈을 두 번씩이나 비뚤어지게 만들었다. 그래서 제 눈이 이렇게 비뚤어진 것이다.>라고 말하면서, 진짜 눈이 삐뚤어졌다. 프로이트는 그에 대해 다음과 같이 말한다. "그녀의 이해할 수 없는 담화

이 무의식의 일차과정의 법칙에 따라 다루어지면서 환각화하고 있기 때문이다. 그것은 꿈의 경우도 마찬가지이다. 꿈에서도 각성 상태에서 발설한 어떤 문장이 사물표상과 똑같이 압축과 이동 작업을 따르고 있다. 그래서 "… 낮의 잔재에 속하는 낱말표상이 사고의 표현이 아니라 최근의 지각의 찌꺼기일 때, 그것은 사물표상으로 취급되는 것이다."[14]

그렇다면, 앞의 인용문에서 프로이트가 말한, 무의식의 소원이 투여되기 위해서는 전의식의 표상에서 투여철수가 선행되어야 한다는 전제 조건은, 결국 전의식의 낱말표상이 사물표상처럼 기능하기 위한 필수 조건이라는 말 아닌가? 그렇다면 그렇게 철수된 낱말표상은 사고(또는 의미)가 제거된 순수한 물질성으로서의 기호, 즉 언어학적으로 말하면, 기호형식(signifiant)이라고 말할 수 있지 않을까? 그것을 프로이트는 '사고의 표현이 아니라 지각의 찌꺼기로서의 낱말표상'이라고 말하는 것이다. 그러한 각도에서 보면, 무의식의 사물표상도 일종의 기호형식으로 <말 이전의 기호형식(signifiants pré-verbaux)>[15] — 즉 문자 — 이라고 볼 수 있다. 그것들은 모두 물질성으로서의 기호형식(하나는 문자, 다른 하나는 음성이미지)으로, 지각에 작용하여 환각적으로 나타난다. 결국 <전의식적 표상은 사물표상과 그에

에 대한 스스로의 해명은 그나마 이해 가능한 형식으로 표현된 담화를 담고 있어서 분석의 가치가 충분했다. 더욱이 그녀의 해명은 정신분열증적 낱말의 의미와 형성 과정에 대해서도 어느 정도 실마리를 제공해 준 셈이었다. 그 여자 환자의 경우, 타우스크는 환자와 신체기관(눈)과의 관계가 발언 내용 전체의 중심이 된다고 강조했는데, 나도 전적으로 같은 생각이다. 여기에서 정신분열증적 담화는 건강염려증의 특성을 지니고 있으며, 그것이 <기관 언어(langage d'*organe*)>로 나타났던 것이다."(프로이트, 「무의식에 관하여」, 1915. 열린책들 전집 XI, p.215) 말하자면 Augenverdreher(위선자)라는 독일어는 Augen(눈)과 verdrehen(비틀다)의 결합으로 형성된 단어인데, 그 단어가 실제로 신체기관에, 그리고 신체기관처럼 작용하고 행동하더라는 것이다.

14 프로이트, 「꿈 이론과 메타심리학」, 1917. 전집 XI, 228).

15 라플랑슈, 『정신분석 사전』(임진수 역), p.184.

대응하는 낱말표상을 함께 포괄하는데 반해, 무의식적인 표상은 사물표상 하나뿐>이라는 프로이트의 명제는, 언어학적으로 환원하면 다음과 같이 도식화할 수 있다.

무의식	전의식		무의식	전의식
	낱말표상	⇒	사고(의미, 기호내용)	
사물표상	사물표상		문자(기호형식)	기호형식(음성이미지)
↑ 시각적			↑ 상형	
사물			사물	
〈프로이트 도식〉			〈언어학적 도식〉	

결국 프로이트가 말하는, 무의식적인 소원의 투여 조건으로서 전의식의 투여철수는 사고의 공동화를 가져와 표상의 기호형식화의 절차를 밟는 것에 지나지 않는다. 그래서 "라캉은 「프로이트의 기술적인 글들」에서 전이의 상징적 차원을 강조하는 것이다." 왜냐하면 라캉의 상징계-실재계-상상계라는 개념 틀에 따르면, 그러한 순수 물질성의 기호형식의 장소가 바로 상징계이기 때문이다. "특히 그는 프로이트가 『꿈의 해석』에서 전이라는 이름으로, <욕망의 실현의 중심 요소>의 일부를 구성하는 무의식적인 꿈 사고들의 요소들이 낮의 잔재 위로 이동하는 것을 가리켰다는 것을 상기시킨다. 라캉은 그 자체로 욕망이 철수된 그러한 낮의 잔재들을 알파벳에 비유하거나, <새로운 조직에서 고유한 의미를 잃어버리고 어떤 의미가 표현되는 통로인 새로운 조직에서 반복되는 형태들>에 비유한다. 라캉은 그것들에 대해 처음으로 <의미화 물질(matériel signifiant)>이라고 말한다."[16] 이러한 논리를 밀고 나가면, 프로이트가 『꿈의 해석』에서 전개한, 무의식의

16 É. Porge, ≪Transfert≫, in *L'apport freudien*, Larousse, p.597.

소원에서 전의식적인 낮의 잔재(낱말표상)에 이르는 환상과 환각화의 과정은, 라캉의 개념 틀에서는 상징계가 상상화하면서 오인을 만들어지는 과정으로 바꾸어 표시할 수 있다.

	환상화		
프로이트	무의식적 소원(사물표상)	⇒	전의식의 낮의 잔재(낱말표상+사물표상)
라캉	상상계(기호내용, 의미작용)	⇒	상징계의 기호형식
	오인		

사실 나중에 다시 언급하겠지만, 라캉의 전이는 상징계의 장소가 주체화하면서 오인의 상상을 만들어내는 것에 다름 아니다. 그러나 라캉이 말하는 상징적 차원은, <증상은 기억의 상징>이라는 명제에서 말하는 상징보다 언어학 쪽으로 한 걸음 더 나아간다. 프로이트가 말하는 상징계는 기억과 증상이 상징적으로 맺어져 있다는 것인데 비해, 라캉의 상징계는 언어(정확히 말하면 기호형식)의 장소 자체이다.

이 장을 끝내면서 요약해서 말한다면, 프로이트가 『꿈의 해석』에서 말하는 전이는, 무의식적 소원이 철수된 전의식적인 낮의 잔재 위로 이동하는 것을 말한다.

2010년 3월 10일 / 17일

III

전이와 행동화(1)

「도라의 히스테리 분석」에서의 전이
전이와 행동화
재판과 재생

우리는 제 1장과 2장에서 『히스테리 연구』(1895)와 『꿈의 해석』(1900)에서의 전이의 개념에 대해 알아보았다. 이제 프로이트가 전이를 단순한 개념에 그치지 않고, 치료 현장에서 직접 경험하는, 전이에 관한 세 번째 텍스트인 「도라의 히스테리 분석」(1905)[1]을 살펴보려고 한다. 그 텍스트는 전이에 관한 한, 흥미진진한 만큼 치료가 실패로 끝나는 사례 보고서이지만, 전이에 관한 새로운 관점을 남겼다는 점에서, 정신분석을 하는 후예들에게 많은 연구거리를 제공하고 있다.

★

「도라의 히스테리 분석」은 1900년 — 정확히 말하면 10월 — 프로이트

1 「도라의 히스테리 분석」의 정확한 제목은 「어떤 히스테리 분석의 단편(*Bruchstück einer Hysterie-Analyse*)」이다.

를 찾아온 18세 소녀 도라의 히스테리 증상에 대한 연구보고서이다. 프로이트는 도라와의 3개월간의 치료를 마치고 1901년 이 보고서를 작성했으나, 4년이 지난 1905년이 되어서야 출판한다. 그것은 환자의 사생활 보호와 치료의 비밀을 위한 것이었다. 말하자면 히스테리 증상이 비밀스럽게 억압된 성적 욕망의 표현인 만큼 비밀이 보장되어야 하는데, 그러한 비밀의 고백이 학문적으로 이용되었다는 사실이 다른 환자들에게 알려지면, 환자들이 아마 아무 이야기도 하지 않으려고 할 것이라는 사실에 대한 고려 때문이었다. 프로이트가 4년 동안 출판을 미뤄왔던 것도 그러한 이유인데, 4년 후 출판을 결정한 것은 그 당시 환자의 삶에 변화가 생겼다 — 즉 그녀가 새로운 사람을 만나 결혼했다 — 는 소식을 들었기 때문이었다. 그 변화는 환자가 겪었던 증상들, 즉 이 보고서에서 이야기된 내용들에 대해 환자가 더 이상 흥미를 갖지 않을 거라는 가정을 가능하게 했다. 그럼에도 프로이트는 그러한 임상보고서가 환자의 사생활을 침해한다는 이유로 비난받기도 했는데, 그에 대해 그는 "의사는 개별 환자에 대한 의무뿐 아니라 학문에 대한 의무도 저버리지 말아야 한다. 학문에 대한 의무는 똑같은 질병을 앓고 있는 다른 환자들에 대한 의무이다"라고 말하면서, 환자에게 직접적인 피해만 주지 않는다면 히스테리에 관한 지식을 널리 알리는 일이 매우 중요하다는 것을 지적하고 있다.[2]

원명이 이다 바우어(Ida Bauer, 1882~1945)인 도라는 빈의 유대계 부르주아 가문[3]에서 태어났다. 아버지와 함께 프로이트를 찾아왔을 때 그녀는 짜

---

2 프로이트, 「도라의 히스테리 분석」, <서론>, 열린책들, pp.189-197 참조.

3 도라의 아버지는 물질적으로 풍요로운 대기업가로, F. 프로이트로부터 매독치료를 받은 환자였다. 도라는 아버지, 어머니 그리고 그녀보다 한 살 반이 많은 오빠와 함께 살았다. 그녀는 아버지를 무척 따르고 특별한 애정을 가지고 있었다. 반면 어머니는 남편이 아프기 시작할 무렵부터 모든 관심을 집안일에만 쏟으며 집착(가정주부 정신증이라 부를 만큼)했

증을 많이 내고 성격의 변화가 매우 심한 소녀였다. 아버지와의 사소한 말다툼 끝에 기억상실을 수반한 의식불명의 증상을 보이자, 그녀의 아버지가 그녀의 반발에도 불구하고 프로이트에게로 데려온 것이다. 도라는 이미 여덟 살 때부터 신경증 증상을 보이며 만성적 호흡곤란에 시달렸고, 열두 살에는 편두통과 신경성 기침 증세를 보였으며 열여섯 살에는 기침과 목이 쉬는 증상이 나타났다. 발작을 동반하는 독특한 형태의 기침과 목이 쉬는 증상은 프로이트와 만났던 열여덟 살에도 계속되고 있었다.

프로이트는 그의 논문에서 출발점 — 병 자체의 출발점은 아닐지라도 적어도 <그 병이 띠고 있는 최종 형태> — 이 무엇인지를 드러내는 데 신경을 쓰고 있다. 문제는 도라를 제외한 네 사람이 무대에 올리고 있는 상황이다. 도라의 아버지 — 그는 <활동이 대단하고 평범하지 않은 재주를 가진> 남자로, 그의 딸 도라는 그에게 각별한 애정을 보낸다 — 와, 훨씬 더 눈에 띄지 않게 특히 가사에만 전념하는 어머니, K 부인이라고 불리는 여인 — 도라는 이 여인에게 오랫동안 일종의 숭배심을 갖고 있다 — , 그리고 마지막으로 K씨가 그들이다.

도라의 발작은 그녀가 산 속의 호숫가에 있는 K씨 부부의 집에서 몇 주 보내는 것 — 예정된 일 — 을 거절할 때 시작된다. 며칠 뒤, 그녀는 거부 이유를 K씨가 호수에서 소풍을 한 뒤, 산책을 할 때 감히 그녀에게 사랑의 고백을 했기 때문이라고 설명한다. 그가 그녀에게 <자신의 아내는 자기에게 아무 것도 아니다>라고 말했고, 그 말을 듣자 그녀가 그의 따귀를 때렸

는데, 도라는 어머니와의 관계가 좋지 못했다. 그녀의 오빠는 그녀가 어린 시절 매우 따르는 모범이었으나, 세월이 지나면서 소원해졌다. 중증의 정신신경증을 앓았던 숙모와 우울증을 앓고 있던 삼촌이 있는데, 환자는 어릴 적부터 친가에 커다란 호감을 가지고 있었다. 병이 난 이후에는 숙모를 인생의 모범으로 삼았다. 그녀의 재능, 지적인 조숙함, 병약한 기질 등은 아버지 가계에서 물려받은 것이었다.(*Ibid.*, pp.202-4 참조)

다는 사실이 나중에 알려진다. 그 때 그녀는 아버지에게 K씨 부부와의 관계를 끊으라고 명령한다. 그런데 도라의 아버지는 K 부인에게 신실한 우정으로 밀착되어 있었다. 사실 그는 그녀와 애정 관계를 유지한다. 그는 그녀를 포기하기보다 자신의 딸이 보고한 장면을 꾸며낸 것이라고 비난한다.

프로이트가 보기에, 도라에 대한 고백이 가져온 모욕은 히스테리의 현실적인 촉발 원인인 외상을 야기하기에 충분했다. 그렇지만 그 외상이 때 이른 유혹 — 모든 히스테리 병리의 기원에 있다고 생각되는 — 으로 귀결되지 않는다는 사실에 주목해야 한다. 첫 치료부터, 도라는 예전의 사건을 이야기하기 시작한다. 그것은 14살로 거슬러 올라간다. K씨는 그 때 도라를 벽으로 밀며 꽉 껴안는다. 그 때 도라는 심한 구역질을 느끼고 도망간다.

> 언급된 순서로 보면 두 번째이고 시간상으로는 첫 번째인 이 장면에서 열네 살 소녀의 행동은 이미 완전한 히스테리 증상을 보여준다. 육체적 증상의 여부에 상관없이 성적인 흥분에 불쾌감을 느끼는 사람 모두를 나[프로이트]는 히스테리 환자로 여긴다. 그러한 <정동 전도>에 담긴 기제를 밝혀내는 일이 신경증 심리학의 가장 중요하면서도 가장 어려운 과제들 중의 하나이다. […] 도라의 사례를 상술하기 위해서는 정동 전도에 주의를 기울이는 것으로는 충분치 않다. 여기서는 이밖에도 감각 이동이 일어났다는 점을 감안해야 한다. 건강한 소녀의 경우, 그러한 상황에서 자연스럽게 나타날 수도 있는 성기의 감각 작용 대신에 도라의 경우에는 소화기관 입구의 점막에서 생겨난 불쾌감, 즉 구역질이 일어났다. 키스에 의한 입술의 흥분이 이 현상에 영향을 미쳤음이 확실하다.[4]

이밖에 도라는 그 사건에 따른 또 다른 후유증인 감각-환각을 수시로

---

4 *Ibid.*, pp.212-213.

보인다. 즉 그녀는 포옹 당했을 당시 상체에 가해진 압박이 치료 당시에도 느껴진다고 말했다. 또한 그 이후로 숙녀와 다정한 대화를 나누고 있는 남자 옆을 지나가지 않으려는 기피증 — 남성기피증 — 도 나타난다. 프로이트는 말한다. "여기서 세 가지 증상들, 즉 구역질, 상체의 압박감, 여자와 다정한 대화를 나누는 남자에 대한 두려움 등이 하나의 체험에서 생겨난 점과, 이 증후들의 상호 연관성을 통해서만 증상의 전체적인 진행 과정을 이해할 수 있다는 점은 주목할 만하다. 구역질(나중에 알게 되겠지만 유아기의 빨아먹는 버릇에서 비롯된)은 입술의 성감대를 억압하기 위한 증상이다. 발기된 성기가 쇄도할 때 여성의 성기인 클리토리스도 이에 상응한 반응을 보였을 것이다. 이 두 번째 성감대의 흥분은 흉부의 압박감으로 전이되어 버렸다. 성적으로 흥분된 상태에 있는 남자에 대한 두려움은 공포증의 결과로서 억압된 기억이 되살아나는 것을 막기 위한 조치이다."[5]

프로이트는 이렇게 그 행위 — 차라리 성적 흥분의 기회인데 구역질을 느끼는 것 — 가 히스테리의 원인이 아니라 결과라고 확신한다. 나이 든 남자들의 성적 시도에 대항하여 젊은 처자가 자신을 방어하는 것이 자연스러운 시대에, 구역질을 자명한 것으로 여기지 않는 프로이트의 관점은 그것의 중요성을 충분히 인식한 것이었고, 그것은 곧바로 그 구역질이 무엇을 의미하는 지에 대한 조사로 이어진다. 한 마디로, 그는 억압된 욕망이 증상 속에 감춰져 있다 — 겉으로는 증상이 욕망에서 아주 멀리 떨어져 있는 것처럼 보이지만 — 는 걸 보여준다. "히스테리 증상은 가장 비밀스럽게 억압된 욕망의 표현이다."[6] 그것은 분명 정신분석의 핵심 공헌 중의 하나이다.

그렇지만 분석 치료의 초기부터 더 중요한 것은, 도라의 아버지와 K씨

5 *Ibid.*, p.214.
6 *Ibid.*, p.190.

부인의 관계에 관한 것이었다. 도라가 프로이트를 보러 왔을 때, 프로이트는 그녀가 그들이 유지하고 있는 관계를 격하게 고발하면서도, 그녀 자신이 그 관계를 조장한다는 사실을 재빨리 알아챈다. 그러면서도 그녀를 그러한 고발로 이끄는 것은, 교환 화폐 — 아버지가 자신의 음모를 위해 도라를 K씨의 사랑의 기도에 내맡기는, 즉 K씨 부인을 얻는 대신 도라를 K씨에게 넘기는 — 로 이용된다는 느낌이다. 프로이트는 그러한 관계와 연관하여 도라의 증상들 중의 하나인 신경성 기침의 상징적 의미를 재빨리 해석해낸다.

프로이트는 그녀의 신경성 기침(tussis nervosa)을 여러 가지 차원이 중첩된 것으로 해석한다. 우선 프로이트는 여러 요소를 종합해본 결과 증상의 기저에 이미 기침이 유발될 수 있는 기질적 조건이 존재한다고 판단한다. 그리고 그 위에 성감대의 의미를 지닌 신체부위, 즉 손가락 빨기와 연결되는 구강의 성감대가 덧붙여진다. 이제 그러한 구강 욕동의 흥분은 첫 번째 심리적 의미, 즉 폐결핵에 걸린 아버지에 대한 연민에서 나오는 모방과 그에 따른 자기비난 — 아버지를 사랑하는 것에 대한 죄책감 — 과 처벌의 의미가 결합해 증상으로 고착된 것이다. 그리고 그것은 이제 K씨와의 관계에서 그의 부재를 아쉬워하고 그에게 더 좋은 아내가 되고자 하는 소원을 표현하는 능력으로 나타난다. 즉 도라의 기침 증상은 K씨가 부재했던 3주에서 6주 동안 지속되는데 반해, K씨 부인은 K씨의 부재 시에 건강했다가도 K씨가 돌아오기만 하면 아팠다. 이렇게 K씨 부인은 병을 통해 남편에 대한 거부감을 표현한 반면, 도라는 그에 대한 사랑을 표현했던 것이다. 특히 도라가 기침 때문에 발성장애를 겪을 때는 이상하리만큼 글이 잘 써졌는데, 연인이 멀리 떨어져 있을 때 말을 포기하고 그 사람과 교류할 수 있는 유일한 수단인 편지를 선택했던 것이다. 마지막으로 리비도의 일부분이 다시 아버지에게 향하게 된 후에(이것은 뒤에 분석할 첫 번째 꿈이 증명해준다), 이 증상은 자신을 K씨 부인과 동일시한 상태에서 이루어지는 아버지와의 성교 — 특히 펠라치오(fellatio) — 를 표현함으로써 결정적인 의미를 획득한다. 이것은 앞에서 말한 구역질과도 연결되는데, 왜냐하면 구역질은 배설물이 풍기는 냄새에 대한 반응이기 때문이다. 다시 말해 그것은 성기, 그 중에서도 남자의 성기를 기억나게 하는데, 그 기관은 성교 이외에도 소변의 기능을 갖고 있기 때문이다. 따라서 구역질은 펠라치오 환상에서 입술의 성감대를 억압하기 위한 증상이다. 이렇게 프로이트는 그녀에 대한 질문을 통해, 그녀에게 다른 형태의 성적 충족 — 입-성기의 성적 환상 — 이 존재하고, 그것이 기침이라는 증상 속에 숨어서 실현되고 있다는 사실을 확신한다. 결론적으로 이 모든 것은 프로이트에 따르면 아버지에 대한 그녀의 오이디푸스적 사랑으로 귀결되는 것이다.

그러니 아버지를 사랑한 도라가 자기를 담보로 K씨 부인과의 사랑을 유지하려는 아버지에게 어떻게 했겠는가? 도라는 호숫가에서의 사건 이후 한편으로는 K씨를 피하면서, 다른 한편으로는 아버지가 K씨 부인과의 관계를 끊기를 바란다. 결국 그녀의 질병의 목적은 아버지가 마음을 누그러뜨려 K씨 부인과의 관계를 끊게 만드는 데 있는 것이 분명했다. 그녀는 작별편지를 통해 아버지를 경악시키거나, 기절을 함으로써 동정을 불러일으키면 목적을 달성할 수 있으리라고 생각한 것이다. 그런 시도들은 비록 실패했지만, 최소한 호숫가에서의 사건을 믿어주지 않고 K씨의 말에 동조한 아버지에게 복수한 것이다. 솔직히 그녀는 아버지가 딸의 건강을 위해 K씨 부인을 희생하겠노라고 약속하기만 했다면, 아마 금방 좋아졌을 것이다.

그러나 그녀의 아버지는 계속 K씨 부인과 친밀한 관계를 맺는다. 몸이 약한 아버지를 곁에서 돌봐 주었던 사람이 K씨 부인이었던 것이다. 그녀는 그렇게 K씨 부인과 교제를 계속하는 아버지를 용서할 수 없었다. 게다가 그녀는 아버지가 K씨 부인과의 교제를 지속시키기 위해 자기를 K씨 손아귀에서 놀아나도록 두었다고 생각한다. 당시 의기소침해 있던 아버지가 숲속에서 자살을 감행하려던 순간에, 이를 알아차린 K씨 부인이 다가와서 간곡히 말리는 바람에 아빠가 이성을 되찾는 일이 있었다. 도라는 이 말을 믿지 않았고 아버지가 K씨 부인과의 밀회를 정당화하기 위해 꾸며낸 자살극이라고 생각한다. 프로이트는 그러한 아버지에 대한 비난 속에서 똑같은 내용의 자기비난 — 도라 자신의 — 을 추리해낸다. 말하자면 그녀는 자기 탄핵을 숨기기 위해 다른 사람을 탄핵하는 방식을 선택한 것이다. 그것은 도라가 아버지와는 반대로 K씨에게 줄곧 연정을 품고 있었지만, K씨와의 교제를 지속시키기 위해 암묵적으로 아버지와 K씨 부인과의 관계를 후원했던 것에 대해 가해질 수 있는 비난을 아버지에게 돌렸다는 것을 의미한다.

이렇게 프로이트는 도라가 아버지에 대한 사랑에 고착되어 있다는 결론으로 몰아간다. 그리고 그 사랑이 K씨에게 전이되었지만, 아직 아버지와 K씨 사이에서 갈팡질팡한다고 생각한다. 프로이트에 따르면, 그러한 사실은 도라의 두 꿈 분석에서 잘 드러난다. 게다가 두 꿈 사이의 시간적 간격은 분석의 진행과 일치해서, 분석치료의 효과가 도라의 두 번째 꿈에 반영된다. 말하자면 첫 번째 꿈이 아버지에 고착된 사랑을 보여주고 있다면, 두 번째 꿈은 아버지로부터 벗어나 다른 남자에게 가는 심리적 발전을 보여주고 있다.

★

치료 이야기는 두 꿈을 중심으로 이루어진다. 그것들의 분석은 아주 상세하다. 그래서 완전히 요약되기는 힘들다. 프로이트는 『꿈의 해석』에서처럼 도라의 꿈과 관계된 모든 연상에 주목한다. 그 연상들은 최근의 사건과 도라 자신의 욕망 — 꿈 꿀 때 느낀 — 으로 귀결된다. 꿈은 이렇게 항상 양 다리 — 즉 낮의 잔재와 어린 시절의 억압된 욕망과 — 를 걸치고 있다. 첫 번째 꿈에서도 마찬가지다.[7] "대화재가 난다. 도라의 아버지는 그녀의 침대 앞에 서 있다. 아버지가 그녀를 깨운다. 그녀의 어머니는 자신의 보석 상자를 구출한다. 그러나 아버지는 그들[도라와 어머니]을 끌고 나간다." 이 꿈은 주로 최근의 기억 — 도라가 깨어나면서 자기 침대 옆에 서 있는 K씨를 본 장면 — 으로 귀결된다. 프로이트는 그 꿈이 그러한 상황이 일어나는 것을 피하고자 하는 소원 — 그렇지만 K씨에게 아무 것도 거부하지 않으려는 억압된 욕망 — 을 표현하고 있다고 해석한다. 그러나 도라의 연상 중에는 도라 아버지가 예전에 말한 것도 포함되어 있다. "밤에 방문을 열어두는 것이 더 낫다. 그러면 나가고 싶을 때 [나갈 수 있다.]" 이 마지막 문장은 도라에게 야뇨증이 있을 시절도 참조하고 있다. 따라서 그의 아버지가 그녀를 깨우는 것은 그녀가 이불을 적시는 것을 피하는 것과 일치한다. 그래서 이 꿈은 도라가 아버지의 보호와 사랑을 부르는 것으로 해석될 수 있는 것이다.

첫 번째 꿈이 연인으로 향하던 시선을 아버지에게로 돌리는 현상, 즉 현재의 삶에서 과거의 질병으로의 도피를 나타낸다면, 두 번째 꿈은 한편으로는 그녀가 아버지에게서 벗어나서 삶을 찾아가는 모습을 보여주고 있고, 다른 한편으로는 K씨와 K씨의 전이인 프로이트에 대한 복수심을 나타내고 있다. 꿈 내용은 이렇다.[8] "어떤 미지의 도시에서 산책을 하면서 낯선 광장이며 거리를 구경해요. 그러고 나서 나는 내가 머무는 집으로 가요. 내 방으로 올라간 나는 어머니의 편지를 발견해요. 어머니의 편지에는 내가 부모님에게 알리지 않고 집을 떠났기 때문에 아버지가 아프다는 사실을 전하지

7 프로이트, 「도라의 히스테리 분석」, 열린책들, p.252 이하 참조.
8 *Ibid.*, p.285 이하 참조.

않았다고 씌어 있었어요. 또 아버지가 지금 돌아가셨으며, 만일 <네가 원한다면 와도 좋다>고 했어요. 나는 이제 기차역으로 가요. 가는 도중에 <기차역은 어디 있습니까?>라는 질문을 백번도 더 하지만 매번 <5분>이라는 똑같은 대답을 들어요. 내 앞에 무성한 숲이 보여요. 숲으로 들어간 나는 어떤 남자를 만나요. 그는 나에게 아직도 두 시간 반이 남았다고 말해요. 그는 나와 함께 가겠다는 제의를 해요. 나는 그 제의를 거절하고 혼자 가요. [⋯]" 두 번째 꿈의 핵심은 <어떤 남자>로 표현되는 K씨(와 그와 동일시되는 프로이트)에 대한 욕망 — 오이디푸스적인 사랑이 전이된 — 과, 그에 대한 복수심이 강조되는 방향에서 해석될 수 있다. 왜냐하면 프로이트가 그녀에게 K씨를 기억나게 한 미지의 어떤 요소를 갖고 있어서, 그녀는 K씨에게 하고 싶었던 복수를 프로이트에게 한 것이기 때문이다. 그리고 그녀는 K에게서 기만당하고 버림받았다고 느꼈던 것처럼 프로이트를 떠난다. K씨와 결혼할 수 있을 때까지(숙녀가 될 때까지) 기다리겠다고 하다가 K씨를 떠나갔듯이, 1년 정도 걸리는 치료를 못 견디고 프로이트를 떠난 것이다. 거기에는 K씨에 대한 양가감정처럼 프로이트에게도 프로이트를 떠나면서 동시에 잡아주기를 바라는 마음도 있었다고 할 수 있다. 이렇게 두 번째 꿈의 분석에 이어, 도라는 치료를 그만둔다. 그리하여 분석은 미완성으로 남는다. 그것을 프로이트는 다음과 같이 평가한다. 도라가 치료하는 동안 아버지에 대한 사랑을 프로이트에게 전이한 것이고, 또한 K씨에 대한 사랑을 프로이트에게 전이한 것이다. 그 전이를 환자와 분석하기 않았기 때문에, 그녀는 치료를 포기하는 것이고, 그것으로써 복수욕을 성취하는 것이다.[9] 프로이트가 도라의 사례를 실패한 치료로 생각하는 것은, 바로 그러한 전이를 도라에게

9 *Ibid.*, pp.314 참조.

제때 해석해줌으로써 그러한 복수 — 정확히 행동화 내지 행위로의 이행 — 의 고리를 끊었어야 했어야 했는데 그러지 못했다는 자각 때문이다.

내가 전이에 대해서 이야기할 수밖에 없었던 이유는 이 요인을 통해서만 도라를 분석할 때의 특수성이 해명 가능했기 때문이었다. 이 분석의 장점임과 동시에 입문서로서 첫 출판의 동기가 된 내용의 투명성은 결국 예상보다 빨리 분석을 중단하게 만든 커다란 결함과 내적 연관을 맺고 있다. 나는 전이를 제때에 파악하지 못했다. 그녀가 병의 원인이 된 자료의 일부를 제시하며, (분석)요법에 기꺼이 응하는 바람에 나는 전이의 첫 징후를 주의해야 하는 신중함을 망각했다. 이 전이를 그녀는 똑같은 자료 중에서 나는 알지 못하는 또 다른 부분들과 함께 준비해놓고 있었다. 처음에 분명하게 나타났듯이, 그녀의 공상에서 나는 아버지를 대체했다. 이 현상은 우리 두 사람 사이의 나이 차이를 생각해도 그럴 듯했다. 그녀는 또한 의식적으로 나를 아버지와 비교했고, 내가 그녀에 대해서 정말 정직한지 확인하고자 했다. 왜냐하면 아버지는 <항상 넌지시 암시하거나 빙빙 돌려 말하기를 좋아하기> 때문이었다. 첫 번째 꿈에서 그녀가 당시 K씨 집을 떠나려고 했던 때처럼 치료를 그만두겠다고 스스로에게 경고했을 때, 나는 그 경고가 나에게도 해당된다는 것을 알아차리고 그녀를 꾸짖었어야 했다. 즉 <지금 당신은 K씨를 나에게로 전이시켰습니다. 당신 역시 K씨와 비슷한 악의를 (직접적으로 혹은 어느 정도 순화시켜서) 품고 있다는 것을 깨닫지 않았습니까? 혹은 이전에 K씨에게 가졌던 충동이 나를 보면 되살아나거나 그 충동이 나에게서 느껴지지 않습니까?>라는 식으로 추궁해야 했다. 만약에 그랬다면, 그녀는 나 개인 혹은 나의 상황을 전제로 한 우리의 만남에서 K씨와 관련된 더할 나위 없이 중요한 단서에 주의를 기울였을 것이다. 이러한 전이를 해결함으로써, 분석은 아마도 사실에 입각한 새로운 꿈의 자료에 접할 수 있었을 것이다. 그러나 나는 첫 번째 경고를 흘려들었고, 전이의 또 다른 단계들이 중지되어 분석을 위한 자료가 고갈되는 상태에 이르기 전까지 시간적 여유가 많다고 생각했다. 따라서 이 전이는 나에게 뜻밖의 일이었다. 내가 그녀에게 K씨를 기억나게 해준

x(미지의 요인) 때문에 그녀는 K씨에게 하고 싶었던 복수를 나에게 했다. 그리고 그녀는 그에게서 기만당하고 버림받았다고 느꼈던 것처럼 나를 떠났다. 그녀는 자신의 기억과 공상의 중요 부분을 치료 도중에 되풀이해서 말하는 대신 <행동으로 보여주었다(agieren; mettre en action)>. x(미지의 요인)가 무엇인지 나는 물론 알 수가 없다. 상상컨대 그것은 금전과 관련이 있었거나 혹은 병을 완치한 후에 우리 가족과 유대 관계를 맺었던 다른 여자 환자에 대한 질투였을 것이다. 전이가 일찍 분석에 들어오게 되면, 그 진행 과정은 불투명하고 느려진다. 그렇지만 그러한 전이는 물리치기 어려운 돌발적인 저항에 비해 더 잘 보장된 [저항인] 것이다.[10]

한 마디로 도라는 아버지에 대한 사랑을 아버지가 몰라주고 K씨 부인과 밀애를 하는 것에 대한 복수로, K씨를 사랑하고 K씨에게 복수의 행동—K씨의 따귀를 때리고 K씨 집을 떠나는—을 했지만, 그 역시 그러한 행동의 의미를 몰랐듯이, 프로이트와의 분석에서 도라가 치료를 그만두겠다고 한 경고의 의미를 프로이트가 파악하지 못한 것이, 도라의 분석치료의 패인이라는 것이다. 즉 그것은 프로이트에게 아버지와 K씨에 대한 사랑과 복수의 전이—정확히 말하면 전이의 행동화—인데, 프로이트는 그것이 전이인 줄 몰랐던 것이다. 그것이 전이임을 빨리 파악해서 그것의 무의식적 의미를 해석해주고 말로 인정하게 해야 하는데 말이다. 그 결과 도라는 분석을 중도에 포기하고 프로이트를 떠남으로써 프로이트에게 복수하고,[11]

10 *Ibid.*, pp.312-3.

11 프로이트에게 두 번째 꿈을 이야기했는데도 프로이트가 몰라주자, 이러한 복수의 행렬은 남성 전체로 확대된다: "도라의 두 번째 꿈에서 전이는 여러 가지의 뚜렷한 암시들로 대표된다. 그녀가 그 꿈을 나에게 이야기할 때는 몰랐으나, 이틀 후에서야 나는 비로소 앞으로 우리에게 남은 작업 시간이 두 시간이라는 사실을 알았다. 이 시간은 바로 그녀가 서로 상대의 성기를 입으로 빠는 성교를 하고 있는 마돈나의 그림 앞에서 보낸 시간이며 또한 그녀 스스로 정정했듯이 (두 시간 반이 아니라 두 시간) 호숫가를 일부러 배회한 후 집에

프로이트는 뒤늦게, 전이 — 전이의 행동화 — 는 일반적인 돌발적인 저항에 비해 더 잘 보장된 저항이라고 깨닫는 것이다. 그는 그 사례에 붙인 각주에서 다음과 같이 자책하고 있다: "이 분석이 끝나고 시간이 지날수록 어떤 일을 소홀히 함으로 인해서 생겨난 나의 기술적인 오류가 점점 더 확실해지는 것처럼 보인다."[12]

아무튼 "복수의 섬뜩한 동기를 이루는 흥분이 평상시에 증상을 정당화하는 데 이용되다가 치료 도중에는 의사에게 전이된다. 의사가 흥분의 근원이 자기 개인에게 있다는 점을 알아차릴 시간적 여유를 아직 갖지 못한 상황에서 환자를 치료하려는 노력이 아무런 효과도 거두지 못하는 것은 놀랄 만한 일이 못된다. 왜냐하면 환자는 의사가 무기력하고 무능하다는 점을 스스로에게 인식시킴으로써 가장 효과적으로 복수하기 때문이다. 그럼에도 불구하고 나는 도라의 경우처럼 미완성으로 끝난 치료의 의학적 가치를 과소평가하지 않는다."[13]

분석치료는 실패 — 프로이트는 애써 미완성이라고 말한다 — 로 끝났지만, 역시 프로이트는 학자다운 면모와 양심을 보인다. 도라의 사례를 타산지석으로 삼고 거기서 전이 이론을 끌어내려는 그의 태도는 사뭇 수도사처럼

도착할 때까지 걸린 시간이다. K씨가 그녀와 결혼할 수 있을 때까지 기다리겠다는 심정에서 유래한 꿈에서 독일의 젊은 남자를 차지하기 위해 기다리는 장면의 의미는 벌써 며칠 전의 전이에서 표현되었다. 그녀에게는 치료 기간이 너무 길게 느껴졌다. 초기에 그녀는 치료가 끝나려면 대략 1년은 걸릴 것이라는 나의 예고를 충분히 이해했던 반면에 이제는 더 이상 그렇게 오래 기다릴 수 있을 만한 인내심이 없어진 것이다. 드레스덴의 화랑을 방문했던 경험에서 기인한 꿈에서 그녀가 누가 따라오는 것을 거부하고 차라리 혼자 가겠다고 말한 대목의 의미를 나는 당일에 알아차릴 수 있어야만 했다. 남자에 대한 그녀의 거부감은 <모든 남자들은 비열하기 때문에 나는 차라리 결혼하지 않을 테야. 그것은 남자들에 대한 나의 복수야.>라는 의미를 담고 있었다."(*Ibid.*, pp.313-4)

12 *Ibid.*, p.314, 각주 106.

13 *Ibid.*, p.315.

보이기까지 한다. 그는 <말치료>라는 별명이 붙은 정신분석의 창시자로서, 억압된 기억의 언표화와 그것의 치료 효과를 강조했고, 그러다가 회상에 대한 저항 — 기억나는 바가 없다든지, 기억이 나더라도 말하려고 하지 않는다든지 — 을 발견한다. "떠오르는 생각을 말해달라고 요구한 다음에 우리는 그가 말을 줄줄 쏟아낼 것이라고 기대한다. 하지만 종종 그가 아무 말도 할 수 없다는 것을 알게 된다."[14] 그러나 그 순간, 즉 "피분석자가 잊어버린 것들과 억압된 것들 중에서 어떤 것도 기억해내지 못하는 순간에, 기억 대신 그것들을 행동화한다(Agieren; acting out; traduire en actes)."는 것을 발견한다. "피분석자는 그것을 기억이 아니라 행위(Tat; acte)로 재생하는(reproduzieren; reproduire) 것이다."[15] 그런데 "그러한 행동화(Agieren; acting out; mise en actes)(반복)는 저항이 클수록 더욱 더 회상을 대체한다. 잊어버린 것을 이상적으로 기억해내는 최면은 저항이 완전히 옆으로 치워진 상태와 일치한다."[16] 말하자면 행동화는 회상 대신이다. 따라서 회상과 행동화는 적어도 프로이트에게 있어서 서로 대립한다. 왜 그럴까? 확실히 행동은 말과 마찬가지로 의사소통의 한 방식일 뿐인데 말이다. 프로이트는 여기서 반복의 개념에 주목한다. 즉 프로이트가 보기에, 전이의 행동화는 부모에 대한 어린 시절의 사랑과 증오를 실제로 똑같이 <재생> 또는 <반복>하는 것이다. 그에 비해 회상의 언표화는 간접적인 상징화이다. 그리하여 프로이트에게 전이라는 부인할 수 없는 현상을 기술함에 있어서, 회상과 행동화는 서로 대립된다. 아무튼 전이와 반복의 관계에 대해서는 따로 한 장을 마련하여 다시 언급할 것이지만, 프로이트에게 전이는 과거 체험의 재판이다.

---

14 프로이트, 「기억하기, 되풀이하기 그리고 훈습하기[회상, 반복 그리고 관통작업]」, in 『끝낼 수 있는 분석과 끝낼 수 없는 분석』(이덕하 역), 도서출판 b, p.111.

15 *Ibid.*, p.110.

16 *Ibid.*, p.112.

전이란 무엇인가? 그것은 분석 작업이 진행되면서 일깨워져서 자각하게 된 자극과 환상의 신판이며 복제이다. 이때 과거의 어떤 인물이 의사 개인으로 대체되는 현상이 특징적으로 나타난다. 다른 말로 표현하자면, 과거에 겪은 일련의 심리적 체험들이 사라지지 않고 의사 개인과 현실적 관계를 맺으며 다시 살아난다. 대체가 이루어진 다음에도 내용적으로 그 이전의 형상물과 전혀 차이가 없는 전이들이 존재한다. 이 전이들은 비유적으로 말해서 판에 박은 재판 또는 재인쇄다. 다른 종류의 전이들은 좀 더 기술적으로 만들어진다. 그것들은 내용의 완화, 즉 <승화>를 거치고, 의사 개인이나 그를 둘러싸고 있는 상황의 특수한 실제 — 교묘하게 이용되는 — 에 의지하기 때문에 의식화될 수 있다. 그래서 그것은 수정된 개정판이지 재인쇄가 아니다.[17]

여기서도 프로이트는 두 가지 전이를 구분하고 있다. 과거에 겪은 심리적 체험이 분석가와의 현실적 관계에서 되풀이되는 재판으로서의 전이와, 무의식적 사고의 내용이 의사와의 특수한 상황에서 승화되어 나타나는 수정된 개정판으로서의 전이가 그것이다. 전자는 고유한 의미에서의 행동화로서의 전이이다. 문제는 전자이다. 왜냐하면 후자는 의식화할 수 있을 만큼 암시적이고 상징화되어 있는데 반해 전자는 즉각적인 행동으로 나타나기 때문에 해석할 방도도, 피할 방도도 없기 때문이다. 그러나 그것은 정신분석을 할 때 마지막 가장 커다란 장애물이기 때문에, 그리고 무의식을 현재의 현실 속에 확연하게 표출해주기 때문에, 그 전이의 진상을 파악하여 환자에게만 알려준다면 정신분석치료의 가장 강력한 수단이 될 수 있다.

분석 기술에 관한 이론에 친숙해지면 전이가 필수적인 요수 사항임을 통찰

17 프로이트, 「도라의 히스테리 분석」, 열린책들, p.310.

> 하게 된다. 실제로 이 전이는 피할 방도가 없으며 그 이전의 증상들과 마찬가지로 질병의 마지막 작품인 이 증상마저도 퇴치 가능하다는 점을 최소한 확실할 수 있다. 이 부분을 다루는 작업이 가장 어렵다. 꿈들을 해석하는 작업, 환자의 착상에서 무의식적인 사고와 기억을 끄집어내는 작업, 이와 비슷한 번역 기교 등은 쉽게 배울 수 있다. 이 경우는 환자 스스로 텍스트를 제공한다. 그러나 전이만큼은 사소산 근거를 바탕으로 독자적으로 해답을 찾아내야 하며, 자의적 판단에 의한 오류를 범하는 일이 없어야 한다. 전이를 다루기란 여간 어렵지 않다. 그 이유는 전이가 치료에 필요한 자료에 접근하지 못하도록 온갖 종류의 방해물을 만들어내는데 이용되기 때문이다. 또한 전체적 맥락이 올바르다는 확신은 전이가 해결된 뒤에서야 비로소 생겨나기 때문이기도 하다.[18]

그런데 이렇게 양심 고백을 하면서까지 전이의 행동화를 발견하고 이론화한 것은 프로이트의 놀라운 혜안이지만, 다른 한편으로 그 행동화에 대한 프로이트의 해석은 또 다른 오류를 낳는다. 왜냐하면 프로이트의 해석대로, 아버지에 대한 도라의 억압된 사랑이 K씨와 프로이트에게 전이되었다는 것을 그대로 받아들인다면, 그의 지적대로, 그것은 도라의 동성애에 대한 설명은커녕 오히려 서로 모순되기 때문이다.

> K씨 부인에 대한 그녀의 동성애(여성기호증)야말로 그녀의 정신적 삶이 지닌 무의식적 흐름들 중에서 가장 강력한 것이었다는 점을 제때에 환자에게 이야기해주지 못했던 것이다. 다른 사람이 아닌 바로 K씨 부인이 성에 관한 지식의 핵심 진원지이며, 또한 그러한 대상에 관심을 갖는다는 이유로 도라를 비난한 인물이기도 하다는 것을 그녀에게 알려주었어야 했다. 도라는 그 모든 상스러운 이야기를 알고 있었음에도 불구하고 그 습득 과정에 대해서는 관심

18 *Ibid.*, p.310-11.

이 없었다는 것은 이상한 일이었다. 이 수수께끼를 실마리로 삼았어야 했다. 이 특이한 억압의 동기를 찾았어야 했던 것이다. 그 뒤 두 번째 꿈에서 이 사실을 알아차릴 수도 있었을 것이다. 이 꿈에 표현된 무분별한 복수욕은 반대되는 성향, 즉 사랑했던 여자 애인의 배신을 용서하고 그녀가 도라의 눈을 뜨게 해준 지식을 전달한 장본인이면서도 도라에게 혐의를 씌우려고 했던 사실을 아무에게도 말하지 않는 의협심을 은폐하기에 매우 적합했다. 정신신경증 환자에게 동성애적 성향이 갖는 의미를 알기 전에는 치료가 진척을 이루지 못하거나 완전히 혼란에 빠지는 경우가 많았다.[19]

이렇게 프로이트는 숭배에 가까운 K씨 부인에 대한 도라의 동성애를 해석하지 못한 잘못을 자인하는 여운을 남긴다. 그런데 그 잘못은 그냥 넘겨버릴 수 있는 잘못이 아니라, 지금까지의 모든 프로이트의 해석을 뒤집어버릴 수 있는 엄청난 폭발력을 지닌 화근이 아닌가? 왜냐하면 K씨 부인에 대한 동성애가 가능하려면, K씨 부인과 동일시해서 아버지에 대한 사랑을 K씨에게 전이했다고 해석해서는 안 되기 때문이다. 동성애가 가능해지기 위해서는, 오히려 도라가 K씨 부인을 사랑하는 남자와 동일시하는 것으로 해석해야 되는 것 아닌가? 따라서 프로이트가 지적대로 도라의 동성애가 간과되었다면, 프로이트의 해석은 전부 정반대로 뒤집어져야 한다. 해석의 출발점 자체가 대척점에 있는 것이다. 즉 프로이트는 <정육점 안주인의 꿈>의 분석에서, "여자 히스테리 환자는 자신이 성관계를 가졌던 사람이나, 자기처럼 그 사람과 성관계를 가졌던 사람과 동일시하는 것을, 전적으로 그런 것은 아니지만 선호한다."[20]고 말하고 있는데, 프로이트는 도라가 그녀가 사랑하는 사람(남자)과 동일시하는 것이 아니라, 그 사랑하는 사람(남자)

19 *Ibid.*, pp.314-5, 각주 106.
20 프로이트, 『꿈의 해석』, 열린책들, p.194.

이 사랑하는 여자와 동일시하는 것으로 본 것이다.

"그것은 과연 프로이트의 실수인가? 라캉은 「전이에 대한 토론」(1951, 『에크리』, 1966)이라는 글과 여러 세미나에서 도라의 사례를 재론하면서 주석을 붙인다. 그는 프로이트가 인지했지만 간과한 차원을 강조한다. 즉 K부인 — 그리고 <그녀의 육체의 눈부시게 흰 피부> — 에 대해 도라가 <홀딱 빠진 애착>이 그것이다. 따라서 여기서 잊지 말아야 할 것은 도라의 동성애적 욕망이다."[21]

호숫가의 이 사건을 어떻게 해석할 수 있는가? 만약 K씨의 구애가 강제 추행이었다면, 도라가 따귀를 때리고 달아나는 것은 너무나 당연하다. 그러나 도라가 K씨를 사랑했다는 흔적은 여기저기서 발견된다. 예컨대 K씨와 결혼할 수 있을 때까지 기다리겠다든지, K씨가 출장을 갔을 때 기침 때문에 발성 장애가 나타나서 대신 사랑의 편지를 쓴다든지 하는 것이 그 증거이다. 따라서 K씨의 구애는 강제 추행이라기보다 오히려 숙녀에게 예를 다하는 정중한 접근이라고 보아야 한다. 그렇다면 <나의 아내는 나에게 아무것도 아니야.>라는 K씨의 말은 도라에게 오히려 K씨의 마음을 확인할 수 있는 위안이 아닌가? 그런데도 도라는 K씨의 그 말에 따귀를 때리고 도망간다. 일반적으로 생각할 때, 보통 여자가 남자의 따귀를 때리는 경우는, 남자가 '나는 너를 이제 더 이상 사랑하지 않아. 다른 사랑하는 여자가 생겼어.'라고 말할 때이다. 그 때 여자는 남자에게 배신감을 느끼고 그의 따귀를 때린다. 그것은 그 남자가 나를 사랑하고 있고, 나도 그를 사랑하고 있다고 믿었는데, 그 남자가 나의 믿음과 사랑을 배신했다는 뜻이다. 그렇다면 도라의 경우는 여러 가지 면에서 일반적인 경우와 정반대다. 즉 자신의 연적이라고

21 R. Chemama, <Dora> in *Dictionnaire de la psychanalyse*, Larousse, 2003, p.118.

할 수 있는 K씨 부인을 K씨가 더 이상 사랑하지 않는다고 말하고 있는데, 그 말에 자신의 애인인 K씨의 따귀를 때리고 있는 것이다. 애인에 대해 고백하는 남편을 아내가 때리는 일은 있어도, <아내는 나에게 아무것도 아니다>라고 고백하는 정부를 때리는 여자는 없다. 이것을 어떻게 해석할 수 있을까? 이것이 가능하려면, K씨의 구애의 말 — '아내는 나에게 아무것도 아니야' — 이 도리어 도라에게 여러 가지 차원에서 환멸과 배신감을 불러일으켜야 한다. 우선 도라는 K씨 부인을, K씨의 말과는 반대로, 즉 <아무것도 아닌 것>과는 반대로 자신의 <전부>라고 생각하고 있어야 한다. 그래야 K씨의 말이 도라로 하여금 K씨의 따귀를 때리게 할 만큼 도라에게 충격적일 수 있다. 그렇다. K씨 부인은 도라에게 그녀의 <전부>였던 것이다. 그것은 도라가 K씨 부인에게서 자기 자신의 <전부>를 발견하고 K씨 부인을 사랑했다는 것을 의미한다. 즉 도라는 K씨 부인에게서 자기 자신의 성 — 여성성 — 의 신비를 보았던 것이다. K씨 부인이 호숫가의 사건을 도라가 꾸며낸 것이라고 도라의 아버지에게 모함을 해도, 도라는 그녀를 비난하기는커녕 K씨 부인의 눈부시게 흰 피부에 홀딱 반하고, 그녀와 더 가까이 지내면서 모든 여성의 비밀을 그녀에게서 배우는 것이 그것을 증명해 보여준다.

그러한 맥락에서 도라가 K씨와 유지하고 있는 사랑은 K씨 부인을 사랑하기 위한 조건 또는 눈속임에 불과하다. 즉 도라는 그런 상상적 사랑의 미끼를 통해 K씨와 동일시하고 있는 것이다. 이제 우리는 도라의 행위를 이렇게 말로 표현할 수 있다. <나에게 전부였던 K씨 부인이 K씨에게 아무것도 아니라면, K씨는 나에게 무엇일 수 있단 말인가? 아무것도 아닐 수밖에 없다. 왜냐하면 내가 K씨를 사랑한 것은 K씨 부인을 사랑하기 위함이고, K씨에게도 K씨 부인이 전부라는(즉 K씨가 K씨 부인을 사랑한다는) 전제하에서다.> 그러한 의미에서 도라는 차라리 신경성 기침을 통해 그의 아버지와 동일시하는 것이고, 펠라치오 환상이라기보다 무의식적인 쿠니링구스(cunnilingus) 환상이다. "라캉은 말한다. <K부인은 여기서 개인으로서가 아니라 신비로서의 가치가 있다.> 그녀는 도라에게 여성성 — 그녀 자신의 여성성 — 의 신비이다. 도라는 그 여성성에 어렵게 접근한다. 도라는 남자와의 동일시를 통해 그 불가사의의 해결에 가까워진다. 그러한 이유로 해서 그녀는 사랑의 고백 장면에서 K씨의 따귀를 때리는 것이다. 그의 부인이 K씨에게 아무 것도 아니라면, 그는 그녀에게 무엇일 수 있겠는가?"[22]

그렇게 해서 K씨의 말은 도라로 하여금 K씨의 따귀를 때리는 행위로 이행(passage à l'acte)[23]하게 하면서, 그녀의 욕망을 지탱하고 있던 끈과 구조를 파열시킨다. 그것을 라캉은 프로이트의 텍스트로부터 도라의 무의식의 변증법을 <도식 L>로 공식화한다. 그녀가 K씨 대신 K씨 부인을 사랑하는 것은 후자가 S(주체)로서 자신의 무의식의 문제 — 여자란 무엇인가? — 를 은유화하고 있기 때문이다. 그녀의 꿈이 그것을 증명하고 있다. 그녀는 그러한 사랑을, 자신도 모르게 K씨와의 동일시에 의해 유지한다. 그래서 K씨에 의해 말해진 말 — <나의 부인은 나에게 아무것도 아니야.> — 은 도라를 순수한 교환 대상의 위치로 돌려보내면서, 넷으로 된 교환의 회로를 끊어버리는 것이다.[24]

22 R. Chemama, <Dora> in *Dictionnaire de la psychanalyse*, Larousse, 2003, p.118.
23 호숫가의 사건을 도라의 <행위로의 이행(passage à l'acte)>로 보는 것은 라캉의 독특한 시각인데, 그에 대해서는 임진수, 『실재와 진실』(파워북, 2012), 제15장 <행동화> 참조.
24 이러한 맥락에서 볼 때, 도라는 K씨의 말을 상당히 박해적으로 해석하고 있는 듯이 보인다. 그래서 라캉이 그것을 '조그만 박해적(persécutif) 에피소드'라 부르는 것이다.

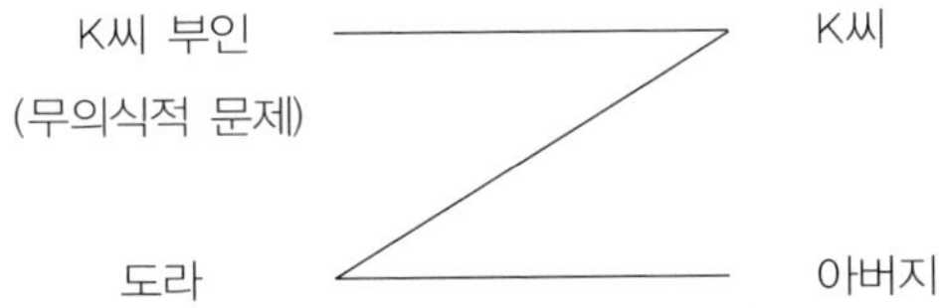

그 뒤에 라캉은 그의 세미나에서 다양한 형태로 도라의 사례를 자주 재론한다. 그 사례 덕분에 그는 히스테리에 대한 강력한 이론을 공식화한다. <히스테리 환자는 다른 여인에게 보내는 경의 속에서 자신을 느끼고, 그 여자(그녀가 자기 자신의 신비를 숭배하게 되는 여자[그녀로 하여금 자신의 신비를 숭배하게 하는 여자])를 남자(그녀가 향유하지 않고 그의 역할을 떠맡는 남자)에게 제공한다.>[25]

우리의 관심은 도라를 비롯한 히스테리 환자의 동성애가 아니다. 도라의 전이의 행동화(Agieren)에 대한 해석이다. 다음 장에서는 그러한 전이와 행동화의 관계를 집중적으로 다루려고 한다.

2010년 3월 24일 / 3월 31일

25 R. Chemama, <Dora> in *Dictionnaire de la psychanalyse*, Larousse, 2003, p.118 에서 재인용: “그러한 조건의 문제는 기본적으로 자신이 남자의 욕망의 대상임을 인정하는 것이다. 그것이 바로 도라에게는, [드레스텐의] 마돈나 앞에서 오랜 명상에서와 똑같이, K 부인에 대한 그녀의 숭배를 야기하는 신비이다. 그리고 그녀가 머나먼 자신의 남자 팬의 힘을 빌릴 때, 그는 여자를 신의 욕망의 대상이나 욕망의 초월적 대상으로 만들면서, 기독교가 주체를 진퇴양난으로 몰아세우는 해결책으로 그녀를 몰아간다.”(Lacan, *Ecrits*, Seuil, p.222)

IV

전이와 행동화(2)

행동화와 행위로의 이행
행동(agir)와 행위(acte)
전이에 대한 프로이트의 오독: 역전이
귀머거리에게 하는 말로서의 행동화
행위, 기호형식, 절단

우리는 앞장에서 프로이트가 전이의 행동화를 발견하고, 그에 대한 해석의 오류라는 오점을 남기는 과정을 그의 「도라의 히스테리 분석」을 통해 알아보았다. 그렇다면 이제 그러한 전이로서의 행동화는, 전이의 원래 개념 — 무의식적 욕망이 어떤 대상에 대해 현실화되는 과정 — 과의 관계에서 어떤 의미를 띠는지 알아보자.

★

<acting out>으로 영역되는 프로이트의 어휘는 <Agieren>이다. 그런데 프랑스 정신분석가들은 그것에 대한 적당한 프랑스 어휘가 없는 관계로, 영어에서 <acting out>을 그대로 차용한다. 그러나 <acting out>이라는

번역어조차 프로이트의 <Agieren>이라는 용어가 갖고 있는 의미를 모두 담아내지 못할뿐더러, <Agieren>은 프로이트의 텍스트 내에서 두 가지 의미작용을 갖고 있다. 하나는 <기억해서(erinnern)> 말로 하는 대신에, 전이를 통해 예전의 욕망의 행동을 분석가에게 다시 현실화(actualisation)하는 것을 말하고, 다른 하나는 충동적인 특성을 보이는 행동을 말한다. 후자의 행동은 흔히 자기 자신이나 타자에 대한 공격성의 형태를 띠는데, 일반적으로 정신의학이나 정신분석에서 <acting out>은 바로 이 후자를 가리킨다. (그리고 보통 전이로서의 <agieren>은 전자를 가리킨다.) 아무튼 전자이든 후자이든, <agieren(행동하다)>은 정신분석에서 항상 <erinnern(기억하다)>와 대립한다. 그것은 행동과 말의 대립으로 요약된다.

사실 <agieren>의 그러한 용법은 이미 어원에 내포되어 있었다. <agieren>은 라틴어에서 유래한 동사이고, 그것도 (자동사는 물론이려니와) 타동적 의미를 가진 타동사로도 쓰인다. 따라서 그 동사에서 문제가 되는 것은 욕동, 환상, 욕망 등을 <행위화하는> 것이지, 자동사의 의미로 <행동하다>가 아니다. 만약 <행동하다>라는 자동적인 의미의 단어가 필요하면, 순수 독일어인 tun(행하다)이라는 동사를 사용한다.(그것의 명사는 Tat(행위)이다. 반면에 <agieren>은 명사<Agieren>로도 사용된다.) 환자는 "… 말하자면 우리 앞에서, 우리에게 말로 보고하는 대신에 행위화하는 것이다(agiert)…"[1]

언젠가 말했듯이, 번역의 역사가 곧 재해석의 역사라는 명제는 여기에도 그대로 적용된다. <Agieren>에 대한 적절한 번역어가 없는 것은, 프랑스 정신분석가 — 특히 라캉 — 로 하여금 번역어를 찾아 나서도록 만들었고, 그것은 개념의 구분이라는 좋은 결과를 낳다. <Agieren>에 해당하는 불어

1 프로이트, 「정신분석학 개요」, 1938. 전집 XV, p.452.

표현에는 크게 두 가지가 있다. 하나는 <mise en acte>이고, 다른 하나는 <passage à l'acte>이다. <passage à l'acte>는 <행위로의 이행>이라는 뜻으로 수평적 이동의 뉘앙스를 갖고 있고, <mise en acte>은 <행위화>로 번역할 수 있는 것으로 <행위 속에 집어넣는다>는 뉘앙스를 갖고 있다. 그것은 아마 그것들의 동사 표현인 <passer à l'acte(행위로 넘어가다)>와 <mettre en acte(행위 속에 넣다)> 때문인 듯싶다. 그래서 전자는 행위가 즉각적이고 직접적이어서 충동적인 뉘앙스를 주는데 반해, 후자는 매개적인 간접적이어서 상징적인 느낌을 준다. 실제로 <passage à l'acte>는 폭력적이고 공격적이고 범죄적인 충동적 행위 — 가령 살인, 자살, 성폭행 같은 — 에 대해서 주로 사용한다. 반면에 <mise en acte>는 그야말로 정신분석에서 말하는 행동화된 전이, 다시 말해 과거의 무의식적 욕망과 환상을 현실에서 재연하는 것을 말한다. 따라서 프로이트의 <Agieren>이 갖고 있는 두 가지 뜻은, 각각 <mise en acte>와 <passage à l'acte>에 대응시킬 수 있다.(우리는 라플랑슈의 『정신분석 사전』에서 전자를 <행위화>, 후자를 <행위로의 이행>이라고 번역했다.) 그러한 의미론적인 차원에서, 우리가 <행동화(또는 액팅 아웃)>이라고 번역하는 영어의 <acting out>은 차라리 <행위로의 이행(passage à l'acte)>에 해당한다. 그렇다고 <acting out>이 <행위화(mise en acte)>의 의미가 없는 것은 아니다. <acting out>은 그 두 가지 뜻을 다 갖고 있다: "out이라는 후치사(後置詞)에는 두 가지 뉘앙스가 있다: 하나는 자기 속에 가지고 있다고 가정되는 것을 밖으로 내놓고 보여주는 것이고, 다른 하나는 행동을 급히 수행하여 성취하는 것(to carry out = 끝까지 완수하다, 또는 to sell out = 물건을 다 팔다와 같은 표현에서 찾아볼 수 있는 뉘앙스)이다." 그런 점에서 영어의 <acting out>은 독일어의 <Agieren>의 뉘앙스를 모두 전달하고 있다고는 할 수 없지만, 대략 그것과 일치한다고 말할 수 있다. 게다가 영어의 <act(또는 act out)>도 <agieren>과 마찬가지로,

타동사로 쓰일 수 있다.(to act a play = 연극을 상연하다, to act a part = 어떤 역을 연기하다, 등).”[2]

프로이트의 〈Agieren〉

(1) 행위로의 이행	(2) 어린 시절의 욕망(환상)의 현실화
↓	↓
〈passage à l'acte〉	〈mise en acte〉

그렇다면 라캉은 어떻게 번역할까요? 단순화의 오류를 무릅쓰고 간단히 말하면, 라캉은 프로이트의 <Agieren>의 개념을 <passage à l’acte>와 <acting out>으로 나누어서 번역한다. 전자는 지금까지 설명한 대로 충동적인 행동을 말하고, 후자는 보통 프랑스 정신분석가들이 사용하는 <mise en acte>의 의미이다. 다시 말해 후자는 이전의 행동을 현재에 현실화하는 전이적 행동을 말한다.

프로이트의 〈Agieren〉

	(1) 행위로의 이행	(2) 어린 시절의 욕망(환상)의 현실화
	↓	↓
프랑스 정신분석가들	〈passage à l'acte〉	〈mise en acte〉
라캉	〈passage à l'acte〉	〈acting out〉

이것은 사실 프랑스 정신분석가들이 영어의 <acting out>을 차용해서, 두 번째 의미를 배제하고 첫 번째 의미(<passage à l’acte>)로 사용하는 것과 대조적이다. 라캉은 오히려 <acting out>에서 첫 번째 의미를 배제하고

2 라플랑슈 & 퐁탈리스, 『정신분석 사전』(임진수 역), 열린책들, pp.526-7.

두 번째 의미로 사용하기 때문이다. 그것은 아마 <acting out>이 연극 용어로 쓰이면, 타동사의 의미를 갖는다는 것에 초점을 두었기 때문일 것이다. 다시 말해 그 경우 <acting out>은 무의식적 욕망과 환상을 현실화하는 전이로서의 <agieren>에 해당하기 때문이다: "act가 타동사로 쓰이면, 그것은 연극 분야에 속하는 의미를 띤다(to act a play = 연극을 상연하다, to act a part = 어떤 역을 연기하다, 등). act out이라는 타동사도 마찬가지이다."[3]

아무튼 라캉은 프로이트의 <agieren>이 내포하고 있는 서로 다른 두 의미에 주목한다. 라캉은 두 용어의 차이를 보여주기 위하여, 「여자 동성애가 되는 심리」(1920)[4]의 사례를 예로 든다. 다 알다시피, 「여자 동성애가 되는 심리」가 제공하는 여자동성애의 사례는 <Agieren> — 프로이트와 라캉이 말하는 두 가지의 의미 — 의 아주 전형적인 예를 보여주고 있다. 거기서 <Agieren>은 두 가지 유형으로 나타난다. 하나는 가장 유명한 <행위로의 이행>, 즉 그 여자동성애자가 아버지의 화난 눈초리와 마주치자 담장을 넘어 철로로 뛰어내리는 행동이고, 다른 하나는 <행위화>, 즉 자신이 이렇게 행동하는 무의식적인 의미를 알아달라는 일종의 시위 또는 보여주기이다.

> 그녀의 부모가 특히 괴로워하는 행동이 두 가지 있었는데, 그것들은 명백하게 서로 반대되는 행동이었다. 그녀는 가장 번잡한 길에 그 친구와 함께 나서는 것을 주저하지 않았다. 자신의 체면에 아주 관심이 없다는 태도였다. 반면에 그녀는 속이든지 핑계를 대든지 또는 거짓말을 꾸며 내어서라도 어떻

---

3 *Ibid.*, p.526.

4 프로이트, 「여자 동성애가 되는 심리」 in 『늑대인간』, 열린책들, pp.343-382 참조: 이 논문의 정확한 제목은 「여자 동성애 사례의 심리 기원에 대하여(Über die Psychogenese eines Falles von weiblicher Homosexualtität)」이다.

게든 그 여자를 만나고 그것을 비밀로 하려 했다. 그녀는 한편으로는 너무 공개적이었고, 다른 한편으로는 속임수에 가득 차 있었다. 이런 상황에서 언젠가는 벌어질 일이었지만, 어느 날 드디어 아버지가 그 여자와 함께 있는 딸을 만났다. 아버지도 그 여자에 대해 알게 된 후였다. 그는 화난 눈짓을 하고 그들의 곁을 지나갔다. 바로 그 직후에 그 소녀는 근처의 담장을 뛰어넘어 교외선 기찻길로 몸을 내던졌다. 이것은 확실히 심각한 자살 기도였다.[5]

이 인용문은 문제의 여자동성애자의 두 가지 <agieren>을 극명하게 요약하고 있다. 하나는 동성애의 행각이 마치 보여주기 위한 것인 양 아주 공개적이었다는 것이고, 다른 하나는 아버지와 시선이 마주치자 충동적으로 철길로 뛰어내렸다는 것이다. 전자는 라캉적 의미에서 <acting out>이고, 후자는 <행위로의 이행>이다. 후자에 대해서는 프로이트가 후반부에 다시 한 번 상세히 서술하고 있다.

하루는 그녀가 그 여자와 함께 마을을 거닐고 있었다. 그 시간이면 사무실에서 나오는 아버지와 그 장소에서 마주치기 쉬웠다. 그리고 그것은 사실로 나타났다. 거리에서 그들을 지나치면서 그녀의 아버지는 그녀와 그녀의 동반자를 아주 화난 시선으로 쏘아보았다. 그 때쯤은 그도 그 여자에 대해 알고 있었다. 조금 뒤에 그녀는 철길 위로 몸을 던져 버렸던 것이다. 그녀는 자기가 결심하게 된 직접적인 이유를 아주 그럴 듯하게 설명했다. 그녀는 그 여인에게 그들을 그렇게 화가 나서 노려보고 지나간 남자가 바로 자기 아버지이며, 그는 그들의 우정을 완전히 금지했다고 고백했다. 그 여인은 몹시 화가 나서 그녀에게 바로 그 자리에서 당장 떠나라고 명령했다. 그리고 다시는 자기를 기다리지도 말고 말도 걸지 말라고 말했다. 그들은 관계를 끝내야겠다는 것이었다. 그렇게 자기가 사랑하는 사람을 영원히 잃는다는 슬픔에 그녀는 자신의

5 프로이트, 「여자 동성애가 되는 심리」 in 『늑대인간』, 열린책들, pp.348-389.

삶도 끝내기를 원했다.[6]

그런데 앞의 두 인용문은, 여자동성애자의 충동적 행위의 출발점에 관한 한, 약간의 차이를 보여주고 있다. 전자는 아버지의 분노의 시선과 마주치자마자 곧바로 철길로 뛰어들었다는 것이고, 후자는 그 이야기를 전해들은 여자 친구가 헤어지자고 하니까 담장을 넘어 뛰어내렸다는 것이다. 그것은 상당한 차이를 함축한다. 왜냐하면 그 차이가 곧바로 해석의 차이로 이어지기 때문이다. 후자는 분석자의 말대로, 그야말로 사랑하는 사람을 영원히 잃어버리게 되었다는 슬픔에 의한 자살 기도로 해석될 수 있는 여지를 남기고 있다. 그러나 그러한 설명은 순전히 합리화된 설명에 지나지 않다. 왜냐하면 그녀의 자살은 그녀의 의식적인 설명보다 훨씬 더 깊은 무의식적인 동기를 숨기고 있기 때문이다. 그러한 무의식적인 의미에 관한 한, 프로이트의 시선을 비켜간 예는 없다. 프로이트는 그 의미를 날카롭게 포착한다. 그러한 해석의 계기를 마련해준 것은, 그 여자 동성애자가 자기도 모르게 쓴 <niederkommen(떨어지다)>이라는 단어이다. 그것은 말 그대로 <아래로(nieder) 온다(kommen)>는 뜻이다. 그래서 그것은 <떨어지다>라는 의미와 동시에, 그와 형태적 유사성이 있는 <출산하다, 분만하다>라는 뜻을 갖고 있다. 이제 그 말의 이중적 의미는, 그 여자 동성애자가 아버지의 아이를 갖고 싶어 한다는, 그런데 아버지가 그런 딸의 마음을 모르고 다른 여자(즉 어머니)에게 아이를 낳게 하는 바람에 아버지에게 실망하고 동성애로 돌아섰다는 프로이트의 오이디푸스적인 해석을 밑받침하기에 충분하다.

자살을 시도하기로 결정하게 된 데에는 그녀가 말한 이유 말고도 두 가지

---

6 *Ibid.*, p.368.

다른 동기가 있었다. 그것은 징벌(자기-징벌)을 하는 것과 소원을 달성하는 것이었다. 소원 성취로서의 자살 기도는, 소원이 좌절되었을 때 그녀를 동성애로 몰아갔던 바로 그 소원, 즉 아버지의 아이를 가지고 싶다는 소원의 성취를 의미했다. 이제 그녀는 아버지의 잘못 때문에 <떨어진> 것이다.[7]

그런데 <niederkommen>의 자살에는 자기징벌이 숨어 있다는 것은 또 무슨 말인가? 대체 자살이 왜 징벌이며, 그것도 왜 자기처벌인가? "정신분석에서는 자살이라는 수수께끼를 다음과 같이 설명한다. 아마 다음의 두 조건이 없다면 아무도 자신을 죽이는 데 필요한 정신적 힘을 찾지 못할 것이다. 첫째는 자기를 죽임과 동시에 자기가 동일화하고 있는 대상을 죽이는 것이고, 둘째는 다른 사람이 죽기를 바라는 욕망을, 자기가 죽기를 바라는 욕망으로 전환하는 것이다."[8] 그러니까 전자는 죽이고 싶은 대상과 동일시한 뒤 자살하면 자기와 동시에 대상을 동시에 죽이는 셈이 되는 것이고, 후자는 대상이 죽기를 바라는 마음에 대한 죄책감 때문에, <죽일 놈은 대상이 아니고 바로 너야!>라는 마음으로 바뀌는 것을 말한다. 그렇다면, 아버지의 화난 눈초리와 마주친 뒤 철길로 뛰어내렸으니까, 결국 아버지와 동일시하여 아버지를 죽인 셈이 된다. 그러나 프로이트는 그렇게 말하지 않는다. 프로이트는 "자기의 사랑을 방해한 데 대한 복수로 아버지가 죽기를 바랐을 수도 있지만, 아마 어머니가 어린 남동생을 임신했을 때 어머니가 죽기를 바라는 마음이 생겼을 가능성이 더 높다."[9]고 말하고 있다. 프로이트는 왜 그렇게 본 것인가? 이유는 간단하다. <niederkommen>이 <아기를 낳는 것>을

7 *Ibid.*, p.368-9: 이 인용문에는 다음과 같은 프로이트의 원주가 붙어 있다 : "이미 오래 전부터 분석가들에게는 여러 가지 자살 방법이 성적 소망-달성을 나타내는 것으로 알려져 있었다.(예를 들면 음독=임신, 물에 빠져 죽기=아이를 갖다, 투신=아이를 낳다.)"

8 *Ibid.*, p.369.

9 *Id.*

의미하니까, 결국 아기를 낳을 수 있는 인물은 여자 — 즉 어머니 — 밖에 없는 것이다. 따라서 우리는 우리의 여자 동성애자가 철길로 떨어질 때, 어머니와 동일시하여 아기를 낳은 것이라고 해석할 수밖에 없다. 그것은 그녀의 소원이 성취되는 것이기도 하지만, 동시에 미운 어머니에 대한 징벌이기도 하다. 물론 어머니와의 동일시에 의한 자살이라는 점에서 그것은 자기 징벌을 의미하기도 하다. "그 소녀는 자신을 어머니와 동일시했는데, 그 어머니는 그 소녀가 가지지 못한 아이를 낳았을 때 죽었어야만 했다. 그래서 그렇게 징벌-달성을 하는 것 자체가 동시에 소원 성취이었던 것이다."[10] 아무튼 프로이트적인 의미에서, 여자동성애자의 <떨어지기>는 아버지의 아내가 되어 그의 아기를 낳고 싶다는 무의식적인 의미의 실현이다. 말하자면 무의식적 의미가 갑자기 행동으로 직접 시연된 것이다.

그렇다면 그러한 <행위로의 이행> 이전의 공개적인 <행동화>는 무슨 의미를 갖고 있으며, 왜 그렇게 행동하는 것일까? 한 마디로, 그것은 <당신의 아기를 낳고 싶었는데, 당신이 그러한 나의 욕망을 모르고, 어머니에게 아기를 선물했으니, 내가 동성애가 될 수밖에 없다는 사실을 들으라.>는 의미를 가진 일종의 무언의 시위인 것이다. 다시 말해 그 무언의 시위(행동) 뒤에 숨어 있는 말을 들으라는, 일종의 소리 없는 아우성이다. 그러나 환자에게 그러한 행동화가 나타날 때는, 이미 분석가(또는 그 이전의 아버지)는 그 소리를 들을 줄 모르는 귀머거리이다. 그렇기 때문에 그런 귀머거리 앞에서는 말로 해도 소용없기 때문에 행동으로 말하는 것이다. 라캉은 이러한 <행동화(acting out)> — 아버지의 사무실 앞에서 공개적으로 동성애 파트너와 활보하는 것 — 에 <보여주기(monstration)>라는 신어를 부여한다.

---

10 *Ibid.*, pp.369-70.

그 용어는 <montrer(보여주다, 영어로 show)> 동사의 어원(라틴어 monstrare)을 감안하여 라캉이 만든 조어이다. 정신분석이든지, 인간관계의 차원이든지, 말로 해서 안 될 것은 없다. 그러나 말로 할 수 없고 말로 해서도 안 될 때, 말로 할 것을 행동으로 표현하는 법이다. 따라서 그것은 말로 해서는 안 되는 것을 행동으로 <보여주는> 것이다.[11] 그것을 라캉은 <보여주기(monstration)>라고 부르는 것이다. 따라서 <행동화(acting out)>의 보여주기는 귀머거리가 된 타자에게 들으라고 하는 <행동-말>이다. 그러나 주체 자신은 자신이 폭로하는 의미를 알지 못할 뿐만 아니라, 그 의미를 타자에게 보여주고 있다는 사실조차 인식하지 못한다. 따라서 그는 자신의 이름으로 말하는 것이 아니라, 무의식이라는 타자의 이름으로 말하는 것이다. 그렇기 때문에 그것을 해석하고 해독하는 것은 전적으로 타자 — 아버지나 분석가 — 에게 맡겨진다. 그렇다고 그 타자가 그것을 반드시 해독하는 것은 아니지만, 아버지(또는 분석가)는 반드시 그러한 주체의 침묵-행동이 곧 그의 죽음과 등가 관계가 있다는 것을 알 의무가 있다. 그러나 애석하게도 아버지는 그러한 침묵의 소리를 듣지 못한다. 그 결과가 딸의 행동이 자살 — 한 순간의 <행위로의 이행(passage à l'acte)> — 로 이어지는 것은 당연하다.

만약 분석자가 <acting out>을 보여주면, 분석가는 즉시 분석 치료가 진퇴양난에 빠졌다는 사실을 인식해야 한다. <acting out>은 분석가가 분석자의 말을 듣지 않을 때, 분석가가 잘못하고 있다는 것을 분석가에게 폭로하는 것이다. 그것은 반드시 분석가가 무능하기 때문만은 아니다. 그것은 분석가가 분석자에게 주인으로 행세하거나 부적절한 해석을 할 때, 아니

11 라캉은 이렇게 말하고 있다. <말하기 불가능한 것의 자리에 위장된 현실이 온다.> 그것에 맞추어 보면, 그 여자 동성애자의 시위는 허구적인 실제이다. 그러한 허구적인 실제는 분석가와 분석자 사이에서 자주 일어난다.

면 해석을 너무 서두르거나 그것도 아니면 너무 정확한 해석을 할 때도 나타난다.[12] 그렇다면 <acting out>를 치료할 수 없는 것일까? 라캉은 <치료 가능하다>고 말한다. 그 자체의 의미를 해석할 수는 없어도, 청취의 위치, 즉 분석 상황에서 분석가의 위치를 바꾸어줌으로써 분석자로 하여금 말로 하게 할 수 있다. 말하자면 분석자의 말을 들을 수 있는 위치로, 분석가가 말없이 이동하는 것이다. 그러면 분석자는 담화의 세계를 들어온다는 것이다.

반면에 <행위로의 이행(passage à l'acte)>은 일방통행이다. 그것은 다시 돌아올 수 없다. 죽음으로 가는 길이기 때문이다. 이것과 관련하여 라캉은 아주 재미있는 표현을 쓰고 있다. 그에 따르면 <행동화(acting out)>는 담화와 행동을 오고갈 수 있는 왕복표이지만, <행위로의 이행(passage à l'acte)>은 편도표이다. 언젠가 대구 지하철 참사로 사랑하는 딸을 잃어버린 어떤 분이, 먼저 가신 분들과 왕래할 수 있는 기차표가 없다고 말한 적이 있다. 바로 <행위로의 이행(passage à l'acte)>이야말로 다시는 돌아올 수 없는 일방 통행권이다. 그러한 구분과 관련하여, 라캉은 <acte>와 <agir>를 구분한다. 한 마디로, 전자는 무의식적 의미를 숨기고 있는 <행동>으로 <acting out>과 연결되고, 후자는 충동적인 <행위>로 <행위로의 이행(passage à l'acte)>의 연장선상에 있다.[13] 따라서 라캉에 따르면 <acte>는 기호내용을 숨기고 있는 일종의 기호형식으로서의 행동인데 반해, <agir>는 행위라는 말에 걸맞은 행위, 즉 행위 자체일 뿐이다.

---

12 여기서 우리가 주목해야 할 부분은, 너무 정확해도 <acting out>이 나타난다는 것이다. 마치 과유불급(過猶不及)이라는 고사 성어를 생각나게 하는 대목이다.

13 우리는 <acte>와 <agir>를 <passage à l'acte(행위로의 이행)>과 <actiong out(행동화)>에 대응시키기 위하여, 각각 <행동(acte)>과 <행위(agir)>로 번역하려고 한다.

★

다른 한편, 행동화와 행위로의 이행은, 프로이트와의 관계에서도 나타난다. 우선 그 여자동성애자가 흔쾌히 분석을 받겠다고 한 것은, 동성애를 기정사실화하여 자유롭게 동성애 활동을 하고 싶어서였다. 그래서 그녀는 분석에 적극적으로 응했으며, 그 결과 분석은 아주 빠르게 진행된다. 심지어 남자를 사랑해서 아이를 낳아 즐겁게 살아가는 위선적인 꿈까지 꾼다. 그러나 프로이트는 그러한 거짓-꿈에 넘어가지 않는다.

> 치료가 시작되고 얼마 지나지 않았을 때 소녀는 여러 가지 꿈 이야기를 가지고 왔다. [⋯] 그 꿈들은 치료로 도착증이 완쾌될 것을 예상하고 있었으며, 그 다음에 자기 앞에 열릴 인생을 기대하며 즐거움을 표현했고, 또 남자의 사랑과 아이를 열망하고 있다고 고백했다. 그 꿈은 꿈을 꾸었을 당시와 깨어 있을 때 그녀가 한 말과는 서로 너무 모순되는 것이었다. [⋯] 나는 경각심을 느껴서 하루는 그녀에게 그 꿈들을 믿지 않는다고 말했다. 그리고 그 꿈들은 거짓이거나 위선이라고 생각하며, 그녀는 아버지를 속이던 방식으로 나를 속이려 한 것으로 생각한다고 말했다. 내가 옳았다. 내가 이 점을 명확히 밝힌 후에, 이런 종류의 꿈은 더 이상 나타나지 않았기 때문이다. 그렇지만 나는 그 꿈들이 나를 오도하려는 목적도 있었지만, 또한 나에게 잘 보이려는 욕망도 부분적으로 표현했다고 믿는다. 그 꿈들은 나의 흥미를 끌고 나의 호감을 얻고자 하는 시도였던 것이다.[14]

이러한 꿈은 분명히 환자 쪽에서 프로이트에게 <보여주기>(라캉적인 의미) 위한 전이의 꿈이다. 프로이트 자신도 그 사실을 인정하고 있다.

14 *Ibid.*, pp.372-3.

> 분석가에 대해서 어떤 종류의 관계이든 관계가 성립할 수밖에 없고, 그 관계란 유아기의 관계에서 전이된 것이 대부분이다. 실제로 그녀는 아버지로부터 실망을 경험한 후에 계속 그녀를 지배했던 모든 남성을 거부하는 성향을 나에게 전이했다. 남성에게 쓴맛을 주려는 성향을 의사에게 보여주는 것은 아주 쉬운 일이다. 그것은 강한 감정을 수반할 필요도 없다. 그저 의사의 노력을 헛되게 하고 병에 집착하기만 하면 되는 것이다. 나는 경험 상 바로 그런 무언의 병적인 행동을 환자로 하여금 이해하도록 하고, 환자가 자신에게 숨어 있지만 아주 강한 적개심이 있다는 것을 알아차리게 한 다음에도 치료를 계속한다는 것이 얼마나 어려운 일인지 알고 있다.[15]

그런데 이 순간 프로이트는 갑자기 분석을 중단한다. 전이임을 알고도, 전이가 알려진 뒤의 치료가 어렵다는 사실 때문에 분석을 중단한 것이다. 그것은 무엇인가? 프로이트 쪽에서의 <행위로의 이행>이 아니라면 말이다. 그것은 분명 충동적 행위이었다. <보여주기>의 무의식적 암시의 행동이 아니었다. 그리고 그는 그 여자 동성애자를 다른 여자 분석가에게 의뢰한다. 프로이트 식으로 말하면, 역전이가 일어난 것이다.

> 나는 그 소녀가 가진 아버지에 대한 태도를 알아차리자 곧 치료를 중단했다. 그리고 부모에게 그들이 분석 치료를 존중한다면 여자 의사와 계속해야 한다고 충고했다. 그 동안에 어쨌든 소녀가 그 <여인>[매춘부]을 보지 않겠다고 아버지에게 약속했고, 나의 충고의 이유는 명확했지만, 그들이 나의 충고를 따를지 나는 모르겠다.[16]

15 *Ibid.*, p.371: 무의식의 지략은 얼마나 뛰어나고, 분석자는 분석가의 머리 위에 올라와 있는지! 분석자는 분석가의 제갈공명이다.

16 *Ibid.*, pp.371-2.

★

이제 그러한 <agieren>으로서의 전이를 도라의 사례에서 찾아보자. 도라와 여자동성애자는 여러 가지 면에서 공통점이 있다. 하나는 그녀들이 둘 다 18살에 프로이트를 찾아왔다는 것이고, 다른 하나는 도라가 히스테리적 동성애이긴 하지만, 둘 다 동성애자라는 사실이다. 그리고 마지막으로 <acting out(행동화)>과 <passage à l'acte(행위로의 이행)>가 비슷한 방식으로 나타난다.

두 말할 나위 없이, 도라의 사례에서 <행위로의 이행>이 나타나는 것은 호숫가의 사건이다. 다 알다시피, K씨는 도라와 호숫가를 산책하면서, 그녀를 유혹한다. 즉 그는 그녀에게 <내 아내는 나에게 아무것도 아니야!>라고 말하면서 구애한다.(그것은 자기 아내를 평가절하하면서 연인에게 접근하는 남자들의 흔한 수법이다. 말하자면 <당신밖에 없다>는 식이다.) 그 순간 도라는 K씨의 따귀를 때린 뒤, 그 자리를 도망쳐 나온다. 그것은 분명히 도라의 <행위로의 이행>임에 틀림없다. 왜냐하면 도라 자신도 겉으로는 K씨를 사랑하는 것처럼 보였고, 그러한 의미에서 그와 같은 말을 듣고 싶었는데도 불구하고, 갑자기 폭력적으로 돌변해서 순간적으로 판을 깨는 충동적인 행위를 했기 때문이다.

그렇다면 도라가 그렇게 <행위로 이행>하기 전에, 자기의 무의식을 들으라고 아버지와 분석가에게 계속 <행위-말>을 했을 텐데, 도라에게 그러한 행동화는 어떻게 나타나는가? 한 마디로, 도라가 K씨 부인에 대한 사랑을 숨기기 위해, 다시 말해 누구도 — K씨는 물론이려니와 아버지와 프로이트까지 — 모르도록 K씨와 사랑의 연극을 벌이고 아버지와 K씨 부인과의 관계를 용이하게 만드는 모든 잔꾀가 그녀의 행동화이다. 사실 K씨에 대한 도라의 그러한 잔꾀는, 그녀가 그녀의 아버지와 K씨 부인이 맺고 있는 관계를 모르지 않았다는 사실을 보여준다. 그녀는 자기가 그 사실을 알고 있다 — 물론 무의식적으로 — 는 사실을 아버지에게 은폐하려고 한 것이다. 그러한 각도에서, 아버지가 K씨 부인과 교제하기 위하여, 자신을 K씨에게 <팔아넘겼다>(이 표현이 과격하다면 <교환조건으로 넘겼다>)는 도라의 생각은 거꾸로 읽어야 한다. 다시 말해 도라 자신이 동성애를 숨기기 위해 아버지에게 뒤집어씌운 것이다. 이렇게 도라가 자청해서 그녀의 아버지와 K 부인 사이의 킹볼트 역할을 한 것은, 누구도 그녀의 욕망을 야기하는 대상이 K 부인이라는 사실을 모르도록 만들기 위한 위장 전술이다. 그 위장 전술이 곧 그녀의 행동으로서의 말(또는 말로서의 행동)이다. 말하자면 행동화는 진실의 탐구에서 상징화(또는 언표화)의 결여로 말미암아 분석자가 말할 수 없는 것을 표현하는 것이다.

"반면에 행위로의 이행은 무의식적인 충동적 행위(agir)이지 상징적 행동(acte)이 아니다. 행동화와는 반대로, 그것은 누구에게 말을 거는 것이 아니다. 그것은 어떠한 해석도 기다리지 않는다. 분석 치료 때 일어난다고 하더라도 말이다. 행위로의 이행은 사랑의 요구이고, 절망의 토대 위에 있는 상징적 인정의 요구일 뿐이다. 그것은 비워야 할 찌꺼기로서만 실감될 수 있는 주체에 의한 요구이다. 여자 동성애자의 경우, 그녀의 요구는 욕망하는 그녀의 위치가 배제되어 있던 가정에서, 그의 아버지에게 동성애자와 다르게 인정되고 보이는 것이었다. 따라서 그것은 가정생활에서의 어떤 신분을 거부하는 것이다. 그밖에 주목해야 할 것은, 프로이트가 그 여자 동성애자에 대한 유일한 행위로의 이행을 그의 환자들을 향하여 행한다는 것이다. 그는 행위로, 그 소녀의 분석을 멈추고 그녀를 여자 분석가에게 의뢰한다. 행위로의 이행은 회복할 수 없는 것, 번복할 수 없는 것 쪽에 위치한다. 그것은 항상 실재계 앞에서의 장면의 뛰어넘기이다. 즉 창문으로 뛰어내리기(defenestration)가 가장 전형적인 것인 충동적 행동이다.[17] 그것은 맹목적인 놀이이며 자기 부정이다. 그것은 정확히 주체에게 탈인간화하는 실재계에 상징적으로 등록되는 가능성이다. 그것은 자주 거세와 죽음 사이에서 받아들여야 하는 의식적 선택의 거부이다. 그것은 주체의 무시할 수 없는 분열에 대한 열정적인 항거이다. 그것은 죽음의 욕동의 승리이고, 증오와 사디즘의 승리이다. 또한 그것은 항상 너무 비싸게 지불되어 무의식적으로 제어의 위치를 유지할 수 없는 대가(희생)이다. 가장 급진적인 소외 속으로 말이다. 왜냐하면 주체는 그것을 생명으로 갚을 준비가 되어 있는 것이다."[18] 라캉이 <행위로의 이행>을 박해적 에피소드라고 부르는 이유가 여기에 있다.

그런데 누가 이러한 행동화(무언의 말)에서 무의식적 진실의 말을 들을 수 있을까? 프로이트조차 사후에 자신이 그 사례의 동성애적 차원을 간과한 것 같다고 부기하고 있는데 말이다. 결국 프로이트는 도라의 행위화에 담긴 무의식적 의미를 듣지 못한다. 게다가 오독까지 한다. 앞 장에서 이미 말했듯이, 그는 도라의 행동화를 곧이곧대로 아버지에 대한 사랑이 K씨에게 전이된 것으로 해석하고, 그에 따라 그녀의 행위로의 이행을 그녀가 꾸며낸 사건이라는 K씨를 비롯한 아버지의 말에 장단을 맞춘다.[19] 그러니 도라는

---

17 "그러한 <se laisser tomber(떨어지기)>야말로 모든 행위로의 이행의 본질적인 상관물이라고 라캉은 분명히 말하고 있다. 그리하여 그는 프로이트의 분석을 완성한다. 그리고 그러한 행위로의 이행으로부터, 주체가 큰타자에게 대상이라는 사실에 철저하게 직면할 때, 그는 통제되지 않고 통제할 수 없는 불안으로, 충동적인 방식으로 그것에 반응한다는 것을 강조한다. 자신을 큰타자에 대한 대상과 동일시하면서, 그리고 자신을 내던지면서[떨어뜨리면서] 말이다. 행위로의 이행에서는 항시 주체 쪽에서 그러한 <se laisser tomber>, 즉 환상의 장면 밖으로의 탈출이 나타난다. 그렇지만 그는 그것을 알아차리지 못한다. 주체에게 그러한 일이 일어나는 것은, 주체가 큰타자에게 <대상 a>라는 사실의 때 아닌 폭로에 직면할 때이다. 그리고 그에게 모든 상징화가 불가능할 때, 항상 엄청난 당혹감과 극단적인 정서에 사로잡힌다. 그는 기호형식의 비어있는 장소인 큰타자에게 자신을 제공하면서 자신을 내쫓는 것이다. 마치 그 큰타자가 그에게 상상적으로 구현되어(incarné) 그의 죽음을 향유하는 것처럼 말이다."(Choula Emrich, <acting out> in *Dictionnaire de la psychanalyse*, Larousse, 2009, p.38)

18 Choula Emrich, <acting out> in *Dictionnaire de la psychanalyse*, Larousse, 2009, p.38.

프로이트와의 분석상황에서도 다시 한 번 행위로의 이행을 감행할 수밖에 없는 것이다. 그것은 분석 중단으로 나타난다. 결국 프로이트의 말대로, 프로이트는 아버지의 자리에 앉아 있었던 것이다. 그러나 그것은 프로이트의 해석처럼, 아버지에 대한 전이적 사랑이 프로이트에게로 옮겨왔기 때문이 아니라, 도라에 의해 아버지와 같은 귀머거리로 만들어지고 그 귀머거리의 자리에 앉혀진 것이다.

결론적으로 "행동화는 주체에 의해 실행되는 행위(conduite)로, 그녀가 말을 걸고 있는 타자에게 해독되어야 할 것이다. 주체가 아무것도 보여주지 않을지라도 그것은 전이이다. 가능한 모든 회상 밖에서 그리고 억압이 모두 제거된 밖에서 무언가가 드러난다. 행동화는 귀머거리가 된 타자에게 들리게 하는 것이다. 그것은 거친 전이에서 강요되는 상징화의 요구이다."[20] "그렇다면 도대체 행위(un acte)란 무엇인가? 라캉에게 있어서 행위란 항상 기호형식이다. 행위란 항상 구조화하는 절단(coupure)을 개시한다. 그것은 주체에게 사후에 자신이 근본적으로 바뀌었다는 것을, 즉 그 행위 이전의 그와 다르다는 것을 발견하게 하는 절단이다. 행동화와 행위로의 이행을 구분하기 위해 라캉이 소개한 차이는 임상적으로 예증된다."[21]

2010년 4월 7일 / 14일

19 어떻게 보면 이러한 오독 자체가 역전이일지 모른다. 왜냐하면 라캉의 이론에 따르면, 큰 타자는 장소일 뿐인데, 그것을 인격적으로 구현시키는 것 자체가 역전이이고, 그 장소는 원래 결핍의 장소로 의미를 확정지을 수 없는 자리인데, 프로이트는 그것을 확정짓고 있기 때문이다. 그것은 프로이트가 결핍의 장소를 완전한 장소로 만들고 있다는 것을 의미한다. 그런데 그러한 이상화된 완전성은 라캉에 의해 역전이로 평가된다.

20 *Ibid.*, p.37.

21 *Ibid.*, p.36.

V

전이와 오이디푸스 콤플렉스

아버지의 이마고와 전이
기억표상과 기대표상
자아이상과 반하기
오이디푸스 콤플렉스의 양가성
긍정적 전이와 부정적 전이
안다고-가정된-주체

프로이트는 「전이 역동」(1912)에 관한 논문에서 새로운 전이 이론을 발표한다. 전이에 관한 부분을 우선 인용해보자.

모든 사람은 자신이 타고난 소질과 어린 시절의 영향의 결합된 작용에 의해, 그가 어떻게 애정생활을 해나갈지 — 그가 어떤 사랑의 조건을 설정할지, 거기에서 어떤 욕동들의 만족을 얻고 어떤 목적들을 설정할지 — 와 관련된 특정한 개성을 얻는다는 것을 분명히 하자. 그것은 말하자면 하나의(또는 여러 개의) 연판을 만들어낸다. 그 연판은 외적 상황과 그 사람이 얻을 수 있는 사랑 대상의 성격이 허락하는 한, 삶이 계속되면서 항상 반복된다. 즉 새로 인쇄된다. 그리고 그 연판은 확실히 최근의 인상에 의해 어느 정도는 변화되기도 한다. 우리는 이제 경험을 통해 애정생활을 결정짓는 이런 충동들 중 일부만이 완전한 정신적 발전을 겪는다는 사실을 알게 되었다. 이 일부는 현실을 향하며, 의식적 개성에 의해 통제되며, 그것의 일부를 이룬다. 이런 리비도의 충동들 중, 다른 부분은 발전에서 가로막힌다. 그 부분은 현실뿐 아니라 의식적 개성으로부터도 차단되며 환상에서만 자신을 펼치거나 완전히 무의식에 머무르게 된다. 따라서 그 부분은 개성의 의식에는 알려지지 않게 된다. 사랑의 욕구를 현실에서 남김없이 만족시키지 못한 사람은 새로 만나게 되는 모든 사람을 리비도의 기대표상을 가지고 대하게 되어 있다. 그리고 그의 리비도의 두 부분, 즉 무의식적 부분과 의식화될 수 있는 부분이 이런 태도를 취하게 되는 데 한 몫 한다는 생각은 아주 그럴듯하다.

따라서 부분적으로는 충족을 얻지 못한 사람의, 기대에 가득 차서 기다리고 있는 리비도 투여가 의사라는 인물로 향한다 해도, 그것은 완전히 정상적이며 이해할 만한 일이다. 우리의 가설에 따르면 이런 투여는 원형에 의지하며, 그 사람에게 있는 연판에 얽매어 있으려 할 것이다. 또는 투여가 의사를, 환자가 이제까지 만들어낸 정신적인 것의 <계열> 중 하나에 삽입시키려 한다고 말할 수도 있을 것이다. 만약 이런 편입에서 아버지-이마고 — 융의 적절한 표현에 따르면 — 가 결정적이라면, 그것은 의사와의 실제 관계와 상응하게 된다. 하지만 전이는 이런 원형에 의해서만 정해지지 않는다. 그것은 어머니-이마고, 형-이마고 등에 따라 생길 수도 있다. 의사에 대한 전이의 기이함은, 그것이 그 정도와 방식에서 냉정하고 합리적으로 정당화될 수 있는 범위를 벗어나기 때문에, 그 전이가 의식적인 기대표상뿐 아니라, 억제된 또는 무의식적 기대표상으로부터도 생겨난다는 것을 고려해야만 이해될 수 있다.[1]

프로이트는 이 문단에서 전이에 관한, 두세 가지 새로운 관점을 내놓는다. 하나는 성생활에 관한 어떤 <연판(Klichee, cliché, stereotype plate)>이 어린

1 프로이트, 「전이 역동에 대하여」, in 『끝낼 수 있는 분석과 끝낼 수 없는 분석』(이덕하 역), 도서출판 b), pp.29-32.

시절에 만들어지고, 둘째, 그것은 삶이 진행되는 동안 사랑의 대상과 상황의 차원에서 계속 <반복>되고, 셋째, 특히 대상에 관한 한, 리비도의 <기대표상> — 아버지-이마고 등 — 이 의사라는 인물에 삽입되는 것이 전이라는 것이다. 여기서 두 번째 문제, 즉 반복으로서의 전이의 문제는 다음 장에서 다시 다루기로 하고, 여기서는 전이를 결정하는 또 다른 요인인 <연판>과 <기대표상(Erwartungsvorstellung, représentation d'attente, anticipatory ideas)>의 문제를 다루어보자.

다 알다시피 연판(鉛版)은 활자를 짠 원판(原版)을 지형(紙型)으로 뜬 다음에, 납, 주석, 알루미늄의 합금을 녹여 부어서 뜬 인쇄판을 말한다. 따라서 연판을 문제 삼을 때는 반드시 원판과 그 지형이 전제되어야 하고, 그 다음 거기에 붓는 물체가 있어야 한다. 후자는 처음엔 무형이었다가, 지형에 부어서 굳은 다음에야 비로소 그 형태가 고정된다. 그렇다면 프로이트가 말하는 무의식의 연판은 어떻게 만들어지는 것일까? 우선 심리적 원판에 해당하는 것은 무엇이고, 거기에 부어지는 심리적 물질은 또 무엇일까? 그러나 그 문제를 본격적으로 논하려면 또 한 권의 책이 필요할 정도로, 그에 관한 프로이트의 이론은 방대하고 깊을 뿐 아니라, 조금 확대해서 말하면, 그것은 프로이트 이론의 뼈대라고 말할 수 있다. 따라서 여기서는 전이와 관계되는 부분만을 간략히 요해하려고 한다.

한 마디로 프로이트는 욕동에도 발달 문법 — 우리가 언어학의 <통사론적 문법>에 비유하는 — 이 있다고 가정한다. 예컨대 우리가 잘 알고 있는 <구강기 → 항문기 → 남근기 → 성기기>의 리비도 발달 단계 이론이 그 대표적인 것이다. 그러나 그의 욕동의 문법이 거기에 국한되는 것은 아니다. 대상의 차원에서 발달 문법이 있고, 자아의 발달 문법이 있고, 게다가 각 욕동(구강욕동, 항문욕동, 시각욕동 등)의 차원에서도 발달 문법이 있다.[2] 어쩌면 프로이트의 코페르니쿠스적인 혁명적 업적 중의 하나가 바로 그러한 욕동의 문법을 발견한 것이다. 그런데 그 중에서도 가장 핵심적이고[3], 전이와 관련해서도 가장 중요한 문법은 역시 오이디푸스 문법이다. 결론부터 말한다면 오이디푸스 문법이 전이의 연판을 제작하는 데 필수적인 원판인 것이다.

1.

다 알다시피, 오이디푸스 콤플렉스는 부모 중에서 주체와 반대되는 성을 가진 부모를 성적으로 욕망하고, 반대로 동성의 부모를 사랑의 경쟁자로 생각해 그가 죽기를 욕망하는 양가적인 심리적 태도를 일컫는 것으로 알려져 있다. 가령 남자아이의 경우, 한쪽으로는 아버지와 동일시(일차적 동일시)하고 다른 한쪽으로는 자신을 보살펴주는 어머니에게 리비도를 투여(Besetzung, investissement)함으로써, 아버지의 위치에서 어머니를 사랑하면서 아버지를 사랑의 경쟁자로 여기는 것이 오이디푸스 콤플렉스[4]이다. 프로이

2 욕동의 통사론적 문법에 관해서는 졸고 『정신분석 치료의 임상구조』(파워북, 2014) 제2장 <프로이트의 통시적 문법 이론>을 참조할 것.

3 오이디푸스 문법은 적어도 프로이트에게 모든 차원의 통시적 문법을 하나로 묶는 핵심 문법이다. 그것은 프로이트의 정신분석 이론의 배꼽이자 매듭이며, 모든 심리장치를 관장하는 중앙 관리 센터이다. 그래서 프로이트는 오이디푸스 콤플렉스를 핵 콤플렉스라고 말한다: "어린 시절의 성생활의 내용은 지배적인 성적 요소의 자가성애적인 활동과, 대상애의 흔적과, **신경증의 핵 콤플렉스**라고 명명할 수 있는 오이디푸스 콤플렉스의 형성에 있다. [...] 현실 생활의 산물이 아무리 변화무쌍할지라도, 일반적으로 자기 자신의 어린 시절에 관해 똑같은 환상을 만든다는 사실은, 그 내용의 획일성과, 나중에 수정을 가져오는 영향의 항상성으로 설명될 수 있다. 아버지가 어린 시절에 성적인 적 — 즉 자가성애적인 활동을 방해하는 사람 — 의 역할을 담당하는 것은, 완전히 어린 시절의 핵 콤플렉스에 속하는 특성이다. 그리고 현실은 대부분의 경우, 그러한 것에 폭넓게 이바지한다."(프로이트, 「쥐 인간 — 강박증에 관하여」, 열린책들, pp.60-2, n. 42.)

4 오이디푸스 콤플렉스를 충족시키는 방식에는 두 가지가 있다. 하나는 "능동적인 만족으로

트에 따르면, 그러한 현상은 3살과 5살 사이의 남근기에 나타난다. 그 때가 되면 어린아이들은 성적인 기관(자지)에 집중적으로 제공된 관능에 의해 자지를 내보이며 수음을 한다. 남근의 조직화가 시작된 것이다.[5] 그러나 어른들은 그런 행동을 좋아하지 않는다. 그래서 그들은 다소 노골적으로 어린아이들이 쾌락을 느끼는 그 신체부위나 그런 장난을 하는 손을 잘라버리겠다고 협박을 하거나 상처가 난다고 위협을 한다. 그렇지만 여기서 놓쳐서는 안 될 중요한 사항은, 그런 위협이 단순히 자위라는 못된 짓만을 겨냥하고 있는 것은 아니라는 점이다. 그것의 주된 목표는 자위의 금지가 아니라, 아들이 어머니를 사랑하는 근친상간의 금지이다. 따라서 거세는 근친상간의 죄에 대한 벌로서 주어지는 것이고, 거세 협박은 근친상간의 금지를 의미한다. 그러한 금지법은 대개 어머니의 입을 통해 발설되지만, 실은 그 뒤에 아버지가 숨어 있다. 실제로 어머니는 '그러면 아버지가 혼낸다.'라는 식으로 아버지를 언급하면서 자신의 말에 힘을 싣는 경우가 허다하다.

이제 어머니에 의한 거세 협박이 개입하면서 오이디푸스적인 관계에 금이 가기 시작한다. 그 과정에서 결정적인 타격이 되는 것은, 여자에게 페니스가 없다는 사실의 목격이다. 사실 그때까지 남자아이는 어머니뿐만 아니

자신을 남성으로서 아버지의 위치에 놓고 아버지처럼 어머니와 관계를 가지는 것이다. 이 경우 아이는 아버지를 방해꾼으로 여기게 된다. 반면에 수동적인 만족은 어머니를 대신해 아버지에게 사랑 받기를 원하는 것이다. 이 경우 아이는 어머니가 필요 없게 된다."(프로이트, 「오이디푸스 콤플렉스의 해소」, in 『성욕에 관한 세 편의 에세이』, 열린책들, 2003, pp.295-6) 그러니까 전자는 남성적 입장(즉 남성다움)을 강조하여 아버지와의 동일시를 강화하는 가장 정상적인 발달이고, 후자는 남자아이가 아버지에 대해 부드러운 여성적 입장을 취하는 경우로, 어머니와 동일시하면서, 아버지를 사랑하고 어머니에 대해 질투와 적개심을 느끼는 것이다. 프로이트는 전자를 긍정적 오이디푸스 콤플렉스, 후자를 부정적 오이디푸스 콤플렉스라고 부른다. 물론 그 두 양상이 공존하는 경우도 있다.

5 프로이트의 관심은 생리학적인 사실이 어떻게 심리적으로 조직되는가에 있었다. 남근의 조직화와 오이디푸스 콤플렉스, 자지와 대상 선택(사랑), 거세와 근친상간을 교대로 번갈아 가며 설명하는 것이, 그러한 사실을 잘 보여주고 있다.

라 모든 여자아이에게 자지가 있다고 생각하지만, 같은 또래의 여자 친구 — 결정적으로 어머니 — 가 자신에게 있는 기관을 갖고 있지 않다는 것을 발견하고부터는, 아버지의 법을 어길 경우 아버지에 의해 거세되어 여자처럼 될 수 있다는 것을 알게 된다. 그리고 어머니를 계속 사랑할 것이냐, 아니면 아버지의 법에 순종하여 자지를 보존할 것이냐를 두고 갈등을 일으킨다. 그것은 "자지에 대한 자기애적인 관심과 어머니에 대한 성적인 욕동 사이의 갈등"에 다름 아니다. "그 갈등에서 보통은 전자가 승리하고, 아이의 자아는 오이디푸스 콤플렉스에서 멀어진다."[6] 거세와 함께 오이디푸스 콤플렉스가 종언을 고하는 것이다. 그리고 이 때 아버지와의 이차적 동일시가 일어난다: "즉 부모에 대한 성적인 욕동이 동일시로 바뀌는 것이다. 아버지나 부모의 권위는 자아에 유입되고, 거기서 초자아의 핵심이 형성된다. 그 초자아는 아버지의 엄격함을 넘겨받아 근친상간을 금기시하고, 부모를 향한 성적 욕동으로부터 자아를 지켜준다. 오이디푸스 콤플렉스에 속하는 성적인 욕동의 경향의 일부는 동일시로 인해 약해지고 고상해지며, 일부는 억제되어 애정으로 바뀐다. 그 과정을 통해 거세 위험에서 벗어남으로써 성기를 보존하는 반면, 성기의 기능은 박탈당하고 무력화된다. 그것이 잠재기로 이어지며, 아동의 성적인 발달이 저지되는 것이다."[7] 그렇게 해서 남자아이는 "남근의 조직화, 오이디푸스 콤플렉스, 거세 위협, 초자아 형성, 그리고 잠재기의 시작"[8]으로 이어지는 순서를 따라가게 된다. 여기서 심리의 정상화에 있어서 가장 중요한 것이, 어머니에 대한 성적 욕망을 포기하고 아버지의 거세의 법을 수용 — 즉 아버지와 동일시 — 하여 초자아를 형성

6 프로이트, 「오이디푸스 콤플렉스의 해소」, in 『성욕에 관한 세 편의 에세이』, 열린책들, 2003, p.296.

7 *Id.*

8 *Ibid.*, p.297.

하는 것이다.

★

그러나 여자아이의 경우는 사정이 다르다. 왜냐하면 상식적으로 생각해도, 여자아이에게는 자지가 없기 때문이다. 따라서 여자아이에게 남자아이와 같은 성적인 발달을 기대하기는 힘들다. 그러나 프로이트는 단호하게 말한다: "여성의 경우도 오이디푸스, 초자아, 잠재기로 발전한다. 그렇다면 남근의 조직화와 거세 콤플렉스도 적용시킬 것인가? 대답은 '그렇다'이다. 단지 남자아이와 똑같을 수는 없다."[9] 한 마디로, 문제는 남근이다. 프로이트는 그 문제를 해부학적인 차이로 설명한다: "남성은 단지 하나의 주도적인 성적인 영역, 즉 하나의 성적인 기관을 가질 뿐이지만, 여성은 그 성적 영역이 두 군데이다. 바로 남성의 성기에 비유될 수 있는 클리토리스와 여성의 기관인 질(膣)이 그것이다."[10] 그에 따라 여성의 성생활은 두 국면으로 나뉘는데, 첫 번째 국면은 클리토리스를 중심으로 남성적 특성을 보이는 단계이고, 두 번째는 질을 중심으로 여성적인 속성을 보이는 단계이다. 만약 그 말이 옳다면, 소녀에게도 클리토리스를 중심으로 자위행위와 남근의 조직화가 일어날 가능성은 충분히 있다.

그와 동시에 그 시기의 여자아이는 남자아이와 마찬가지로 첫 번째 사랑-대상으로 어머니를 선택한다. 누가 보아도, 여자아이가 아버지에 대해 애정을 느끼기 이전에 어머니를 사랑하는 것은 당연하다. 그 기간은 생각보다 길어, 어떤 여자아이는 네댓 살까지 지속되는 경우도 있다. 게다가 프로이트

9 *Id.*
10 프로이트, 「여성의 성욕」, in 『성욕에 관한 세 편의 에세이』, 열린책들, 2003, p.341.

에 따르면, 아버지에 대한 애착이 특별히 강한 여성은 거의 예외 없이 어머니에게 먼저 강렬한 애정을 느낀 경험을 갖고 있다. 우리는 그러한 사실로부터 "여성이 아버지에게 강한 애착을 보이는 것은 그 이전에 어머니에게 강하게 애착을 보였던 것의 유산이라는 사실과, 그렇게 어머니에게 강한 애착을 보이는 초기 단계가 예상외로 장기간 지속된다는 사실"[11]을 알 수 있다. 그것은 분명히 여성적 형태의 부정적인 오이디푸스 콤플렉스이다.[12] 또한 그 시기의 여자아이는 수동적인 경험을 능동적인 경험으로 전환하려는 경향을 보이는데, 그것은 어머니와의 리비도적인 관계에 있어서 남성적 위치를 점유하려는 시도라고 짐작된다. 그 대표적인 것이 인형놀이이다: "여자아이들이 이렇게 이야기하는 경우가 있다: '이제부터는 내가 엄마고, 엄마는 내 아이야, 알았지?'"[13] 그것은 분명 어머니를 대상화하는 행동으로, "아버지에 대한 무시와 더불어 어머니에 대한 배타적 애착의 증거"[14]이다. 그러한 능동성이 지나친 어린 소녀들은 어머니가 자기를 유혹한다고 비난하거나, 아니면 엄마가 새 아기(동생)를 낳을 수 있었던 것은 자기 때문이라고 믿는다.

그리하여 어머니는 그러한 여자아이들의 남근적 행동에 대해 위험을 느끼고, 자위와 근친상간을 금지시키고, 그 벌로 거세의 철퇴를 가한다. 그것은 남자아이와 같다.[15] 그러나 여자에게는 거세 콤플렉스의 영향이 남자이

11 *Ibid.*, pp.340-1.

12 "여자아이의 경우, 그 전 과정은 긍정적인 오이디푸스 콤플렉스 단계에 들어서기 전에 '부정적인' 오이디푸스 콤플렉스 단계를 겪는다는 공식으로 요약된다."(프로이트, 「여성의 성욕」, in 『성욕에 관한 세 편의 에세이』, 열린책들, 2003, p.359.) 그러나 프로이트는 '부정적인' 오이디푸스 콤플렉스 단계라는 말보다, '전(前)오이디푸스 단계'라는 표현을 더 즐겨 사용한다.

13 프로이트, 「여성의 성욕」, in 『성욕에 관한 세 편의 에세이』, 열린책들, 2003, p.353.

14 *Id.*

15 어머니가 자기를 죽이려 한다고 호소하는 여자 신경증 환자가 많은데, 그것은 어머니의

이와 사뭇 다르다. 왜냐하면 남자아이와 달리 여자아이는 이미 거세되어 있기 때문이다: "여자아이에게는 거세 공포가 이미 배제되기 때문에, 거세가 초자아의 형성이나 성기의 조직화에 강력한 동기가 되지 못한다."[16] 그래서 여자의 초자아는 남성의 그것처럼, 정동으로부터 독립되어 있지도, 냉혹하거나 비인격적이지도 않다. 단지 그녀는 자지를 선망하며 남성에 대해 열등감을 느낄 뿐이다: "처음에 여자아이들은 클리토리스를 남자아이의 페니스와 똑같은 것처럼 여기지만, 남자 놀이 친구의 것과 비교하면서 자신의 성기가 밋밋함을 알게 되고 뭔가 잘못된 것으로 여기게 된다. 그리고 그것은 열등감의 요인이 된다. […] 여기에서 여성의 남성 콤플렉스가 생긴다."[17] 그 결과, 어린 소녀는 어머니를 원망하며 어머니에게 등을 돌리게 된다.[18] 왜냐하면 그녀가 보기에, 자기에게 남근이 없는 것은 어머니가 자기에게 제대로 된 자지를 선물하지 않았기 때문이다. 그리하여 여자아이의 마음은 자연스럽게 아버지 쪽으로 기울게 되고, 그녀의 자지선망은 아버지의 아이를 갖고 싶은 욕망으로 대체된다. 대상-선택이 어머니에게서 아버지에게로 바뀌면서 자지선망은 아기의 욕망으로 전환되는 것이다. 그로부터 그녀는 어머니와 자신을 동일시하면서, 어머니의 위치에서 어머니를 대신하려고 한다. 그것은 어머니에 대한 능동적 성애를, 아버지에 대한 수동적 성애로 변모시키고, 어머니를 시기하는 계기가 된다. 그리하여 자지선망과 연관된

담화—즉 규제—가 환상으로 이어진 경우이다.

16 프로이트, 「오이디푸스 콤플렉스의 해소」, in 『성욕에 관한 세 편의 에세이』, 열린책들, 2003, p.298.

17 *Ibid.*, pp.297-8.

18 여기서 세 가지 방향의 태도가 나타날 수 있다: 하나는 성애를 거부하고 모든 성적인 삶을 중지하는 방향이고, 다른 하나는 남성다움에 집착하여, '뭐니 뭐니 해도 남자다'라고 생각하며 반항적으로 남성성을 강조하는 것이고, 마지막 하나는 가장 정상적인 태도로, 여성다움으로 가서 아버지를 리비도의 대상으로 선택하는 것이다.

원망에 오이디푸스적인 질투가 첨가되면서, 진정한 의미의 여성적인 오이디푸스 콤플렉스가 시작된다.

> "여자아이의 오이디푸스 콤플렉스의 절정은 아버지의 아이를 갖고 싶어 하는 오랜 갈망이다. 그런 바람은 이루어질 수 없는 것이기 때문에, 여성에게 있어서 오이디푸스 콤플렉스는 오랫동안 지속되면서 천천히 사라진다고 할 수 있다. 자지와 아이를 갖고 싶다는 두 소원은 강렬하게 무의식에 남아 여성의 후반까지 성 역할을 수행하게 하는 것이다."[19]

"그런 점에서 여성의 오이디푸스 콤플렉스는 [남성의 그것과는 반대로] 매우 긴 성장의 과정에서 마지막으로 나타나는 결과라고 할 수 있다. 즉 그것은 거세의 영향에 의해 파괴되는 것이 아니라 오히려 창조된다."[20] 이렇게 여자아이가 오이디푸스 콤플렉스로 가는 과정은 남자의 그것보다 길고 복잡하다. 뿐만 아니라 여자에게 있어서 오이디푸스 콤플렉스는 남자의 그것과는 반대로 거세와 함께 시작되기 때문에, 그것의 소멸과 그 동기가 불분명할 뿐더러, 그 영향은 정상적인 여성의 정신생활 속에서도 평생 지속된다.

한 마디로 프로이트에 따르면, 남자아이나 여자아이나, 남근의 조직화 — 오이디푸스 콤플렉스 — 거세 콤플렉스 — 초자아 형성이라는 오이디푸스 문법[21]에 따라 발달해야 심리의 정상화가 이루어진다. 만약 그러한 문법

---

19 프로이트, 「오이디푸스 콤플렉스의 해소」, in 『성욕에 관한 세 편의 에세이』, 열린책들, 2003, p.298.

20 프로이트, 「여성의 성욕」, in 『성욕에 관한 세 편의 에세이』, 열린책들, 2003, p.344.

21 이것을 요약해서 말하면, 남근이 조직화되면서 어머니라는 대상에 투여되던 리비도를 포기하고, 그 대상 상실에 대한 보상으로 아버지와 동일시함으로써 초자아를 형성하는 것으로 요약할 수 있다.

에 어긋나거나 발달이 불완전하면 비정상적인 정신증 환자가 되거나 초자아의 강도가 위축됨으로써 신경증에 떨어지게 된다. 말하자면 문법에 맞는 정문이 되는 것이 아니라 문법에 맞지 않는 비문이 되는 것이다. 반면에, 오이디푸스 콤플렉스는 그러한 문법이 현실적인 어머니와 아버지의 관계 속에서 실현될 때 생기는 부수적인 감정놀음에 불과하다. 그리고 거세 콤플렉스는 대상 포기에 병행되는 남근 포기(또는 상실)에 따르는 불안 정동일 뿐이다.

2.

아무튼 그러한 오이디푸스 콤플렉스의 발견은 전이를 이해하는 프로이트의 방식에 영향을 미친다. 특히 프로이트의 제자인 페렌치는 오이디푸스 콤플렉스와 전이의 관계를 연구한 것으로 알려져 있다. 그는 1909년부터, 분석에서(그러나 이미 암시와 최면에서) 어떻게 환자가 사랑하거나 두려워하는 아버지 상(이마고)의 역할을 무의식적으로 의사에게 부여하는지를 보여준다. 프로이트는 전이에 관한 최초의 전체적인 설명[이 장 도입부분에 있는 인용문]에서, 전이는 <원형(prototype)>과 이마고(주로 아버지의 이마고이지만, 어머니나 형제 등의 이마고일 때도 있다)와 연결되어 있다고 주장한다. "… 의사는 환자가 이미 만들어 낸 심리 <계열> 중의 하나에 삽입되는 것이다."[22] 그런데 여기서 주목해야 할 사실은, 그러한 아버지의 이마고가 아버지에 대한 실제 경험의 기억과 그 기억과 결부된 사랑에 의한 것이 아니라(이

---

22 프로이트, 「전이 역동에 대하여」, in 『끝낼 수 있는 분석과 끝낼 수 없는 분석』(이덕하 역), 도서출판 b), pp.31-2.

책 1장 <사랑의 전이와 회상> 참조), 오이디푸스 콤플렉스의 필연적 결과라는 사실이다. 다시 말해 그것은 오이디푸스 콤플렉스에서 유래하는 아버지에 대한 <기대표상>이지, <기억표상>이 아니다. 프로이트는 그것을 융에게서 빌려온 개념을 사용하여 <이마고>라고 부른다. 그러나 프로이트는 융과 다르게, 이마고를 오이디푸스 콤플렉스와 연결시킨다. 프로이트에게 "이마고와 콤플렉스는 아주 인접한 개념이다. 그것들은 모두 어린아이가 그 가족과 그의 주위 사람과 맺는 관계의 장과 연관되어 있다. 그러나 오이디푸스 콤플렉스는 부모와의 관계가 주체에게 미치는 영향을 가리키는 데 반해, 이마고는 그 상황의 이런저런 가담자(즉 부모)의 상상적 잔영을 가리킨다. 그래서 이마고는 흔히 <무의식적 표상>으로서 정의된다. 그렇지만 그것은 단순히 하나의 이미지라기보다 차라리 이미 습득된 상상적 형태, 즉 그것을 통해 주체가 타인을 겨냥하는 고정된 연판이다. 따라서 이마고는 이미지에서만큼, 감정이나 행동에서도 객관적으로 표출된다. 덧붙일 것은, 그것이 다소 변형된 현실의 반영으로 이해되어서는 안 된다는 사실이다."[23] 그래서 무서운 예를 들면 아버지의 이마고는 실제 현실의 아버지와 일치하는 것이 아니라, 지워진 현실의 아버지와 일치하는 것이다. 그러한 이마고는 오이디푸스 콤플렉스에서 주체가 타인을 파악하는 방식을 선택적으로 결정하는 무의식적 인물의 원형으로, 의사와의 전이에서 결정적으로 나타난다.

23 라플랑슈 & 퐁탈리스, 『정신분석 사전』(임진수 역), 열린책들, p.321: 이마고가 기억 이미지가 아니라 기대표상이라는 사실은 어머니가 남근을 소유하고 있다는 <남근적 어머니>의 이마고에서 정확히 증명된다: <… 어머니가 자지를 소유하고 있음을 확실히 하기 위한 것이다. 그래서 그것(이마고)이 나타나는 것은 아마 어린아이가, 실제로는 어머니가 그것을 소유하고 있다고 더 이상 믿지 못할 때부터이다. 그 이전에 […] 능동적인 어머니의 수행기관이 젖가슴이라는 것은 틀림없는 사실이다. 자지의 관념은 그 다음에 남근의 중요성이 인식된 뒤, 능동적인 어머니에게 투영된 것이다.>(Mack Brunswick (R.), The Preoedipal Phase of the Libido Development, 1940, in *Psa. Read.*, 240.)

그렇다면 그러한 이마고 — 특히 아버지의 이마고 — 는 언제 어떻게 형성되고, 어떤 방식으로 전이되는가? 한 마디로, 앞에서 말했듯이, 오이디푸스 콤플렉스의 쇠퇴는 아버지(의 어떤 한 특성 또는 기능)과 동일시하여 초자아를 형성함으로써, 이루어지는데, 그 때 주체는 아버지의 이마고를 내입(內入)(introjection : énamoration)하는 것이다. 그 대표적인 것이 바로 자아이상이다. 프로이트는 「전이 사랑에 대한 소견」이라는 논문에서, 자아이상의 위치에 놓인 의사에게 환자가 <반하는> 것을 다음과 같이 말하고 있다.[24] "여성 환자가 자신을 분석하는 의사[남자]에게 반했다는 것을 애매하지 않은 암시를 통해 드러내거나 내놓고 말하는 경우가 있다."(p.126) 그것은 전이 속의 <반하기(Verliebtheit)>로, "환자는 자신의 사랑이 보답받기를 요구하면서 자신의 사랑 이외의 것에 대해서는 어떤 것에 대해서도 말하거나 들으려 하지 않는다. 그녀는 증상을 포기하거나 등한시한다."(p.131) "그러한 여성 환자는 [첫 번째] 의사에게 반한 후, 의사와 환자는 헤어지며 치료는 포기된다. 그러나 환자의 상태 때문에 곧 다른 의사와 두 번째로 분석을 시도해야 할 필요가 생긴다. 그런데 그 환자는 그 두 번째 의사에게도 반한다는 것을 깨닫게 된다. 그리고 그녀가 다시 치료를 중단하고 다시 [다른 의사와 치료를] 시작하더라도 상황은 마찬가지다. 그런 일은 계속된다."(p.128) 그것은 <반하기>의 탈을 쓰고 치료에 저항하는 것이다. 따라서 "의사는 여성 환자가 반한 것은 분석 상황에 의해 강요된 것이지 분석가의 사람됨에 어떤 장점이 있어서 그러는 것이 아니라는 것을 […] 알아야 한다."(pp.128-9) 그러한 반하기는 오이디푸스 구조에서 아버지가 차지하고 있

24 프로이트, 「전이 사랑에 대한 소견」(이덕하 역), 도서출판 b, p.126 sqq. 참조: 프로이트는 여기서 <이상적 자아(Idealich; moi idéal; ideal ego)>와 <자아이상(Ichideal; idéal du moi; ego ideal)>을 구분 없이 <자아이상>의 의미로 사용하고 있다.

는 이상적인 위치에서 나온다. 전이는 바로 그러한 이상적인 위치에 있는 사람 — 특히 의사나 분석가 — 에게 자아이상을 투사하면서 반하고 사랑에 빠지는 것을 말한다. 그들의 이상적 위치가 자아이상과의 동일시에 동기를 제공하기 때문이다.

★

그런데 우리는 여기서 하나의 의문이 생긴다. 자아이상이 아무리 이상적이라고 하더라도, 그것은 어차피 타자로부터 빌려온 것인데, 어떻게 그것이 자기애를 넘어서는 반하기 — 그야말로 반하기는 목숨까지 바치는 사랑이다 — 의 대상이 될 수 있을까? 프로이트는 「자기애 서론」(1914)에서 자아이상이라는 개념을 소개하면서, 그것이 자기애의 목표가 되어 전 자아리비도가 투여되는 과정을 다음과 같이 자세히 설명하고 있다.

> 정상적인 성인을 관찰해보면, 우리는 그들이 이전에 내보였던 과대망상이 점차 완화되고, 그들의 유아기적 자기애를 엿볼 수 있는 심리적 특징들도 많이 사라졌음을 알 수 있다. 그렇다면 그들의 자아리비도는 어떻게 된 것일까? 자아리비도 전체가 대상리비도 투여로 옮겨갔다고 가정할 수 있을까? 우리의 전체 논의 과정에 비추어보면 그럴 가능성은 없다. 다만 억압의 심리학에서 그 문제에 대한 해답의 실마리를 찾을 수 있을 것이다. […] 즉 어떤 사람은 자신의 내면에 <이상>을 설정하여 그 <이상>에 따라 자신의 실제 자아를 측정하는 반면, 또 다른 사람은 그와 같은 이상을 전혀 설정하지 않는다. 그런데 여기서 자아의 관점에서 볼 때 이상형의 형성이 바로 억압의 전제 조건이 되는 것이다. 그 이상적 자아가 이제는 어린 시절 실제 자아가 누렸던 자기애의 목표가 된다. […] 사람은 자신이 어렸을 때 누렸던 자기애적 완벽함을 놓치기 싫어한다. 그리고 성장하면서 다른 사람들의 훈계나 스스로의

비판적 판단에 의한 각성을 통해 어떤 장애에 부딪혀 더 이상 그 완벽함을 유지할 수 없게 될 때면, 그것을 <자아이상>이라는 새로운 형태에서 다시 회복하려고 노력한다. 그가 자기 앞에 하나의 이상으로 투사한 것은 어린 시절 그 스스로가 자신의 이상이라고 생각했던, 그러나 이제는 상실하고 없는 바로 그 어린 시절의 자기애를 되찾게 해주는 대체물인 것이다.[25]

말하자면, 처음에는 — 다시 말해 심리가 정상화되기 이전에는 — 자아 리비도가 전적으로 원시적 자아에 투여되는 과대망상 상태였다가, 정상화되면서 — 즉 그것이 억압되면서 — 과대망상이 사라진다. 그렇다면 자아 리비도는 어디로 갔는가? 대상 리비도 — 대상에 대한 사랑 — 으로 옮겨갔는가? 그렇지 않다는 것이 프로이트의 생각이다. 그렇다면, 자아 리비도는 그야말로 자아를 사랑하는, 자아에 투여되는 리비도로 남아야 하는데, 억압되었다고 하면서 어떻게 그럴 수가 있는가? 프로이트는 여기서 묘수를 찾아낸다. 자아의 내면에 이상을 설정하여 자아를 사랑하듯이 그 이상을 사랑한다는 것이다. 그것이 바로 자아이상이다. 그런 맥락에서 억압은 과대망상적 자기애가 자아이상으로 옮겨감으로써 과대망상이 사라지는 것에 다름 아니다. 그리하여 자아이상은 어린 시절 실제 자아가 누렸던 자기애의 목표가 되는 것이다. 그것은 과대망상으로부터 유래하는 완벽한 자아에 대한 자기애적 사랑이 온통 자아이상으로 몰린다는 것을 의미한다. 그만큼 자아이상

25 프로이트, 「자기애 서론」, 열린책들, pp.73-4: 이상적 자아와 자아이상은 프로이트에 의해 1914년(「자기애 서론」)에 도입된다. 프로이트에게 이상적 자아가 실제 자아 — 자기 자신의 충족에만 몰두하기 때문에 <실재적인> — 를 나타낸다면, 자아이상은 그 이상적 자아의 어떤 요구에 대한 부모의 비판과 외부 세계의 영향에 의한 포기에 의해 필요해진 대체 형성으로 나타난다. 자아이상은 그래서 상실된 자기애적 충족을 되찾기 위해 자아가 도달하려고 하는 것을 나타낸다. 세 번째 시기에, 자아 속에 있는 불충족의 원천인 것을 내던진 뒤에 진정한 의미에서의 실제 자아가 나타난다.

은 자기애의 화신이자 총화이다.

★

그렇다면 그러한 자아이상은 어떻게 형성되는가? 프로이트에 따르면, 그러한 자아이상은 오이디푸스 콤플렉스와 관련하여 아버지와 동일시함으로써 형성된다. 프로이트는 『집단심리학과 자아분석』(1921)에서 그것의 형성 과정을 한 마디로 요약하고 있다. 한 마디로, 자아이상은 대상선택이 동일시로 퇴행한 결과이다: "동일시는 대상선택의 자리를 차지하고, 대상선택은 동일시까지 퇴행한다."[26] 포기된 대상관계가 퇴행적 대체로서 동일시됨으로써 자아 — 정확히 자아이상 — 가 되는 것이다. 그런데 우리가 여기서 주목할 점은, 그러한 동일시는 대상의 <부분적이고, 극도로 제한된 한 가지 특성>을 빌려옴으로써 이루어진다는 것이다.

> "히스테리 증상이 형성되는 상태 — 억압이 존재하고 무의식의 메커니즘이 우세한 상태 — 에서는 대상선택이 동일시로 퇴행하여, 자아가 대상과 똑같은 특징을 갖게 되는 일이 흔히 일어난다. 이런 동일시에서 자아는 사랑하지 않는 사람을 모방하는 경우도 있고, 사랑하는 사람을 모방하는 경우도 있다. 이것은 상당히 주목할 만한 일이다. 두 경우에 동일시는 부분적이고, 극도로 제한된 것이어서 대상 인물의 한 가지 특징(einzigen Zug; un seul trait(un trait unique); a single trait)만을 빌려온다는 점도 주목할 만하다."[27]

이렇게 자아이상은 사랑의 대상에게서 <단성(trait unaire)>을 빌려와, 그

26 프로이트, 『집단 심리학과 자아 분석』, 열린책들, p.117.
27 *Id.*

것을 통해 대상과 동일시함으로써 형성된다.[28] 그리고 주체는 그 자아이상과 동일시되는 대상에게 반하기에 이른다. 그런데 이번에는 히스테리 환자의 자아는, 프로이트의 앞의 인용문이 보여주듯이, 사랑의 대상에게서 단성을 빌려와, 증상에 의해 그 대상과 동일시한다.[29] 가령 프로이트는 도라의 히스테리 사례에서 도라가 아버지의 기침 증상을 동일시하는 것을 발견한다. 그것은 자아이상에 놓였던 아버지-대상을 포기하면서 증상의 동일시로 퇴행한 결과이다. 이렇게 프로이트가 말했듯이, <동일시는 대상선택의 자리를 차지하고, 대상선택은 동일시까지 퇴행한다.> 그러나 비단 그렇게 사랑의 대상만 동일시하는 것은 아니다. 사랑하는 사람이 사랑하는 사람과 동일시하는 경우도 있다. 가령 여자아이에게 자주 나타나는 어머니와 똑같은 기침 증상은, 아버지에 대한 대상애를 나타내며 어머니를 대신하고 싶다는 욕망을 실현한다. 아버지(사랑하는 사람)가 사랑하는 사람(어머니)과 증상을 통해 동일시된 것이다. 사실 프로이트에게 동일시는 다른 사람과의 정동적 관계의 가장 이르고 가장 근원적인 형태이다. 일차적 동일시는 우선 아버지와 이루어진다. 그것은 자아이상을 자리 잡게 하고, 따라서 반하기(*énamoration*; *Verliebtheit*)를 가능하게 만든다. 사랑의 상태에서, 대상은 자아이상의 위치에 놓이는 것이다.

그 결과 주체는 자아이상의 위치에 놓인 대상에게 반해버리는 것이다.

---

28 엄격히 말해 자아이상이 대상의 단성과의 동일시를 통해서 형성된다는 것은, 프로이트에게서 힌트를 얻어 라캉이 도입한 개념이다. 라캉은 프로이트의 히스테리적 동일시에서 상징적 동일시를 알려주는 기본적인 형태인 단성 — 일종의 기호형식 — 의 동일시를 발견하고 그것을 자아이상의 형성과 연결시킴으로써, 자아이상의 상징적 차원을 강조한다.

29 전자는 자아이상이라는 인격의 심역을 구성하거나 장식하는 단성과의 동일시이고, 후자는 그 역으로 어떤 대상이 그 심역을 대신하는 것이다. 물론 후자도 <단성>을 매개로 심역과 대상이 동일시되지만, 다른 한편으로 그 대상과 자아가 동일시될 때는 증상과의 동일시를 통해 이루어진다.

그와 같은 기제(機制)는 집단 현상과, 지도자에 대한 집단의 종속 현상과 아울러 최면을 설명해준다. 조직되지 않은 일차 집단은 개인들의 집합인데, 그들은 단 하나의 동일한 대상을 그들의 자아이상의 위치에 앉히고, 그런 까닭에 그들은 그들의 자아에서 서로 동일시된다.

자아이상의 위치에 대상을 놓음으로써 사랑에 빠지는 <반하기>와 같은 현상은, 프로이트에 따르면 최면술사와 집단의 지도자에게도 일어난다. 사랑하는 대상이 주체가 자신의 이상적 자아를, 타자 속에서 그것의 실현이 일으키는 <최면상태의> 온전한 신념을 가지고 투사하는 바로 그 지점에 오는 것이다. 또한 군중과 지도자의 관계도 똑같고, 그 관계는 군중을 위험하게 한다: <그러한 일차적 군중은 단 하나의 동일 대상을 그들의 자아이상의 자리에 놓는 개인들의 합계이다. 그 결과로 그들은 그들의 자아 속에서 서로 동일시된다.> 그 동일한 대상은 사실 우두머리가 갖고 있는 단순한 하나의 특징이다.

집단과 개인 사이에 계속성이 있다는 사실은, 프로이트가 다음과 같이 지적할 때부터 품어온 생각이다: <타인은 항상 개인의 삶에서 모델과 대상 — 협력자이든 반대자이든 — 역할을 한다.> 그래서 <개인 심리학은 처음부터 어떤 측면에서 사회 심리학 — 이 말의 넓은 의미에서 그러나 충분히 정당화되는 의미에서 — 인 것처럼 나타난다.>(「집단심리학과 자아 분석」, 1923) 라캉은 나중에, 무의식은 큰타자에게 건네는 담화에서 말해질 수 없었던 것이나, 또는 큰타자로부터 오는 담화에서 들을 수 없었던 것으로 형성된다는 사실을 강조한다. 무의식은 통개인적인(transindividuel) 담화에 없는 부분에 의해 구성된다. 이렇게 그것은 처음부터 사회의 심역에 대한 참조를 포함하고 있다.

그렇지만 정신분석은 어떤 집단적 현상을 가장 잘 설명할 수 있는 것일까? 프로이트는 공통의 이상에 의해 결속된 그룹의 구성과, 흔히 모두가 인정하는 지도자에 의해 인도되는 <군중>의 기능에 여러 페이지를 할애했다. 그리하여 그는 귀스타브 르 봉(Gustave Le Bon)(『군중 심리학(Psychologie des foules)』

에게서 <충동적이고, 유동적이고, 흥분 잘 하고,> <온갖 극단을 치닫고,> 영향 잘 받고, 변덕스러운 군중에 대한 기술을 빌려온다. 그리고 그는 사랑의 상태와 최면과 군중을 시리즈로 묶으면서, 그것에 대한 엄격한 이론화를 제시한다. 최면에서는 사랑의 상태에서처럼, 대상이 자아이상의 자리를 차지하면서 주의를 끌 만한 유일한 대상이 된다.(다른 점에서 <최면은 [⋯] 직접적인 성적 애정의 부재로 해서 사랑의 상태와 구별된다.>) 다른 측면에서 최면은 군중(지도자에 의해 매혹된)과 아주 비슷해서, 그것은 <둘로 된 집단 형성> 이라고 말할 수 있다. 프로이트는 그로부터 도식의 도움으로 군중에서 무슨 일이 일어나는 지를 제시한다.(아래 도식 참조)

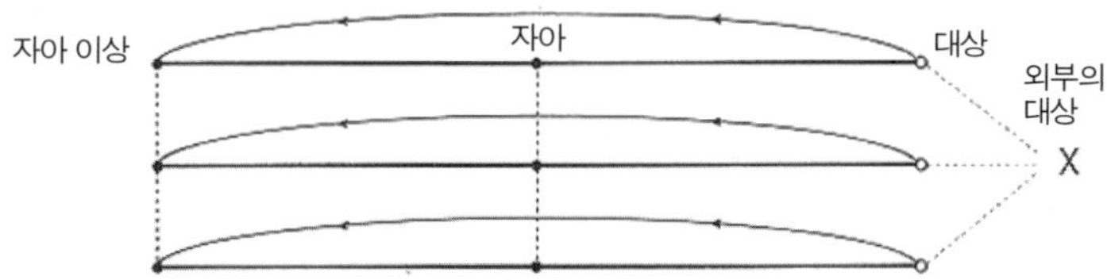

그 도식에 힘입어, 프로이트는 강조한다: <일차 군중은 개인들의 집합으로 나타나는데, 그들은 모두 자신들의 자아이상을 동일한 대상으로 대체한다. 그것은 그들 자신의 자아의 동일시라는 결과를 가져온다.>

그 연구는 1921년에 썼다. 그 연구는 일반적인 영향력을 넘어서, 몇 년 뒤 나치의 광신적인 군중을 결합할 수 있는 것이 무엇인지를 파악할 수 있게 하는 몇몇 요소를, 미리 제공하고 있다고 평가할 수 있다. 그러한 의미에서 그것은 아마 라이히(W. Reich)의 가장 좋은 책 중의 하나(『파시즘의 집단 심리(*La psychologie de masse du fascisme*)』, 1933)에 의해 연장된다. 라이히는 보다 일반적인 가부장의 틀 속에 <우두머리(der Führer)>에 대한 사랑을 다시 위치시킨다. 그는 어떻게 성욕동이 그들의 목표로부터 벗어나서, 쉽게 가학증으로 변형될 수 있는지, 그리고 동시에 어떻게 그것이 타자 — <모국 독일>을 오염시킨다고 고발된 이방인(유대인을 성병과 동일시한다는 것은 여러 나치 텍스트에서 읽을 수 있다.) — 에 투사될 수 있는지를 보여주고 있다.

현대 정신분석이 그러한 유형의 탐구에 보다 많은 부분을 할애하지 않는 것은 아쉽다. 그렇지만 라캉 같은 저자는 <담화> 이론을 가지고, 그러한 탐구에 도움을 줄 수 있는 몇몇 새로운 이론적 요소를 제공하고 있다.[30]

이렇게 자아이상이 투사되는 근본적인 대상은 아버지이다. 프로이트에 따르면, 아버지는 자아와 타아(他我)(alter ego)의 구분이 확고하게 확립되기 이전, 즉 어린아이와 어머니의 합체로 기술되는, 그렇기 때문에 대상 투여와 동일시가 서로 구분되지 않는 인간 존재의 최초의 시기에도 이미 일차적 동일시의 대상이었다. 그 시기는 원초적인 구강기로, 어머니라는 대상과 감정적으로 하나로 연결되는 시기인데, 그 때조차 프로이트는 아버지와 동일시한다고 말하고 있는 것이다. 그것은 개인적인 선사 시대의 아버지가 남자아이에게 무의식적으로 이상형이나 원형(Vorbild)으로 생각된다는 것을 의미한다. 물론 여기서 문제가 되는 동일시는 <어떠한 대상 투여에 앞서, 매개를 통하지 않는 직접적인 동일시>[31]일 것이다. 그만큼 프로이트가 보기에 아버지는 동일시를 통해 자아이상이 구성되기도 전에 이미 이상적 대상이었던 것이다.

그러나 그러한 자아이상은 한편으로는 이상적 자아에 대해 과대망상적으로 쏟아 붓던 자아리비도가 옮겨가면서 자기애적으로 반하는 대상이 되기도 하지만, 다른 한편으로는 그것의 이상적인 완벽성[32]에 비추어 자아를 측정하는 기준이 되면서 리비도의 욕동을 억압하는 심역이 되기도 한다.

---

30 R. Chemama, <psychologie collective>, in *Dictionnaire de la psychanalyse*, Larousse, pp.463-5.

31 프로이트, 「자아와 그거」, p.371; 프로이트, 『집단 심리학과 자아 분석』, 1921. 전집 XII, p.114 sqq.

32 부연하면 자아이상의 완전성과 전능은 젖먹이의 무력 상태로부터 자신의 힘을 끌어온다.

그렇기 때문에 자아이상에는 심리를 정상화하는 기능이 있다고 말하는 것이다. 그 결과 자아이상은 자아에 대한 요구를 극대화함으로써 자아의 반발을 사는 요인이 되기도 한다. 왜냐하면 자아이상은 실제 자아를 감시 관찰하고, 부모의 비판과 사회적 비판을 구체적으로 실현하는 특수한 심리 기관인 <양심>으로 작용하기 때문이다. 그것은 급기야 욕망을 금지시키고 금지를 위반하면 처벌한다는 위협을 가한다. 그러니 자아이상과 그 대리자에 대한 욕망의 주체의 반발과 증오는 얼마나 크겠는가? 그리하여 자아이상이 투사된 대상은 결국 양가성 — 사랑과 증오 — 으로 물들기 마련이다. 결과적으로 전이는 오이디푸스 콤플렉스가 아버지의 이마고와의 관계에서 재경험되는 것이다. 다시 말해 한편으로는 반하기의 대상으로서의 아버지가 전이되면 긍정적인 전이로 나타나는 것이고, 다른 한편으로 어머니의 욕망을 금지하는 아버지가 전이되면 부정적인 적대감의 전이가 일어나는 것이다. 그러한 의미에서 프로이트는 두 가지 전이를 구분한다. 하나는 긍정적 전이로 애정의 전이이고, 다른 하나는 부정적 전이로 적대감의 전이이다.[33]

환자와 아버지의 상과의 관계가 특히 그 관계를 특징짓는 욕동의 양가성을 동반하는 전이 속에서 재경험 되는지는 「쥐인간」의 사례가 잘 보여주고 있다: "[쥐인간이] 전이라는 고통스러운 길을 통해 납득한 것은, 자신과 아버지의 관계가 그러한 무의식적인 보충을 포함하고 있다는 사실이었다."[34]

33 "여기서 '긍정적', '부정적'이라는 말은 전이된 정동의 성질을 가리키는 것이지, 치료에 대한 전이의 좋고 나쁜 영향을 가리키는 것이 아니다. 다니엘 라가슈(Daniel Lagache)에 따르면, <… 전이의 긍정적 부정적 효과라는 용어가 더 포괄적이고 더 정확하다. 주지하다시피, 긍정적 감정의 전이가 부정적 효과를 가질 수 있고, 역으로 부정적 감정의 표현이 결정적인 진전의 계기가 될 수 있다.>"(라플랑슈, 『정신분석 사전』, 임진수 역, 열린책들, p.404에서 재인용)

34 프로이트, 「쥐인간」, 열린책들, p.68.

<전이>라는 고통스러운 길을 지나고 나서야, 그와 아버지의 관계에 이 무의식을 내용을 더해야 한다는 확신에 도달할 수 있었다. 곧 그의 꿈에서, 깨어 있을 때 나타나는 환상 속에서, 그리고 그의 연상에서 나와 나의 가족을 가장 상스럽고 더럽게 모욕하기 시작했다. 그러나 나를 직접 대할 때는 가장 존경하는 태도만 보였다. 그가 이런 모욕을 나에게 보고할 때는 절망에 빠진 사람의 태도였다. 그는 말하곤 했다. "선생님, 당신 같은 신사가 어찌 나같이 하잘 것 없고 비천한 인간으로부터 모욕을 받고 가만히 있습니까? 나를 내쫓으세요. 나는 그런 일을 당해도 쌉니다." 이런 말을 할 때, 그는 의자에서 일어나 방안을 돌아다녔다. 그는 처음에는 감정이 예민해서 생긴 버릇이라고 설명했다. 그는 의자에 편안하게 누워서 그런 지독한 말을 내뱉을 수는 없었다고 말했다. 그러나 그는 곧 더 설득력 있는 이유를 발견했는데, 그것은 내가 그를 때릴까 봐 내 근처에 있지 않으려 했던 것이었다. 그가 의자에 그냥 있을 때는 굉장히 폭력적인 매질로부터 자신을 구하려는 것처럼, 심한 공포에 질린 듯이 행동했다. 그는 머리를 감싸고, 팔로 얼굴을 가리고, 갑자기 뛰어 일어나서 달아나고, 얼굴을 고통으로 일그러뜨리는 등의 행동을 보였다. 그는 그의 아버지가 격렬한 성미를 가지고 있었으며, 가끔 폭력을 휘두르기 시작하면 언제 끝을 낼지 몰랐다는 것을 기억해내었다. 그는 이런 고통스런 시련을 통하여 조금씩 그가 가지지 못했던 확신을 얻어갔다. 그러나 이런 사실을 관계없는 사람에게는 처음부터 자명했을 것이다.[35]

그러한 부정적 전이가 프로이트(와 프로이트의 가족)에게 일어날 수 있었던 기반은, 이미 어린 시절에 쥐인간이 그의 아버지에게 극단적인 분노를 느낄 때부터 예비되어 있었다.

나는 그[쥐인간]가 여섯 살 되기 전에 자위와 관계되는 성적인 비행을

35 프로이트, 『쥐인간』, pp.63-4.

> 저질렀고, 그것 때문에 아버지에게 단단히 혼이 났었을 것이라고 해석해보았다. 나의 가설을 따르자면, 그는 그렇게 벌을 받았기 때문에 자위를 그만두었고 — 이것은 사실이었다 — 그의 아버지에게 지독한 앙심을 품게 되었으며, 그의 아버지를 자신의 성적 즐거움을 방해하는 사람으로 결정하게 되었던 것이다. 놀랍게도 환자는 그와 비슷한 일을 그가 어렸을 때 겪었는데, 그 결과가 엄청나서 그의 어머니도 잊을 수 없었다고 여러 번 말했다고 한다. 그 자신은 그 사건을 기억하지 못했다. 그 사건은 다음과 같다. 그가 매우 어렸을 때(나중에 그의 손위 누이가 병으로 죽은 시기와 일치하기 때문에 정확한 날짜를 알아낼 수 있었다) 그가 나쁜 짓을 해서 그의 아버지가 매질을 했다. 그 어린 소년은 지독하게 화가 나서 매를 맞으면서도 아버지에게 욕을 퍼부었다. 그러나 그는 아는 욕이 없어서 생각해낼 수 있는 모든 사물의 이름으로 아버지를 불렀다. 그는 <너 램프야! 너 수건아! 너 접시야!> 등등의 소리를 질렀다. 그의 아버지는 그런 원초적인 분노에 놀라서 매질을 그만두고 <저 아이는 위인이 되든지 아니면 굉장한 범죄자가 되고 말 거야!>라고 말했다.[36]

그것은 분명 성적 향락의 금지와 그에 따른 거세 형벌에 대한 <남성적 항거>[37]였다. 그러나 정작 환자는 그 사실 — 아버지와 어머니가 증언한 — 을 기억하지 못할 뿐 아니라, 이 이야기가 분석에서 거론되자 오히려 자신이 아버지에게 맹렬한 분노를 느꼈다는 것을 믿지 않으려고 한다. "맹렬한 분노가 [억압되어] 숨어버린 것이다. […] 그러나 그는 강박증이 있는

36 프로이트, 『쥐인간』, pp.59-60: 이 에피소드는 쥐인간이 3살 때(1881년)에 있었던 일이다. 그 다음해 누나가 죽는다.(*Ibid.*, p.74)

37 아들러의 용어로 남성이 거세를 거부하는 행위를 말한다. 아들러는 그 개념을 남성과 여성이 갈등관계 있고 그것이 억압과 신경증의 원인이라는 증거로 사용한다. 그러나 프로이트는 순수한 의미에서의 거세에 대한 저항으로서는 그 개념을 인정하나, 그것을 남성성과 여성성의 갈등으로 비화하는 것에는 반대한다.(프로이트, 『늑대인간』, 열린책들, pp.264-5 참조)

사람들 같이 머리가 좋은 사람들이 가질 수 있는 비논리적인 특성으로, 그 자신이 그 사건을 기억하지 못하기 때문에, 그 이야기는 증거의 가치가 없다고 주장한다. 이런 비논리성은 항상 우리를 당황하게 한다."[38] 그러다가 그렇게 숨어버린 맹렬한 분노가 전이의 길을 거쳐 프로이트에게로 나온 것이다. 그러나 이 에피소드가 단순히 아버지의 매질과 그에 대한 정당한 분노를 전해주고 있다기보다는, 오히려 오이디푸스 콤플렉스의 원초적인 양가성을 아버지의 매질이 부채질했다고 말하는 것이 더 적합하다. 말하자면 아버지에 대한 분노는 아버지의 매질에 비해 과잉 폭발이었고, 따라서 우리는 오이디푸스 콤플렉스에 이미 현실적인 아버지의 징벌 이전에 그것에 대한 두려움과 동시에 그에 대한 적개심이 내재해 있다고 보아야 한다. 그것이 바로 프로이트가 말하는 원초적인 양가성이다. 그에 따라, 전이도 실제 대상에 대한 경험이 전이되는 것이 아니라, 오이디푸스 콤플렉스의 잔재인 이마고로서의 아버지가 전이되는 것이다.

그러한 사실은 쥐인간이 6살 때 발기가 되고 그 사실을 어머니에게 이야기한 이후부터, 부모가 자기 생각을 <안다>고 믿으면서 불안해하는 것으로 알 수 있다. 라캉의 용어로 <안다고-가정된-주체>가 이마고로 자리를 잡은 것이다.[39]

> "나는 6살 때 이미 발기 때문에 고생했어요. 한 번은 어머니에게 불평을 하기도 했어요. 어머니에게 그 사실을 말한 것은 불안을 떨치고 싶었기 때문이었어요. 왜냐하면 발기와 나의 상상과 호기심은 서로 관계가 있다고 느꼈기 때문이에요. 나는 그때부터 내가 생각하는 것을 부모들이 알고 있다고 생각했

38 프로이트, 『쥐인간』, pp.62-3.

39 라캉의 전이의 개념에 대해서는 졸저, 『소원, 욕망, 사랑』(파워북, 2015) 제13장 <전이적 사랑> 참조.

어요. 나는 내 생각을 말하지도 않고 말했다고 상상했어요. 저는 이것이 내 병의 시작이라고 봐요. 아주 내 마음에 드는 사람들(즉 하녀들)이 있는데, 그들이 벌거벗은 모습을 강렬하게 보고 싶었어요. 그러나 그러한 욕망을 느끼면, 동시에 섬뜩한 감정 — 즉 내가 그렇게 생각하면 마치 무슨 일이 벌어질 것 같아, 그 일이 일어나지 않도록 무슨 수라도 써야 할 것 같은 섬뜩한 감정 — 도 가지게 되었어요."

그것이 무어냐고 묻자, 그는 <아버지가 죽을지도 모른다.>는 두려움이라고 대답했다.

"그 어린 나이부터 오랫동안 나의 아버지의 죽음과 관계된 상념이 나를 사로잡고 있었고 나를 아주 우울하게 만들었어요."

그 때 나는 실제 강박관념의 대상인 그의 아버지가 수 년 전에 죽었다는 사실을 알고 놀랐다. 첫 분석에서 나의 환자가 기술한 여서 일곱 살 때의 있었던 그 현상은, 그가 생각하는 대로, 병의 시작이 아니라, 병 자체였다. 그것은 모든 구성 요소를 갖춘 완벽한 강박증, 후에 나타날 병의 핵심이자 원형 — 이를테면 기본 조직 — 이기 때문에, 그것만 연구해도 강박증의 복잡한 구조를 파악할 수 있을 것 같았다. 이미 본 바와 같이 그 아이는 관음증이라는 성 본능의 지배를 받고 있었다. 그래서 그는 그가 관심을 가지고 있는 여성들의 벌거벗은 모습을 보고 싶어 하는 강렬한 욕망을 느끼곤 했다. 이런 욕망이 그 후 강박관념으로 발전된 것이다. 그 당시 그러한 욕망이 아직 강박증적인 성격을 띠지 않은 것은 그의 어린 자아가 그러한 욕망을 구태여 거부하지도, 이상하다고 느끼지도 않았기 때문이다. 그럼에도 그 욕망이 나타날 때마다 불편한 감정이 함께 나타난 것으로 보아 어디선가 그 욕망에 반대하는 힘이 작용하고 있음을 알 수 있다.[40]

<안다고-가정된-주체>가 프로이트의 용어로 하나의 이마고라는 사실

40 프로이트, 『쥐인간』, 열린책들, pp.17-9

은,[41] 아버지가 죽은 다음에도 쥐인간이 아버지의 망령이 자신을 보고 있다고 생각하면서 이상한 행동을 하는 것으로 다시 한 번 확인할 수 있다.

우리는 그가 시험공부를 하고 있으면서, 그의 아버지가 아직 살아 있어서 어느 순간에 다시 나타나리라는 상상을 하고 있었을 때 보인 이상한 행동을 같은 맥락에서 살펴보아야 한다. 그는 될 수 있는 대로 늦은 시각까지 공부하도록 시간표를 짰다. 자정에서 밤 한 시 사이에 그는 공부를 중단하고 그의 아버지가 현관 앞에 서 있기라도 한 것처럼 현관문을 열었다. 그리고는 거실로 들어와서 자기 성기를 꺼내어 거울 속에서 들여다보았다. 이 미친 듯한 행동을 이해하려면 그가 영혼이 돌아다니는 그 시각에 아버지가 자기를 찾아올 것을 기대하고 있는 것처럼 행동했다고 가정해야 한다. 그의 아버지가 살아계실 때 그는 공부를 열심히 하지 않았으며, 아버지는 그것 때문에 가끔

41 엄격히 말해 라캉은 <안다고-가정된-주체>를 이마고라고 말하지 않는다. 프로이트의 이마고와 라캉의 <안다고-가정된-주체>를 연결한 것은, 전적으로 필자의 논지에 의한 것이다; 라캉에 따르면, 그 <안다고-가정된-주체>는 큰타자라는 기호형식의 장소가 인격적으로 구현된 것이다. 말하자면 지식의 장소인 큰타자가 상상적으로 인격화한 것이다. 라캉은 그것이 바로 전이라고 생각한다. 그에게는 상징계인 큰타자가 상상적 인격체로 생각되는 것 자체가 전이인 것이다. 따라서 라캉의 전이는 그의 <도식 L>에서 큰타자(A; Autre)에서 자아(a; moi)에 이르는 선상에서 일어난다. <안다고-가정된-주체>에 대해서는 졸저 『정신분석치료의 임상구조 1. 신경증』(파워북, 2014) 제6장 <공포증>을 참조하고, <전이>와 그것의 관계에 대해서는 졸저 『소원, 욕망, 사랑』(파워북, 2015) 제14장 <안다고-가정된-주체>를 참조할 것.

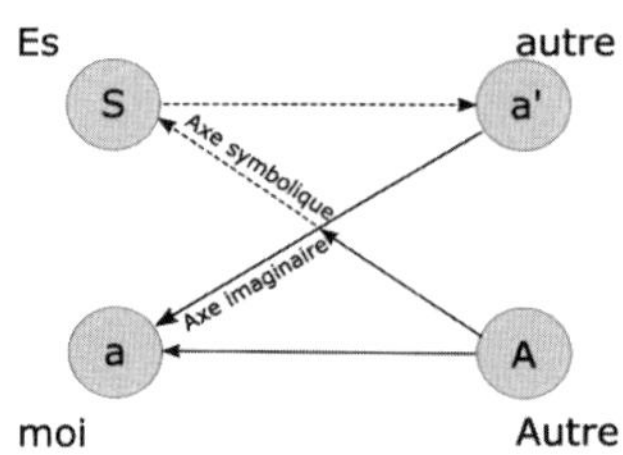

〈도식 L〉

화를 냈다. 이제 영혼이 되어 돌아와서 그의 아들이 열심히 공부하는 것을 보면 매우 기뻐하실 것이었다. 그러나 그 다음 행동을 보고 기뻐할 수는 없었을 것이다. 그러니 그 두 번째 행동은 그가 반항하는 것이었다. 즉, 그는 이해할 수 없는 강박증적인 한 행동으로 아버지와 자신과의 관계에 있는 두 가지 측면을 표현했던 것이다.[42]

이렇게 쥐인간에게 실제 아버지는 죽었는데 아버지의 이마고는 그의 심리 속에서 죽지 않았던 것이다. 그것은 유목민 신화의 원초적 아버지의 역이라고 말할 수 있다. 다 알다시피, 유목민 신화에서는 원초적 아버지가 아들 동맹에 의해 살해되어 더 강력해진 상징적 법 — 즉 초자아 — 으로서의 아버지로 심리의 한 심역으로 자리를 잡는다. 그런데 쥐인간에게서는 그 상징적 아버지가 상상적 아버지 — 망령 — 로 밖으로 나타난 것이다.

2010년 4월 21일 / 28일

42 프로이트, 『쥐인간』, pp.58-9.

VI

전이와 반복

입센의 『로메르스홀름(*Romersholm*)』
지불해야 할 대가, 원초적 죄책감
≪성공 앞에서 실패하는 사람들≫
셰익스피어의 『맥베스』
창백한 범죄자
부정적 치료반응

프로이트는 1914년의 논문 「회상, 반복, 관통작업」에서, 반복을 개념화하기 시작한다. 출발점은 기법적인 것이었다. 말치료의 효과가 둔화되고 증상이 계속 반복된 것이다. 말하자면 분석적 담화에 의한 말치료가 합법성의 단초를 얻은 지 이미 오래 됐지만, 바로 그러한 사실로 해서 결혼한 지 오래되면 권태기와 갱년기가 오듯이 칼날의 일부분이 상실되기 시작한 것이다. 또한 히스테리 환자나 신경증 환자가 분석하러 오는 유일한 사람들이 아니었기 때문에, 즉 정신분석의 영역이 도착증과 정신증으로 확대됨에 따라, 정신분석의 결과에 대한 정보가 증대되었다. 그러한 새로운 환자들은 대부분 억압된 표상의 재정복과 무의식에 집중된 치료 작업에서 벗어나 있었다. 한 마디로 회상에 의한 치료에는 한계가 있다는 것을 프로이트는 깨닫는다. 그렇다면 그러한 한계는 어디서 오는가, 그리고 그 한계를 넘어서 피안에 있는 것에 접근할 수 있는 방법은 무엇인가? 그 순간 프로이트가 발견한 것은, 점점 더 환자들이 치료와 관계된 온갖 것들을, 치료의 틀 밖에서, 즉 그들의 삶 속에서 행동화하고 상연한다는 것이었다. 사실 그것은 피안이 회상 이외의 수단으로 차안으로 들어오는 방식이었다. 프로이트가 보기에, 회상될 수 없는 것은 반복에 의해, 즉 주체의 삶에서 주체 모르게 반복되는 것에 의해, 다른 식으로 회귀한다. 이제 새로운 분석 기법은 반복을 계산에 넣고 무의식의 형성물을 다시 답사하고 해석하는 데 있을 뿐 아니라, 그 반복이 폭로하는 자료를 활용해서, 환자가 예속된 이러저러한 반복강박에 제동을 거는 능력 — 이것이 바로 관통작업(Durcharbeitung)[1] 이다 — 에 의존하게 된다.

그로부터 반복은 전이를 새롭게 조명한다. 후자는 이제 더 이상 치정적인 현상 — 대부분 분석가가 차지한 위치에 의해 유도되는 반하기, 또는 오이디푸스 콤플렉스가 전이된 사랑과 증오 — 으로만 보이는 것이 아니라, 그 이상으로 반복적인 현상 — 특히 원초적 죄책감의 부활과 그에 따른 반복강박과 부정적 치료반응 — 으로 보인다. 따라서 전이는 반복으로서, 치료의

1 Durcharbeitung(working-through; perlaboration)은 지금까지 정신치료학회에서 <훈습(薰習)>으로 번역해온 프로이트의 용어이다. 그러나 <훈습>은 유식 불교에서 나온 용어로, 지각과 의식을 통한 경험이 가장 깊은 층에 있는 알라야(Alaya) 식(識)에 습기로 배어들어 저장되는 것을 말한다. 반면에 정신분석에 고유한 용어인 <Durcharbeitung>은 분석 과정에서 나타나는 모든 저항 — 특히 반복강박 — 을 철두철미하게 극복하여 치료에 성공하는 것을 말한다. 따라서 훈련을 쌓고 습득해간다는 뉘앙스를 가진 <훈습>이라는 말은, <Durcharbeitung>의 번역어로 별로 적합하지 않다. 그리하여 우리는 <철저작업>이라는 새로운 역어를 소개한 바 있는데(라플랑슈와 퐁탈리스, 『정신분석 사전』(임진수 역, 열린책들) <철저작업> 참조), 이번에 <durch-(through)>라는 접두사의 의미를 살린 <관통작업>이라는 역어를 새로 내놓는다.

발전을 완전히 마비시킬 수 있는, 모든 것 중에서 가장 중요한 저항을 구성한다. 그러나 그것은 또한 반복 기능을 <현장에서(in situ)> 체포할 수 있는 가능성도 제공한다. 반복의 해석 덕분에, 전이는 신경증과 치료 자체에 유일한 해결사로 남을 수 있게 된다.

> "환자의 반복강박을 제어하고 그것을 회상의 동기로 변화시키는 주요 수단은 전이의 취급에 있다. 우리는 반복의 권리를 인정함으로써 그것이 어떤 영역에서는 마음대로 하도록 내버려둠으로써 그것을 무해하게 아니 오히려 유용하게 만든다. 우리는 그것에 전이라는 운동장을 열어준다. 그것은 그곳에서 거의 완전히 자유롭게 자신을 펼치는 것이 허용되며, 피분석자의 정신생활에 숨겨져 있는 병인이 된 욕동과 연관되었던 모든 것을 보여준다. 환자가 치료의 존재 조건을 존중할 정도로만 따라준다면, 우리는 항상 병의 모든 증상에 새로운 전이 의미(Übertragungsbedeutung; transference meaning; signification du transfert)를 부여할 수 있으며 <보통의 신경증(névrose ordinaire)>을 <전이신경증(névorose de transfert)>으로 대체할 수 있다.(환자는 치료 작업을 통해 이 전이 신경증으로부터 회복될 수 있다.) 따라서 전이는 병과 삶 사이의 중간 영역을 형성하며 그것을 통해서 병에서 삶으로의 이행이 이루어진다. 이 새로운 상태는 병의 모든 특성을 넘겨받는다. 하지만 그것은 <인위적인 병(maladie artificielle)>을 나타내며, 모든 부분에서 우리의 개입을 허용한다. 그것은 실제 경험의 단편이긴 하지만 동시에 특별히 유리한 조건 하에서 만들어진 것이며 잠정적인 성격의 것이다. 전이에서 일어나는 반복 반응은 이젠 잘 알려진 길인 기억의 각성으로 인도(저항이 극복된 후에는 이것은 힘들이지 않고 나타난다)된다."[2]

2 프로이트, 「회상, 반복 그리고 관통작업」(이덕하 역), 도서출판 b, pp.119-20: "그러나 가끔 길들여지지 않은 욕동에 전이라는 고삐를 맬 시간이 없는 경우, 또는 반복 행위 속에 자신과 치료를 묶어주는 끈을 끊어버리는 경우가 있다. 가령 나이 지긋한 부인이 정신착란(confusion) 상태에서 그녀의 집과 남편을 떠나 어디론가 도망치는 일을 반복했다. 그녀는

1.

그러나 반복은 그보다 훨씬 더 치명적인 것을 우리에게 폭로한다. 그것은 단순히 의식할 수 없는 증상의 기원인 무의식을 기억으로 인도하는 징검다리가 아니다. 무의식은 반복으로 현재의 현실로 전이되기 때문에, 전이를 통해 무의식의 핵을 알 수 있는 것은 반복 덕분이고, 따라서 반복은 무의식으로 안내하는 좁은 문이자 유일한 수단이라는 식의 반복 개념은 반복을 전이에 종속시킨다. 반복은 그 자체의 시나리오와 역동성을 갖고 있다. 그것은 주체로 하여금 도착적 운명의 장남감이라는 느낌 — '이 무슨 운명의 장난이란 말인가?'라는 생각 — 에 사로잡히게 하는 실패의 시나리오이고, 그 시나리오를 반복적으로 상연하는 힘이다. 따라서 어떻게 생각하면, 전이가 반복된 실패의 시나리오의 공연장인 셈이라고 말할 수도 있고, 아니면 전이와 반복이 모두 그러한 실패를 가능하게 하는 그 너머의 것에 접근하고 이해할 수 있게 하는 통로라고 할 수 있다.

프로이트는 특히 강박 신경증의 틀에서, 그리고 「정신분석에 의해 드러난 몇 가지 인물 유형」(1916) 제2장 ≪성공 앞에서 실패하는 사람들≫에서 그 과정을 연구한다. 그는 입센의 작품 『로메르스홀름(Romersholm)』의 분석으로부터, 실패는 가끔 주체가 <지불해야 할 대가(代價)> — 깊이 숨어 있는 죄책감에 의해 강요된 세금 — 의 기능을 갖고 있다고 주장한다. 그런 다음, 반복되는 실패 행위가 죄책감의 무게를 떠받치는 방식임과 동시에, 그 죄책감이 그 실패 행위로 만족하지 않는다는 증거 — 왜냐하면 그것은

<도망치기>의 동기를 조금도 의식하지 못했다. 그녀에 대한 치료가 긍정적인 전이와 함께 시작되었다. 그 전이는 처음 며칠 동안 엄청나게 빠른 속도로 증가했는데, 첫 주가 끝날 때 나로부터 <도망쳤다> 그런 반복을 막을 수 있는 시간을 채 갖기도 전이었다."(*ibid.*, p.117)

항상 새로운 실패를 요구하기 때문에 — 라는 사실을 보여준다. 그것은 바로 반복의 특수한 기능 — 주체의 죄책감에 대해 대가를 치르고, 바로 그러한 대가로 해서 그것의 부담을 덜지만, 그렇다고 해서 청산하지는 못하는 것 — 에 대한 폭로였다.

일단 입센의 『로메르스홀름』에 대한 프로이트의 분석을 따라가며, 프로이트가 말하는 원초적 죄책감에 대해 주체가 지불하는 반복된 실패를 구체적으로 살펴보자. 다 알다시피, 『로메르스홀름』의 줄거리는 다음과 같다: 조산부의 딸이었던 레베카 감빅은 어머니가 죽자 베스트 박사의 의붓딸이 된다. 박사는 자유사상가였다. 그러나 박사가 죽은 후 그녀는 로메르스홀름이라고 불리는 집에 가서 요하네스 로스메르 목사와 몸이 약하고 아이를 낳지 못하는 그의 부인 베아타와 함께 산다. 이들은 근엄한 분위기 속에서 살고 있었는데, 레베카는 로스메르 목사로 하여금 자기를 사랑하게 만들고 싶다는 욕망을 품는다. 그것의 첫 작업으로 그녀는 목사의 부인으로 하여금 결혼에 대한 회의를 품게 만든다. 그 결과 목사의 부인은 남편에 대한 믿음을 의심하면서, 한편으로는 자신이 남편에게 어울리지 않는다는 생각을 갖게 되고, 결국 자살하고 만다. 그렇게 해서 남겨진 목사와 레베카는 함께 살게 되고, 목사는 레베카에게 청혼한다. 그러나 레베카는 돌연 그 청혼을 거부하면서 만일 계속 결혼을 요구한다면 자신도 자살할 것이라고 선언한다. 목사를 차지하기 위해 그토록 야심차게 일을 꾸며온 여인에게, 모든 것이 다 이루어지려는 순간에 일어난 이 심리적인 변화는 무엇일까? 자기 심경의 변화에 대해 그녀는 이렇게 말한다. "내 성격은 로스메르 가의 정신에, 아니면 어쨌든 당신의 정신에 전염이 됐던 거예요. […] 병이 든 것도 그것 때문이에요. 내 성격은 낯설기만 한 법들 앞에서 몸을 숙일 수밖에 없어요. 알겠어요? 당신 곁에서 보낸 내 인생은 나 자신을 고상한 사람으로 만들어놓았던 말이에요."

그녀의 진술대로라면 그녀는 로스메르와 사는 동안 다른 사람(고상한 윤리적인 사람)으로 변했고, 윤리 의식이 살아나 죄의식을 느꼈으며, 그래서 사랑의 기쁨을 맛볼 수도, 결혼할 수도 없다는 말로 이해할 수 있다. 그러나 그녀의 말은 어쩌면 그 뒤에 다른 이유를 숨기기 위한 것인지도 모른다. 즉 로스메르 부인을 죽게 만든 죄악을 숨기기 위한 도덕적 위장인지 모른다. 그러나 레베카는 그 사실까지 고백했고, 로스메르는 자신에 대한 사랑 때문에 저지른 레베카의 죄악을 용서하며, 자기의 아내가 되어줄 것을 다시 한 번 더 간청한다. 그런데도 레베카는 끝끝내 이를 거절하면서, 자기는 과거를 가진 사람, 즉 의붓아버지인 베스트 박사와 동거한 사실까지 고백한다. 목사 부인을 죽게 만든 죄악보다도 사실은 이 문제가 목사와의 결합을 막는 데 더 크게 작용하고 있음을 밝힌 것이다. 그럼에도 로스메르는 모든 것을 용서할 테니 자기와 결혼해달라고 재차 청혼하지만, 레베카는 그러면 차라리 죽어버리겠다고 말한다.

그러던 차에 목사 부인의 동생인 크롤이 찾아와 자기는 레베카가 베스트 박사의 사생아라는 사실을 알고 있다고 말한다. 물론 크롤이 폭로하기 전까지 레베카는 자신이 베스트 박사의 딸이라는 사실을 전혀 모르고 있었다. 크롤은 베스트 박사가 임명받기 한 해 전에 그곳에 잠시 들른 적이 있었다는 것을 말함으로써 그것이 사실임을 증명한다. 이 말을 들은 레베카는 충격을 이기지 못하고 이성을 잃고 만다. 그녀는 베스트 박사의 딸이었을 뿐만 아니라, 그의 정부(情婦)였던 것이다. 역으로 크롤은 레베카가 베스트 박사의 정부였다는 것은 모르고 있었다. 레베카가 자신에게 과거가 있다고 했던 것은 박사와의 관계를 염두에 둔 것이었는데, 이것은 박사가 자신의 아버지라는 것을 전혀 모르던 상태에서 한 말이었다.

그러나 이것이 그녀가 로스메르의 사랑을 거부하게 만드는 진정한 이유인지는 여전히 의문으로 남는다. 왜냐하면 레베카는 자기가 박사의 사생아였다는 것을 듣기 이전에, 즉 자신이 근친상간을 했다는 사실을 깨닫기 이전에, 죄책감에 사로잡히면서 로스메르의 청혼을 거부했기 때문이다. 그래서 어찌 보면 그녀의 죄의식은 근친상간과는 아무 관련이 없는 것처럼 보인다. 그녀가 죄의식을 갖게 된 첫 번째 동기는 그녀가 고백한대로 목사를 통해 그녀 자신이 변하고, 깨어난 윤리 의식 때문인 것은 확실하다. 그러나 두 번째 동기가 없었다고 할 수 없다. 크롤이 그녀의 신분을 폭로하는 순간 그녀가 보인 즉각적인 반응을 유추해 본다면, 그리고 크롤이 폭로하기 전에 레베카가 진실을 전혀 모른 상태에서, 게다가 목사가 모든 이야기를 듣고 용서를 했는데도 결혼은 절대 할 수 없다고 말하는 것을 보면 말이다. 여기에는 여러 겹의 동기가 작용했음을 알 수 있다. 만약 이면에 숨어 있는 진정한 동기가 그대로 표면으로 드러났다면 관객과 독자는 강한 반발을 일으켰을지도 모른다. 작가가 의식적으로 구성한 이야기의 틀은 작가 자신도 미처 알 수 없었던 자기 안의 무의식의 작용에 의해 형성된다는 것을 믿는다면 레베카가 보이는 반응의 표면적인 동기와 이면적인 동기를 아울러 볼 수 있다. 레베카의 죄의식은 애초부터 근친상간에서 비롯되고 있었던 것이 틀림없다. 아버지와 어머니 사이에서, 그리고 로스메르 목사와 그 부인 사이에서 레베카가 했던 행위는 동일한 것이었다. 그녀는 목사의 부인을 제거하고 싶었다고, 그러나 자기도 자기가 왜 그러는지를 알 수 없었다고 고백한다. 그녀의 행위는 어머니와 베스트 박사와의 관계 속에서도 이루어졌던 것의 반복이었을 뿐이고, 그것은 오이디푸스 콤플렉스 때문이었던 것이다. 젊은 처녀가 한 집에 들어와 살게 되면 시간이 지날수록 이 여인이 얼마나 자주, 그리고 강렬하게 오이디푸스 콤플렉스에 근거를 둔 공상을 하는지 알게 된다. 이 공상의 내용은 늘 자기가 여주인을 대신해 그 남편을 차지하는 것이다. 정신분석 작업을 통해 우리는 성공의 결과로 병을 갖게 만드는 윤리 의식의 힘은 거의 모든 죄의식이 그러하듯이 오이디푸스 콤플렉스와 밀접한 연관이 있다는 것을 알 수 있다.

결국 레베카 감빅이 로스메르 목사 — 어쩌면 그 이전에 의붓아버지이자 친아버지인 베스트 박사 — 를 사랑한 것도, 그 사랑을 실현하기 위하여 그것에 장애가 되는 로스메르 부인을 제거하고 싶었던 것도 모두 오이디푸스 콤플렉스의 전이에 의한 것이었다. 그러나 그보다 더 중요한 것은, 오이디푸스적인 사랑이 실현되는 순간, 그것을 스스로 실패로 돌아가게 만든다는 것이다. 그것은 분명 오이디푸스 콤플렉스와 연관된 범죄 — 근친상간과 근친 살해 — 에 따른 죄책감에 의한 자기처벌로서의 실패이다. 레베카는 그 실패를 로스메르 목사와의 관계에서 반복하고 있는 것이다. 그것이 바로 프로이트가 말하는 진정한 의미의 반복으로서의 전이이다.

2.

프로이트는 「성공 앞에서 실패하는 사람들」이라는 같은 논문에서, 이번에는 그러한 원죄에 의한 자기처벌이 발병을 형태로 나타나는 특이한 두 사례를 소개한다.

유복한 가정에서 교육을 잘 받고 자란 한 여인이 있었다. 그녀는 소녀 시절부터 집을 나가 떠돌며 모험적인 생활을 즐겼다. 그러다 한 예술가를 만나 동거를 시작하고, 둘의 결합에 반대하던 남자의 가족들도 이 여인에게 친근감을 갖게 되어 마침내 결혼을 고려할 상태로까지 발전했다. 그런데 이 즈음해서 그녀의 정신에 이상이 생기기 시작했다. 집안일을 소홀히 하고, 자신이 남자의 부모들에게 학대를 받는다는 생각이 들었으며, 남편의 인간관계를 질투하고, 작업하는 것도 방해했다. 이러한 정신적인 이상 증세는 결국 치료할 수 없을 정도로 심해졌다. 파라노이아가 발병한 것이다.

또 하나의 경우는 대학교수였는데, 그는 자기 스승의 후계자가 되고 싶다는 꿈을 가지고 있었다. 그러나 막상 스승이 은퇴를 하게 되고, 자신이 그의 후임으로 가장 적격자라는 말을 듣는 순간 갑자기 망설임에 빠지며 자신의 능력을 의심하기 시작한다. 마침내 자기는 자격이 부족하다고 선언하면서 깊은 우울증에 빠져버린다.

프로이트는 이것을 좌절로 설명한다. 그에 따르면, 좌절(이때는 외적 좌절이다)이 신경증을 야기한다는 일반적인 관점과 위의 경우들은 앞뒤가 안 맞아 보이지만, 좌절(내적 좌절)에 대해 좀 더 깊이 탐구하면 이해가 가능해진다. 좌절에는 <외적인 것>과 <내적인 것>이 있다. 외적인 좌절은 리비도를 만족시켜 줄 대상이 현실에서 완전히 사라져 버릴 때 생긴다. 그것은 내적인 좌절과 아무 관련이 없을 때는 그것 자체로 병증을 유발시키지 않는다. 내적인 좌절은 언제나 자아에서 시작된다. 자아는 리비도가 원하는 대상들을 가질 수 없도록 금지시킨다. 억압된 리비도는 무의식에 저장되어 대체충족을 시켜 줄 대상을 찾는다. 여기에서 갈등이 생기고, 그 갈등이 신경증을 유발하는 가능한 요인이 된다. 그러한 내적 좌절은 외적인 좌절이 이미 형성되어 있는 경우에만 작용한다. 성공했기 때문에 병에 걸리는 예외적인 경우는 욕망이 충족되어 더 이상 외적인 좌절이 없어진 상태에서, 내적인 좌절이 독립적으로 작용한다는 특징을 보인다. 즉 욕망이 잠재되어 있는 상태에서는 자아는 그 욕망을 위험한 것이라고 여기지 않다가, 막상 현실에서 실제로 충족되려고 하면 그 욕망으로부터 자신을 보호하려고 나서는 것이다. 일반적인 신경증은 리비도가 계속 상승하면서 내적으로 고조되는 환상이 문제가 되어 생기는 데 반해, 위의 예외적인 경우들은 욕망한 것이 현실이 되어버리는, 외부적인 변화가 계기가 되어 생긴 것이다. 이런 예외적인 경우를 만드는 심리적 동인은 윤리의식에서 나오는 힘들이라는 것을 알 수 있다. 그 윤리적인 힘은 바로 오이디푸스 콤플렉스와 연관된 무의식적인 죄책감, 즉 원초적인 죄책감인 것이다. 그러한 각도에서 프로이트의 『로메르스홀름(*Romersholm*)』 분석을 앞의 두 사례와 연결해보면, 예술가에 대한 사랑과 스승의 이상화는 각각 아버지의 전이였지만, 그 뒤에는 그들을 제거하고 싶은 욕망과 그에 따른 죄책감이 숨어 있었던 것이다. 그것들이 사랑과 교수직 계승에 성공하는 순간 주체들을 덮치면서 자기처벌의 일환으로 신경증이 발병하게 하는 것이다.[3] 그리하여 환자가 스스로 욕망이 충족되는 순간에 만족을 거부하는 방식으로 내적 좌절을 일으키는 것은, 프로이트에 따르면, 오이디푸스적인 죄책감에 대한 자기처벌이고, 그것은 신경증의 일부를 구성하는 것이 아니라, 신경증을 일으키는 방식이자 최초의 발병 증상이다.

그러한 관점을 따라가다 보면, 죄책감은 범죄의 결과가 아니라 동기일 수 있다. 사실 몇몇 경범죄자에게 있어서, "[…] 범죄 이전에 강한 죄책감이 존재하는 것을 볼 수 있다. 죄책감은 범죄의 결과가 아니라, 동기인 것이다. 마치 주체는 그 무의식적인 죄책감을 실재적이고 현실적인 어떤 것과 결부시키면, 그 죄책감이 경감될 수 있다고 느끼는 것 같다."[4] 프로이트는 「성공 앞에서 실패하는 사람들」이라는 논문 제3장 <죄의식으로 인해 죄인이 되는 사람들>에서 다음과 같은 요지의 말을 하고 있다[5]: 어떤 행위가 금지된 것이라는 이유 때문에, 그리고 금지된 행위를 하고 나서 오히려 정신적인 안도감을 얻는다는 이유로, 금지된 행위를 하는 사람들이 있다. 이들은 왜

3 그러나 이것을 라캉의 <정신증의 발동(déclenchement des psychoses)>이라는 관점에서 보면, 주체가 아버지의 자리에 오를 때, <아버지의 이름>이 이미 폐기(forclusion)되어 있어서 아버지의 이름을 부를 수 없는 관계로, 실재적 아버지와 만나는 데서 기인하는 것인지 모른다. 실제로 두 환자는 파라노이아와 멜랑콜리에 떨어진다.

4 프로이트, 『자아와 이드』, 열린책들, 전집 XI, p.398.

5 프로이트, 「정신분석에 의해 드러난 몇 가지 인물 유형」, 열린책들, 전집 14, pp.380 이하 참조.

그런지 알 수 없는 무거운 죄의식으로 괴로워하는 경향이 있었으며, 죄를 저지른 다음에는 죄의식에 훨씬 덜 짓눌리며, 더 이상 죄의식이 확산되지 않는다. 오히려 죄책감으로부터 해방된다. 이런 현상은 이들에게 있어서 죄의식은 죄를 짓기 이전에 이미 있었다는 역설로밖에 설명할 수 없다. 우리는 그들을 죄의식 때문에 죄인이 되는 사람들이라고 말할 수 있다. 행위에 앞서 먼저 존재하는 죄의식은 어디서 온 것일까? 일반적으로 모든 사람들이 갖고 있는 죄의식은 오이디푸스 콤플렉스에서 온다. 아버지를 살해하고 어머니와 성적 관계를 맺는다는 두 개의 큰 죄에 대한 반응이 죄의식인데, 죄의식 때문에 죄인이 되는 사람들은 이러한 죄의식을 고착시키기 위해 죄를 저지르며, 그러고 나면 차라리 안도감을 얻는 것이다. 근친상간은 대죄이며, 원시사회에서도 처벌과 저주가 따른 유일한 죄였다. 윤리 의식은 대대로 전해 내려오는 정신적인 힘이라고 이야기하지만, 오이디푸스 콤플렉스 덕택에 윤리 의식을 얻게 된 측면도 고려되어야 한다. 그렇다면 범법자들의 범죄 행위도 같은 심리에서 나온 것이라고 할 수 있을까? 아이들의 경우에 처벌을 받기 위해서 나쁜 짓을 하고, 벌을 받고 나면 조용해지며 만족을 느끼는 것을 볼 수 있다. 어른들의 경우는 전혀 아무런 죄의식을 못 느끼는 채 죄를 저지르기도 하고, 억제력이 부족해서이거나, 사회에 맞서는 투쟁으로 죄를 저질러도 된다고 생각하는 사람들이 있다. 그러나 이런 경우가 아닌 일반 범법자들의 범죄 동기에 대해서는 정신분석적 접근도 고려해 볼 만하다. 알 수 없는 범죄 심리를 이해하는 데 도움이 될 것이고, 형벌 제도에 대해서도 새로운 판단의 근거를 줄 것이기 때문이다. 니체도 죄의식으로 인해 죄인이 되는 사람에 대해 생각한 적이 있었다는 말을 들었는데, 니체는 이런 사람을 <창백한 범죄자>라고 불렀다.

프로이트는 「마조히즘의 경제적 문제」이라는 논문에서 이때는 죄책감이라는 말보다 처벌 욕구라는 용어가 더 적절하다고 말하고 있다.[6] 사실 무의식적 죄책감이라는 말은 모순을 피하기 어렵다. 왜냐하면 프로이트가 자주 사용하는 <Schuldgefühl(죄책감)>이라는 용어든 <Schuldbewusstsein(죄의식)>이라는 용어든, <-gefühl(느낌, 감)>과 <bewusstsein(의식)>은 지각-의식되기 때문에 <무의식>이라는 말과 양립할 수 없다. 그렇지만 프로이트가 무의식적 죄책감이라는 표현을 사용하는 까닭은, 그것의 주체 파멸적 힘이 주체 자신도 모르게 주체를 휘감아 구렁텅이로 끌고 들어가기 때문이다. 아무튼 그러한 죄책감은 근원적으로 오이디푸스 콤플렉스의 잔재로 환원된다: "대부분의 죄책감은 보통 무의식적이라는 가설을 내세울 수 있다. 왜냐하면 도덕적 의식의 출현은 무의식에 속하는 오이디푸스 콤플렉스와 밀접하게 관련되어 있기 때문이다."[7]

3.

셰익스피어의 『맥베스』도 성공하는 순간 실패하는 주인공의 이야기이다. 맥베스 역시 왕위에 오르는 순간 원죄 때문에 광인이 된다. 맥베스 부인은 남편이 왕위에 오르는 일을 도모하면서 어떠한 동요도, 갈등도 느끼지 않는다. 목적을 이루기 위해서는 모성과 관련된 여성성마저 기꺼이 포기한다. 하지만 왕비의 자리에 오르고 난 후 시간이 지날수록 살해에 대한 후회감에 사로잡히고, 결국은 몽유병 환자가 되어 비참한 죽음을 맞는다. 이와 달리 맥베스는 이 모든 과정을 겪으면서 오히려 전보다 더 비정한 인물이 되어간다. 그토록 강인해 보이던 맥베스 부인을 이렇게 무너뜨린 것은 무엇일까?

---

6 프로이트, 「마조히즘의 경제적 문제」, 1924. 전집 XI, 426-7

7 프로이트, 『자아와 이드』, 열린책들, 전집 XI, p.397.

『맥베스』는 스코틀랜드의 왕이었던 제임스 6세가 제임스 1세가 되어 영국의 왕위에 오를 때 창작된 작품이다. '처녀 왕후'라 불리고, 소문에 따르면, 아이를 낳을 수 없었던 엘리자베스 여왕은 스코틀랜드의 왕을 후계자로 삼게 된다. 그러나 공교롭게도 이 후계자는 여왕 자신이 사형에 처했던 메리 스튜어트의 아들이었다. 이 일과 『맥베스』의 공통점은 자신의 후손으로는 왕위를 이을 수 없다는 것이다. 『맥베스』에 나오는 마녀들은 맥베스가 왕이 되기는 하지만, 뱅코의 후손들이 그 뒤를 이을 거라고 예언했는데, 그는 정말로 후손을 갖지 못한다. 이 사실이 그로 하여금 자기 운명을 거역하는 행동을 하게 만들었다고 볼 수 있으며, 이것은 또한 맥베스 부인의 유일한 약점이기도 했다. 『맥베스』는 전체적으로 아버지와 아들들의 관계로 얽혀있다는 것을 알 수 있다. 던컨 왕을 살해한 것은 오이디푸스의 아버지 살해와 흡사하다. 뱅코는 맥베스에 의해 죽음을 당하지만, 그의 아들은 살아남는다. 맥더프가 도망가고 난 뒤 맥베스는 맥더프의 아이들을 다 죽인다. 여자의 몸에서 난 사람은 맥베스를 이길 수 없다는 마녀들의 예언대로, 맥베스에게 복수하는 인물인 맥더프는 제왕절개로 태어난 사람이었다.

왕위와 후손의 관계를 둘러싸고 벌어지는 이 드라마에서 맥베스 부인이 아이를 낳을 수 없다는 사실, 이것이 그녀의 병의 원인이었을 거라고 프로이트는 이해한다. 그녀의 불경스러운 대담함이 회한으로 바뀌는 과정에서 우리는 아이를 낳을 수 없다는 사실에 대한 그녀의 반항을 볼 수 있다. 그 반항은 자연의 법칙 앞에 맞서 있는 그녀 자신이 얼마나 무력한 인간임을 깨닫게 하며, 동시에 범죄를 저질러 얻으려고 했던 바로 그것을 범죄 자체로 인해 상실하게 된 것이 바로 그녀 자신의 약점 때문이었다는 것을 그녀에게 상기시켜주었던 것이다.

셰익스피어가 제재를 따온 홀린세드의 『연대기』(1577)에 보면 맥베스가 던컨을 죽이고 그 나머지 범죄를 저지르는 데에는 10년이라는 세월의 간격이 있다. 적어도 10년 동안에는 맥베스는 정의로운 왕이었지만, 그 이후 그는 뱅코의 후손들이 왕위를 계승할 지도 모른다는 두려움에 시달리며 결국 뱅코를 살해하게 된다. 홀린세드는 맥베스가 이렇게 변하는 이유가 자기 후손이 없었기 때문이라고 언급하지는 않지만, 그 당시로 보자면 그것이 가장 자명한 이유로 보인다. 그러나 『맥베스』에서는 모든 사건이 대략 일주일 만에 다 완결된다. 그러나 일주일이라는 시간은 한 여인으로 하여금 아이가 없다는 사실에 절망하고 남편을 광포한 인간으로 변화시키기에는 부족하다. 이것은 모순으로 보인다. 작품 내부의 미묘한 관계들이 아이가 없다는 한 가지 이유를 중심으로 전개되는 것을 고려할 때 더욱 그러하다. 맥베스 부인을 이렇게 짧은 시간에 회한에 짓눌려 병이 든 여인으로 변모시키는 것이 무엇인지 명확하게 밝히기는 어려울 것 같다. 만약 어떤 비평가가 연극이 주는 감동에 비해 그런 관심은 부차적인 것에 불과하다고 비난한다면, 그것은 온당치 않다. 독자는 자신이 받은 감동을 작품의 심리적인 움직임에 근거해 이해할 필요가 있기 때문이다. 또한 극적인 효과를 위해서라면 사실성의 원칙을 무시하고서라도 극 속에서 전개되는 시간을 마음대로 조정할 수 있는 게 아니냐는 주장도 온당하지 않다. 그럴 경우 개연성은 혼란에 빠지게 된다. 극 속의 사건들이 마치 오랜 시간에 걸쳐서 이루어진 듯이 다소 불분명하게 처리했다 하더라도 극적 효과의 면에서는 달라질 게 없었을 것이다.

루트비히 에켈스는 셰익스피어 작품을 이해하는 데 유용한 한 비밀을 발견했다고 주장한다. 그에 따르면 셰익스피어는 한 성격을 자주 두 인물에 나누어 부여했기 때문에 두 인물을 합쳐서 하나로 만들어야 각각의 인물이 완전히 이해된다는 것이다. 이 발견은 『맥베스』에도 적용이 가능할 것 같다. 살해를 행동으로 옮기기 전 칼의 환영에 시달리던 사람은 맥베스였지만, 그 이후 정신증에 걸린 사람은 부인이었다. 살인을 저지른 직후의 맥베스에게 그가 잠을 살해하고 있다는 소리가 들려오지만, 관객은 그 소리를 분명하게 들을 수 없다. 그러나 몽유병자가 되어 남편의 죄를 털어놓고 다니는 사람은 바로 그 부인이었다. 살인을 저지른 후 피범벅이 된 자신의 손을 내려다보며 그 더러워진 두 손을 씻으려면 바닷물을 다 퍼와도 모자랄 것이라고 한탄하는 맥베스에게 그의 아내는 약간의 물로도 충분하다면서 그를 위로한다. 그러나 약 15분에 걸쳐 반복해서 손을 씻고 있는 사람은 정작 그녀 자신이었다. 맥베스의 의식 속에서 이루어지는 것이 그의 아내에게서 현실로 드러나는 것을 볼 수 있다. 그들은 한 정신의 두 부분 같기도 하고, 복사본 같기도 하다. 따라서 맥베스와 맥베스 부인이, 예켈스의 분석대로, 동일한 사람의 두 심리를 나타낸다면, 결국 그(들)는 죄책감에 의해 광인이 된다고 보아야 한다. 그러나 그 때의 죄책감은 왕이 되는 과정에서 무수한 사람을 죽인 살해 행위에 대한 죄책감이 아니라, 왕이 되는 순간에 그로 하여금 좌절하게 하는 내적인 욕망에 얽힌 원초적인 죄책감이다. 그래서 우리는 앞에서 죄를 지어서 죄인이 되는 것이 아니라, 원초적 죄책감 때문에 죄를 짓고 죄인이 되는 경우를 보게 되는 것이다.[8]

4.

이렇게 오이디푸스 콤플렉스와 연관된 무의식적인 원초적 죄책감이 전이로서 분석가와의 관계에서 반복됨으로써, 치료의 발전을 완전히 마비시키

8 그러나 맥베스의 경우도 라캉의 해석대로, 슈레버가 고등법원장에 오르는 순간 불러야 할 <아버지의 이름>이 폐기되어 있던 관계로 파라노이아가 발동했듯이, 왕위에 오르는 순간 <아버지의 이름>의 폐기로 말미암아 정신증이 발동했다고 보는 것이 더 타당할 듯이 보인다.

고 치료의 실패를 가져올 수가 있다. 그것은 전이중에서 가장 강력한 반복으로서의 전이를 구성하고, 또한 모든 저항 중에서 든 것 중에서 가장 중요한 저항, 즉 부정적 치료반응을 구성한다.

2010년 5월 12일 / 19일

VII

전이와 저항

전이저항
인위적인 병, 전이신경증
무의식적 환상의 반복
반복강박으로서의 전이
무의식과 그거의 저항

고유한 의미에서 저항은 정신분석 치료 중에, 피분석자가 무의식에 도달하는 것에 반대하는, 피분석자 자신의 모든 말과 행동을 말한다. 그러한 저항의 개념은 프로이트가 최면 요법에서 벗어나 정신분석을 창시할 때부터 일찍 도입된 개념이다. 아니 반대로 그것은 정신분석의 출현에 결정적인 역할을 했다고 말할 수 있다. 실제로 프로이트가 암시와 최면을 포기한 주된 이유는, 한편으로 그것들에 대한 환자들의 거센 저항 — 최면을 걸어 놓고 회상을 강요하는 것에 대한 저항 — 이 그에게 정당한 것처럼 보였고[1],

1 "나[프로이트]는 전제군주 같은 이 암시의 폭정에 적개심을 느꼈었다. 환자가 좀처럼 최면술에 걸리지 않자, 의사는 이렇게 소리쳤다. '도대체 뭘 하고 있는 거요? 당신은 역-암시(contre-suggestion)를 스스로에게 걸고 있는 겁니다.' 이것을 보고 나는 명백한 권리 침해이고 폭력 행위라고 생각했다. 암시를 통해 자기를 정복하려 드는 의사에 대해 그 환자는 자신

다른 한편으로는 암시와 최면으로는 그러한 저항이 극복될 수도 해석될 수도 없는 것처럼 보였기 때문이다.[2] 이렇게 발견 당시의 저항은 최면에 대한 저항이고, 회상에 대한 저항이었다. 따라서 저항의 발견은 의식화와 언표화를 거부하는 무의식의 발견으로 이어진다.

그런데 프로이트는 최면이 아닌 자유연상에 의한 정신분석을 시행하는 중에도, 그러한 회상에 대한 저항이 독특한 형태로 나타난다는 것을 발견한다. 그것이 전이였다. 그는 『히스테리 연구』(1895)의 말미에서 회상을 방해하는 커다란 <장애> 중의 하나 — 즉 전이 — 를 아주 분명히 거론하고 있다.[3] 그것은 분석 치료 중에 나타나는, 억압된 재료에 대한 회상의 거부와 방해였다. 게다가 그러한 전이의 출현은 빈번하고 일반적이라는 사실도 지적하고 있다: "… 비교적 중증의 모든 분석에서 전이가 발견되는 것은 확실하다."[4] 게다가 프로이트는 그 전이가 특별히 중요한 억압된 내용이 폭로될 위험이 있을 때 일어난다는 것을 확인한다. 말하자면 정신분석치료가 상당히 진행되어, 병인이 되는 콤플렉스에 가까워질수록 전이 현상은 더욱 더 피할 수 없게 되는 것이었다. 그 콤플렉스는, 다 알다시피, 오이디푸스 콤플렉스라는 무의식의 핵 콤플렉스였다. 결과적으로 전이는 분석치료에 의해 신경증의 근원에 있는 유아기의 오이디푸스적인 갈등을 폭로해야 할 시점에 이르렀을 때, 저항에 의하여 그 갈등이 언표화되는 대신에 의사에게

에게 역-암시를 걸 권리가 있었기 때문이다."(프로이트, 『집단 심리학과 자아 분석』, 1921. 전집 XII, 97).

2 암시법은 "…가령 환자로 하여금 병에 매달리게 하고, 그것의 회복에 반대 투쟁을 하게 하는 저항을 우리에게 깨닫지 못하도록 만든다."(프로이트, 「정신요법에 대하여」(이덕하 역), 도서출판 b, p.204)

3 이것에 대해서는 이 책의 1장 <사랑의 전이와 회상> 참조; 또한 프로이트, 「히스테리의 심리 치료」, 1895. p.391 참조.

4 프로이트, 「히스테리의 심리 치료」, 1895. p.389.

행위로 표현된 것이다. 유년기의 갈등의 본질이 전이로 의사에게 현실화되고 행동화된다는 그러한 생각은, 전이를 무의식적 환상에 비해 조금의 변형도 포함하고 있지 않은 진정한 <재판(再版)>에 비유하고 있는 「도라의 히스테리 분석」(1905)에서부터, 전이에서의 재현에 대해 "… 그것은 원하지도 않은 충실성으로 일어나고, 항시 유년기의 성생활 — 따라서 오이디푸스 콤플렉스와 그것의 가지 — 의 단편을 내용으로 하고 있다."[5]고 말하고 있는 『쾌락원칙을 넘어서』(1920)에 이르기까지 계속해서 분명해지고 있다.

따라서 전이는 구술된 회상과의 관계에서 보면 <전이저항(Übertragungs widerstand)>이지만, 또 다른 의미에서 보면 환자에게 있어서나 분석가에게 있어서 유년기 갈등의 요소들을 그것이 태어날 당시의 <생생함>으로 파악할 수 있는 특권화된 방법일 수 있다. 그것은 분명히 환자의 독특한 문제가 거부할 수 없는 현실 속에서 상연되는 장이고, 환자가 자신의 무의식적 욕망과 환상의 존재와 그것의 항구성과 그것의 힘과 마주치는 장이다. "그 장에서 승리를 거두지 않으면 안 된다. [⋯] 전이 현상을 길들이는 일이 분석가에게 가장 큰 어려움이라는 것은 부인할 수 없다. 그러나 묻히고 잊힌 사랑의 욕동을 현실화하고 드러내는 데 더할 나위 없이 도움이 되는 것이 바로 그 어려움이라는 사실을 잊어서는 안 된다. 왜냐하면 요컨대, 사람이 없는 상태에서 초상화만 가지고 사형을 집행할 수는 없기 때문이다."[6] 이제 프로이트에게 전이의 두 차원 중, 후자의 차원이 점점 더 중요성을 띤다는 것은 이론의 여지가 없어 보인다. 왜냐하면 전이는 신경증의 핵심 원인을 드러내어 그것을 의식화하고 인정함으로써 치료할 수 있는 좋은 기회이자 수단이기 때문이다: "긍정적 형태의 전이이든 부정적 형태의

5 프로이트, 『쾌락원칙을 넘어서』, 1920. pp.284-5.
6 프로이트, 「전이의 역동에 대하여」(이덕하 역), 도서출판 b, p.44.

전이이든, 전이는 저항에 종사한다. 그러나 그것은 의사의 수중에서 가장 강력한 치료 수단이 되고, 치유 과정의 역동에서 높이 평가해도 지나치지 않은 역할을 갖고 있다."[7]

그런 각도에서 보면, 전이는 "저항의 요구와 분석 치료 사이의 타협의 산물"[8]이라고 말할 수 있다. 마치 억압된 기억이 회귀할 때, 억압된 표상과 억압하는 표상 사이의 타협형성으로 증상이 나타나듯이 말이다. 따라서 전이는 무의식적 욕망과 방어의 요구가 동시에 충족되는 무의식의 타협형성물처럼 저항의 요구와 분석치료의 요구가 동시에 충족되는 일종의 증상이라고 말할 수 있다. 그러나 프로이트가 『히스테리 연구』에서 쓰고 있듯이, "…오래 된 모델에 따라 생겨난 이 새로운 증상은 오래 된 증상과 같은 방식으로 다루어져서는 안 된다."[9] 왜냐하면 전이라는 증상은 다른 증상과 달리, 분석치료 과정에서 나타난, 다른 증상을 치료하는 증상이기 때문이다. 그래서 프로이트는 나중에 전이 신경증을 임상적인 신경증을 대체함으로써, 후자를 치료하게 할 수 있는 <인위적인 병>으로 기술하는 것이다.

★

그러나 다른 한편, 전이는 <반복강박>으로부터 자유로울 수 없다. 프로이트는 말한다: "피분석자는 잊어버린 것들과 억압된 것들 중 어떤 것도 기억해내지 못하고, 대신 그것들을 행동화(agieren; acting out)한다. 그는 그것을 기억이 아니라 행위로 재생산하는 것이다. 즉 그는 그것을 반복하고

7 프로이트, 「<정신분석학>과 <리비도 이론>」, 1923. 전집, XV, p.151.
8 프로이트, 「전이의 역동에 대하여」(이덕하 역), 도서출판 b, p.36.
9 프로이트, 「히스테리의 심리 치료」, 1895. p.392.

있다는 것을 알지 못한 채, 그것을 반복한다.(wiederholen, repeat) 그러면서 그는 그것을 <운명>이라고 한탄한다."[10] 프로이트는 『쾌락의 원칙을 넘어서』(1920)의 제3장 끝에서, 반복으로서의 전이 현상의 예로서, "어떤 악의적 운명이 따라 다니거나 어떤 악마적인 힘에 사로잡힌 듯한 인상을 주는…" 사람들(배은망덕으로 반복적으로 보답을 받는 선행자(善行者), 친구에 의해 배신당하는 사람들, 등)의 사례를 들고 있다. "예컨대 세 남자와 연속적으로 결혼한 여자의 경우가 그런데, 이 세 사람 각자는 결혼 후 곧 병이 들어 임종 시에 그 여자에게 간호를 받아야 했다. 그와 같은 운명에 대한 가장 감동적인 시적 묘사가 타소(T. Tasso)에 의해서 그의 낭만적 서사시 『해방된 예루살렘』 속에 제시되어 있다. 이 시의 주인공 탄크레드는 어느 칼싸움에서 자기도 모르게, 적의 기사 갑옷으로 변장한 자기의 연인 클로린다를 살해한다. 그 여자를 매장한 후 그는 십자군 병사들을 공포로 사로 잡고 있는, 한 이상한 마술의 숲으로 들어간다. 그는 자신의 칼로 큰나무를 하나 벤다. 그러나 그 벤 자국에서 피가 흘러내리고 클로린다 — 그녀의 영혼은 나무속에 갇혀 있다 — 의 목소리가 들리는데, 그 소리는 탄크레드가 그의 연인에게 다시 한 번 상처를 입혔노라고 불평하고 있다."[11] 그러한 운명은 분명 주체에게 외적인 숙명처럼 보이며, 따라서 주체는 당연히 그것의 희생자라고 느낀다. "그러나 정신분석은 그들의 운명이 대부분 그들 자신이 만들어낸 것이며, 유아기 초기에 받은 영향력에 의해서 결정된다는 견해를 항상 견지해 한다. 여기서 분명히 볼 수 있는 강박 현상은 신경증 환자들에서 보았던 반복강박과 조금도 다르지 않다."[12] 말하자면 이 경우도 유아기의 무의식적인 욕망과

10 프로이트, 「회상, 반복 그리고 관통작업」(이덕하 역), 도서출판 b, p.110.
11 프로이트, 『쾌락의 원칙을 넘어서』, 1920. 전집 XI, p.290.
12 *Ibid.*, p.289.

관계된 환상이 어떤 식별 가능한 패턴의 사건으로 반복되는 전이라는 것이다.[13] 그래서 프로이트는 이러한 신경증에 운명강박증(Schicksalzwang)이라는 이름을 붙여준다. 결국 스스로 운명의 포로라고 말하는 이런 사람들도 프로이트가 보기에 신경증 환자였던 것이다. "이런 환자는 반복과 함께 치료를 시작한다. [⋯] 떠오르는 생각을 말해달라고 요구한 다음에 우리는 그가 말을 줄줄 쏟아낼 것이라고 기대한다. 하지만 종종 그가 아무 말도 할 수 없다는 것을 알게 된다. [⋯] 그는 치료를 계속하는 한, 그러한 <반복강박>에서 더 이상 자유로울 수 없는 것이다."[14] 그래서 "<회상 충동(Impuls zur Erinnerung; impulsion to remember; impulsion au souvenir)>을 <반복강박>이 대체하는 것이다. [⋯] 저항이 클수록 더욱 더 행동화[acting out; mise en actes](반복)가 회상을 대체한다."[15] 프로이트는 다음과 같은 예를 들고 있다: "그러나 가끔 길들여지지 않은 욕동에 전이라는 고삐를 맬 시간이 없는 경우, 또는 반복 행위 속에 자신과 치료를 묶어주는 끈을 끊어버리는 경우가 있다. 가령 나이 지긋한 부인이 정신착란(confusion) 상태에서 그녀의 집과 남편을 떠나 어디론가 도망치는 일을 반복했다. 그녀는 <도망치기>의 동기를 조금도 의식하지 못했다. 그녀에 대한 치료가 긍정적인 전이와 함께 시작되었다. 그 전이는 처음 며칠 동안 엄청나게 빠른 속도로 증가했는데, 첫 주가 끝날 때 나로부터 <도망쳤다> 그런 반복을 막을 수 있는 시간을 채 갖기도 전이었다."[16] 이렇게 결국 전이는 마지막에는 반복의 단편으로

13 궁극적으로 불멸의 무의식적 환상이 나타나는 상황과 정서가 치료에서 반복된다. 프로이트가 과거 경험이나 부모에 대한 태도 등의 전이에서 반복을 말할 때, 그 반복을 사실주의적인 의미 — 현실화를 실제로 경험한 관계에 국한시키는 — 로 이해해서는 안 된다. 본질적으로 전이되는 것은 심리적 현실, 즉 심리 가장 깊은 곳에 있는 무의식적인 욕망과 관계된 환상이다.

14 프로이트, 「회상, 반복 그리고 관통작업」(이덕하 역), 도서출판 b, p.111.

15 *Ibid.*, p.112.

예속된다. 프로이트가 『쾌락원칙을 넘어서』에서 전이 반복을 말하는 것도, 그것이 반복강박을 정당화하기 위해 제시한 자료 중의 하나이기 때문이다.

여기서 전이가 저항으로 작용하는 것은, <전이 저항>이라는 용어가 요약하고 있는 저항과는 다르다. 후자는 그야말로 오이디푸스적인 갈등(사랑과 증오)이 의사에게 현실화되면서 회상을 피해가는 것이고, 전자는 어떤 무의식적인 원형이 반복적으로 주체를 어떤 상황에서 어떤 행동을 하도록 끌어당기는 현상이다. 그래서 프로이트는 『억제, 증상 그리고 불안』(1926)에서, 전이 저항이 기억의 회상과 반대로, 억압된 행동을 현실 속에 부활시킨다는 점에서, 그것을 자아의 저항에 연결시키고 있고, 반면에 반복강박은 기본적으로 그거의 저항으로 나타난다고 지적하고 있다.[17]

★

그렇다면 정신분석치료는 어떻게 해야 하는가? 프로이트는 말한다. “환자의 반복강박을 제어하고 그것을 회상의 동기로 변화시키는 주요 수단은 전이의 취급에 있다. 우리는 반복의 권리를 인정함으로써 그것이 어떤 영역에서는 마음대로 하도록 내버려둠으로써 그것을 무해하게, 아니 오히려 유용하게 만든다. 우리는 그것에 전이라는 운동장을 열어준다. 그것은 그곳에서 거의 완전히 자유롭게 자신을 펼치는 것이 허용되며, 피분석자의 정신생활에 숨겨져 있는 병인이 된 욕동과 연관되었던 모든 것을 보여준다. 환자가 치료의 존재 조건을 존중할 정도로만 따라준다면, 우리는 항상 병의 모든 증상에 새로운 전이의 의미(Übertragungsbedeutung; transference meaning; signifi

16 *Ibid.*, p.117.
17 프로이트, 『억제, 증상 그리고 불안』, 1926. 전집 X, pp.291-2 참조.

cation du transfert)를 부여할 수 있으며 <보통의 신경증(névrose ordinaire)>을 <전이신경증(névorose de transfert)>으로 대체할 수 있다.(환자는 치료 작업을 통해 이 전이 신경증으로부터 회복될 수 있다.) 따라서 전이는 병과 삶 사이의 중간 영역을 형성하며 그것을 통해서 병에서 삶으로의 이행이 이루어진다. 이 새로운 상태는 병의 모든 특성을 넘겨받는다. 하지만 그것은 <인위적인 병(maladie artificielle)>을 나타내며, 모든 부분에서 우리의 개입을 허용한다. 그것은 실제 경험의 단편이긴 하지만 동시에 특별히 유리한 조건 하에서 만들어진 것이며 잠정적인 성격의 것이다. 전이에서 일어나는 반복 반응은 이젠 잘 알려진 길인 기억의 각성으로 인도(저항이 극복된 후에는 이것은 힘들이지 않고 나타난다)된다."[18]

그렇지만 분석가는 "가능한 한 전이신경증의 영역을 제한하고, 가능한 한 많은 내용을 회상케 하고, 가능한 한 그 내용을 반복에 내맡기지 않도록 하는 것"[19]이 필요하다.(이렇게 프로이트는 항상 회상을 이상적인 치료 방법이라고 주장했다.) 왜냐하면 완전한 회상은 불가능할 뿐 아니라, 회상에 의해 전이 저항이 제거된 뒤에도 "반복강박 — 억압된 욕동의 과정에 대해 무의식적인 원형이 끌어당기는 힘 — 을 극복해야 하는 일이 남아 있기 때문이다."[20] <무의식의 저항(résistance de l'inconscient)>이라 정의할 수 있는 후자에 대해서, 프로이트는 특히 <관통작업>이라는 방법을 제시한다. 그것은 해석을 통하여 그거가 야기하는 저항을 극복하는 과정으로, 거기서 문제가 되는 것은 주체로 하여금 억압된 요소를 인정하게 하고 반복 기제의 지배로부터 벗어나게 하는 심리 작업이다. 말하자면 무의식적인 반복을 그 때마다 해석

---

18 프로이트, 「회상, 반복 그리고 관통작업」(이덕하 역), 도서출판 b, pp.119-20.
19 프로이트, 『쾌락원칙을 넘어서』, 1920. p.285.
20 프로이트, 『억제, 증상 그리고 불안』, 1926. 전집 X, pp.291.

하면서 뚫고 지나가는(관통하는) 반복의 극복 과정이다.

2010년 5월 26일 / 6월 2일

VIII

프로이트의 반복의 개념

—1. 죽음욕동과 반복강박

회상과 재생
외상신경증, 악몽, 반복강박
죽음욕동과 니르바나의 원칙
쾌락원칙, 현실원칙, 작게 즐기기
향락과 크게 즐기기

정신분석이 처음부터 반복 현상을 대면했다는 것은 아주 분명한 사실이다. 그것은 프로이트가 병인으로서 <기억>에 주목할 때부터 시작된다. 프로이트는『히스테리 연구』에서 <히스테리 환자는 기억 때문에 괴로워한다.>고 말하고 있다. 그 명제는 두 가지 면에서 반복을 내포하고 있다. 하나는 기억의 회상 자체가 과거의 경험을 사고의 차원에서 반복하는 것이고, 다른 하나는 그 기억이 증상으로 반복된다는 것이다. 말하자면 <증상은 기억의 상징이다.> 특히 강박증 증상을 고찰해보면 반복은 아주 명확히 드러난다. 가령 강박증 환자에게 나타나는 강박적 의례를 비롯한 강박 행위가 그것이다. 물론 강박관념도 반복적으로 되새김질한다. 히스테리 환자의 전환 증상도 강박증 환자의 반복강박처럼 반복이 두드러져 보이지는 않지만, 위장된 방식으로 지나간 갈등을 재현하고 있다. 그런 점에서 정신분석에서 증상을 규정하는 것은 반복이라고 말할 수 있다.

그러나 회상(remémoration)에 의한 반복은 엄밀한 의미에서 반복이 아니다. 그것은 재생(reproduction)이다. 재생과 반복은 구분해야 한다. 재생은 주체에 의해 자발적으로 움직여지고 구현되는 것인 반면에, 반복은 자동적이고 무의식적인 것이다. 그리고 회상이 분석 치료의 관점에서 잊어버린 것을 의식화하는 것이라면, 반복은 전의식의 재생이 아니라 무의식적인 것의 재생이다. 말하자면 회상될 수 없는 것이 주체의 삶에서 주체 모르게, 반복을 통하여 회귀하는 것이다. 따라서 반복되는 것은 회상되는 것과 반대된다고까지 말할 수 있다. 그렇다면 어떻게 반복되는가? 우선 증상을 통한 반복이 있다. 그것은 다소 위장된 방식의 반복으로 과거의 갈등이 증상으로 재현되는 것이다. 앞에서 말했듯이, <증상은 무의식적인 기억의 상징>이고, <히스테리 환자는 무의식적인 기억 때문에 괴로워한다.>는 명제에서 말하는 증상은, 억압된 무의식적 표상이 회귀할 때, 의식의 저항과 검열에 부딪쳐 타협형성물로 나타난 것이다. 따라서 우리는 타협형성물을 통하여 원래의 억압된 표상을 미루어 짐작할 수밖에 없는데, 그것은 궁극적으로 완벽하게 의식화하고 회상할 수 없는 찌꺼기를 남기게 마련이다. 말하자면 증상에 의한 반복의 원형은 영원히 있는 그대로 회상될 수 없다. 그러한 타협형성에 의한 반복의 개념은, 모든 증상, 꿈 그리고 『일상생활의 정신병리학』이 제시하고 있는 무수한 무의식의 산물들에 적용된다. 그것은 억압된 기억의 회귀가 강박적인 표상에서 왜곡된 형태로 이루어진다는 것을 말한다. 모든 무의식의 형성물은 억압된 표상과 억압하는 표상 사이의 타협형성물이기 때문에 현상적으로는 변형되어 나타나고, 그렇기 때문에 최초에 억압된 표상은 알려지지 않는 것이다.

그런데 그러한 타협형성 — 또는 반동형성 — 으로서의 증상 중에서 반복이 표면에 두드러지게 나타나는 증상이 있다. 강박증 환자의 반복강박이다. 다 알다시피, 강박증 환자는 관념의 차원에서건, 행동의 차원에서건 끊임없이 동일한 증상을 반복한다. 수도 없이 확인 점검을 한다거나, 씻기 닦기와 같은 청결 행위를 계속한다거나, 종교 의례와 유사한 행위를 반복한다거나, 의심과 살해 충동, 성적 환상이 끊임없이 되풀이된다. 그것은 분명히 증상의 반복적 특성이 증상 표면에 드러난 아주 좋은 예이다.

그러나 반복에는 그러한 반복 외에 전이 반복이 있다.(이 책 4장 참조) 전이가 반복인 것은, 한 마디로 분석가와의 관계 속에 억압된 갈등의 고유한 요구가 현재화하기 때문이다. 말로 할 수 없는 무의식적인 것은 전이 행동화로 나타나는 것이다. 그리하여 "[…] 이해되지 않은 채로 남은 것은 회귀한다. 고통 속에 있는 영혼처럼, 그것은 해결책과 해방을 찾을 때까지 휴식이란 없다."[1] 그러한 관점에서 보면, 프로이트의 정신분석의 역사는 반복의 개념의 발전사라고 말할 수도 있다. 그에 따라 프로이트는 각 형태의 반복에 맞는 치료 기법을 개발한다. 기억증상(기억의 상징인 증상)에 대해서는 회상을, 행동화에 대해서는 해석을 대응시켜 저항을 극복하려고 하고, 순수한 의미의 반복강박이 제기하는 기술적인 문제에 대해서는 관통작업으로 대응함으로써 치료의 이론적 모델을 완성시킨다. 그러한 기법들이 잘 기술된 논문이 바로 1914년에 발표한 「회상, 반복 그리고 관통작업(*Erinnern, Wiederholen und Durcharbeiten*)」이다.

그러나 그러한 반복의 진정한 의미를 발견하고, 그것을 죽음욕동과 연결시킨 것은 『쾌락원칙을 넘어서』(1920)라는 텍스트이다. 거기서 말하는 반복

1 프로이트, 「다섯 살 배기 꼬마 한스의 공포증 분석」, 1909. 전집 VIII, 154.

은 지금까지 요약한 반복의 개념과는 사뭇 다르다.(근원적으로는 죽음욕동에서 만날지라도) 프로이트는 제1차 세계대전이 끝난 뒤, 많은 사람들 — 전쟁을 직접 경험한 군인뿐만 아니라 전쟁을 목격한 시민들 — 이 전쟁 신경증에 시달린다는 것을 발견한다. 그것은 그가 보기에, 참을 수 없을 만큼 치가 떨리고 무시무시하고 끔찍한 참사 장면이, 피하고 싶은데도 반복적으로 기억에 회귀해서 환자를 고통스럽게 만드는 신경증이다. 그것은 전쟁 신경증을 포함한 모든 외상신경증의 공통된 현상이다.

> 심한 물리적 충격, 철로 재난, 그리고 생명이 위협받을 수 있는 기타 사고를 겪은 후에 발생하는 상황은 오랜 시간을 통해 알려지고 기술되었다. 그것에는 <외상신경증>이라는 이름이 주어졌다. 얼마 전 가공할 전쟁은 엄청나게 많은 이런 종류의 병을 유발했다. 그러나 그 전쟁은 적어도 그 병의 원인을 물리적 힘에 의해 생겨나는 신경 조직의 기질성 장애로 돌리려는 유혹을 떨쳐버리게 했다.[2]

프로이트는 이 인용문에서 외상신경증이 적어도 신경조직의 기질성 장애는 아니라는 사실을 지적하고 있다. 그렇다고 외상적 사건의 물리적 충격이 외상신경증의 원인이라고 말할 수도 없다. 그에 따르면 "전쟁 신경증의 경우, 같은 증상이 이따금씩 어떤 엄청난 물리적 힘의 개입 없이도 발생했다는 사실은 우리에게 빛을 던져주는 동시에 또한 우리를 당황하게 만든다."[3] 말하자면 외상적 사건의 엄청난 물리적 충격 없이도 외상신경증이 발생하

---

2 프로이트, 『쾌락원칙을 넘어서』, 열린책들, p.275: 우연의 일치인지 모르겠지만, 프로이트가 이 인용문에서 외상적 사건으로 <철로 재난>을 거론하고 있는데, 한국에서 PTSD(외상후 스트레스성 장애)에 대한 관심이 불러일으켜진 사건이 바로 2003년도 <대구 지하철 참사>였다.

3 *Ibid.*, p.276.

는 것이다. 그래서 프로이트는 "아직까지 전쟁 신경증이나 평화 시의 외상 신경증에 대해서 어떠한 충분한 설명도 제시된 바 없다."[4] 고 말하는 것이다. 프로이트는 말한다.

> 외상신경증으로 고통 받고 있는 환자들은 그들의 의식적 생활 속에서 과거 사건의 기억에 많이 몰두해 있는지 여부는 모르겠다. 아마 그들은 그 사건을 생각하지 않으려는 데 더 많은 관심을 쏟고 있는지 모른다. 그들의 꿈이 병을 유발했던 사건 현장으로 그들을 밤마다 끌고 간다는 것을 자명한 사실로 받아들이는 사람은 꿈의 성격을 잘못 이해하고 있는 것이다. 꿈이 환자에게 그의 건강한 과거의 모습이나 그가 희망하는 치료의 모습을 보여준다면, 그것이 꿈의 성격과 조화를 이룰 가능성이 더 크다. 만약 우리가 외상신경증 환자들의 꿈속에서 드러나는 꿈의 소원성취적 취의에 대해 흔들리지 않는 믿음을 가지고 있다면, 우리는 아직도 우리에게 열려 있는 하나의 지략적 차원을 간직하고 있는 것이다. 즉 우리는 꿈꾸기의 기능이 이 상황에서는 다른 많은 것들처럼 전도되어 있고 원래의 목적으로부터 일탈되어 있다고 주장할 수 있으며, 혹은 자아의 신비스런 자기 학대적 경향을 숙고해야만 한다는 것이다.[5]

이렇게 외상신경증이 외상의 개입 없이도 생기고, 또한 외상신경증 환자들을 밤마다 외상적 사건 현장으로 데려가는 악몽도 꿈의 소원성취 기능을 벗어나는 현상이라면, 우리는 대체 외상신경증이라는 개념을 어떻게 유지할 수 있단 말인가? 사실 정신분석은 외상적 사건의 결정적인 기능을 인정하지 않는다. 그것은 한편으로 주체의 허용의 차이에 따른 그것의 상대성을 강조하면서, 다른 한편으로 외상적 경험을 주체의 특수한 개인사나 [심리]

4 *Id.*
5 *Ibid.*, p.277.

조직 속에 끼워 넣는다. 그러한 관점에서, 외상 신경증이라는 개념은 순전히 서술적인 최초의 근사치에 불과하기 때문에, 문제의 요인들에 대한 좀 더 깊은 분석에 살아남지 못한다. 그렇지만 질병기술학적이고 병인론적 관점에서, 외상이 그것의 성질과 강도로 해서 발병에 있어서 옛날부터 지배적인 요인이고, 작용 기제와 증상이 정신신경증의 그것에 비해 상대적으로 특수한 경우, 그것에 별도의 자리를 남겨두어야 하지 않을까? 그것이 바로 주로 『쾌락원칙을 넘어서』(1920)에서 끌어낼 수 있는 프로이트의 입장이다: "외상 신경증의 증상의 그림은 유사한 운동 근육 증상들이 풍부하다는 점에서 히스테리의 그림에 가깝다. 그러나 일반적으로 그것은 주관적 고통을 심하게 호소하는 징후 — 이것은 건강염려증이나 멜랑콜리를 떠올리게 한다 — 와, 심리 기능의 약화와 혼란이 훨씬 더 일반화되어 있다는 특징이 히스테리를 능가한다."[6] 프로이트가 외상 신경증이라고 말할 때, 그는 외상의 신체적인 성격(흥분의 쇄도를 야기하는 신체의 <동요(Erschütterung)>)과 동시에 심리적인 성격(경악(Schreck))을 강조한다.[7] <… 무방비 상태에서 위험에 빠질 때 일어나는 상태>[8]인 그러한 경악(驚愕)을, 프로이트는 외상 신경증의 결정적인 요인으로 보고 있다. 주체에게 난입하여 그의 통일성을 위협하는 흥분의 쇄도에 대해, 주체는 적절한 방출이나 심리적인 가공으로 대응할 수 없다. 구속 기능이 무너진 그는, 강박적으로 외상을 일으킨 상황을, 특히 꿈의 형태로 반복하면서 그것을 구속하려고 한다.[9] 그럼에도 불구하고 프로

6 프로이트, 『쾌락원칙을 넘어서』, 1920. 전집 XI, p.276.
7 프로이트, 『성욕에 관한 세 편의 에세이』, 1905. 전집 VII, pp.101-2 참조.
8 프로이트, 『쾌락원칙을 넘어서』, 1920. 전집 XI, p.276.
9 "외상 신경증의 꿈은 그것이 환자를 끊임없이 사건의 상황으로 데려가, 환자가 그 상황에 대해 새로운 경악을 느끼며 깨어난다는 것으로 특징지어진다."(프로이트, 『쾌락원칙을 넘어서』, 1920. 전집 XI, p.277).

이트는 외상 신경증과 전이 신경증 사이의 연결 지점이 있을 수 있다는 것을 잊지 않고 지적한다. 「정신분석학 개요」(1938)의 다음과 같은 구절이 보여주고 있듯이, 그는 외상 신경증의 특수성에 관한 문제를 열어놓고 있다. "외상 신경증(지나치게 강한 경악(驚愕)이나, 열차의 충돌과 낙상(落傷)과 같은 심각한 신체적 충격에 의해 가동되는)이라 불리는 것은 아마 예외적인 것일 것이다. 그렇지만 그것과 어린 시절의 요인과의 관계는 지금까지 우리의 연구를 벗어나 있다."[10]

그렇다면 외상적 사건에 주체가 직면했을 때, 주체에게 어떤 일이 일어나는가를 살펴보자. 우선 어원적으로 상처라는 의미를 갖고 있는 외상(trauma)의 정의부터 살펴보자. 외상은 주체의 심리 장치의 허용 한계를 넘어서는 자극의 쇄도로 특징지어지는 사건을 말한다. 이때 외상은 주체에게 심리에 극심한 충격과 침해를 주고 조직 전체에 영향을 미친다.[11] 말하자면, 심리에도 피부처럼 자극의 허용량만큼만 통과시키는 보호 층이나 보호막(pare-excitations)이 있다고 가정해야 하는데, 심리는 그것에 의해 외부 자극으로부터 보호되어 있다. 그 층을 광범위하게 침해하는 것이 외상적 사건이다. 이 때 심리 장치의 임무는 사용 가능한 모든 힘을 동원하여 그 자극에 저항하는 힘 — 역투여 — 를 내보냄으로써, 유입되는 자극량을 고정시키고 쾌락원칙이 작용할 수 있는 조건을 회복시키려고 할 것이다. 말하자면 외상신

10 프로이트, 「정신분석학 개요」, 1938. 전집 XV, p.462.

11 "우리는 방어적 방책을 꿰뚫을 정도로 강력한, 외부에서 오는 자극을 <외상적>이라고 기술하고 있다. 외상의 개념은 자극에 대해서 효과적으로 대체하던 장벽에 어떤 파열구가 생긴 것과의 관련성을 필연적으로 시사하게 된다고 생각된다. 심적 외상과 같은 사건은 인체의 에너지 기능에 대규모의 혼란을 초래하고, 가능한 모든 방어적 장치를 가동하지 않을 수 없게 한다. 그와 동시에 쾌락원칙은 당분간 활동이 정지된다. 이제 더 이상 다량의 자극이 범람하는 사태에서 정신기관을 보호할 수 없게 된다. 여기서 또 다른 문제가 발생하는데, 그것은 방어망을 뚫고 들어온 자극의 양을 다스리고, 그것을 처분할 수 있도록 정신적인 의미에서 그것을 묶어두는 문제이다."(『쾌락원칙을 넘어서』, 열린책들, p.299)

경증의 반복강박은 손상된 심리 조직 속으로 들어오는 <어떤 힘>을 쾌락원칙으로 구속하려는 과정에서 생기는 증상일 것이다. 그렇다면, 그 힘은 무엇이고, 구속과정에서 어떤 결과가 생길까?

★

우리는 몇 년 전 워크숍에서 쾌와 불쾌, 향락, 그리고 내적 트라우마, 실재계 등의 관계를 도표로 그린 적이 있다. 그것을 다시 한 번 환기해보자. 프로이트에 따르면, 쾌락은 자극의 감소, 즉 긴장 이완과 일치하고, 불쾌감은 긴장의 고조, 즉 자극의 상승과 일치한다. 가령 배가 고파지기 시작하면 위에 자극이 오면서 긴장되고 불쾌감이 시작된다. 소변이 마려울 때도 마찬가지이다. 방광에 자극이 축적되는 것과 비례해서 불쾌감도 상승한다. 그러다가 밥을 먹거나 소변을 보면, 갑자기 긴장이 풀리면서 포만감과 시원한 느낌이 온다. 쾌감을 느끼는 것이다. 우리는 이러한 사실로부터 인간의 육체가 견딜 수 있는 자극의 상한선이 있음을 알 수 있다. 그러나 포만감과 함께 긴장이 이완되면서 쾌락이 온다고 해서 계속해서 밥을 먹으면, 이제는 역으로 배가 빵빵해지면서 그만 먹으라는 신호가 육체로부터 대뇌에 전달된다. 긴장 이완의 하한선이 육체에 있는 것이다. 따라서 우리는 쾌락원칙을, 어떤 한계 내에서 긴장과 자극을 최소화하려는 경향 또는 긴장과 자극을 어떤 한계 내에 유지하려는 경향(이것을 항상성의 원칙이라고 한다)이라고 정의할 수 있다. 역으로 우리는 현실원칙을, 쾌락원칙에 제한을 가함으로써 그것을 일정한 한계 내에 머무르게 하려는 경향이라고 정의할 수 있다. 한 마디로, 쾌락원칙은 현실원칙이 있음으로 해서 가능한 것이다. 현실원칙이 전제되어 있지 않는 한, 쾌락원칙은 없다. 현실원칙은 쾌락원칙을 담는 그릇이다. 그 그릇은 한편으로는 쾌락원칙에 대립하면서(제한을 가한다는 점에서) — 그러나 현실원칙은 쾌락원칙을 지연시킬 뿐 그것에 반대되는 힘이 아니다. 오히려 전자는 궁극적으로 후자에 종사한다 —, 다른 한편으로는 쾌락원칙을 성립하게 하는 형식적인 틀이다.

다른 한편, 쾌락원칙이 자극의 감소 내지는 최소화와 일치한다면, 그것은 자극의 제로점을 지향한다. 그런데 자극의 제로점은 죽음이다.[12] 따라서 결과적으로 쾌락(원칙)은 죽음에 종사한다. 프로이트는 그것을 니르바나의 원칙이라고 명명하고 있다. 그 원칙은 죽음욕동(타나토스)에 다름 아니다. 그러나 자극의 하한선을 넘어 자극의 제로점을 향해 가는 대표적인 정신 질환이 있다. 폭식증이 그것이다. 폭식증 환자에게는 포만감(포만감은 자극의 한계가 설정될 때 느낄 수 있다)이라는 것이 없다. 그는 육체가 더 이상의 음식을 거부하여 토할 때까지 먹는다. 만약에 육체가 스스로 알아서 음식을 토해내지 않는다면, 그는 배가 터져 죽을 것이다. 따라서 그는 자극의 제로점(즉 죽음) 바로 앞에(직전에) 설정되어 있는 한계 — 또 다른 하한선 — 에서 먹었던 것을 모두 토해낸다. 그리하여 폭식증과 반대 방향의 정신질환, 즉 거식증의 벡터로 접어든다. 거식증으로 전환되어 먹었던 것을 모두 토해내는 것이다. 그러한 거식증 환자는 자극의 상한선을 넘어 자극의 무한대를 향해 간다. 극단적인 다이어트를 하는 사람에게서 흔히 볼 수 있는 증상이다. 그러나 그들도 자극의 무한대 바로 앞에 설정되어 있는 한계 — 또 다른 상한선 — 에서 폭식증으로 돌변한다. 왜냐하면 그 한계를 넘어서면 진정한

12 자극의 제로점은 자극이 생성되지 않는 무생물 상태를 말한다. 따라서 죽음욕동은 생명체가 무생물 상태를 지향하는 경향이고, 반대로 삶욕동은 무생물에서 스스로 자극을 생산하는 생명으로 발돋움하려는 경향이다. 그러한 관점에서 볼 때, 유기물질은 무기물질의 <결합>으로부터 나왔기 때문에, 다시 말해 생물은 무생물로부터 나왔기 때문에, 무생물은 생물의 고향으로 생물은 <분해>되어 무생물 상태로 돌아가려 할 것이다. 결국 그러한 니르바나의 원칙은 최초의 상태로 복귀하려는 보수주의적 경향임에 틀림없다. 게다가 죽음욕동은 삶욕동보다 우선하고 우위에 있다고 가정해야 한다.

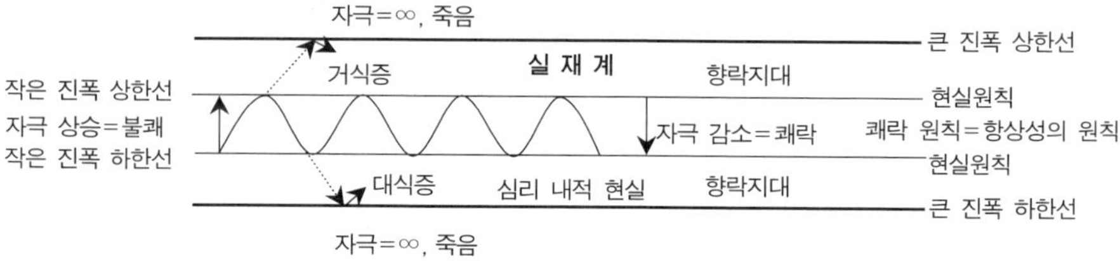

죽음 자체이기 때문이다. 이렇게 폭식증과 거식증, 거식증과 폭식증은 종이 앞뒤면의 관계에 있다.

그런데 왜 그들은 그러한 고통을 감수하는 것인가? 언젠가 「그것이 알고 싶다」라는 TV 프로그램에서 거식증을 특집으로 다룬 적이 있다. 나는 거기에 나온 거식증 환자의 인터뷰에서 특이한 것을 발견했다. 그들은 이구동성으로 굶을 때 희열을 느낀다고 말했다.[13] 우리는 여기서 <또 다른 종류의 쾌락>을 가정해야 한다는 것을 알 수 있다. 그것을 프로이트와 라캉은 <향락(Genuß; jouissance; enjoyment)>이라고 명명한다. 사실 쾌락이 어떤 한계 내에서 긴장이 고조되다가 이완으로 전환될 때 느껴지는 것이라면, 또 다른 한계 — 현실원칙의 한계보다 훨씬 더 큰 한계 — 이지만, 그 한계 내에서 긴장의 상승에서 감소로, 또는 감소에서 상승으로 전환될 때, 또 다른 종류의 쾌락이 있으리라는 것은 쉽게 짐작할 수 있다. 아니면 쾌락(원칙)이 긴장 이완(또는 자극 감소)에서 오는 쾌락이라면, 향락은 그 반대의 쾌락, 즉 긴장고조(또는 자극 상승)에서 오는 쾌락, 즉 일반적인 각도에서 보면 고통스러운 쾌락이 있을 수 있을 것이다. 따라서 쾌락원칙은 현실원칙에 의한 작은 진폭의 리듬으로 작게 즐기는 것이고, 향락은 큰 진폭의 리듬으로 크게

13 필자가 주목한 또 다른 증언은, 거식증 환자 역시 폭식을 해도 포만감을 느끼지 못한다는 것이었다.

즐기는 것이다. 그러니 거식증 환자와 폭식증 환자가 그러한 큰 즐거움을 포기할 리 만무하다. 그것은 한 번 맛본 사람은 끊을 수 없는 마약처럼 중독성이 있는 쾌락이다. 거식증과 폭식증 환자들은 겉으로는 죽음의 고통으로 고생하는 것 같지만, 속으로는 향락을 즐기고 있는 것이다. 앞의 인용문에서 프로이트는 외상신경증 환자에게 <신비스러운 자기학대적 경향이 있다>고 말했는데, 그 경향이 바로 죽음의 맛인 향락인 것이다.

이제 우리는 프로이트가 외상신경증을 과거 사건의 기억에 묶어두는 것을 꺼린 이유를 알 수 있다. 외상적 사건은 그 충격으로 심리 보호막을 뚫기는 하지만, 그것만으로는 외상신경증의 반복강박을 설명할 수 없었던 것이다. 외상적 사건의 충격에 의해 뚫린 심리 보호막의 구멍으로 죽음욕동이 심리조직으로 범람하고, 쾌락원칙이 그것을 제어하려는 과정과 노력에서 향락의 지대가 만들어지고, 반복강박이라는 증상이 그 지대의 향락을 자동적으로 즐기고 있는 것이다.

2010년 9월 1일

IX

프로이트의 반복의 개념

— 2. Fort-Da 놀이

어머니의 상실과 〈fort-da〉 놀이
세 가지 어머니 : 상실된 어머니, 상징적 어머니, 현실적 어머니
큰사물과 욕망
향락, 쾌락원칙을 넘어서
주체의 탄생과 아파니시스
대상 a로서의 실패, 큰타자의 찌꺼기

프로이트는 『쾌락원칙을 넘어서』에서, 죽음욕동이 반복강박으로 나타나는 원인을 알 수 있는 어린아이의 실패 놀이를 소개한다. 우리는 그 유명한 <fort-da> 놀이를 통해, 프로이트가 죽음욕동과 반복강박의 관계를 어떻게 해석하고 있는지를 알아보자.

프로이트의 관찰 자체는 간단하다. 18개월 된 어린아이 — 그의 손자 중의 하나이다 — 에게 습관이 하나 있었다. 그의 손에 떨어진 작은 물건을, <o-o-o-o>라고 발음하면서 자기로부터 멀리 보내는 습관이었다.(물론 표정은 언짢고 괴로운 표정이었다.) 그 소리는 프로이트와 아기 어머니에 의해 즉각적으로 <fort>(멀리)라는 뜻으로 해석된다. 게다가 프로이트는 어느 날,

같은 아이에게서, 그보다 — 즉 보내기만 하는 그 놀이보다 — 더 완벽한 놀이를 발견하게 된다. 그 아이는 실패에 달린 실을 손으로 잡고, 그 실패를 자기 요람 밑으로 던지면서 <o-o-o-o>라는 소리를 낸 다음, 이번에는 그것을 자기 쪽으로 당기면서 <a-a-a-a>라는 탄성을 지르는 것이었다.(이때 표정은 앞의 표정과는 반대로 환희와 기쁨에 찬 표정이었다.) 물론 이번에도 프로이트는 그 소리를 <da(여기)>라는 말로 해석한다. 뿐만 아니라 프로이트는 그 놀이를, 그 아이가 처한 상황과 쉽게 결부시킨다. 즉 그에 따르면, 그 놀이는 어머니의 외출(사라짐)과 귀가(나타남)를 나타내고 있다. 이제 첫 번째 놀이에서 왜 그 아이가 인상을 찡그렸는지 알 수 있다. 그 아이는 어머니의 외출에 대해 결코 불평하지 않았지만, 그것은 그 아이에게 아주 고통스러웠던 것이다.[1] 그리고 그것을 실패 던지기 놀이로 상징화했던 것이다.

이 사례에서 프로이트가 주목하는 것은, 첫째, 이 놀이의 창안 이후에 어머니가 돌아와도 아이가 거들떠보지도 않(고 놀이에 몰두한다)는다는 사실과, 둘째, 그 놀이가 어머니의 사라짐이라는 고통스러운 경험을 전제하고 있는데도 아이가 그 놀이를 지칠 줄 모르고 반복한다는 사실이었다.

> 하나의 놀이로서 그 고통스러운 경험의 반복이 어떻게 쾌락원칙과 일치할 수 있을까? 그에 대한 답변으로 어머니의 떠나감은 즐겁게 돌아올 것에 대한 필수적인 예비 조치로서 상연되었고, 따라서 그 놀이의 진정한 목적은 바로

1 사실 그 아이는 아버지가 전선에 나가 있는 바람에 홀어머니에 의해 키워졌으며, 그런 만큼 어머니에 대한 애착도 아주 컸다고 할 수 있다. 따라서 어머니의 사라짐은 그에게 큰 고통을 안겨주었을 것이다. 그러나 어머니가 몇 시간 동안 그를 떠나 있어도 결코 울지 않았을 뿐 아니라 어머니의 명령을 성심껏 따랐기 때문에 <착한 아이>라는 칭찬을 들었다.

후자, 즉 어머니의 즐거운 귀환에 있다고 말할 수 있을 것이다. 그러나 그것에 반해서, 첫 번째 행위, 즉 떠나감의 행위는 그 자체로 하나의 놀이로 무대에 올렸다는 사실을 고려해야 한다.[2]

말하자면, 실패놀이가 어머니의 외출과 귀가를 상징한다면, 어머니가 귀가했는데도 불구하고 그 놀이를 계속 반복하느냐 하는 의문이 생기고, 또한 실패를 멀리 보내는 것은 어머니의 외출을 상징하기 때문에 고통스러운 것인데, 왜 쾌락원칙에 어긋나게 그 상징적 행위를 반복하느냐 하는 문제가 발생한다. 우선 후자에 대해 실패를 멀리 보내는 고통을 감수하는 것은 다시 나타나게 할 때의 기쁨을 만끽하기 위함이라고 설명할 수 있다. 그러나 그러한 설명은, 실패를 잡아당기는 놀이를 창안하기 전에는 멀리 보내기만 했고, 그 보내기만 하는 고통스러운 놀이를 계속 반복했다는 것을 설명하지 못한다. 또한 <멀리> 보내는 놀이만 할 때조차 어머니가 귀가해도 거들떠보지 않았다는 것은 어떻게 설명할 것인가?

그것을 프로이트는 복수에 의한 것이라고 해석하는 사람이 있을 수 있다고 말한다. "1년 후 첫 번째 놀이를 할 때 내가 목격했던 바로 그 아이가 어떤 장남감에 화가 나면 그것을 잡아 마룻바닥에 집어던지면서 <전선으로 가라!>고 소리치곤 했다. 그는 그 당시 부재하는 그의 아버지가 <전선에>가 있다는 말을 들었던 것이다." 그러나 그렇게 해석하는 데도 문제는 있다. 왜냐하면 "그는 아버지의 부재를 아쉬워하기는커녕 어머니를 혼자서 독점하는 데 방해받고 싶지 않다는 것을 분명히 했기"[3] 때문이다. 게다가 "그 아이가 5살 9개월 되던 때 그의 어머니가 사망했다. 이제 어머니가

---

2 프로이트, 『쾌락 원칙을 넘어서』, in 『정신분석학의 근본 개념』, 열린책들, pp.280-1.
3 *Ibid.*, p.281.

정말로 <가버렸는데도>(오-오-오-오), 그 어린아이는 아무런 슬픈 기색을 보이지 않았다." 물론 "그 동안에 둘째 아이가 태어났고, 이것은 그에게 강렬한 질투심을 불러 일으켰던 것이 사실이다. 우리는 이와 비슷한 적대적 욕동을 사람 대신 물건을 집어던짐으로써 표현하기를 좋아하는 다른 아이들에 대해 알고 있다."[4] 마치 괴테가 어린 시절에 동생의 탄생을 질투하여 온갖 접시를 마당에다 내던져 깨버리는 발작을 일으켰듯이 말이다. 그러나 아버지가 참전을 해서 집을 떠날 때도 그렇고, 어머니가 돌아가셨을 때 전혀 슬퍼하지 않은 것을 복수에 의한 것이라고 설명하는 데는 문제가 있다. 왜냐하면 전자에서는 어머니를 독차지하게 되었다는 병의 이득을 얻고 있고, 후자에서는 슬픈 기색도 없이 그 놀이에 몰두했기 때문이다. 따라서 그 놀이 자체를 설명하기 위해서는 쾌락원칙 — 실제 어머니와 연관되어 발생하는 쾌락(사랑이든 복수든) — 과는 다른 논리를 찾아야 한다.

그렇다면 놀이의 주인이 된다는 논리로 설명하는 것은 어떨까? 사실 그 아이는 놀이를 창안하기 전에는, 그의 쾌락(어머니로부터 오는 쾌락)이 어머니에게 수동적으로 예속되어 있었다. 다시 말해 어머니의 왕래에 의해 좌지우지 되었다. "놀이 속에서 애들은 실제 생활에서 그들에게 큰 인상을 끼쳤던 것은 무엇이나 반복하며 그러한 반복을 통해 그들은 그 인상의 강도를 해소시키고, 자신들이 그 상황의 주인이 된다는 것은 분명한 사실이다."[5] 그러나 그러한 주인의 논리가 쾌락원칙을 무시할 정도로, 쾌락원칙보다 우위에 있

4 *Ibid.*, p.282.

5 *Ibid.*, p.282: "편견 없는 관점에서 볼 때, 그 아이는 다른 동기에서 자신의 경험을 놀이로 바꿨다는 인상을 받게 된다. 처음에 그는 <수동적인> 상황에 있었다. 그는 그 경험에 의해서 압도되었다. 그러나 그것이 즐거운 것은 아니었지만 놀이로 그것을 반복함으로써, 그는 <능동적인> 역할을 취하게 되었다. 이러한 노력은 기억이 그 자체로 즐거운 것이었는지 혹은 그렇지 않았는지와 무관하게 별도로 작용하는 장악욕동에서 연유하는 것이었을 것이다."(*Ibid.*, p.281)

을까? "그러므로 어떤 막강한 경험에 대해 자신이 그것의 주인이 되기 위해서 그것에 어떤 작업을 가하고자 하는 욕동이 마음속에서 일어난다면, 그것은 쾌락원칙과는 무관하게 1차적 사건으로 표현된 것일 수 있을까에 대한 문제는 우리에게 의심의 상태로 남아 있다."[6]

따라서 그 놀이에는 필시 어머니의 외출을 상징하기 때문에 고통스럽지만 실패를 멀리 보내는 놀이를 반복하게 하는, 쾌락원칙을 넘어서는 어떤 다른 종류의 쾌락 — 거식증과 폭식증이 숨기고 있는 희열 같은 — 이 있다는 것을 가정해야 한다. "우리가 토론해 온 사례에서 그 아이는 결국 놀이 가운데 불쾌한 경험을 반복할 수 있는데, 그것은 그 반복이 불쾌함에도 불구하고 그 속에 다른 종류의 직접적인 일정량의 쾌락을 간직하고 있었기 때문이다."[7] 그것은 고통스러운 비극이 어른 관중에게 제공하는 <향락>과 다르지 않다. "어른들에 의해서 수행되는 예술적 놀이와 예술적 모방 — 이것은 어린아이들의 경우와 달리 관객을 목표로 한다 — 은 관중들에게 가장 코통스런 경험을 면제해주지는 않지만(예컨대 비극에서), 그들은 그것을 고도의 향락으로 받아들일 수 있다는 사실도 기억해 둘 만한 사항이다."[8] 그 향락은 분명 쾌락원칙을 무용지물로 만들어버리는, 쾌락원칙을 넘어서는 경향이다.

★

<fort-da> 놀이는 죽음욕동을 생물학적인 차원에서 쾌락원칙의 관점에

6 *Ibid.*, p.282.
7 *Ibid.*, p.282.
8 *Ibid.*, p.283.

서 설명하는 이론적으로 진일보했다는 것을 보여준다. 우선 <fort-da> 놀이의 발견 이전에 죽음은, 프로이트에게 생물학적인 죽음이었고, 무생물로 환원되는 경향이었다. 그러나 <fort-da> 놀이는, 상징적 관점에서 대상이 상징화에 의해서 사물로 상실되는 것이 죽음이라는 사실을 보여준다. 그에 따라 <fort-da> 놀이는 주체도 탄생도 보여주고, 반복도 상징계의 현상임을 보여주고 있고, 음소의 대립과 <실패>의 상징성 등, 라캉에게서 핵심적으로 등장하는 모든 개념의 출현도 예고하고 있다.

현실	fort–da 놀이	
어머니의 외출 / 귀가	실패의 사라짐 / 나타남 (던짐) / (당김)	o–o–o–o / a–a–a–a (fort) / (da)
현실적 어머니(상상적 대상)	작은 물건, 실패 (어머니의 소품)	음소의 대립 (기호형식)
⇒⇒⇒	상징화	
어머니의 왕래의 기호내용 = 미지의 x (남근)	1. 능동적 주체(sujet)의 탄생 2. 고통 속의 쾌락 : 다른 종류의 쾌락, 향락 1) 〈쾌락원칙〉에서 2) 〈쾌락원칙을 넘어서〉로 3. 반복	
어머니의 상실 (실재로서의 어머니)	실패(어머니의 용품) 어머니의 환유적 대상 (나머지, 찌꺼기)	기호형식의 장소 결핍, (–1)의 구멍
실재계, 큰사물	〈대상 a〉	상징계, 큰타자

우선 이 놀이에서 확연히 두드러진 핵심은 어머니의 외출/귀가가 실패의 사라짐(멀리 던짐)/나타남(앞으로 당김)의 놀이로 상징화됨에 따라, 현실적인 어머니가 귀가해도 아이가 본척만척 하고 놀이의 향락에 중독된 듯 빠져 있다는 것이다. 그것은 라캉에게 <어머니의 상실>을 의미한다. 현실적인 어머니가 곁에 있어도 대상으로서의 어머니가 영원히 상실되는 것이다. 여기서 라캉이 말하는 상실은 프로이트가 말하는 죽음을 의미한다. 말하자면 어머니를 상징적 놀이로 대체한 결과 어머니의 죽음이 뒤따르는 것이다. 따라서 우리는 이렇게 말할 수 있다. <어머니가 곁에 있어서 어머니는 상징화와 함께 상실된다(죽는다).> 유시화의 시에 <그대가 곁에 있어도 그대가 그립습니다.>라는 구절이 있는데, 그러한 시적 표현이 가능하려면, <그대>가 상징화되어 이름으로 불리어야 한다. 따라서 세 어머니가 있는 셈이다. 상징으로서의 <어머니>와 상실된(죽은) <어머니>와 곁에 있는 현실적인 <어머니>가 그것이다. 사실 <어머니>라는 말에는 <어머니>가 없다. <어머니>라는 말은 어머니의 상실과 부재를 전제한다. 헤겔식으로 말하면, <어머니>라는 말은 어머니의 살해로 나타난다. 자주 드는 비유를 다시 한 번 사용한다면, 발자국에는 발이 없다. 발자국이 나타나려면 발자국에서 발을 떼어야 한다. 발자국이라는 표상은 발의 상실과 부재를 가져오는 것이다. 이렇게 상징계의 도입으로 현실에서 영원히 추방되고 상실된 것을 라캉은 <실재계>라고 말한다.(프로이트는 이것을 이미 큰사물(das Ding; la Chose)이라고 부른 바 있다.) 욕망이란 상징계의 도입으로 영원히 상실된 큰사물을 상징계 이편에서 그리워하는 것에 다름 아니다. 그리고 우리는 욕망으로 인하여 큰사물로서의 <어머니>를 현실적인 어머니에게 투사하면서, 후자가 전자의 값을 해주기를 바라기 때문에 현실적인 어머니를 있는 그대로 보지 못하고, 환상적이고 상상적인 어머니의 투영만을 보는 것이다. 아무튼 이 상징적 놀이의 발견 이후에, 생물학적인 죽음은 상징에 의한 실재의 상실로 해석되고, 그에 따라 무생물에서 나와서 무생물로 환원되는 경향(니르바나의 원칙과 죽음욕동)은 상실된 대상과 상징의 관계로 재해석된다.

뿐만 아니라, 이러한 대상의 상징화는 주체의 탄생을 가져온다. 앞에서도 말했듯이 놀이 이전에는 아이가 어머니의 사라짐과 나타남에 대해 수동적으로 당할 수밖에 없는 상황이었지만, 놀이 이후에는 그에 대해 능동적 역할을 맡음으로써 그 놀이를 마음대로 반복할 수 있게 된다. 말하자면 아이는 놀이를 통해 그 상황의 주인(maître)이 된 것이다. 라캉의 혜안이 빛을 발하는 것은 바로 이 대목이다. 그는 그 놀이에서 수동성에서 능동성으로의 변모를 강조하기보다, <주체(sujet)>의 탄생과, 그에 따른 <어머니의 상실>에 주목하는 것이다. 그런데 문제는 그 때의 주체가 무슨 주체인가 하는 것이고, 그 주체는 어디서 어떻게 나타나느냐 하는 것이다. 프로이트는 그냥 두루 뭉실 놀이(행위)의 주인이 된다고만 표현하고 있다. 그러나 라캉의 관점에서 그것은 적어도 행위의 주체는 아니다. 결론부터 말한다면, 그것은 말하는 주체이다. 그리고 그 말하는 주체는 <하나의 기호형식이 다른 기호형식을 향해서 표상하는 것>이다.(이 정의는 라캉의 주체의 정의 — <하나의 기호형식은 다른 기호형식을 향해 주체를 표상한다.> — 를 약간 자리 이동한 것이다.) <fort-da> 놀이에서도 어머니(의 외출 / 귀가)가 실패(의 사라짐 / 나타남)로 상징화되면서, 동시에 아이는 거기에 음소(<o> / <a>의 대립)를 덧붙이며 소리를 지르고 있다. 그 음소의 소리가 바로 기호형식에 해당한다. 주체는 그 음소 — <o>와 <a>라는 소리 — 사이에서 나타났다 사라지는 것이다. 방금 전에 우리는, 주체가 <o>나 <a>에 있는 것이 아니라 그 <사이>에 있으며, 고정적으로 표상되어 나타나 있는 것이 아니라, <나타났다 사라진다>고 말했다. 그것은 대체 무슨 뜻인가?

난센스 퀴즈로부터 풀어가 보자. 실패의 사라짐과 나타남이 어머니의 왕래를 상징한다면, 그리고 <o>와 <a>의 대립이 그것에 대응해서 발음된다면, <o>와 <a>라는 기호형식 중에서 무엇이 어머니를 표상할까? 어쩌면 <a>라는 음소가 어머니의 나타남을 상징하니까, <a>라고 생각할지 모른다. 그러나 그것은 어리석은 질문이자 어리석은 답변이다. 어머니는 <o>와 <a>라는 기호형식 어디에도 없다. 그 음소가 개입하자 어머니는 상실되는 것이다. 마찬가지로 말하는 주체는 두 음소 중 어디에 있는가? 우선 말하는 주체는 <o>와 <a>라는 음소 뒤에서 투명인간처럼 실체 없이 그 음소를 발화하는 행위의 주체다. 따라서 그것은 실체가 없다. 게다가 라캉에 따르면 그 주체는 기호형식에 의해 표상되는데, 기호형식에 의한 그러한 표상은 다른 기호형식을 향해 가기 위한 것이다. 따라서 두 기호형식 사이에서 주체는 분열된다. 말하자면 기호형식에 의해 표상되는 순간 나타났다가, 그 기호형식이 다른 기호형식을 향해 가자, 그 순간 주체는 사라지는 것이다. 라캉이 말하는 주체는 이렇게 사라지기 위해 나타나는 기호형식의 효과일 뿐이다. 그것을 라캉은 주체의 아파니시스(aphanisis)라고 한다.

그렇다면 이번에는 <fort-da> 놀이에서 실패는 무엇을 상징하는가라는 질문이 제기된다. 결론부터 말하면, 실패는 라캉의 이론 체계에서 <대상 a>를 나타낸다. 우선 <fort-da> 놀이 자체 안에서 보면, 실패는 어머니의 부속물이다. 어머니가 옷 따위의 헤진 데를 꿰맬 때 쓰는 실을 한데 감아놓은 조그만 장난감 같은 물건이다. 그래서 그것은 어머니(전체)의 소유물(부분)로서 어머니의 환유적 부속물인 것이다. 그렇다면 우리는 이렇게 말할 수 있지 않은가? 즉 어머니가 상징화되면서, 어머니로부터 그 부속물이 떨어져 나갔다고 말이다. 좀 더 부연하면, 그것은 어머니가 언어(음소의 대립)로 상징화되면서, 언어 상징에 의해 나누어지지 않고 — 완전히 다 상징화되지 않고, 비유적으로 말하면 걸러지지 않고 — 남은 <나머지>이다. 말하자면 언어라는 그물의 코로 빠져나간 <찌꺼기>이다.

여기까지 온 김에, 난센스 문제를 하나 더 던지자. 대체 어머니는 왜 왔다갔다 하는 것인가? 그녀의 왕래가 아이의 눈에는 어떻게 비칠까? 다시 말해 어머니의 왕래는 어린아이에게 대체 어떤 목표를 가진 것으로 해석될까? 더 정확히 말하면, 놀이의 창안 이후에 어머니의 왕래는 어린아이에게 어떤 의미작용을 띠게 될까? 그것이 바로 아버지의 은유의 공식에서 미지의 의미작용을 나타내는 <x>이다.[9] 그렇다면 어머니의 욕망은 <fort-da> 놀이 어디에 위치시켜야 할까? 사실 어머니의 왕래는 어머니의 욕망의 대상과 그 대상이 있는 장소를 가리키고 있다. 달리 말하면 어머니의 왕래는 어머니의 욕망을 숨기고 있고, 어머니의 욕망은 어떤 의미작용, 즉 <x>라는 기호내용을 지향하고 있다. 따라서 <x>가 기호내용이라고 한다면, 그것을 의미하는 어머니의 욕망은 당연히 기호형식일 수밖에 없다는 결론에 도달하게 된다. 말하자면 어머니는 기호형식으로 상징화되면서 상실되지만, 그녀의 욕망이 기호형식에 결핍으로 기록되는 것이다.

지금까지 나온 사실들을 정리하면,

1. 어머니는 언어로 상징화되면서 영원히 상실된다.
2. 언어로 상징화된다는 것은 이분법적 대립을 기초로 하는 기호형식의 세계로 편입된다는 것을 의미한다. <o>와 <a>의 대립이 그 예이다.
3. 기호형식의 대립으로 언어화된 어머니의 왕래는 어머니의 욕망을 숨기고 있고, 그 어머니의 욕망은 미지의 의미작용 <x>를 지향하고 있다.

9 라캉은 다음과 같이 주석을 붙인다. "그 여자는 무엇을 원할까? 나는 그녀가 원하는 것이 자아라고 말하고 싶다. 그렇지만 그녀가 바라는 것이 자아만 있는 것이 아니다. 그녀를 괴롭히는 다른 것이 있다. 그녀를 괴롭히는 것은 x 다. 그것은 기호내용이다. 어머니의 왕래라는 그 기호 내용은 남근이다."(F. Peraldi, <은유>, in *Encyclopedia universalis* 재인용)

4. 따라서 어머니의 욕망은 기호형식으로 기능한다.(달리 말하면 어머니의 욕망의 기호형식은 대문자 <X>이다.)

★

그렇다면 왜 반복되는가? 그것도 고통스러운 장면이 상징화되면서 왜 반복되는 것일까? 달리 말하면 쾌락원칙을 위배하면서까지 고통스러운 장면을 반복하는 까닭은 무엇일까? 우선 실재계에 반복이란 없다. 실재계에선 아무것도 반복되지 않는다. 그것이 반복된다고 생각된다면, 그것은 이미 상징계가 전제된 것이다. 상징계에서만 반복된다. 반복이라는 개념은 상징계의 중요한 특성이다. 우선 다음과 같은 사실에 동의하자.

1. <fort-da> 놀이에서 어머니의 왕래는 <o> / <a>라는 음소의 대립으로 언어 상징화된다.
2. <o> / <a>라는 음소는 기호형식이다.
3. 기호형식은 대립에 의해 그 가치를 갖는다. 왜냐하면 하나의 기호형식은 다른 기호형식과의 차이에 의해 그 가치가 결정되기 때문이다. 결국 궁극적으로 기호형식은 가치결정을 위해 그것과 대립하는 다른 기호형식을 부른다.
4. 따라서 어떤 기호형식이 가치를 가지려면 적어도 두 개 이상의 기호형식의 집합을 가정해야 한다. 전자를 S1, 후자를 S2라고 하면, S1은 S2에 의(존)해 가치를 갖기 때문에, 가치결정을 위해 S2를 지향한다. 그것을 우리는 (S1 → S2)로 표시할 수 있다.
5. 그러나 S2는 S1의 기호형식으로서의 가치를 결정해주지 못한다. 왜냐하면 S2 역시 기호형식이기 때문에, 그것은 S1에 의존해야 하고 가치

결정을 위해 그것을 지향해야 하기 때문이다.

6. 이것은 모순이다.(아리스토텔레스의 용어로 <매개념 부주연의 오류>라고 한다.) 그것은 마치 <친우>라는 뜻을 몰라 한국어 사전을 찾았더니 <벗>과 동의어이니까 <벗>을 찾아가라고 해서, 이번에는 <벗>을 찾았더니 다시 <친우>를 찾아가라고 손가락 표시가 되어 있는 것과 같다.
7. 결국 두 기호형식은 모두 가치결정에 실패하고 만다. 달리 말하면, 기호형식의 집합의 장소 — 라캉은 이 장소를 큰타자(Autre)라고 부르고 <A>로 표시한다 — 에는, S1의 가치를 보증해줄 마지막 기호형식이 없다. 왜냐하면 기호형식의 장소(집합)에 속한 모든 기호형식들은 다른 기호형식에 의존함으로써만 가치결정이 되기 때문이다. 거기에는 스스로 가치가 결정되는 기호형식 하나가 없는 것이다. 이것을 라캉은 (−1)로 표시한다.
8. 그 (−1)의 장소는 큰타자에 난 구멍으로, 그 구멍 때문에 상징적 결정 작용은 실패로 돌아가고 만다.(이것을 <상징계의 실패>라고 한다.)
9. 결국 S1의 가치결정을 위한, 다른 기호형식(S2)으로의 이동은 자기 자신으로 되돌아오고, S1이 가치를 갖기 위해서는 S1이 아니어야(−S1) 한다.(말하자면 S1=−S1이다.) 달리 말하면 S1이 S1이기 위해서 S1 자신과 차이가 있어야 한다.

반복은 여기서부터 도출된다. 즉 어떤 것이 반복된다는 것은 <동일성>이 반복된다는 것인데, 기호형식의 차원에서 그 <동일성>은 차이에 의해서 확보되기 때문에 차이에 다름 아닌 것이다. 이것이 바로 동일성을 위한, 자기 자신과의 차이이다. 따라서 기호형식의 차원에서 동일성의 반복은 자기 자신과의 차이의 반복인 것이다. 예컨대, 우리는 여러 사람들이 <A>라는 철자를 쓸 때, 그 글자의 위치와 모양이 다 다른데도 <A>라고 알아본다. 그것은 같은 사람이 <A>를 여러 번 쓰더라도 마찬가지이다. 그 <A>들은 동일한 사람이 썼다 하더라도, 그 위치와 모양이 조금씩 다 다르다. 그러나 우리는 거기서 <A>의 동일성이 반복되고 있음을 인지한다. 다른 예를 들어보자. <부산 발 대구행 밤 10시 20분 KTX>를 매일 타는 사람이 있다고 하자. 그 사람은 그 기차가 동일한 기차라고 인식한다. 그러나 그 기차는 매일 기관사, 승무원, 열차, 승객 등 모두 다르다. 이렇게 상징의 차원에서 동일성의 반복은 자기 자신과의 차이의 반복이다.

그렇다면 <fort-da> 놀이에서 어머니의 상실이 o / a의 음소의 대립으로 언어 상징화되어 반복된다는 것은 무엇을 의미하는 것일까? 어머니의 상실(즉 죽음)을 상징으로 묶으려는(구속하려는) 부단한 과정이 아니라면 말이다. 확실히 그것은 죽음(의 고통)이 상징계로 범람하는 것이 아니라, 죽음(의 고통)을 상징화시켜 완화하려는 치료 과정이다. 그럼으로써 죽음(의 고통)을 벗어나서 삶 속에 동화하려는 것이다.

2010년 9월 8일 / 15일

X

라캉의 반복의 개념

— 1. 「도둑맞은 편지」에서의 반복강박

라캉은 반복이라는 개념의 독특한 중요성을 인식하고 있었다. 왜냐하면 그는 반복이 프로이트의 새로운 개념이라고 말하고 있기 때문이다. 반복강박은 정신분석 이론의 본질적인 개념이다. 라캉은 그것을 1964년의 세미나에서, 정신분석의 네 가지 기본 개념 — 반복, 무의식, 전이, 욕동 — 중의 하나로 위치시킨다. 라캉은 프로이트의 텍스트에 나타난 <반복>의 표시에 민감했다. 반복은 어떤 식으로든 프로이트 <이론>의 박동 자체라고 말할 수 있다. 그의 이론은 항상 똑같은 자리로 되돌아오는 경향이 표시되어 있기 때문이다. 우리는 반복이라는 정신분석적 개념의 사거리에 직면하고 있다. 모든 임상적 성찰이 통과해야 하고 귀결되는 통로에 직면하고 있는 것이다. 그 통로에 바로 반복이 있다. 프로이트가 열어 보인 길을 따라가다

보면, 반복은 무의식의 정의 자체의 일부분을 이룬다는 결론에 도달한다. 라캉은 나중에 무의식에는 반복되는 경향만이 있다고 강조하기까지 한다. 무의식과 반복이라는 두 개념은 주체가 근본적으로 다른 것에 예속되어 있다는 개념을 분명히 보여주고 있다. 즉 무의식적인 반복강박은 기호형식들의 효과로서의 주체의 위치를 두드러지게 만드는 것이다. 왜냐하면 주체를 반복하게 하는 그러한 강박 앞에서 개인은 무력함과 동시에 제어의 실패에 마주치기 때문이다.[1]

반복은 요컨대 상징적 질서의 근원, 특히 기호형식의 사슬의 근원에 있다. 더 직접적으로 말하면, 반복은 상징계의 가장 기본적인 특성으로, 상징계에만 있다. 실재계에는 반복이란 없다. 반복은 상징계의 개입과 함께 발생하고, 반복되는 것이 있다면 거기에는 상징계가 개입되었다고 생각해야 한다. 라캉은 그러한 기호형식의 도입과 그에 따른 상징계의 반복을, 프로이트의 <fort-da> 놀이의 설명에서 발견하고, 1954~1955년에 발표한 ≪「도둑맞은 편지」에 대한 세미나≫(『에크리』, 1966)에서 상세하게 예증한다.

라캉은 그 ≪세미나≫에서 다음과 같은 사실을 강조한다: 반복강박(Widerholungszwang)은 기호형식의 사슬의 내재(insistance de la chaîne signifiante)[2]로 생각해야 한다. 그에 따르면 기호형식은 근원적으로 우리에게 반복경험이라는 것을 가능하게 하는 유일한 버팀목이다. 에드거 포의 「도둑맞은 편지」에 고무된 세미나에서 그가 특별히 보여주고 있는 것은, 어떻게 주체가 차지하는 자리들이 기호형식의 사슬과 이동에 의해 결정되는가 하는 것이다. 우리가 이 장에서 살펴보겠지만, 기호형식(편지)의 개입에 따라 그것

1 Kaufmann, <반복>, in *L'apport freudien*, Larousse, pp.469-475 참조.

2 라캉은 insister를 ex-sister(외-재하다)와 대립적으로 사용한다. 그에 따라 우리도 in-sister의 의미를 살려 <내재하다>로 번역했다. insister의 원래 뜻은 <강조하다>이다.

을 중심으로 삼각구조가 구성되고, 그 편지의 이동과 소지에 따라 각 등장인물은 그 구조의 위치를 바꿔가며, 신경증 환자로 변모한다. 말하자면, 기호형식은 주체에서 주체로 이동하면서 각 주체에게 영향(효과)을 미치면서 증상을 나타나게 하고, 그러면서 삼각구조가 반복되는 것이다. 그리고 기호형식(또는 문자)으로서의 편지는 (−1) — 큰타자의 결핍의 장소 — 라는 최종 목적지에 도달한다. 기호형식은 결국 가치 결정에 실패하고 무(無)로 돌아가는 것이다. 따라서 우리는 주체를 두 기호형식(S1 / S2) 사이의 분절 — 또는 분열, 또는 절단 — 자체에 의한 생산으로 생각해야 한다. 그러한 두 기호형식 간의 관계에서 주체의 지위는 기껏해야 나머지(reste)의 지위를 차지할 수 있을 뿐이다. 달리 말하면, <fort-da> 놀이에서 살펴보았듯이, 최초의 대상의 상실, 즉 상실된 대상의 기능이 작용하는 것은 원초적 반복의 차원에 있는 두 기호형식 사이에서이다. 바로 그것이 주체가 나타나는 <사이>라는 자리이다. 주체는 기호형식의 장소인 큰타자의 담화의 효과이다. 주체가 태어나는 것은 그러한 최초의 반복(S1 / S2) — <fort-da> 놀이에서는 o / a — 에서이다. 아마 두 기호형식에 의한 주체의 절단과 반복이야말로, 라캉적인 의미에서의 정신적 외상, 그것도 주체를 최초로 구성하는 창설적 외상일 것이다. 그 기호형식은 처음부터 사라져버리는데, 그 사라짐이 창설적 외상의 가치를 그 기호형식에 부여하는 것이다. 도둑맞은 편지는 그렇게 사라진(또는 억압된) 기호형식을 상징한다. 그것은 여러 주체를 돌아다니지만, 그것이 지나간 주체는 그 지나감의 효과로 나타나고, 그 사라짐에 의해 고통을 받는다. 다시 말해 그것은 계속 고통으로 회귀한다. 주체는 그러한 기호형식에 의해 도래하는, 진실의 길을 여는 영원한 순례자다.

이제 우리는 「도둑맞은 편지」에서 그러한 기호형식의 이동과 반복, 그리고 그것의 효과로 나타나는 주체의 증상을 살펴보려고 한다.

1. 「도둑맞은 편지」에서의 반복강박

1. 삼각구조와 반복강박

1) 예비적 논의

I.

「도둑맞은 편지」에 대한 라캉의 관심은 1955년부터 1969년까지 근 15년간 지속된다. 그 과정에서 「도둑맞은 편지」에 대한 세미나는 심화되고, 관심의 촛점 또한 계속 이동한다. 그러나 구술로 발표된 시기와, 그것이 최종적으로 글로 정리되어 간행된 시기가 서로 다르고, 어떤 것들은 그 저술 연도가 명확히 밝혀져 있지 않음에 따라, 그것의 추이를 밝히기란 그렇게 쉽지 않다. 그래서 우리는 라캉에 대한 논의에 들어가기 전에, 그의 세미나들을 시기에 따라 정리하면서, 그의 관심이 어떻게 변모해왔으며, 그의 세미나에서 가장 핵심적인 사항이 무엇인지를 간단히 짚어보고자 한다.

우선 그의 세미나는 크게 네 단계로 나뉜다. 첫째는 구술 세미나의 단계이고, 둘째는 구술 세미나를 바탕으로 글로 된 세미나를 발표하는 시기이고, 셋째는 그것을 『에크리』에 삽입하면서 여러 편의 보유를 첨가하는 단계이고, 넷째는 데리다의 <문자학>에 대해 촌평을 가함으로써 「도둑맞은 편지」에 대한 논쟁을 이끌어내는 단계이다. 구술 세미나는 한 달을 사이에 두고 두 번에 걸쳐 이루어진다: 하나는 「도둑맞은 편지」에 삽입되어 있는 <홀짝 놀이>의 에피소드에 관한 것이고, 다른 하나는 「도둑맞은 편지」 자체에 관한 것이다. 그것이 실제로 발표된 것은 1955년이지만, 그것

이 그의 사위 자크 알랭 밀레르에 의해 출판된 것은 1978년이다:

1. (a) 1955년 3월 23일과 3월 30일;
Pair ou Impair? au-delà de l'intersubjectivité
(b) 1955년 4월 26일;
La Lettre volée
in *Le Séminaire II; Le Moi dans la théorie de Freud et dans la technique de la psychanalyse*, Seuil, 1978.

구술 세미나는 원래, 프로이트의 『쾌락원칙을 넘어서』[3]에 대한 재독서의 일환으로 이루어진 것이었다: "우리가 여기에 실은 세미나는 1955년 4월 26일에 강의한 것이다. 그것은 그 학년 내내 우리가 『쾌락원칙을 넘어서』에 바친 주석의 일부이다."[4] 그렇기 때문에 「도둑맞은 편지」에 대한 라캉의 세미나는 다른 정신분석 비평과 마찬가지로, <예증적인> 성질의 것이었다. 게다가 첫 번째 구술 세미나의 제목이 암시하듯이, 그의 관심은 일차적으로 「도둑맞은 편지」에 삽입되어 있는 <홀짝 놀이>에 관한 에피소드에

3 『쾌락원칙을 넘어서(*Au-delà du principe du plaisir*)』(1920)는 <삶과 죽음의 욕동>과 <자아-초자아-그거>라는 개념을 처음으로 소개함으로써, 프로이트의 이론에 전기를 마련하는 텍스트이지만, 동시에 그러한 개념들의 <형이상학적>인 특성으로 말미암아 많은 정신분석가들로부터 외면당하는 책이기도 하다: "아는 바와 같이 프로이트의 그 저서는 정신분석가를 자칭하는 많은 사람들이 불필요하며 게다가 위험한 사변이라고 서슴지 않고 내던져버리는 저서이다. 대개 사람들은 그 사변이 용해되어 있는 죽음욕동이라는 개념 자체의 전형적인 이율배반에서, (…) 그것이 얼마나 생각도 할 수 없는 것인가를 헤아린다. 그렇지만 정확히 새로운 이론의 서곡을 장식하는 그 저서 — 즉 대중적인 보급에 있어서만큼 이론적인 사용에 있어서도 가치가 있는 자아moi, 그거ça, 초자아surmoi라는 용어로 대표되는 저서 —를, 프로이트의 학설의 탈선으로 여기는 것도 곤란한데, 하물며 헛디딘 것으로 보는 것은 더욱 곤란하다."(J. Lacan, *Ecrits*, Seuil, 1966, pp.44-5; 앞으로 이 책을 인용할 때는 <라캉>이라는 이름과 그 옆에 페이지 수만 표시하기로 한다.)

4 라캉, p.44.

맞춰져 있었기 때문에, 그의 세미나는 <국부적>이었다. 뿐만 아니라 그의 세미나는 제목이 암시하듯이, <상호주체성>(홀짝놀이의 추론)의 허구성을 폭로하기 위한 것이기 때문에, 「도둑맞은 편지」에 대해 적이 <비판적>이었다고 말해도 무방할 것이다: "이러한 홀짝 놀이의 추리는 많은 문제를 제기한다. 우선 단순한 심리적인 통찰력, 즉 일종의 자아모방(egomimie)이 문제가 된다. 주체는 자기로 하여금 상대방의 행위를 알아 맞추게 해주는 거울 속의 위치를 택한다. 그럼에도 불구하고 이 방법 자체는, 주체가 원칙적으로 자기 자신과 똑같은 또 다른 주체를 자기 앞에 갖고 있다는 사실을 알아야 한다는 점에서, 이미 상호주체성의 차원을 가정하고 있다."[5]

그러나 「도둑맞은 편지」에 대한 라캉의 그러한 태도는, 두 번째 구술 세미나로 이어지면서 반전된다. 우선 그의 관심은 두 번째 세미나를 거치면서, 「도둑맞은 편지」에 삽입된 <홀짝 놀이>에서 그 텍스트 <전체>로 확대하고 있으며, 그의 연구의 초점도 텍스트 자체의 구조로 기울고 있다. 그것은 곧, 그의 정신분석 비평이 응용 정신분석의 단계에서 본격적인 문학 연구의 차원으로 발전한다는 것을 의미한다. 그러면서 그는 「도둑맞은 편지」의 진정한 가치를 깨닫기 시작한다.[6] 라캉에게 그러한 역전의 기회를 마련해준 것은, <상호주체성>을 넘어서는 <그무엇>[7]인 <반복강박>[8]

---

5 J. Lacan, *Le séminaire, Livre II; Le moi dans la théorie de Freud et dans la technique de la psychanalyse*, Seuil, 1978, p.213; <홀짝 놀이>와 <상호주체성>에 관해서는 제 3장 4절을 참조할 것.

6 라캉은 거기서 「도둑맞은 편지」를, "정신분석가에게 있어서 근본적이라고까지 간주될 수 있는 완전히 획기적인 단편 소설"(*Ibid.*, p.211)이라고 말하고 있다.

7 *Ibid.*, p.210.

8 <반복강박>은 <쾌락원칙>이나 <욕망충족>의 논리로서는 도저히 설명되지 않는, 반복에의 억누를 수 없는 욕동(또는 무의식적인 경향)을 일컫는다. 즉 불쾌하거나 괴로운 것은 <쾌락원칙>에 따라 억압되거나 위장되게 마련인데, 그러한 원칙과는 반대로 외상 신경증 환자의 극도로 불안한 꿈에서는, 고통스러운 상황이나 경험이 계속되는 반복적으로 회귀하는 일이 일어난다. 또한 그것에는 심적 장치의 어떤 체계에 불쾌한 것이 다른 체계에는

이라는 개념이었다: "그것은 쾌락원칙을 넘어서는 것으로서의 반복강박이다. (…) 정신분석학의 시초에, 그 피안은 우리가 도달할 수 없는 것으로서의 무의식이었다.(…) 그것은 <그거(ça)>, 즉 쾌락원칙의 피안이다."[9] 사실 <반복강박>은 라캉이 프로이트의 『쾌락원칙을 넘어서』를 세미나의 교재로 삼을 때부터 주목해오던, 그 저서의 중심 개념이다. 따라서 라캉은 프로이트의 <반복강박>(『쾌락원칙을 넘어서』)을 재해석하려다 「도둑맞은 편지」에 나오는 <홀짝 놀이>의 추론(상호주체성)의 허구성을 발견한 것이고, <홀짝 놀이>의 추론(상호주체성)의 허구성을 폭로하는 과정에서, 「도둑맞은 편지」 자체가 반복강박의 구조로 되어 있다는 사실을 깨달은 것이다. 일견 이것은 서로 모순되어 보인다. 왜냐하면 심층적으로는 상징계에 속하는 반복강박적 구조로 되어 있는 「도둑맞은 편지」가, 표층적으로는 상상계에 속하는 <상호주체성>의 에피소드(홀짝놀이)를 전면에 내세우고 있기 때문이다. 그러나 다른 한편으로 생각해보면, 그것은 「도둑맞은 편지」가 상상계와 상징계, 상호주체성과 반복강박의 관계 — 이것이 우리가 앞으로 풀어갈 과제이다 — 를 풀 수 있는 중요한 단서를 제공한다는 말도 된다.

이 구술 세미나는 그 다음 해 5월과 8월 사이에 대폭 수정되어, 40여 페이지에 이르는 <글로 된 세미나>로 발표된다.

2. 1955년 4월 26일 강연; 1956년 5월 중순에서 8월 중순까지 씀; 1956년 정신병리학 잡지(『*l'Evolution psychiatrique*』)에 발표;[10] 이것은 나중에

쾌락일 수 있다는 가설도 적용되지 않는다. 그것의 원인은 알려지지 않았지만, 그것은 일단 시작되면, 그것의 고통스러운 정동(情動)을 제어하기 위한 어떠한 자아의 기도도 수포로 돌아간다. 그것은 영원히 그치지 않는 무의식의 반복 운동이다. 생물학적인 비유를 든다면, 그것은 마치 끝없이 계속되는 딸꾹질과 같은 것이고, 물리학적으로 말한다면, 그것은 무의식적 욕동의 <관성의 법칙>(보나파르트, p.831)이다.

9 J. Lacan, *op. cit.*, p.222.

『Ecrits』(Seuil, 1966)에 삽입됨.

Le Séminaire sur <*La Lettre Volée*>, in *Ecrits*, Seuil, 1966.

이것이 바로 <에크리>로 된 원세미나이면서, 우리에게 ≪「도둑맞은 편지」에 대한 세미나≫[11]로 알려져 있는 것이다. 이 ≪세미나≫가 앞선 구술 세미나에 비해 크게 다른 점이 있다면, 첫째, <홀짝 놀이>와 <상호주체성>에 대한 언급이 사라지고, 전적으로 <반복강박>적인 <상징적 구조>가 주체를 결정해가는 과정에 바쳐지고 있다는 것이다. 우리는 이러한 사실로부터, 표면적으로는 <상호주체성>의 논리를 내세우면서 심층적으로는 반복강박의 상징적 구조로 된 「도둑맞은 편지」의 역설이, 그 당시까지만 해도 라캉에게 있어서 해결되지 않은 채로 남아 있었다는 것을 알 수 있다. 그렇기 때문에 구술 세미나에서 집중적으로 운위되던 <홀짝놀이>에 대한 언급을 회피하고, 자신의 이론적 무게가 실려 있는 상징계를 강조하는 쪽으로 선회한 것이 아닌가 싶다. 둘째, <편지(lettre)>의 상징성에 대한 연구가 한층 보강되고 심화되고 있다는 것이다. 이것은 ≪세미나≫가 <문자의 심역(l'instance de la lettre)>이라는 새로운 이론의 초석이 된다는 것을 말해준다.[12] 그러한 의미에서 ≪세미나≫는, 이론적인 차원에서나 아니면 문학비평의 차원에서, 라캉에게 중요한 전환점이 되었음에 틀림없다. 그는 「도

10 J. Dor, *Bibliographie des travaux de J. Lacan*, Inter Editions, 1983에 따르면, 글로 된 세미나가 발표된 것은 1956년이지만, 자크-알랭 밀레르가 『에크리』에 첨부한 색인에 따르면, 그것은 그 다음해인 1957년 『정신분석학』지 제 2권에 발표된 것으로 되어 있다.(라캉, p.918 참조)

11 앞으로 ≪「도둑맞은 편지」에 대한 세미나≫는 ≪세미나≫로 약칭하기로 한다.

12 ≪무의식에 있어서 문자의 심역≫(1957년 5월)은 ≪「도둑맞은 편지」에 대한 세미나≫(1955-6년)보다 2년 늦게 발표된다.(라캉, p.918 참조) 따라서 우리는 그러한 사실로써, 후자가 전자의 이론적 발판이 되었다고 미루어 짐작해볼 수 있다. <문자의 심역>에 관해서는 이 책 제9장 1절 <3. 문자의 심역> 참조.

둑맞은 편지」에 대한 세미나를 계기로, 이론적인 전기를 맞이할 뿐만 아니라, 「도둑맞은 편지」에 대한 세미나를 통해 본격적인 정신분석 비평가로 입문한다. 그러한 사실은 1966년 『에크리』가 간행될 때 비로소 밝혀진다. 라캉은 그것의 서문에서, ≪세미나≫에 대해 다음과 같이 말하고 있다:

> 우리는 그러한 독자에게 저술 시기의 전후 관계를 무시하고, 이 글모음의 시작을 여는 특권을 「도둑맞은 편지」에 부여함으로써 우리의 문체 속에 한 단계를 마련해놓겠다.[13]

그만큼 ≪세미나≫는 라캉에게 특별한 의미를 갖고 있다. 즉 라캉의 숨은 의도대로라면, 『에크리』에서 그 ≪세미나≫가 차지하는 위치는, 보들레르의 『악의 꽃』에서 「우울과 이상」의 시편들이 차지하는 위치나, 아니면 프로이트에게 있어서 『오이디푸스 왕』이라는 비극이 차지하는 위치와 같을 것이다. 그리하여 거기에는 『에크리』 전반에 흐를 라캉의 철학이 이미 예비되어 있음에 틀림없다. 이러한 사실과 함께, 우리가 『에크리』의 간행에서 눈여겨봐야 할 것은, 그 ≪세미나≫에 첨부된 서너 편의 보유들이다. 그것들은 내용이나 형식면에 있어서, 새로운 사실을 우리에게 전해주고 있다: 첫째, 내용면에 있어서 그것들은, 구술 세미나에서 집중적으로 거론됐다가 ≪세미나≫에서 중단된 <홀짝 놀이>(상호주체성)에 대한 논의를 재개하고 있고, 둘째, 형식면에 있어서 그것들은, ≪세미나≫를 소개하는 일(「서론」, 「계속된 소개」 등)을 계속하고 있을 뿐만 아니라, 소개이면서도 그 배열에 있어서, 결론의 위치에 자리를 잡고 있다. 한 마디로 그것들은 내용과 형식면에 있어서, 「도둑맞은 편지」에 대한 전 세미나를, 처음과 끝이 맞물리는

13 라캉, p.9.

순환적 구조로 몰아가고 있다.

그러한 <순환적 구조>[14]를 좀 더 구체적으로 살펴보기 위하여 보유들의 저술시기를 살펴보면, 우선 「서론」은 「계속된 소개」보다 먼저 써진 것이다.[15] 그리고 「괄호 속의 괄호」는 본문과 그것에 대한 가필로 이루어져 있는데, 그 본문은 ≪세미나≫(1955)와 <몇 년>[16]을 사이에 두고 그것의 속편으로 작성된 것이고, 가필은 본문보다 나중에 써진 것이다. 그런데도 라캉은 본문과 가필을, 「괄호 속의 괄호」라는 제목으로 한데 묶어, 그 밑에 <1966년>이라고 표기해놓고 있다. 따라서 「괄호 속의 괄호」의 가필은 물론이려니와 그 본문도 1966년에야 비로소 <에크리>의 형태를 띠게 되었다는 것을 알 수 있다. 한편 「괄호 속의 괄호」의 가필은 「서론」보다는 나중에, 그리고 「계속된 소개」보다는 먼저 써진다.[17] 우리는 이러한 사실들을 종합해서, 다음과 같은 도표로 만들어볼 수 있다:

14 나중에 알려지겠지만, 「도둑맞은 편지」 자체도 순환적 구조로 이루어져 있다. 그러한 점에서 「도둑맞은 편지」와 ≪세미나≫는 동일한 구조를 가지고 있다. 이러한 사실은, 라캉이 얼마나 「도둑맞은 편지」의 영향을 받았고, 「도둑맞은 편지」 자체를 모방하려 했는지를 간접적으로 시사해주고 있다. 어찌 보면 라캉에게는 「도둑맞은 편지」에 대한 <증후군>이 나타나고 있는 것 같다. 15년간에 걸친, 「도둑맞은 편지」에 대한 그의 집착이, 그것을 증명해주고 있다.

15 "이 텍스트보다는 앞섰지만, 여기서는 이 텍스트의 뒤를 따르고 있는 서론…"(라캉, 「계속된 소개」, p.41)

16 라캉, p.57.

17 (1) "우리의 도식 L의…[역주 : 여기서 <도식 L>은 「서론」에 나온다]"(라캉, 「괄호 속의 괄호」의 가필, p.54) : (2) "사실 어떤 사람들에게 있어서는 골치거리가 되는 이 네 페이지[역주 : 「괄호 속의 괄호」]도 폐를 끼치기 위한 것은 아니었다." (라캉, 「계속된 소개」, p.42)

3\.

집필순	배열순	제목
(1)	(4)	「괄호 속의 괄호」의 본문(1966)
(2)	(2)	「서론」(1966; ?)
(3)	(3)	「괄호 속의 괄호」의 가필(1966)
(4)	(1)	「계속된 소개」(1966; ?)

위의 도표에 의하면, 「괄호 속의 괄호」의 본문은 보유들 중에서 가장 먼저 집필됐음에도 불구하고, ≪세미나≫의 맨 뒤에 배치되어 있다. 그러면서 그것은 최초의 구술 세미나로 되돌아가고 있다: "몇 년의 세월만이 세워줄 아치형의 다리(1)를 진수할 시점에 있다. (주 1) 1955년의 텍스트가 여기서 다시 시작된다."[18] 그렇다면 라캉은 왜 「도둑맞은 편지」에 대한 세미나를, 보유들을 통해 구술 세미나로 되돌려 보내는 것일까? 그는 보유들에서 재개하고 있는 <상호주체성>의 논리를 구술 세미나에서는 비판하고, ≪세미나≫에서는 삭제하지 않았는가? 대체 구술 세미나와 ≪세미나≫와 보유는, 이론적으로 어떠한 관계에 있는 것일까? 한 마디로, 구술 세미나에서 ≪세미나≫를 거쳐 보유에 이르는 과정은, <상호주체성(의 허구성)>에서 <반복강박>을 거쳐 <진정한 상호주체성>에 이르는 길과 일치한다. 실제로 그는 「괄호 속의 괄호」의 본문에서, 그의 세미나의 목표가 진정한 상호주체성의 있음을 다음과 같이 피력하고 있다:

> 투사라는 개념 속에 내포된 양자적 관계와, 진정한 상호주체성을 구분 짓는 것이 무엇인지를 우리의 수강생들에게 보여주기 위하여, 우리는 이미 포 자신이 호의를 갖고 있었고, 이 세미나의 주제가 될 이야기 속에서 인용한

18 라캉, p.57.

추론 — 소위 신동이 홀짝 놀이에서 자기 또래 이상으로 따게끔 해준 추론을 이용했다. 그 추론을 따라가 볼 필요가 있다. 지금에서야 말인데, 그 추론은 실은 유치하다. 그렇지만 그것은 다른 장소에서도 많은 사람을 유혹한다. 그래서 그것의 올가미가 파헤쳐지는 지점을 파악할 필요가 있다.[19]

그렇다면 <진정한 상호주체성>은 무엇이며, 그것은 <상호주체성>과 <반복강박>과 각각 어떠한 관계에 있는 것일까? 결론부터 말한다면, 상상계와 상징계, 상호주체성과 반복강박은 서로 분리될 수 없는 것이다. 전자가 없으면 후자도 없고, 후자가 없으면 전자도 없다. 단지 전자가 성립하는 순간 후자가 구성되지만, 전자는 후자에 포함될 뿐만 아니라, 후자는 전자를 지배하고 결정한다(이것이 라캉이 말하는 <상징적 결정작용>[20]이다.). 바둑의 비유를 든다면, 19줄×19줄의 바둑판과 흑백돌, 그리고 상대방의 돌을 감싸면 잡는다는 최소의 규칙이 생긴 이래로, 바둑에서 써질 수 있는 모든 경우의 수는 이미 다 써진 것이나 다름없다(라캉의 정신분석에 있어서, <바둑>에 해당되는 것은 <언어>이다). 그것을 <큰바둑> — 이것은 라캉에게 있어서 <큰타자>에 해당된다 — 이라고 한다면, 그 큰바둑은 바둑두는 사람(주체)들의 머리싸움 — 이것은 <상호주체성>에 해당된다 — 을 통해서 현현되지만, 전자는 후자를 통해 결코 완전히 알려질 수 없다. 주체가 상대 — 라캉의 용어로 (작은)타자 — 의 수를 미리 읽었다고 생각하는 것은, 순전히 이자적인 차원에서의 동일시 — 이것이 라캉이 말하는 상상계의 차원이다 — 에 불과할 뿐, 큰바둑의 입장에서 보면 그것은 지극히 작은 하나의 수일 뿐이다. 또한 주체가 상대의 수를 읽으려고 하면 할수록, 실제로 그가 읽는

19 라캉, pp.57-8.
20 라캉, p.51.

것은 상대의 수가 아니라 큰바둑의 수이다. 그리하여 주체가 상대하는 것은 (작은)타자가 아니라 큰타자이고, 큰타자(큰바둑)는 그러한 과정을 통해 주체들끼리의 관계에 개입하는 것이다. 이것이 바로 주체와 (작은)타자 간의 <상호주체성>과 구분되는, 주체와 큰타자 간의 <진정한 상호주체성>이다. 그러나 큰바둑의 수가 상상할 수 없을 정도로 많아서 한 번도 똑같은 바둑이 실제로 두어진 적이 없다고 하더라도, 실재 바둑에 있어서 큰바둑은 반복되는 경향 — 라캉의 용어로 <반복강박> — 로 나타난다. 그것이 바둑으로 말하면 정석이며, 라캉으로 말하면 상징계이다. 따라서 상징계의 반복은 상상계의 상호주체성을 통해서 실현되지만, 후자는 결코 큰타자에 도달할 수 없다. 이렇게 주체의 메시지는 큰타자로부터 반향 되어 되돌아오고, 큰타자는 주체로부터 해독되고 되돌아간다.

그러한 문맥에서 라캉이 ≪세미나≫를, 그것의 보유를 통해 구술세미나로 되돌려 보낸 것은 너무나 당연하다. 왜냐하면 반복강박의 구조로 된 상징계는 상호주체적인 상상계를 통해서 실현되고, <진정한 상호주체성>은 <상호주체성의 변증법>[21]을 통해서 발현되기 때문이다. 그러나 다른 한편 생각해보면, 라캉이 그렇게 <소개>라는 이름으로 보유를 계속하면서 세미나를 순환적 구조로 몰아가는 것은, 어쩌면 자신의 『에크리』가 큰타자처럼, 독자들(또는 주체들)로부터 해독되고 되돌아가기를 바랐기 때문인지도 모른다.

> 언어에 있어서 우리의 전언은 큰타자로부터 우리에게 온다: 그 원칙을 끝까지 말한다면 전도(顚倒)된 모습으로 온다. (이 원칙은 그것의 진술 행위에도 적용되었다는 사실을 상기하자. 왜냐하면 우리가 그 원칙을 내보냈을 때,

21 라캉, p.53.

그 원칙이 최선의 각인을 받는 것은, 바로 뛰어난 수신자인 타자로부터이기 때문이다.)[22]

아무튼 이렇게 "결코 자기 자신의 소개를 끝내지 않으려는" 라캉의 의도는, 그가 1970년 『에크리』의 일부를 발췌해 문고본으로 엮을 때에도, 그대로 반영되어 나타난다. 그는 그 문고본에 서문을 붙이는 데, 그것의 제목 또한 「소개」이다:

4. 1969년 12월 14일
Présentation, in *Ecrits I*, Coll. ≪Points≫, Seuil, 1970.

엄밀히 말해, 그것은 「도둑맞은 편지」에 대한 세미나의 일부는 아니다. 그러나 그것은 ≪세미나≫에 관한 전반적인 내용뿐만 아니라, 「도둑맞은 편지」에 대한 논쟁을 불러일으키는 단서를 담고 있다는 점에서, 「도둑맞은 편지」에 대한 세미나에 포함될 수 있을 것이다. 단적으로 그 서문은 데리다를 유인하고 있다. 그 서문에는 다음과 같은 헌사가 붙어 있다: "이것이 오히려 기호가 되는 은혜를 베풀어주는 사람에게…"[23] 물론 이 헌사에는 경멸적인 의미가 내포되어 있다. 왜냐하면 기호내용이 비어 있는 기호형식의 글을 쓰려는 라캉의 의도와는 반대로, 그것은 기호형식에 기호내용을

22 라캉, p.9.

23 J. Lacan, *Ecrits I*, Seuil, Coll. ≪Points≫, 1966, p.7: 라캉은 기호와 기호형식을 구분한다. 그에게 있어서, 기호형식은 끊임없이 다른 기호형식으로 이동하는 것을 특징으로 하고 있는 데 반해, 기호는 기호형식이 어떤 기호내용에 정박한 것을 말한다. "(…) 기호형식은 다른 기호형식을 위해 주체를 나타내는 것이다(그러한 점에서 나는 기호형식과 기호를 구분한다)."(J. Lacan, *Ecrits I*, Coll. ≪Points≫, Seuil, p.11) 이러한 의미에서, 그가 <기호>라는 표현을 쓸 때, 거기에는 항시 경멸적인 의미가 가미되어 있다.

채워 기호의 책으로 만드는 사람에게 바쳐져 있기 때문이다: "사실 그들은 내 용어를 함부로 사용한다는 점에서만 주인이다. 그러한 사실로 해서 여럿이 웃음거리가 되었다."[24] 그러한 독자의 가장 대표적인 인물로, 라캉은 데리다를 꼽지 않았나 생각된다. 그러한 사실은 그 서문의 내용 중에, 데리다의 <문자학>을 은근히 비아냥거리는 듯한 구절이 포함되어 있는 것으로 짐작해볼 수 있다: "(…) 무슨 문자학이든지 그 이전에, 내가 정확히 문자의 심역이라고 부른 것(…)."[25] 이것이 라캉이 데리다에게 주는, 처음이자 마지막 말이다. 그는 그 서문을 끝으로, 「도둑맞은 편지」에 대한 ≪세미나≫의 소개를 마감함과 동시에, 데리다에 대해서도 일체 함구에 들어간다. 그러나 그의 「소개」는 끝났을지 몰라도, 그에 대한 다른 비평가들의 소개는 그것으로부터 시작된다. 특히 데리다는 그 말을 기화로, 라캉의 세미나를 근 20년간 붙들고 늘어진다.[26] 그것이 바로 ≪세미나≫가 큰타자처럼 우리에게 해독되고 되돌아가는 좋은 본보기이다.

요컨대 라캉의 「도둑맞은 편지」에 대한 세미나는, 상호주체성에 기반을 둔 <홀짝놀이>의 허구성을 지적하는 것으로부터 시작해서(구술 세미나), 그 텍스트 자체가 반복강박적인 상징적 구조로 되어 있음을 밝힌 뒤(≪세미나≫), 전자와 후자의 모순적 관계를 <진정한 상호주체성>으로 해결하는 순서를 밟고 있다.

---

24 *Ibid.*, p.8.
25 *Ibid.*, p.11.
26 임진수, 『정신분석 비평에 관한 한 연구—「도둑맞은 편지」에 대한 논의를 중심으로』, 서울대학교 박사학위 청구논문, 1994, 4장1절 참조.

	구술세미나	≪세미나≫	보유
「도둑맞은 편지」	홀짝놀이 에피소드	텍스트 자체	홀짝놀이 추론
라캉의 이론	상호주체성(상상계)	반복강박 구조	진정한 상호주체성

위에서도 알 수 있다시피, 「도둑맞은 편지」에 대한 세미나의 핵심적인 주제는 상징계의 반복강박적인 구조이다. 단지 라캉이 오랫동안 해결하지 못했던 의문 중의 하나가, 반복강박의 구조로 된 「도둑맞은 편지」라는 텍스트가, 홀짝놀이의 추론(상호주체성)을 전면에 내세우고 있다는 사실이었다. 그러한 의문은 상징적 질서는 상상적인 상호주체성을 통해 발현된다는 사실의 발견으로 해결된다.[27] 그렇기 때문에 그는 반복강박의 상징적 구조를 진정한 상호주체성이라고 명명하기에 이르는 것이다.

II.

한편 라캉이 반복강박이라는 프로이트의 개념과 포의 「도둑맞은 편지」라는 텍스트를 매개로, 보나파르트를 다시 만난다는 사실은 우리의 흥미를 끌기에 충분하다. 그들은 프랑스 정신분석학회에서 같이 활동하면서, 그 학회를 이끌어온 선구자들이었다. 그러나 그들은 이론적인 차원에서건, 아니면 학회 조직의 차원에서건, 서로 적대 관계에 있었다. 사실대로 말한다

27 나중에 알려지겠지만, 라캉이 <진정한 상호주체성>을 개진하고 있는 보유를 ≪세미나≫에 첨부하기로 마음먹은 것은, 「도둑맞은 편지」의 <다시 쓰기>인 보르헤스의 「죽음과 나침반」을 발견하는 것과 때를 같이 한다. 따라서 <진정한 상호주체성>의 발견은 보르헤스에게 빚진 바 크다고 할 수 있다.(임진수, 『정신분석 비평에 관한 한 연구』, 서울대학교 박사학위청구논문, 제5장 2절 참조)

면, 프로이트의 수제자를 자칭하고 정신분석 비평가를 자임하는 보나파르트가, 라캉에게는 눈에 거슬렸던 것이다. 그러니 라캉이 「도둑맞은 편지」에 대한 세미나를, 그녀에 대한 공격의 기회로 삼는 것은 너무나 자명한 일이다. 물론 그의 공격 목표는, 프로이트의 <반복강박>에 대한 그녀의 해석과, 포의 작품에 대한 그녀의 분석이다. 그것은 포의 「도둑맞은 편지」라는 교두보를 점령함으로써 일거에 이루어진다. 다시 말해 라캉의 「도둑맞은 편지」에 대한 세미나는 보나파르트를, 정신분석의 차원에서는 <조야한 프로이트주의자>로 낙인찍고, 문학 비평의 차원에서는 <이류 비평가>로 실추시키려는 의도를 숨기고 있다. 이렇게 포의 그 작품과 프로이트의 그 개념은, 그들을 묶는 동시에 갈라놓는 매듭이다.

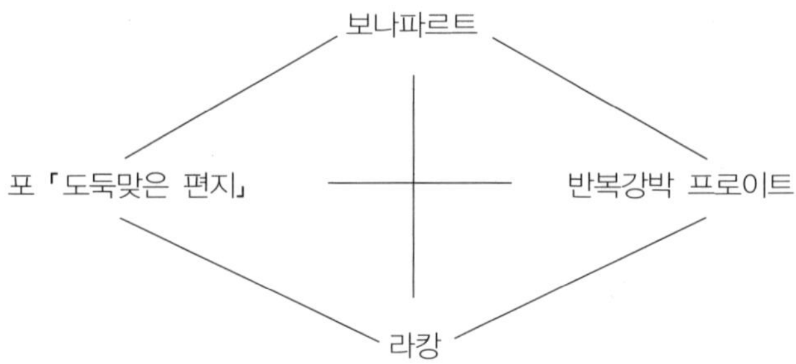

사실 포에 대한 보나파르트의 연구는, 그 작가의 반복강박을 밝히는 데 바쳐지고 있다: "포의 여주인공들에 대한 으스스한 재검토를 뒤쫓기 전에, 나는 주제의 단조로움에 대해 변명을 해야겠다.(…) 그렇다고 나는 독자에게 그러한 지루함을 면하게 할 수는 없다. 왜냐하면 그러한 단조로움, 그러한 영원한 반복 자체가 포의 심리의 표현이기 때문이다. 가령 나도 한 때 죽은-산 어머니가 오락가락하는 전형적인 콩트들 중의 하나나 둘을 이 분석에서 삭제하고 싶었지만, 그것은 그에게 과해진 것이기 때문에, 우리는 그것을 피하지 않았다. 왜냐하면 그것의 표현으로서의 주제의 단조로움은, 어떠한

특수한 예보다도 더 잘, 에드거 포의 영혼과 삶과 작품을 지배하고 있었던 과도한 <반복강박(automatisme de répétition)>을 느끼게 해주기 때문이다."[28]

이러한 주제의 단조로움에 대한 보나파르트의 변명은, 그녀의 논문 틈틈이 터져 나오고 있다. 그것의 요지는, 포의 심리가 반복을 특성으로 하고 있기 때문에, 자신의 논문 또한 동일한 내용이 계속 반복될 수밖에 없다는 것이다. 사실 그녀의 논문은 똑같은 방법으로 발굴해낸 똑같은 내용을 똑같은 방식으로 전개해가고 있다. 때문에 반복은 보나파르트의 연구 대상(즉 포)의 심리 표현이기도 하지만, 동시에 보나파르트 자신의 비평 의식의 표현이기도 하다. 그녀 역시 포만큼이나 반복강박증에 감염된 것이다. 그러나 좋은 의미에서, 그것이 그녀의 비평의 전략이 되고 있는 것도 사실이다. 왜냐하면 텍스트와 텍스트 <사이>, 그리고 작가와 텍스트 <사이>에서 계속 <복제>되는 현상으로 나타나는 작가의 반복강박은, 그녀에게 <상관텍스트적 수렴법>과 작가의 <분열>이라는 방법론적 도구를 제공하고 있기 때문이다.[29] 그렇게 해서 보나파르트가 진단한 포의 반복강박은, 어머니의 시신조차 사랑하는 어머니에 대한 고착이다: "남자 주인공에게는 그의 사랑이 고착되어 있는 사랑하는 동일한 시신을 되찾으려는 죽음의 환희가 있다. 그것이 바로 우리의 본능적 삶을 지배하는 <반복강박>의 표현으로서, 우리로 하여금 항시 재료야 어찌됐든 동일한 형태 아래서 동일한 마음의 동요를 찾도록 부추기는 것이다."[30]

그렇지만 라캉이 말하는 <반복강박>은 보나파르트의 그것과는 사뭇 다르다. 우선 후자가 <여러> 텍스트에 걸쳐 거듭되는 <주제>라면, 전자는

28 M. Bonaparte, *Edgar Poe, sa vie, son oeuvre — Etude analytique*, P.U.F., p.283.
29 임진수, 『정신분석 비평에 관한 한 연구』, 서울대학교 박사학위청구논문, 2장 참조.
30 *Ibid.*, pp.282-3.

<한> 텍스트 내에서 심층적으로 반복되는 <구조>이다. 따라서 후자가 <상관텍스트적>이라면, 전자는 <텍스트내적>이다. 또한 후자가 <주체(작가)>의 <충동>의 반복이라면, 전자는 주체와 관계없는, 주체를 넘어선 어떤 상징적 구조의 반복이다. 그러한 점에서 "포의 작품은 정신분석학에, 반복강박의 <아주> 좋은 예가 되고 있다. 보나파르트의 독서에서 그것은 프로이트의 초기 욕동 이론에 대한 그녀의 해석에 따라, 내용의 반복이고, 라캉의 독서에서 그것은 프로이트의 후기 욕동 이론에 대한 그의 해석에 따라, 구조의 반복이다."[31]

예컨대 보나파르트는 왕-왕비-장관-경찰국장-뒤팽이 엮어가고 있는 이야기와 유사한 이야기를 포의 전기에서 찾아, 그들을 각각 아버지-어머니-어머니의 정부-양아버지-포와 일대일 대응시키고, 「도둑맞은 편지」의 이야기를 어머니의 거세(편지의 도난)와 재남근화(편지의 반환)에 연결시킨다. 그리고 그녀는 그러한 <전기적>인 방법을 뒤팽 삼부작 이외의 다른 모든 작품에 상관텍스트적으로 적용함으로써, "포의 텍스트의 다양성에도 불구하고 그것을 관통하여 강박적으로 되풀이되고 있는 것은, 똑같은 무의식적 환상, 즉 죽은 어머니를 향한 포의 가학시간증적 욕망임"[32]을 밝혀낸다.

이에 비해 라캉은 편지의 도난과 회수의 장면에 주목한다는 점에서는 보나파르트와 다르지 않지만, 그것에 대한 해석에 있어서는 보나파르트와 의견을 달리한다. 즉 그는 그 두 장면이 서로 <복제> 관계에 있다는 사실에 주목한다: "장면은 둘이다. 그 중 첫 번째 것을 우리는 <원(초적)장면>[33]

31 E. Wright, *Psychoanalytic Criticism: Theory in Practice*, Methuen, p.41.

32 Shoshana Felman, ≪The Case of Poe: Applications / Implications of Psychoanaysis≫, in *Jacques Lacan and the Advecture of Insight: Psychoanalysis in Contemporary Culture*, Cambridge, Harvard UP, 1987, p.43.

33 보나파르트가 말하는 <반복강박>과 라캉의 그것이 서로 개념을 달리함에 따라, 그들이 말하는 <원(초적)장면>의 개념 또한 서로 다르다. 전자에게 있어서 그것은 프로이트적인

이라는 이름으로 칭하고자 한다. 그렇다고 부주의해서 그런 것이 아니라, 순서에 입각해서 볼 때, 두 번째 것이 첫 번째 것의 반복으로 간주될 수 있기 때문이다."[34] 다 알다시피, 첫 번째 장면은 왕비의 규방에서 D 장관이 왕비로부터 편지를 훔치는 장면이고, 두 번째 장면은 장관의 집무실에서 뒤팽이 편지를 다시 훔쳐내는 장면이다. 그렇지만 그 두 장면은 여러 면에서 서로 닮았다. "그러나 라캉에 의하면, 반복을 구성하는 것은, 단순한 이중의 도둑질이라는 주제의 유사함이 아니라, 반복적으로 도둑질이 발생하는 전체적인 구조적인 상황이다. 즉 각각의 경우에서 도둑질은 세 항목 사이의 상호주체적인 관계의 결과이다."[35] 즉 원장면에서의 왕-왕비-장관의 관계는, 반복 장면에서의 경찰국장-장관-뒤팽의 관계와 같다. 부연하면, 회수 장면에서 뒤팽이 맡고 있는 역할은 도난 장면에서 장관이 맡고 있던 역할과 같고, 전자에서 경찰국장과 장관이 차지하고 있는 위치는 후자에서 왕과 왕비가 차지하던 위치와 같다.[36] 이렇게 라캉의 비평적 시각은 두 장면의 <비교> 위에 세워져 있다. 그것을 공리화하면, <A와 B의 관계는 A'와 B'의 관계와 같다(A : B = A' : B')>로 표시할 수 있다.

이렇게 "반복되는 것은 한 인물의 개별적인 심리 기능으로서 행해지는 심리적 행위가 아니라, <한 구조 속에 있는 세 개의 기능적 위치>이다. 그것은 세 개의 서로 다른 관점을 결정지으면서, 보는 행위, 특히 도둑맞은 편지를 보는 행위에 대해 서로 다른 세 관계를 구체화하고 있다."[37] 그리하

의미대로, 아주 어린 시절에 목격했다고 상상되는 어른들의 성교 장면(원환상)인데 반해, 라캉의 그것은 반복강박이 시작되는 최초의 구조적 상황이다.

34 라캉, p.12.

35 Sh. Felman, *op. cit.* p.40.

36 결과적으로 라캉은 작중인물을 작가의 전기로부터 독립시키고 있을 뿐만 아니라, 그를 독특한 심리(성격이나 재능 등)의 소유자로 보는 것이 아니라, 다른 등장인물과의 관계 속에 종속되는 것으로 보고 있다. 그러한 의미에서 그는 구조주의자이다.

여 "매번 다른 사람들에 의해서 구체화되고, 세 주체에 의해 지탱되는 세 개의 시선을 정돈하고 있는 세 개의 시간이 있다.

첫 번째 것은 아무것도 보지 못하는 시선이다. 즉 그것은 왕이고 또한 경찰이다.

두 번째 것은 첫 번째 시선이 아무것도 보지 못한다는 것을 보고, 자신이 숨기려는 것이 덮여져 있다는 환상을 품고 있는 시선이다. 그것은 왕비이고, 그 다음은 장관이다.

세 번째 것은 이상의 두 시선에 대해, 그들이 숨겨야 할 것이 탈취하려는 사람에게 노출되어 있다는 사실을 보고 있는 시선이다. 그것은 장관이고, 마지막에는 뒤팽이다."[38] 펠먼은 이러한 라캉의 구조 분석을 다음과 같은 모형으로 그린 뒤, 프로이트와 라캉의 개념에 일대일 대응시키고 있다.[39]

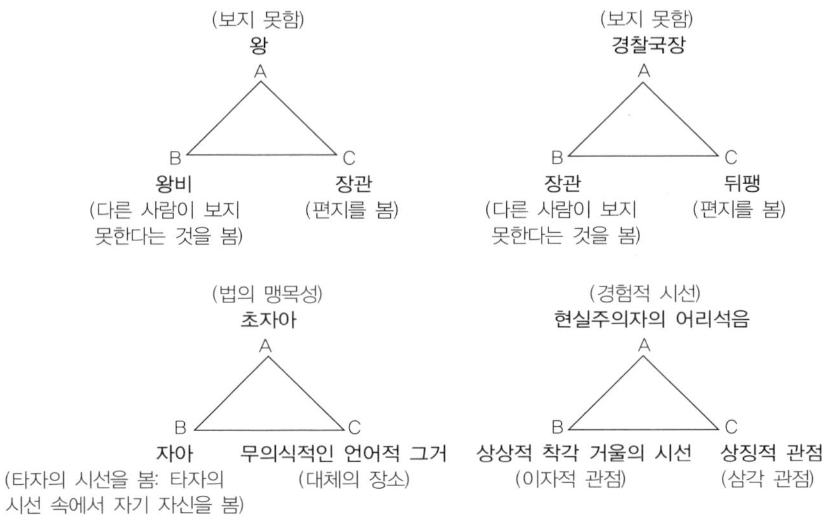

---

37 Sh. Felman, *op. cit.* pp.40-1.
38 라캉, p.15.
39 Sh. Felman, *op. cit.*, pp.41-2.

위의 도표에서 알 수 있다시피, 펠먼은 원장면과 제이 장면에서 왕과 경찰국장이 각각 차지하고 있는 A 의 장소를 프로이트의 <초자아>와 라캉의 <실재계(le Réel)>에, 왕비와 장관이 있는 B 의 장소를 <자아>와 <상상계(l'imaginaire)>에, 그리고 장관과 뒤팽이 있는 C 의 장소를 <그거>와 <상징계(le symbolique)>에 연결시키고 있다. 그러나 그녀의 도형이 도식적으로 보이는 만큼이나, 그녀는 그것에 대한 필요한 설명조차 일체 생략하고 있다. "펠먼은 그것을 다듬지 않고 있는 것이다. 그렇지만 그녀의 도식은 매우 시사적이다."[40] 그리하여 우리는 펠먼의 도식에 따라, 꼭짓점 A, B, C 를 <실재적 관점>, <상상적 관점>, <상징적 관점>이라고 명명하고, 그것을 다음 장(<반복강박과 삼각구조>)에서 집중적으로 살펴보고자 한다.

2) 실재적 관점

<실재적 관점>은 <아무것도 보지 못하는 시선>이다. 여기에 속하는 인물은, 원장면에서는 왕이고, 반복 장면에서는 경찰국장이다. 그들은 편지가 코 앞에 있으면서도 보지 못하고 찾지 못한다. 그런데 그들은 왜 보지 못하는 것일까? 그 이유를 살펴보기 위해, 우선 왕이 편지를 보지 못하고 간과해버리는 부분의 원문부터 읽어보자. "문제의 서류는 까놓고 이야기하면, 한 장의 편지인데, 도둑맞은 분이 궁중의 내실에서 혼자 있을 때 받았습니다. 그 때 그것을 읽고 있던 중에 다른 고귀한 분이 들어왔으므로, 그 분에게 특히 감추고 싶어서, 서둘러서 책상 서랍에 넣으려고 했지만 뜻대로

40 E. Wright, ≪Modern Psychoanalytic Criticism≫, in *Modern Literary Theory: A Comparative Introduction*, ed. Ann Jefferson and David Robey, New Jersey, Barnes & Noble Books, 1982, p.127.

되지 않아, 편 채 그대로 책상 위에다 놓았습니다. 그러나 주소가 위로 오고 편지의 내용은 가려져서 편지는 눈에 띄지 않았습니다."[41]

위의 인용문이 말해주고 있듯이, 왕은 편지를 보지 못한 것이 아니다. 편지는 <펼쳐진 채로 책상 위에> 그대로 놓여 있었고, 주소가 쓰인 면이 위로 올라와 있었다는 말로 미루어 보아, 그는 아마 그 주소뿐만 아니라, 그 주소의 필체며, 수신인이 누구라는 것까지 다 보고 있었을 것이다. 게다가 그 당시의 편지의 양식으로 보아,[42] 발신인의 인장까지 보았을 것이다. 그래서 어쩌면 그 인장의 소재까지 알고 있었을지도 모른다. 왜냐하면 그 인장은 S 공작가의 것인데, 공작은 왕가와 아주 가까운 귀족이기 때문이다. 게다가 그는 왕비의 당황하는 표정까지도 보았을지 모른다. 결과적으로 왕은 당황하는 왕비의 <겉> 표정만 보았지만, 그녀의 <속> 마음을 읽지 못한 것이며, 편지의 <겉> 봉투는 보았지만, 그것의 <속> 내용은 읽지 못한 것이다. 따라서 그는 편지를 <보지(voir)> 못한 것이 아니다. 편지에 <주목하지(regarder)> 않은 것이다. 즉 그가 간과한 것은 편지의 <의미>이지 편지라는 <존재> 자체가 아니다.

그렇다면 그가 편지의 의미를 간과하게 된 까닭은 무엇일까? 다시 말해 왕과 장관이 거의 동시에 동일한 편지를 보았는데, 한쪽은 그 의미를 파악하고, 다른 한쪽은 그것을 놓치는 까닭은 무엇일까? 한 마디로 그것은, 왕이 왕비에 대해 일종의 <믿음>을 갖고 있었기 때문이다. 즉 왕은 왕비를 추호

41 도둑, p.47(132): 앞으로 <Edgar A. Poe, *La Lettre Volée*, in *Oevres en prose*, trad. par Ch. Baudelaire, Bibliothéque de la Pléiade, Gallimard, 1991>은 <도둑>으로 표시하고 그 옆에 페이지 수를 표기하는 것으로 한다. 괄호속의 수자는 <김병철 역, 「포우 단편선」, 삼중당문고 161, 삼중당, 1987>의 번역본의 페이지이다.

42 그 당시의 편지의 양식에 관해서는 임진수, 『정신분석 비평에 관한 한 연구—「도둑맞은 편지」에 대한 논의를 중심으로』, 서울대학교 박사학위 청구논문, 1994, 3장 4절을 참조할 것.

도 의심하지 않은 것이다. 그러니 왕이 왕비의 마음을 읽지 못하고, 편지의 의미를 놓치는 것은 당연하다. 왜냐하면 사랑과 믿음은 언제나 <맹목적>[43] 이기 때문이다. 그것은 사람들을 눈 뜬 장님으로 만드는 힘이다. 그러한 믿음은 <왕비 앞으로 온 편지는 왕비의 편지>라는 객관적 사실에 대한 인정으로 이어진다. 다른 말로 하면, 왕은 <편지는 반드시 수신인이 있으며, 또한 그것은 수신인의 소유다>라는 사회적 협약을 그대로 따르고 있는 것이다. 그것은 그가 편지의 주소를 보고 그것의 객관적인 <문자적 의미>만을 받아들였을 뿐, 그것이 담고 있는 주관적인 <문학적 의미>를 깨닫지 못했다는 말도 된다. 이렇게 그는 겉으로 드러난 것만을 고집스럽게 믿을 뿐, 속으로 숨어 있는 것은 언제나 보지 못한다. 그리하여 그가 있는 위치는, 단일한 의미로 이루어진 <순수한 객관성>의 세계, 즉 현실 세계인 것이다.

이러한 왕의 맹목을 그대로 이어받는 것이 경찰국장이다. 그것은 그가 왕처럼, 편지함에 그대로 노출되어 있는 편지를 보지 못한다는 사실로 확인된다. 그런데 그는 왜 편지를 보지 못하고 찾지 못하는 것일까? 그야말로 "그는 (장관의 집안을) <샅샅이> 뒤졌다. (…) 방 하나에 이레 밤이나 소비하면서 하나씩 하나씩 집안 전부를 조사했다." <샅샅이>라는 말이 포에 의해 이탤릭체로 애써 강조된 것은, <빠진 장소가 없다>는 것을 돋보이게 하려 함이었을 것이다. 진실로 그의 가택수색은 철두철미한 것이었다. 넓이로는 "1 라인[역주 : 1 / 12 인치]의 50분의 1도 그를 벗어나지 않았으며", 부피를 가진 것치고 그의 가늘고 긴 바늘이 관통하지 않은 것이 없었다. 뿐만 아니라 그는 "집안의 모든 의자의 틈새와 모든 가구의 이음매를 강력한 현미경으로 조사했기 때문에, 최근에 뜯어본 듯한 흔적이 있으면 곧 눈에 띄지

43 라캉, p.40.

않을 수 없었다."[44] 집 자체의 수색은 "집의 면적을 여러 구간으로 나누어 잊어버리지 않도록 번호를 단 다음, 바로 옆에 붙은 두 채의 집도 포함해서 전 집안을 전과 같이 1평방 인치씩 현미경으로 조사하고",[45] 마당은 벽돌 사이의 이끼를 조사하는 방법을 썼기 때문에 완벽한 것이었다.

그런데 그렇게 완벽하고 철저한 수색을 펼쳤는데도, 경찰국장이 편지를 찾지 못하는 이유는 무엇일까? 뒤팽의 말대로 "수색에 사용한 방법은 그 방면에서 최상의 것일 뿐만 아니라 절대 완전하게 실행되었기 때문에, 편지가 그들의 수색 범위 내에 감춰져 있기만 했다면 반드시 눈에 띄었을 텐데,"[46] 그는 왜 찾지 못하는 것일까? 조사 범위 내에 없었던 것일까? 다시 말해 장관의 <집안이 아닌 다른 곳>에 있는 것은 아닐까? "그것은 거의 불가능하다"고 뒤팽은 말하고 있다. "현재 궁중의 특수한 사정, 특히 D 장관이 관여되어 있는 음모의 사태로 미루어보아 편지를 곧 이용할 수 있어야 한다는 점 — 대번에 꺼낼 수 있도록 (언제든지 손닿을 곳에) 준비해 두는 것 — 이 편지를 가지고 있는 것만큼 중요하기"[47] 때문이다. 그렇다면 편지는 집안에 있어야 하는데 없다는 결론이 나온다. 그것은 모순이다. 있으면서 동시에 없을 수는 없다. 실재계에선 존재와 부재가 양립할 수 없는 것이다. 그렇다면 무엇 때문에 찾지 못하는 것일까? 다른 사람의 손에 넘어간 것일까? "그 서류의 성질이나 또는 그것이 다른 사람의 손으로 넘어갈 경우, 다시 말하면… 결국 장관이 이용하려고 계획한 대로 사용한다면… 곧 발생해야 할 결과가 아직 나타나지 않고 있는 것으로 미루어보아,"[48]

44 도둑, p.50(135-6).
45 도둑, p.51(137).
46 도둑, p.54(141).
47 도둑, p.49(134).
48 도둑, p.47(131).

다른 사람에게 넘어간 것도 아니다.

그렇다면 그것이 워낙 중요한 편지이기 때문에, 왕비가 경찰국장에게 그 편지에 대한 자세한 정보를 주지 않은 것일까? 분명히 그것은 대단히 중요한 편지였다. "그 편지가 제3자에게 폭로되면 어떤 고귀하신 분의 명예에 치명상이 되고, 그러한 사실이 그 고귀하신 분에게 편지를 훔친 녀석이 권세를 부리게 하고, 그 분의 명예와 평화에 대해 큰 위협이 되기"[49] 때문이다. 그런 사정으로 인하여, 왕비가 그 편지에 대한 모든 정보를 국장에게 제공하지 않을 수는 있다. 사실 그 텍스트 어디에도 편지의 <내용>을 알려 주었다는 말은 없다. 그렇지만 편지를 찾는데 필요한 최소한의 정보는 이미 경찰국장에게 주어져 있다. 즉 그는 발신인이 S 공작이라는 사실과 작고 빨간 봉인이 찍혀 있다는 사실뿐만 아니라, 편지의 <내외적인 모양>[50]까지 왕비에게 들어 알고 있다. 그것은 그가 그러한 정보를 뒤팽에게 자세히 설명해주는 것으로 미루어 짐작할 수 있다.

그런데 왜 그는 그것을 찾지 못하는 것일까? 그것은 그냥 "난로 바로 한복판 아래에 있는 조그마한 구리 집게로부터 더러운 퍼런 리본이 매달려 있고, 그 끝에는 외모만 번드레한 철사로 장식한 마분지로 된 편지함"에 꽂혀 있었다. "단지 그것은 아주 더럽게 구겨져 있었고, 처음에는 못 쓸 것으로 찢어버리려다가 다시 생각하여 그대로 꽂아 둔 것처럼 가운데가 둘로 찢어져 있었다. 그 편지에는 큰 꺼먼 봉인이 있고 뚜렷하게 D라는 조합 문자가 있고, 가는 여자 필적으로 D 장관에게 보낸 것으로, 편지함 제일 위 칸에 아무렇게나 내던지듯이 꽂혀 있었다."[51] 따라서 원 편지와

49 도둑, p.47(132).
50 도둑, p.52(138).
51 도둑, p.62(149-50).

<면적만이 일치할 뿐> 모든 것이 극단적인 대조를 이루고 있을 뿐이었다. 그런데 왜 그것이 그들의 눈에는 띄지 않는 것일까? 그들은 "책도 보통 경관들이 하듯이 그저 흔들어보는 것만으로 만족하지 않고, 매 건마다 일일이 페이지를 열어볼"[52] 만큼 정성이 대단했는데, 그 편지도 열어보지 않았을까? 어쩌면 그는 그것을 열어보았을지도 모른다. 그런데도 경찰국장이 편지를 찾지 못한 것은, 그가 왕처럼 편지를 <보지> 못한 것이 아니라, <알아보지(주목하지)> 못했기 때문이다.

> 그것은 분명히 거기에 그렇게 있었다. <그들은>[53] 그것을 분명히 보았다. 그들은 무엇을 본 것인가. 편지를 본 것이다. 그들은 아마 그것을 열어보았을지도 모른다. 그렇지만 그들은 그것을 알아보지 못한 것이다. 왜. 그들은 그것에 대해 <그것은 빨간 인장에 이러저러한 주소를 갖고 있다>는 묘사를 갖고 있었다. 그런데 그것은 다른 인장과 다른 주소를 갖고 있었던 것이다.[54]

즉 그는 왕비로부터 들어 알고 있는 그 편지의 <상>을 고집스럽게 믿고, 그 상에 부합하는 편지만을 찾아 헤맸지, 그 편지가 변형되리라고는 생각지 못했던 것이다. 그가 찾고 있는 편지는 이미 이 세상에 없다. 왜냐하면 그것은 장관의 손으로 넘어가는 순간, 이미 다른 모양으로 변해야 하고, 그리고 변했기 때문이다. 그러니 그는 현실 속에 <없는> 편지, 정확히 말하면 현실 속에 있지만 변형되어 <있는> 편지와 다른 모습의 편지를 찾고 있는 것이다. 결국 도둑맞은 편지는 비밀스러운 <장소>에 숨겨져 있는 것이

52 도둑, p.51(137).

53 장관의 집을 국장 혼자서 수색한 것은 아니다. 거기에는 경찰들이 동원된다. 그렇지만, 편지의 비밀에 대해서는 국장만이 알고 있었다.

54 J. Lacan, *Le séminaire, Livre II; Le moi dans la théorie de Freud et dans la technique de la psychanalyse*, Seuil, 1978, p.236.

아니라, <변형> 속에 숨겨져 있던 것이고, "경찰국장이 편지를 찾을 수 없었던 것은, 편지가 찾을 수 없는 곳에 있기 때문이 아니라 다른 것을 찾았기 때문이다."[55] 따라서 도둑맞은 편지를 찾기 위해서는, 장소의 차원에서 생각하기 이전에, 먼저 편지의 협약과 숨김의 <의미>를 숙고해봐야 한다.

가령 편지를 지하 수 백 미터에 숨겨 놓았다고 해서 그것이 과연 숨겨진 것일까? 아니다. 그것이 변형되지 않은 채로 거기에 있다면, 그것은 <다른 장소로 옮겨져> 있을 뿐이지, 숨겨진 것은 아니다. 옮겨진 곳이 아무리 멀고 아무리 깊은 곳이라고 하더라도, 변형되지 않았다면, 그것을 찾는 것은 시간문제이다. 이렇게 실재계는 <현전 또는 부재>의 차원이지, <숨김과 드러냄>의 차원이 아니다.[56] 현전 또는 부재에서 숨김과 드러냄의 차원으로 넘어갈 때는 언제나 진실의 차원이 개입한다. 왜냐하면 숨긴다는 것은 <진실이라는 알맹이를 허위라는 껍데기로 싸서 알아보지 못하도록 만든다.>는 것을 의미하기 때문이다. 그렇기 때문에 숨김과 드러냄의 차원에서는 언제나 진실과 허위의 숨바꼭질이 있게 마련이다. 진실만이 숨겨질 수 있는 것이다. 그래서 실재의 차원에서는 "숨겨진 장소라는 생각 자체가 바보스러운 것이다. (…) 진실의 질서에 속하는 것만이 숨겨질 수 있는 것이다. 숨겨진 것은 진실이지 편지가 아니다. 경찰에게 진실은 아무런 중요성을 갖고 있지 않았다. 그들에게는 실재만이 있을 뿐이다. 그러한 이유로 해서 그들은 찾지 못한 것이다."[57] 이러한 맥락에서, 경찰국장은 편지가 장관의

55 *Ibid.*, p.238.

56 실재계는 있든지 없는 것이지 있으면서 동시에 없는 것이 아니다. 따라서 <현전 또는(or) 부재>의 차원이지 <현전과(and) 부재>의 차원이 아니다. 반면에 상징계는 숨기면서 동시에 드러난다. 숨기거나 드러나는 양자택일의 세계가 아니다. 따라서 그것은 <숨김과(and) 드러냄>의 영역이지 <숨김 또는(or) 드러냄>의 영역이 아니다.

손으로 넘어가는 순간, 그것이 <도둑맞은 편지>에서 <숨겨진 편지>로 바뀔 것이라는 사실을 인식하지 못한 것이다.

더욱이 그는 편지의 협약의 의미에 대해서 한 번도 자문해보지 않은 사람이다. 만약 <편지는 항상 수신인에게 배달된다.>는 가장 기초적인 사실을 한번쯤 반추해봤다면, 장관의 집에 가서 수신인이 왕비인 편지를 찾지는 않았을 것이다. 그렇지만 국장은 왕비의 편지라면, 그것은 언제 어디서나, 주소가 왕비 앞으로 되어 있어야 한다고 생각하고 있다. 그러나 그러한 확신은 오인이다. 장관<의> 집에 왕비<의> 편지가 있을 리 만무하기 때문이다. 장관의 집에는 항시 장관의 편지만이 있을 것이고, 그렇지 않은 편지가 있다면 그것은 훔쳐온 편지일 것이다. 그러니 장관이 아주 바보가 아니라면, 왕비의 편지를 자기의 편지로 바꾸는 것은 너무나 당연하지 않겠는가? 그렇지만 경찰국장은 달랐다. 그는 바보였다. 장관이 편지의 주소를 바꾸지 않을 것이라고, 다시 말해 그가 자기와 똑같이 생각할 것이라고 믿을 만큼, 그는 어리석었다. 뒤팽은 다음과 같이 말하고 있다: "그런데 채택된 방법도 훌륭했고 실행도 빈틈이 없었단 말일세. 허나 옥에 티는 그 방법이 경우와 상대자에게 적합하지 않았단 말일세. 국장이 대단히 교묘한 수단이라고 생각한 것은 프로크루스테스(Procrustes)의 침대와 같은 것이라고 생각하고 강제로 자기의 계획을 거기에 알맞도록 틀어넣은 것일세."[58] 결국 그는 편지의 협약과 진실의 의미의 차원에서 편지를 찾은 것이 아니라, 실재의 차원에서 찾았기 때문에, 편지를 찾지 못한 것이다: "그들은 편지가 무엇인지 모르기 때문에 찾지 못한 것이다."[59]

---

57 *Ibid.*, p.236.
58 도둑, p.54(141).
59 J. Lacan, *op. cit.*, p.236.

요컨대 그들 — 왕과 경찰국장 — 은 편지의 존재를 보지 못한 것이 아니라, 편지의 의미를 알지 못한 것이다. 그들은 편지의 존재는 보았지만, 거기에 의미를 부여하는 왕비와 장관을 보지 못한다. 그들에게는 상대방의 입장에서 생각해보는 역지사지(易地思之)의 정신이 없었던 것이다. 그들에게는 오로지 흔들리지 않는 자기 자신의 신념만이 있을 뿐이다. 그러나 그러한 신념을 믿으면 믿을수록 더욱더 찾을 수 없다는 역설에 빠지는 것이다. 그리하여 왕은 왕으로서, "경찰국장은 경찰국장으로서 행동하면 할수록, 그들은 더욱 더 찾을 수 없다."[60]

3) 상상적 관점

<상상적 관점>은 실재적 관점에 있는 사람들이 <아무것도 보지 못한다는 것을 보고 있지만, 자신이 숨기려는 것이 덮여져 있다는 환상을 품고 있는 시선이다.> 제일 장면에서는 왕비가, 제이 장면에서는 장관이 여기에 속한다. 그러나 텍스트 상으로, 그들에 관해 알려진 것은 별로 없다. 그것은 왕비가 편지의 주인이고 장관이 편지의 도둑이라는 점에서, 그들은 도난 사건의 직접적인 당사자들이지만, 텍스트의 전면에 나타나 직접 사건에 대해 이야기하고 있지 않기 때문이다. 그들에 관한 이야기는 경찰국장-뒤팽-화자가 엮어가는 대화에서 간접적으로 전해지고 있을 뿐이다. 그렇기 때문에 독자가 그들에 대해 얻는 정보는, 경찰국장과 뒤팽의 입과 눈을 통해 굴절 여과된 것이다. 그런 와중에서도, 텍스트의 행간에서 새어나오는 자그마한 정보를 통해 그들의 심리 상태를 어렴풋이나마 엿볼 수 있다는 것이,

---

60 *Ibid.*, p.220.

다행이라면 다행일 것이다.

우리가 이미 알고 있다시피, 원장면에서 왕비에 대해 알려진 유일한 정보는, 그녀가 편지를 왕으로부터 숨기고 싶어 한다는 것과, 그것을 숨기는 방법에 있어서, 주소가 쓰인 면을 위로 올라오도록 해서, 책상 위에 방치시켜 놓는 방법을 채택한다는 것이다. 그런데 왕비는 대체 무슨 심보로, 왕의 코 밑에 편지를 펼쳐놓는 것일까? 그것이 그녀의 숨기는 방법이었다면, 감추기 위해서 오히려 노출시켰다는 이야기가 되는데, 그러한 모순이 어떻게 가능할까? 대체 왕비는 왕을 어떻게 생각하고, 그러한 모험을 감행한 것일까?

그러나 그녀가 처음부터 편지를 책상 위에 펼쳐 놓으려고 한 것은 아니다. 그녀도 처음에는 가장 안전하게 편지를 숨길 수 있는 <곳>, 즉 왕의 눈에 띄지 않는 <장소>를 찾았다. 그러나 시간적 여유도 없었지만 너무 서두르는 바람에, 편지를 서랍 <속>에 넣으려는 시도는 실패로 돌아가고, 그녀는 <어쩔 수 없이> 편지를 책상 위에 올려놓았던 것이다. 그래서 그녀는 그 순간에, 현실적인 차원, 즉 <장소>의 차원에서 편지를 숨기려던 것을 포기하고, <의미(또는 진실)>의 차원에서 편지를 숨겨야겠다고 마음을 고쳐먹은 것이다. 다시 말해 그녀는 편지를 왕의 시선으로부터 가장 안전하게 보호하기 위해서는, 편지를 숨기려고 했다는 흔적을 남기지 않는 길이 가장 확실한 방법이라고 생각했던 것이다. 여기서 <편지를 숨기려고 하는 것>이 그녀의 <진실>이라면, <편지를 숨기지 않으려고 하는 것>은 그녀의 <위장>된 태도이다. 그러한 각도에서 볼 때, 그녀는 편지를 숨긴 것이 아니라, 편지를 숨기려고 하는 <마음을 숨긴 것>이다. 그녀의 그러한 생각은, 편지를 숨기려고 하지 않았다는 것을 남에게 애써 강조하려는 것으로 나타난다. 다시 말해 그것은 자연스러움을 가장하는 것으로 나타난다. 그녀의 그러한 태도는, 수신인의 주소를 위로 올라오게 함으로써, 자연스럽게 왕으로 하여금 그 편지가 왕비<의> 편지라는 생각이 들게 했다는 점에서 더욱 돋보이고 있다. 그러한 의미에서 그녀는 계산적이면서도 대담했다. 따라서 왕비가 왕에게 편지를 내보인 것은, 이판사판식의 절망감에서 나온 행동이 아니다. 그것은 이미 치밀한 술수이다. 그러한 맥락에서 왕비는 어쩌면, 편지를 노출시킬 때부터, 왕이 자신의 위장술에 넘어갈 것이라는 사실을 확신하고 있었는지 모른다. 그렇지 않다면 어떻게 감히 왕에게 편지를 내보이겠는가? 다시 말해 왕비는 애초부터, 왕이 겉으로 드러난 의미(왕비의 자연스러운 태도)만을 볼 것이라는 것을 꿰뚫어보고, 숨길 필요가 없는 편지인 양 편지를 왕의 면전에 내놓았던 것이다.

그러한 사실은 제이 장면에서 왕비의 관점을 그대로 이어받고 있는 장관에게서 더욱 확연해진다. 우선 그도 왕비와 마찬가지로, 그의 집을 방문하는 사람이라면 누구나 볼 수 있는 곳에, 편지를 아무렇게나 꽂아 놓는다. 즉 그 편지는 장관의 서재 한 복판에 있는 편지함 속에, 가장 자연스럽게 펼쳐져 있었다. 게다가 거기에는 <몇 장의 명함과 함께 단 한 통의 편지>[61] 밖에는 없었다. 그러니 그것이 얼마나 눈에 잘 띄었겠는가? 라캉이 말하듯이, "그렇게 도둑맞은 편지는, 여성의 육중한 몸처럼,(…) 장관의 집무실 안에 길게 누워 있었다. (…) 그렇기 때문에 그 큰 몸뚱이의 옷을 벗기는 일만 남았던 것이다."[62] 아니 더 정확히 말하면, 그것은 이미 더 벗길 것이 없을 만큼 벗겨져 있다. 완벽하게 벗겨져 있는 것이, 오히려 완벽하게 입고 있는 결과를 갖고 오는 것이다. 그렇기 때문에 "그러한 것을 보지 못하고 지나가는 물리적인 착각은, 지력 있는 사람이 도리어 너무도 명백한 것에 생각이 채 미치지 못하여 그대로 내버려두는 정신상의 부주의와

61 도둑, p.62(149-50).
62 라캉, p.36.

혹사하다."[63] 뒤팽도 그러한 사실을 <지명 찾기 놀이>에 빗대어 지적한 바 있다: "지도를 펴놓고 하는 지명 찾기 놀이가 있네. 한편이 어떤 지명을 부르고 상대편에게 그것을 찾으라고 하는 거야. 읍, 강, 주, 혹은 제국, 좌우간 꽉 찬 지도 표면상의 어떤 지명이라도 상관없네. 이 놀이에서 서투른 날탕은 괜히 깨알만한 지명으로 상대편을 골리려고 하지만, 익숙한 사람은 큰 글자로 지도 한 끝에서 다른 끝까지 펼쳐져 있는 이름을 선택하는 거야. 이러한 글자는 아주 큰 글씨로 된 거리의 간판이나 광고처럼 도리어 사람의 눈에 띄지 않는 것이라네."[64]

장관은 이러한 사실을 이미 인식하고 있었다. 즉 그는 "그 편지를 세상의 어떤 사람으로부터 들키지 않도록 하기 위하여 세상 사람들의 바로 코 밑에다 감춘"[65] 만큼, <숨김>의 의미를 천착하고 있었다. 다시 말해 그는 편지라는 물질적 존재는, 그것이 사라지지 않는 한, 아무리 숨기려 해도 숨길 수 없다는 사실을 깨닫고, <숨기려는>는 그의 진실을 숨기고 있는 것이다. 이렇게 <숨김>의 작용은 <실재의 차원>이 아니라, <진실의 차원>에 있다. 그 결과는 물론, 숨길 필요가 없는 편지라는 것을 남에게 강조하는 것으로 나타난다: "그 편지가 국장의 그 상투 수색 범위 내에 은닉되지 않았다는 국장 자신이 제공한 결정적인 증거를 생각하면 할수록, 나는 장관이 그것을 감추기 위해선 도리어 감추려고 애를 썼다는 것을 보이지 않으려는, 영리하고도 생각 깊은 방법을 채택할 것을 알았네."[66]

게다가 장관은 경찰국장에 대해 속속들이 알고 있었다. 즉 그는 국장의 수색 방법에서부터 그의 지적 능력에 이르기까지 깡그리 읽고 있었다. 심지

63 도둑, p.61(148).
64 도둑, pp.60-1(148).
65 도둑, p.61(148-9).
66 도둑, p.61(149).

어 그는 국장이 편지를 찾지 못할 것이라는 사실까지 확신하고 있다. 그것의 단적인 증거가, 경찰국장이 집안을 수색하기 좋도록, 밤마다 일부러 집을 비워주는 것이다: "그 사나이는 경찰의 상투 수단을 잘 알고 있었을 것이고, 노상에 경찰이 잠복해 있을 것을 예상 아니 했을 리가 없네 — 그리고 결과는 그의 예측한 바와 같이 딱 들어맞았단 말야. 물론 가택 조사가 있을 거야 예기했을 것이고, 그가 가끔 밤에 집을 비워 둔 것을 국장은 천우라 좋아했지만, 사실은 경찰에게 충분한 수색의 기회를 주어서 편지가 집안에 없다는 확신을 — G는 결국 그렇게 생각했네만 — 한층 더 빨리 그들에게 주기 위한 모략에 지나지 않았다고 나는 생각했네."[67]

이렇게 제일 장면에서의 왕비와 제이 장면에서의 장관은, 편지의 협약과 숨김의 의미를 깨닫고 있었기 때문에, 현실주의자들 — 왕과 국장 — 의 시선으로부터 편지를 안전하게 보호할 수 있었다. 더욱이 그들은 현실주의자들의 맹점을 간파하고, 그들이 편지를 찾지 못할 것이라는 사실까지 이미 예측하고 있다. 그렇다고 상대의 마음을 읽고 있는 그들의 마음이 제삼자에게 읽힐 가능성이 배제되는 것은 아니다. 어쩌면 그러한 그들의 믿음 자체가 이미, 뒤에 오는 제삼자에 의해, <주관적 환상>[68]으로 끝날 가능성을 내포하고 있는지 모른다. 그 제삼자가 바로, 제일 장면에서는 장관이고, 제이 장면에서는 뒤팽이다. 다음 절(<상징적 관점>)은 바로, 그들을 위해 준비된 것이다.

67 도둑, p.59(147).
68 라이트는 그들이 차지하고 있는 위치를 <순수 주관성>의 위치라고 부르고 있다.(E. Wright, ≪Modern psychoanalytic criticism≫, Barnes & Noble Books, 1982, p.127) 우리가 그들의 관점을 <상상적 관점>이라 부르는 이유도 여기에 있다.

4) 상징적 관점

<상징적 관점>은 전자의 두 관점에 있는 사람들의 마음을 훤히 꿰뚫어 보는 객관적 시선이다. 공간적으로 말하면, 그 관점은 세 관점 중에서 가장 뒤에 있다. 원장면에서는 장관이 거기에 속하고, 반복 장면에서는 뒤팽이 거기에 속한다. 그러나 <상상적 관점>을 이야기할 때, 말했듯이, 장관에 대한 정보는 그 양과 질에 있어서 미약한 편이다. 게다가 그에 대한 정보는 국장에 의해 간접화되어 있다. 원장면에서 장관에 대한 정보는 국장의 입을 통해 전해지는 몇 마디뿐이다: "바로 그 때 D 장관이 들어왔습니다. 그의 괭이 같은 눈은 재빨리 그 편지에 떨어져 주속의 필적을 알아보고, 수신인의 얼굴에 떠돈 놀란 안색으로부터 거기에 무슨 비밀이 있는 것을 대뜸 알아챈 것입니다. 언제나 다름없이 재빨리 사무를 처리한 다음, 그는 문제의 편지와 똑같은 편지를 꺼내들고 읽는 척하다가, 그 편지 옆에 바싹 대놓고, 또 다시 한 15분가량 공무에 관한 이야기를 하다가, 나갈 때에는 슬쩍 자기에게 아무 권리도 없는 그 편지를 들고 나가버렸습니다."[69]

우리는 이 장면으로부터, 다음과 같은 사실을 도출해낼 수 있다: 첫째, 장관이 <주소의 필적을 알아보는> 것으로 보아서, 그는 발신인과 아주 잘 <아는 사이>이다. 둘째, 그의 일거수일투족은 이미 상대들의 마음을 읽고 계산된 것이다. 즉 그는 왕이 편지에 주목하지 못하고 있고, 또한 못할 것이라는 사실을 간파하고, 원래의 편지와 유사한 편지를 문제의 편지 바로 옆에 놓음으로써, 왕의 눈을 현혹한다. 왕은 장관의 짐작대로 그 두 편지를 구분하지 못한다. 그리하여 그는 왕의 눈을 피해 편지를 안전하게 가지고 나간다. 또는 그는 문제의 편지가 왕에게 알려져서는 안 된다는 왕비의

---

69 도둑, pp.47-8(132-3)

비밀을 눈치 채고, 원주인인 왕비가 보는 앞에서 아주 태연자약하게 편지를 도둑질한다. 그렇지만 왕이 있는 자리에서 장관의 도둑질을 폭로하는 것은 벼룩을 잡으려다 초가삼간 태우는 격이 되기 때문에, 그는 아무 말도 하지 못 한다: "물론 편지의 정당한 주인인 그 분은 그것을 보았지만, 그 앞에 다른 분이 있었으므로 장관의 행위를 책할 수가 없었습니다."[70] 이렇게 그는 왕과 왕비가 연출하고 있는 구조적 상황을 정확히 읽고 있었다.

그러나 그것은 다음 장면에서 역전된다. 다시 말해 원장면에서 왕비의 숨기는 방식이 장관에게 들켰듯이, 이번에는 장관의 숨기는 방식이 뒤팽이라는 탐정에게 읽히고 만다. 사실 뒤팽은 국장으로부터 그 사건의 개요를 전해 듣는 순간부터, 장관이 편지를 어떻게 숨길 것이라는 것을 알고 있었다: "나는 이것을 보자말자 이거야말로 내가 찾고 있는 편지임에 틀림없다고 생각했네."[71] 대체 그러한 뒤팽의 통찰력은 어디서 기인하는 것일까? 그것은 아마 "그가 편지란 무엇인가에 대해 숙고할"[72] 수 있었기 때문일 것이다. 우리가 앞에서도 말했듯이, 편지에는 반드시 수신인과 발신인이 있게 마련이다. 만약 어떤 사람의 집에 다른 사람의 주소로 된 편지가 있다면, 그것은 잘못 배달된 편지이든가, 아니면 훔쳐온 편지일 것이다. 장관이 바보가 아닌 다음에야, 훔쳐온 편지를 훔칠 당시 그대로 두었을 리는 만무하다. 그는 분명히 훔쳐왔다는 사실을 감추기 위해서라도, 그것을 자기 앞으로 변형시켜 놓았을 것이다. 뒤팽이 제일 먼저 주목한 사실도 바로 그것이다. 그는 장관의 집을 방문하자마자, <장관 앞으로 된 편지>부터 찾는다: "그것은 가는 여자 필적으로 D 장관에게 보낸 것이었네."[73]

---

70 도둑, p.48(133)
71 도둑, p.62(149-150)
72 J. Lacan, *Le séminaire, Livre II: Le moi dans la théorie de Freud et dans la technique de la psychanalyse*, Seuil, 1978, p.234.

그러나 뒤팽이 주목한 사실이 비단 그것 만이었다면, 아마 뒤팽이라고 해도, 장관 앞으로 된 편지가 여러 통 있었을 경우에는(다행히 단 한 통밖에 없었지만), 그 편지를 찾지 못했을 것이다. 그는 그러한 사실 말고도, 숨김의 의미를 천착하고 있었다. 즉 그는 숨김은 장소의 장소에서 이루어지는 것이 아니라, 변형의 차원에서 이루어진다는 것을 알고 있었다. 무언가를 숨기고 싶은 욕망(진실)은 항상 그것을 숨기지 않으려고 했다는 태도(위장) 속에 숨겨지는 법이다. 그리하여 장관이 그 편지를 극단적으로 변형시키는 것 자체가, 오히려 뒤팽에게는 그의 통찰을 확인하는 결과를 초래하는 것이다. "이러한 극단의 상이점과 손때와 더럽게 찢어진 편지의 모양이며 D의 빈틈없는 일상생활의 습관과는 모순되어 있고, 그 편지를 보는 사람에게 그것이 아무 소용도 없는 것처럼 생각게 하려는 계획을 암시하려는 것이라든가, 이러한 것들과 또는 편지가 모든 방문자의 눈에 띌 수 있는 곳에 내가 전에 도달한 결론과 전혀 일치한 모양으로 아무렇게나 꽂혀 있었네. 이러한 사실은 수색할 목적으로 온 나에게 대번에 의심을 강하게 해주었지."[74] 이렇게 "뒤팽이 보이게 되어 있는 것을 보게 되는 것은, 그가 상징과 진실에 대해 약간 숙고했기 때문이다."[75]

뒤팽이 <의미의 차원>에서 논다는 것은 국장과의 대화에서도 잘 드러나 있다. 뒤팽과 국장의 첫 대화는 다음과 같이 시작된다.

> "사실 극히 간단한 사건이므로 우리들만으로도 충분히 처리될 것이라고 확신합니다만, 사건이 너무도 묘하니까 뒤팽씨도 그 사건의 전말을 듣고 싶어 할 것 같아서요."

---

73 도둑, p.62(149-50).
74 도둑, p.62(150).
75 J. Lacan, *op. cit.*, p.237.

"간단하고도 묘하다?" 뒤팽이 말했다.

"그렇습니다. 그러나 반드시 그렇다고 만도 할 수 없죠. 사실 사건이 너무도 간단해서 손댈 길이 없단 말이죠. 그래서 아주 성가시단 말입니다."

"그러면 사건이 간단한 것이 도리어 당신들을 괴롭히는구먼요."

"쓸데없는 소리!" 국장은 껄껄대며 자못 유쾌하다는 듯이 대답했다.

"어쩌면 그 이상한 점이 좀 지나치게 명백하단 말이죠?"

"이것 봐라! 그런 설명 방식도 있나?"

"좀 지나치게 자명하다는 말이죠."

"하하하, 뒤팽씨한테 걸리면 요지부동이란 말이야."[76]

경찰국장의 말의 요지는 <그 사건은 간단하면서 묘하다.(simple and odd)>라는 것이다. 그러나 그 진술은 앞뒤가 맞지 않는 모순이다. 간단하다면 묘할 리 없고, 묘하다면 간단할 리 없다. <간단하다>는 것은 표면적으로 드러난 의미가 명백하다는 말이다. 그런데 그 명백한 것이 국장에게는 명백하지 않기 때문에 그에게는 그것이 <묘하게> 비치는 것이다. 다시 말해 그는 자명한 <문자적 의미> 밑에 숨어 있는 자명하지 않은 <문학적 의미(또는 비유적 의미)>를 이해할 능력이 없는 것이다: "경찰국장은 무엇이고 간에 그에게 이해할 수 없는 것은 모두 <묘한데>라고 하며 버리는 버릇이 있었으므로, 결국 묘한 것투성이 속에서 살아온 사내였다."[77] 뒤팽은 그러한 국장의 인식 능력을 처음부터 알고 있었다.[78] 그래서 그는 그 말의 모순을

---

76 도둑, p.46(130-1).

77 도둑, p.46(130).

78 사실 뒤팽은 모르그가의 살인 사건이 터지기 이전부터, 이미 경찰국장의 그러한 능력을 알고 있었다: "사실상, 우리 국장님은 좀 잔꾀만 많아서, 심오한 맛은 없거든. 그 친구의 지혜 속에는 전연 술수가 없어. 라베르나(Laverna) 여신처럼 머리뿐이고 몸뚱이는 없어. 혹은 고작해야 대구처럼 머리와 어깨뿐이야. 그렇지만 뭐니 뭐니 해도 사람은 좋거든. 특히 이따금씩 그럴 듯한 수작을 한 마디씩 해대는 것이 좋아. 그래서 재주꾼이라는 평판을 얻

국장에게 깨우쳐주기 위하여, 진담 반 조롱 반으로 네 번씩이나 말장난을 한다. 그러나 "그 비판이 최초의 대담에서 경찰국장이 주의를 기울이지 않았던 그의 비웃음 속에 은밀하게 숨어 있는데도, 국장에게는 단순히 파안대소의 계기만 될 뿐이었다. 뒤팽이 암시한대로 문제가 지나치게 단순하고 게다가 지나치게 명백하면 실제로는 애매하게 보일 수 있다는 사실이 그에게는 늑골을 조금 세게 문지르는 이상의 효과는 결코 갖지 못한다."[79] 그만큼 그는 현재 드러나 있는 표면적인 의미 이외에는 아무것도 이해하지 못하는 사람이다. 그 다음의 대화를 보자:

> "그런 성가신 일은 안 해도 좋았을 것을. D도 그러한 바보는 아닐 것이니 그러한 것쯤이야 으레 각오하고 있었겠죠." 뒤팽이 대꾸했다.
>
> "아주 바보가 아니란 말씀이죠? 그러나 D 장관은 시인입니다. 시인을 나는 바보의 이웃사촌으로 생각하고 있는데요."
>
> "옳지, 그렇지요. 나 같은 것도 서투른 시 나부랭이를 지어본 적이 있기는 하지만요."[80]

위의 대화는 국장이 장관의 온 집안을 수색했는데도 편지를 찾을 수 없어서, 강도로 위장하고 장관의 몸까지 수색했다는 말 다음에 나온 것이다. 거기에 대해, 뒤팽은 <D 장관도 바보는 아니니까 그런 일은 안 해도 좋았을 것>이라고 말하면서, 은근히 <어리석은 사람은 오히려 당신>이라는 암시를 주고 있다. 그럼에도 불구하고 국장은, 뒤팽의 말의 내포적 의미를 간과

었다니까. <있는 것을 부인하고 없는 것을 증명하는 것>이 그의 방식이란 말일세."(모르그가, p.44(201): 포우의 「모르그가의 살인사건」도 <모르그가>라는 약어와 그 옆에 페이지 수를 표시하기로 한다.)

79 라캉, p.22.

80 도둑, pp.49-50(135).

할 채, 엉뚱하게 <장관은 시인이니까 바보>라는 말만 되풀이한다. 그러나 그 말조차 <모든 시인은 바보다>라는 전제가 증명되지 않는 한, 전혀 무의미한 말이다. 그러니 그는 상대방의 숨은 뜻을 간과하는 것은 물론이려니와, 자기의 말의 비논리조차 깨닫지 못하는 사람이다. 게다가 시인은 비유적 의미에 정통한 사람 아닌가? 그러한 의미에서 "그의 실패 원인은 장관이 시인으로서 평판이 있었기 때문에 그를 바보라고 가정해버린 데 있다."[81]

결국 뒤팽은 참다못해, <자기도 시 나부랭이나 쓰는 시인이지만 맞는 말>이라고 조소적인 말을 하기에 이른다. 그 말은 <당신의 논리대로 하면, 나도 시를 쓰니까, 나도 바보란 말입니까?>라는 항변이라기보다, <당신과 말하고 있는 내가 바보요.>라는 대화의 포기 선언에 가깝다. 사실 뒤팽은 그 이후로, 제일 대화 장면이 끝날 때까지 아무 말도 하지 않는다. 그 이후의 대화는 화자와 경찰국장 사이에서만 이루어지고 있다. 물론 그 뒤의 대화는 장관의 집에 대한 경찰의 수색에 관한 것이었기 때문에, 경찰의 능력으로서 편지를 되찾을 수 없다고 생각하고 있던 뒤팽으로서는, 굳이 그 대화에 개입할 필요가 없었는지 모른다. 그러나 뒤팽의 침묵이 조소적인 발언 다음에 온다는 사실과, 국장이 뒤팽에게 조언을 구할 때야 비로소 마지못해 대꾸한다는 사실이, 결찰국장과 이야기하느니 소와 이야기하겠다는 그의 심중을 뒷받침해주고 있다. 급기야 그는 조언을 구하는 국장에게, 장관의 집안을 재수색하는 수밖에 다른 더 좋은 생각이 없다고 잘라 말한다:

> "그런데 뒤팽씨, 나에게 해줄 무슨 조언이 없습니까?"
>
> "집안을 철저히 재수색하는 수밖에요."(To make a thorough re-search of the premises.)

---

81 도둑, p.57(144).

"그것은 전혀 소용이 없는 일입니다. 집안에 그 편지가 없다는 것은 뻔한 일입니다."

"그러나 나는 당신에게 줄 더 좋은 의견이 없습니다."[82]

그런데 뒤팽을 그 말을 할 때 이미 국장의 "방법이 그 방면에선 최상의 것일 뿐 아니라, 절대 완전하게 실행되었다."[83]는 사실을 알고 있는 터였다. 그렇기 때문에 뒤팽의 편에서는, 따로 <집안을 재수색하라.>고 할 필요가 없었다. 그럼에도 불구하고 그가 그렇게 말하는 것은, 국장과의 대화를 빨리 끝내고 싶었기 때문일 것이다. 그러나 우리가 여기서 짚고 넘어가야 할 것은, 그 말의 숨은 의미이다. 그는 결코 표면적인 의미로만 말하는 법이 없다. 그는 거절의 말을 하는 순간까지도, 거기에 진정한 의미를 담는 것을 잊지 않는다. 그래서 경찰에게는 <re-search of the premises>가 의문의 여지없이 <집안의 재수색>으로 들렸을지 모르지만, 귀가 뚫린 사람에게는 아마 <전제들의 재고>[84]라는 말로 들렸을 것이다. 만약 그러한 이중적 해석이 가능하다면, 뒤팽은 국장에게 가장 좋은 조언을 한 셈이다. 왜냐하면 그것은 <당신의 수색의 전제를 재고하면 편지를 찾을 수 있다.>는 말이 되기 때문이다. 사실 국장의 전제 조건은 <편지는 변형되지 않은 채로 어딘가에 있다는 것이었다.> 그래서 그는 장소(또는 현실)의 차원에서 <왕비의> 편지를 찾아 헤맨다. 그러나 <장관의> 집에서 <왕비의> 편지를 찾는다는 그 전제 조건만 바꾼다면, 편지는 그렇게 수색할 필요도 없이,

---

82 도둑, p.52(138).

83 도둑, p.52(138).

84 영어의 <premise>는 복수로 쓰여 <집안>을 뜻하기도 하지만, 그것의 원뜻은 <전제>이다. 따라서 <re-search of premises>는 <전제들의 재고>라고 읽을 수 있다. 한편 보들레르는 이것을 <faire une perquisition(가택수색)>으로 불역함으로써, 그 의미를 축소하고 있다.

<장관의 편지가 된> 왕비의 편지로 그의 눈에 들어왔을 것이다.

이렇게 뒤팽은 분명한 <문자적 의미>를 가지고 애매한 <문학적 의미>를 전달하는 <가장 의문의 비유 양식>[85]을 사용하고 있다. 다시 말해 그는 <(문자적) 의미의 (문학적) 의미의 차원>에서 놀고 있다. 그에 반해 국장은 그러한 뒤팽의 진의를 전혀 듣지 못하고, 그것을 <문자 그대로> 받아들이고 있다. 그리하여 "국장과 뒤팽의 첫 번째 대화는 귀머거리와 귀가 뚫린 사람과의 대화처럼 진행된다. [⋯] 마치 귀가 들리는 사람에게는 의미가 충만한 주석이, 귀가 들리지 않는 사람에게는 눈에 띄지 않기 때문에 중성화된 것으로 여겨질 수 있는 것처럼 말이다."[86]

이렇게 경찰은 표면적인 의미의 차원 — 즉 실재적인 차원 — 에 머물러 있는데 반해, 뒤팽은 심층적인 의미의 차원 — 즉 상징적 차원 — 에서 노닐고 있다. 그렇다면 장관과 뒤팽의 차원은 어떠한가? 장관도 원장면에서는 뒤팽처럼, 편지의 협약과 숨김의 의미는 물론이려니와, 왕비와 국장의 마음을 꿰뚫어보고 있지 않았는가? 그러한 그가 반복 장면에서는, 뒤팽에게 역으로 읽히는 이유는 무엇일까? 사실 장관은 편지의 상징적 의미뿐만 아니라, 진실과 위장의 의미까지고 천착하고 있었다. 그러나 그는 편지를 숨기는 자신의 방식이, 왕비의 그것을 그대로 <반복>하고 있다는 것은 모르고 있다. 만약 그가 그러한 생각에 미쳤더라면, 그는 다른 방식과 다른 장소를 찾아보았을 것이다. 왜냐하면 그 생각은 필연적으로, 원장면에서 왕비가 자기에게 발각되었듯이, 자기도 다른 사람에게 발각될 가능성이 있다는 생각으로 발전했을 것이기 때문이다. 따라서 장관에게는 반복에 대한 인식이 없었다고 말할 수 있다. 반대로 뒤팽이 장관보다 한 발짝 앞서갈 수 있었던

---

85 존슨, p.494.
86 라캉, p.18.

것은, 다시 말해 장관의 행위를 읽을 수 있었던 것은, 그에게는 장관에게 없는 반복에 대한 인식이 있었기 때문이다: "뒤팽은 그 편지를 상징계 <속>에서 <찾는다.> 그것은 그가 어디서 찾아야 할지를 알기 때문이 <아니라>, <반복되는 것>이 무엇인지 알고 있기 때문이다. 뒤팽의 <분석>은 분석을 필연적으로 끌어들이는 장면의 <반복>이다."[87] 그러한 맥락에서 장관의 상상적 관점과 뒤팽의 상징적 관점은, 반복에 대한 인식의 여부가 판가름한다. 그것들은 <실재>의 차원이 아닌 <의미>의 차원에 있다는 점에서는 동일하지만, 상징적 구조의 <반복>에 대한 <인식>이 전자에는 결여되어 있다는 점에서 전자는 후자와 그 차원을 달리한다.[88]

이제 지금까지 살펴본 세 관점을 정리해보자. 뒤팽은 표면적인 사실과 의미만을 쫓고 있는 경찰의 현실주의적인 우둔함과, 그 우둔함을 바라보면서 결코 자신은 그렇지 않다는 확신을 갖고 있는 장관의 상상적인 믿음(오인)을, 동시에 굽어보는 입장에 있다. 역으로 말하면, 현실주의자는 상상적 관점의 소유자를 보지 못하고, 상상적 관점의 소유자는 상징적 관점의 소유자를 보지 못한다. 라캉은 그러한 줄서기를 <타(자)조놀이(autruicherie)>[89]에 비유하고 있다. 즉 각 주체는 엉덩이를 내민 채로 모래 속에 머리만 파묻고 안전하게 숨었다고 생각하는 타조와 같다는 것이다. 경찰은 그러한 타조의 행렬에서 맨 앞에 선 타조이고, 장관은 첫 번째 타조가 머리를 파묻고 있는 것을 보고, 자기는 그렇지 않다고 믿는 두 번째 열에 선 타조이다. 그러나 그들 모두는 "제삼의 타조로 하여금, 엉덩이의 깃털을 뜯어내 깃털 장식을 만들게끔 내버려두는 것이다."[90]

---

87 존슨, p.498.
88 이것은 <진정한 상호주체성>이 <반복강박>의 구조로 되어 있는 상징계에 대한 인식을 동반한다는 점에서, <상호주체성>과 그 차원을 달리하는 것과 맥을 같이 하고 있다.
89 라캉, p.31.

> 우리가 대략 이렇게 그려져 있는 상호주체적인 복합체를 통일적으로 파악하려면, 위험을 모면하기 위하여 자신의 머리만을 숨기는 타조의 전설적인 시술과 같은 자기 보호술을 그 복합체에서 찾아야 할 것이다. 왜냐하면 그것은 정치라고 불릴 만한 가치가 있는 것인데, 그것이 이들 세 상대자들 사이에 공유되기 때문이다. 즉 두 번째는 첫 번째 모래 속에 머리를 처박고 있을 것이라는 사실로부터 자신은 눈에 보이지 않는 옷을 입고 있다고 믿고 있지만, 사실은 그는 세 번째가 그의 엉덩이 털을 뽑도록 내버려두고 있는 것이다. 우리는 이 속담 식 명명[역주 : la politique de l'autruche]이 항시 새로운 의미를 갖도록 하기 위해서는, 그것에 한 글자를 덧붙여 윤색해서, <타(자)조의 위장술(*la politique de l'autruiche*)>이라는 조어를 만드는 것으로 충분할 것이다.[91]

그렇다면 각 주체가 갖고 있는 관점과, 편지를 중심으로 형성되는 구조적 상황과는 어떤 관계에 있는 것일까? 관점이 반복되는 것일까, 아니면 구조가 반복되는 것일까? 라캉은 그것에 확실한 대답을 마련하고 있다. "등장인물들이 그 편지를 탈취할 때, 개인적인 특수성을 훨씬 능가하는 어떤 것이, 그들을 사로잡고 그들을 유인한다. 그들이 누구이든 간에, 그 편지의 상징적 변형의 각 단계에서, 그들은 오로지 근본적인 주체[역주 : 편지]에 대한 위치에 의해서만, 즉 CH_3 중의 하나 속에 자리잡는 그들의 위치에 의해서만 규정된다. 그 위치는 고정되어 있는 것이 아니다. 그들이 필연성 속으로,

90 J. Lacan, *op. cit.*, p.238.

91 라캉, p.15: <타(자)조의 위장술(*la politique de l'autruiche*)>이라는 말은, 라캉이 <타조의 위장술(*la politique de l'autruche*)>이라는 격언에, 자신의 용어인 <타자(autrui, autre)>와 정신분석(의 시조)의 고향인 <오스트리아(Autriche)>라는 말을 합성해서 만든 말이다.(존슨, p.463 각주(1); M. Bowie, *Freud, Proust and Lacan: Theory as fiction*, Cambridge Univ. Press, 1987, p.125 참조) 따라서 그 말에는 타자에 대한 주체의 동일시는 타조의 위장술에 불과할 뿐이라는 사실과, 프로이트 이후의 정신분석가들은 프로이트를 향한 타조에 지나지 않는다는 사실이 동시에 함축되어 있다.)

그리고 편지에 고유한 움직임 속으로 들어온 이상, 장면이 연속되는 동안 그들은 그 편지가 구성해주는 본질적인 현실에 따라, 각기 다른 기능을 갖게 된다."[92] 라캉의 말을 한 마디로 요약하면, 등장인물들의 각각의 관점은 각자가 갖고 있는 지적 능력의 결과가 아니라, 편지를 중심으로 한 상징적인 삼각 구조 내에서, 그들이 자리하고 있는 위치에 따라 결정된다는 것이다.

그것은 하나의 등장인물이 거듭되는 구조에서, 서로 다른 위치를 차지하고, 그 위치에 따라 관점이 결정된다는 사실로써 알 수 있다. 그것의 가장 대표적인 인물이 장관이다. 그는 원장면에서는 왕과 왕비를 동시에 굽어볼 수 있는 제삼의 위치에 있었지만, 반복 장면에서는 경찰만 볼 수 있을 뿐, 뒤팽을 보지 못하는 중간 위치로 이동한다. 만약 등장인물의 관점이 각자의 특수한 능력에 의한 것이라면, 그의 능력은 상황의 변화에 따라 변하지 않을 것이고, 따라서 그가 차지하고 있는 위치 또한 변하지 않을 것이다. 그런데 변하지 않아야 할 위치가 변한다는 것은, 등장인물들이 갖고 있는 관점은 각자의 <존재>와 관련되어 있는 것이 아니라, 그 개인 속한 <상황의 상징적 틀>[93]에서 기인한다는 것을 말해주고 있다. 즉 <존재>가 <구조>를 결정하는 것이 아니라, <구조>가 <존재>를 결정하는 것이다. ≪「도둑맞은 편지」에 대한 세미나≫에서 애써 밝히고자 한 것도, 바로 그러한 주체에 대한 <상징계의 결정작용>이다: "그래서 우리는 오늘, 여러분들을 위해 우리가 연구하고 있는 프로이트의 사상을 계기로 하여 밝혀지는 진실을 설명하려고 한다. 즉 주체가 하나의 기호형식의 노정으로부터 받는 불가항력적인 결정작용을, 어떤 이야기를 통해 여러분에게 예증해 보여줌으로써, 주체에 대해 구성력을 갖고 있는 것은

92 J. Lacan, *op. cit.*, p.231.
93 *Ibid.*, p.220.

상징계의 질서라는 사실을 보여주고자 한다."[94]

따라서 경찰국장이 편지를 찾지 못하는 것은, 운명적으로, 더 정확히 말하면 구조적으로 찾지 못하게 되어 있기 때문이다. 그는 편지를 볼 수 없는 위치인 편지 <앞>에 있는 것이다. 마찬가지로 "장관이 그 상황으로부터 끌어내는 영향력은 편지에서 기인하는 것이 아니라, 그가 알건 모르건 간에 편지가 장관에게 부여하는 배역에서 기인하고 있다."[95] 그는 편지를 소지하고 있기 때문에, 다시 말해, 편지와 <함께> 있기 때문에, 편지 <앞>에 있는 경찰이 자기를 보지 못할 것이라는 사실은 보고 있지만, 편지 <뒤>에 있는 사람이 <그>와 <편지>를 동시에 보고 있다는 것을 보지 못한다. 이와 같은 맥락에서 뒤팽은 "자기가 편지를 바라볼 수 있는 것이 자기의 천재성 때문이라는 사실을 우리로 하여금 믿게 하려고 애쓰고 있지만, 그렇지 않다."[96] "그것은 뒤팽의 계략 덕분이 아니라, 상황의 구조에서 기인하는 것이다."[97] 즉 그는 편지 <뒤>에서, 자기 <앞>에 있는 편지와 사람들을 모두 조망할 수 있는 <위치>에 있을 뿐이다.

그렇다면 편지의 소지와 <함께>, 「도둑맞은 편지」의 주체들은 다시 자리바꿈을 해야 하지 않을까? 다시 말해 뒤팽도 되찾아온 편지와 <함께>, 삼각구조 내의 중간 위치로 이동하면서, 편지 <뒤>에 오는 사람에게 자신의 엉덩이를 내보이는 또 한 마리의 <타(자)조>가 되어야 하지 않을까?

---

94 라캉, p.12: 라캉은 프로이트의 <중층결정(surdétermination)>을 재해석함으로써, 거기에 대응하는 <상징적 결정작용>이라는 개념을 내놓는다. 양자의 결정적인 차이가 있다면, 전자가 <기호의 중층결정>인데 반해, 후자는 <기호형식의 중층결정>이라는 점이다. "상징적 결정작용의 관계이외의 다른 관계는 없다. 그것은 프로이트가 우리에게 가져다준 기호형식의 중층결정 — 이것을 <실재(*réelle*)> 중층결정이라고 생각해서는 결코 안 된다 — 이라는 개념이 위치할 수 있는 곳이다."(라캉, p.52)

95 라캉, p.33.

96 J. Lacan, *op. cit.*, p.237.

97 *Ibid.*, p.235.

그리고 장관이 편지를 탈취해서 왕비의 방식대로 숨겼듯이, 뒤팽도 되찾아온 편지를 장관의 방식대로 숨겨야 하지 않을까? 사실 뒤팽은 장관에게서 되찾아온 편지를 서랍 속에 한 달 간 방치함으로써, 원장면의 왕비와 반복장면의 장관의 행위를 <반복>하고 있을 뿐 아니라, 다음 장(<대화 장면의 삼각구조>)에서 밝혀지겠지만, 그 역시 편지의 소지와 함께, 뒤에 오는 사람(경찰국장)에게 엉덩이를 내보이는 상상적 관점의 위치로 떨어진다. 그리하여 "우리는 여기서 주체들이 서로 교대하는 방식의 문제를 갖고 있는 우리의 드라마의 원무를 남겨놓았던 십자로에 다시 서게 되는 것이다."[98]

2010년 9월 29일 / 10월 6일

98 라캉, p.30.

2. 대화 장면의 삼각구조

우리는 지금까지 「도둑맞은 편지」의 행위를 구성하는 <이야기> 장면과, 그 구조를 살펴보았다. 그것은 두 장면, 즉 편지의 <도난>과 <회수>의 장면으로 이루어져 있고, 그 각각은 3인이 한 조가 되어 <삼각구조> — <실재적>, <상상적>, <상징적> 관점 — 을 형성하고 있었다. 그리고 편지의 <도난> 장면 — <원장면> — 의 상징적 틀은 편지의 <회수> 장면 — <반복 장면> — 에서 그대로 반복되고 있었다. 그러나 모든 이야기가 그렇듯이, <행위>만으로 이야기가 이루어지는 것은 아니다. 소설에는 적어도, 그 행위가 되는 이야기를 전달하는 장면이 있게 마련이다. 「도둑맞은 편지」도 마찬가지이다. 거기에도 편지의 도난과 회수에 대해 이야기를 나누는 장면이 있다. 그것이 바로, 서술된 화자와 뒤팽과 경찰국장이 엮어가는 <대화 장면>이다. 그러나 그 장면은 편지의 도난 사건과 무관한 장면이 아니다. 다시 말해 그것은 편지의 도난과 회수라는 행위를 구성하는 장면과 전혀 관계가 없는 순수한 <서술 장면>이 아니다. 그 장면에서 사건의 의뢰와 해결이 이루어진다는 점에서, 그것은 이야기와 간접적인 관련을 맺고 있다. 따라서 편지의 도난과 회수가 직접적으로 이루어지는 장면을 일차적 이야기 — <제일 드라마> — 라고 한다면, 그것은 이차적 이야기, 또는 <제이 드라마>[99]라고 불러도 무방할 것이다. 그러한 사실은 그 장면에 등장하는 인물 역시, <편지>의 영향권 내에 있다는 것을 의미한다. 다시 말해 편지를 둘러싼 삼각구조가 그 장면에서도 반복될 가능성이 있는 것이다.

99 라캉, p.18.

그러나 애석하게도 그러한 사실에 대한 언급은, ≪세미나≫의 어디에서도 찾아볼 수 없다. 단지 라캉은, 사건이 진행됨에 따라 뒤팽도 두 번째 위치로 전락한다는 사실만 말하고 있을 뿐이다. "따라서 그도 상호주체적인 삼인조 중에 속해 있는 이해 당사자인 셈이다. 그렇게 그는 전에 왕비와 장관이 차지하고 있던 중앙의 위치에 있게 된다."[100] 그렇지만 라캉은 나머지 두 관점의 소유자가 누구인지, 그리고 뒤팽이 어떠한 과정을 거쳐 그렇게 되는지에 대해서는 일체 언급하지 않는다. 그렇게 해서 대화 장면은 그의 시야에서 벗어난다. 그러나 다행히도, 그의 제자인 밀르네르가 라캉의 실날같은 암시를 이어받아, 그것에 대한 본격적인 분석을 행하고 있다. 본 장의 논의는 전적으로, 그러한 밀르네르의 연구에 빚지고 있다. 그러나 우리가 밀르네르를 그대로 따른 것은 아니다. 가령 밀르네르의 분석은 우리의 논문과는 다르게, 국장과 뒤팽의 흥정 과정에 집중됨으로 해서, 서술된 화자에 관계된 부분을 상대적으로 소홀히 다루고 있을 뿐만 아니라, <대화 장면>(<서술된 화자>)과 구분되는 <서술 장면>(<서술하는 화자>)에 대해서는 전혀 언급하지 않고 있다.[101]

우선 대화 장면 내의 <서술된 화자>의 위치부터 살펴보기로 하자. 서술된 화자는 <제일 대화 장면>에서는 경찰국장의 대화 상대자이고, <제이 대화 장면>에서는 뒤팽의 대화 상대자이다.[102] 그러나 그는 엄격한 의미에서 그들의 <대화 상대자>라고 말할 수 없다. 왜냐하면 그 두 대화에서

---

100 라캉, p.37.

101 J.-Cl. Milner, *Retour à la Lettre volée,* in *Détections fictives*, Seuil, 1985, pp.9-44 참조.

102 대화 장면은 <제일 대화>과 <제이 대화>로 나뉜다. 전자는 국장이 뒤팽에게 사건을 의뢰하는 장면이고, 후자는 뒤팽이 서술된 화자에게 사건을 설명하는 장면이다. 그러나 그 장면을 구성하는 인물도 동일하고, 그들이 엮고 있는 관계망(즉 삼각구조)도 변동이 없다는 점에서, 우리는 특별한 경우를 제외하고는, 그것들을 한데 묶어 <대화 장면>으로 통칭할 것이다.

그가 맡고 있는 역할이란, 기껏해야 남의 말을 들어주기만 하는 청자의 입장이든지, 아니면 상대방의 말을 제대로 이해하지 못하고, 상대방의 말꼬리를 잡아서 되물어보기만 하는 <귀머거리>이기 때문이다. 그래서 그들의 대화는 귀머거리와 귀가 뚫린 사람의 대화처럼 진행된다.

> "(…) 대번에 꺼낼 수 있도록 준비해두는 것이 편지를 가지고 있는 것과 같이 중요하겠구먼."
>
> "대번에 꺼낼 수 있도록 준비해두고 있다는 것은 (무슨 뜻인가)?" 내가 말했다.
>
> "말하자면 찢어버리기 쉽게 말이야." 뒤팽이 말했다.
>
> "옳지 그렇다면 편지는 확실히 집안에 있겠구먼요. 장관이 가지고 다닌다는 것은 의심할 바도 없습니다." 내가 말했다.[103]

위의 인용문에서 볼 수 있듯이, 그는 두 번씩이나 말해주어야지 가까스로 이해하는 바보다. 그것도 기껏해야 상대방의 말에 맞장구치는 정도이다. 그는 말 그대로 <예스 맨>이다. 남에게 굽실거린다는 의미에서 <예스 맨>이 아니라, 상대방이 전해주는 의미 이외에는 생각지 못한다는 점에서 <예스 맨>이다. 그에겐 자기의 주관을 가지고 남의 말을 부정하는 법이 없다. 그의 입은 진정한 의미에서, 제구실을 하지 못한다. 그에겐 귀밖에 없다고 말해도 과언이 아니다.[104] 야콥슨적인 의미에서, 그의 말은 상대방의 말을 확인하거나(<메타언어적 기능(fonction métalinguistique)>), 대화를 계속 이어가려는 접촉의 기능(<담화적 기능(fonction phatique)>)밖에 없다.[105] 어찌

---

103 도둑, p.49(134-5).

104 <서술된 화자>가 입장이 바뀌어 <서술하는 화자>가 되면, 이러한 상황은 완전히 역전된다. 다시 말해 서술하는 화자에게는, <귀>는 없고 <입>만 있다. 그것은 <서술하는 화자>가 <서술된 화자>와는 달리, 말상대가 아니라 말의 주체이기 때문이다.

보면 그는 순진하다. 그에게는 자기가 모르는 것은 다시 물어보거나, 솔직히 인정하는 면이 있기 때문이다: "그것은 왜요?"[106]라든가, "나는 그 문제를 생각해본 적이 없다네."[107]라는 말이 그 대표적인 예이다. 그 결과 그는 상대방의 유도 심문에 놀아나게 된다.

> "수색의 전말을 좀 자세히 말씀해주실 순 없을까요?"[108]
>
> "그러나 이제 말씀하신 그런 방법으로 감췄을 듯한 가구를 하나도 빼놓지 않고 낱낱이 뜯거나 조각조각으로 분해할 수야 없겠지요. 편지 한 장 쯤야 똘똘 말면 큰 뜸질 바늘만한 모양으로 밖에 더 되겠어요. 그렇다면 그까짓 거야 의자 잔(棧)[역주: 바닥의 판자] 같은 사이에라도 틀어넣을 수 있지 않습니까? 그렇다고 해서 의자라는 의자를 전부 뜯어보지는 않으셨겠지요?"[109]
>
> "물론 경대도 보셨겠지요? 판자와 유리 사이두요? 그리고 커튼과 융단은 물론이고 침대와 침구도 조사해 보셨겠지요?"[110]
>
> "옆에 있는 두 채의 집까지 도요! 참 거 대단한 수고였구먼요."[111]
>
> "집 주위의 마당도 보셨겠지요?"[112]
>
> "물론 D 장관의 서류와 도서실의 서적도 조사해보셨겠죠?"[113]
>
> "융단 아래 마루도 조사하셨습니까?"[114]
>
> "벽지는요?"[115]

---

105 R. Jakobson, *Essais de linguistique générale*, Les Editions de Minuit, 1963, p.220: T. 혹스, 『구조주의와 기호학』(정병훈 역), p.115 참조.
106 도둑, p.50(136).
107 도둑, p.60(148).
108 도둑, p.50(135).
109 도둑, pp.50-1(136).
110 도둑, p.51(137).
111 도둑, p.51(137).
112 도둑, p.51(137).
113 도둑, p.51(137).
114 도둑, p.52(137).
115 도둑, p.52(138).

"지하실도 조사하셨습니까?"[116]

"그렇다면 무슨 오산이 있구먼요. 그 편지는 당신이 상상하듯이 집안에 없습니다."[117]

위의 인용문은 서술된 화자가 경찰국장에게, 가택수색에 관해 물어본 내용의 전부이다. 이렇게 그는 장관의 집을 담화의 차원에서 <샅샅이> 뒤지고 있다. 국장이 <장소의 차원>에서 한 행동을 그대로 답습하고 있는 것이다. 그러나 편지는 국장이 찾아본 대로, 어디에도 없다. 더욱이 서술된 화자처럼 남의 말의 표면적인 의미만 듣는 사람에게는, 경찰의 답변 <속>에서도 찾을 수 없다. 결국 그는 경찰의 <의도>[118]대로, <편지는 장관의 집에 없다>는 결론에 도달한다. 이렇게 그는 하나를 가르쳐주면 하나밖에는 모르는 사람이다. 그리하여 그는 급기야, 경찰의 말이 자신의 사고를 넘어설 때에는, 감탄해 마지않는다: "옆에 있는 두 채의 집까지 도요! 참 거 대단한 수고였구먼요."[119]

화자의 그러한 모습은 뒤팽과의 대화에도 그대로 이어지고 있다. 그들의 대화는 모든 것을 알고 있는 사람과 아무것도 모르는 사람의 대화처럼 진행된다. 그래서 무지몽매한 화자로서는, 뒤팽이 그의 상상을 초월하는 말이나 행동을 할 때마다. 대경실색하기 일쑤이다. 예컨대 뒤팽이 경찰국장에게 편지를 넘겨주는 장면에서, 그는 "깜짝 놀랐다"[120]고 말하고 있을 뿐만 아니

116 도둑, p.52(138).
117 도둑, p.52(138).
118 이 절의 후반부에서 밝혀지겠지만, 국장이 <편지가 장관의 집에 없다>고 거듭 강조하는 것은, 실은 뒤팽을 겨냥하고 있는 말로서, 뒤팽에게 <편지는 다른 데 있다>는 사실을 주지시키기 위한 것이다.
119 도둑, p.51(137).
120 도둑, p.53(140).

라, 뒤팽이 장관에게 남긴 편지 속에 자필로 크레비용의 시구를 써놓았다는 말에는, 아예 졸도할 지경에 이른다: "아니 그럼 자네는 그 속에 무엇을 써넣었단 말인가?"[121] 그렇게 그는 편지의 향방은 물론이려니와, 뒤팽과 몇 년 씩이나 같이 지냈는데도, 뒤팽의 화법에 대해 전혀 모르고 있다. 다음의 대화를 한 번 더 보자:

> "이것 봐라. 그렇다면 세상 일반의 의견과 모순 아닌가. 자네는 수세기 간 내려오는 정설을 무시하는 것 아닌가. 수학적 추리법은 오랫동안 최상의 추리법으로 인정되어 오지 않았나?" 내가 말했다.
>
> 뒤팽이 샹포르(Chamfort)의 말을 인용하면서 말했다: "단언할 수 있는 것은 모든 세속적인 관념 또는 세속적인 관례는 대다수의 대중의 의견에 적합한 것이므로 어리석은 일일세. 수학자는 자네가 이제 말한 통속적인 오류를 보급시키는데 전력을 다해 온 것일세.(…)"
>
> "자네는 지금 파리의 대수학자에게 선전포고를 하는 것인가, 이 사람아? 좌우간 어서 이야기나 계속하게."내가 말했다.[122]

이것은 상식이 내포할 수 있는 허구성에 대한 뒤팽의 지적에 대해, 화자가 의아해 하는 장면이다. 이 대화는 겉으로 보기에, 색다른 것이 없는 평범한 대화다. 그러나 조금 세심하게 들여다보면, 뒤팽과 화자의 지적 수준의 차가 여실히 드러남을 알 수 있다. 뒤팽의 말에 따르면, <수학이 최상의 추리법> 이라는 생각은 <세속적 관념>이다. 그러나 화자는 뒤팽의 뜻을 잘 이해하지 못한다. 다시 말해 그는 뒤팽의 이야기에 자신이 포함되어 있다는 사실을 전혀 눈치 채지 못한 채, 뒤팽과 수학자들 간의 싸움으로 돌려버리면서,

---

121 도둑, p.64(152).
122 도둑, pp.57-8(145).

<담화적 기능>을 떠맡는 것으로 만족하고 있다. 따라서 그 역시 뒤팽이 말하는 의미에서, <통속적 오류>의 당사자가 되는 셈이다. 이렇게 서술된 화자는 표면적인 의미밖에는 생각하지 못하는 인물이다. 그래서 그는, 라캉식의 표현을 빌자면, 다른 두 인물 — 뒤팽과 국장 — <앞>에서, 그들에게 엉덩이를 내보이는 <타(자)조>가 될 수밖에 없다. 그가 있는 곳은 편지의 <앞자리>이기 때문에, 그는 편지와 그의 뒤에 있는 사람들을 볼 수 없다. 그러니 그가 편지의 소재지(뒤팽의 서랍)를 전혀 감지하지 못하는 것은 당연하다 하겠다. 그렇기 때문에 그는, 뒤팽이 서랍에서 편지를 꺼내놓을 때, 화들짝 놀라는 것이다.

한편 <대화 장면>에서, 뒤팽과 국장은 어떠한 관계에 있는 것일까? 그들의 관계를 알아보기 위해서, 우선 지금까지 살펴본 경찰의 이미지를 다시 한 번 환기해보자. 한 마디로, 경찰은 역시 경찰이었다. 그는 <반복 장면>에서 장관의 집을 <샅샅이> 뒤진다. 그렇지만 <왕비의> 편지는 그의 눈에 띄지 않고 지나간다. 왜냐하면 왕비<의> 편지는 이미 장관<의> 편지가 되어 있었는데, 그는 왕비<의> 편지만을 찾았기 때문이다. 따라서 그가 편지를 찾을 수 없었던 것은, 일차적으로는 편지를 <진(원형) / 위(변형)>의 차원에서 찾는 것이 아니라, <있다(존재) / 없다(부재)>의 차원에서 찾았기 때문이며, 이차적으로는 그가 편지의 협약에 대해 숙고하지 않은 결과이다. 이렇게 왕비<의> 편지가 변형되지 않고 어딘가에 <있다>는 생각은, 이미 그의 신념이 된 지 오래이다. 어쩌면 그의 우둔함은 그러한 신념으로부터 기인하는 것인지 모른다.

그렇지만, 그는 신념의 실천에 관한 한, <근면하고>, <참을성이 많고>[123] 우직했다. 그것은 가히 상상을 초월하는 것으로, 이미 뒤팽도 인정한 바 있다: "편지가 그들의 수색 범위 내에 감춰져 있기만 했다면 반드시 눈에 띄었을 것일세.(…) 채택된 방법도 훌륭했고 실행도 빈틈없었단 말일세."[124] 그러한 점에서, 경찰이 "사건의 전모는 잃을지 모르지만, 한 두 가지 점만은 비상한 형안으로 보고"[125] 있는 셈이다. 그는 한 번 맡은 냄새는 끝까지 놓치지 않는 경찰인 것이다. 그러니 그러한 경찰이 편지가 장관의 집에 없다고 포기했을 리 만무하다. 그렇다면 국장은 편지가 어디에 있다고 생각한 것일까? 이것에 답하기 전에, 편지가 장관의 집에 <없다>는 국장의 확신을 다시 한 번 확인하자. 그런데 역설적이게도, 그러한 사실을 우리에게 확인시켜주는 사람은 바로 뒤팽이다. "결국 G는 편지가 집안에 <없다>는 확신에 도달했네(…)"[126] 만약 뒤팽의 이러한 확신이 옳다면, 편지를 <장소>의 차원에서 찾는 국장으로서, 편지가 <다른 데 있다>고 생각하는 것은 당연하지 않을까? 그렇다면 그 곳이 어디일까? 우리는 국장이 <그 곳>을 모른다고 생각하고 있다. 그러나 과연 그가 몰랐을까? 설혹 몰랐다고 하더라도, 의심 가는 곳이 없었을까? 단적으로 말해, 국장이 뒤팽을 괜히 방문했을까? 우리는 그가 뒤팽을 방문한 것이, 사건을 의뢰하기 위해서라고 생각하고 있다. 그러나 국장이 뒤팽을 찾아간 것은, 마리 로제의 살인 사건의 경우처럼, 사건을 의뢰하기 위한 것이 아니었다. 그는 그런 말을 직접 한 적이 없다. 그는 단지 "뒤팽도 사건의 전말을 듣고 싶어 할 것 같아서"[127] 라고 말하고 있을 뿐이다. 그렇다면 그는 왜 뒤팽이 듣고 싶어 할 것이라고 생각했을까? 다른 때(「도둑맞은 편지」 이전 사건) 같았으면, 사건을 단도직입적

123 모르그가, p.23(175).
124 도둑, p.54(141).
125 모르그가, p.24(175).
126 도둑, p.59(147): 앞에서 살펴보았듯이, 뒤팽은 국장이 <장소의 차원>에서 편지를 찾고 있다는 사실을 이미 알고 있다. 이 절의 후반부에서 밝혀지겠지만, 그럼에도 불구하고, 그는 <편지가 장관의 집안에 없다>는 국장의 확신은 읽으면서, 그 확신 이면에 있는, <편지가 다른 데 있다>는 국장의 다른 확신은 읽지 못한다. 이것이 바로, 뒤팽의 어리석음의 첫 번째 단면이다.
127 도둑, p.46(130).

으로 의뢰했을 텐데, 왜 그는 돌려서 말하는 것일까? 자존심 때문일까? 그러나 그는 "사건의 해결을 위해서는 어떠한 희생도 달게 받을 각오가 되어 있고," "뒤팽의 수완을 칭찬하는 것"[128]을 아끼지 않는 사람이었다.

그러한 그가 뒤팽 앞에서 머뭇거릴 이유가 어디 있겠는가? 이러한 의문에 답하기 위해, 좀 더 경찰의 속성을 살펴보자. "파리의 경찰은 인내성도 있고, 교묘하고 교활하고 직무상 필요한 지식은 무엇이고 가지고 있다."[129] 즉 경찰은 정보기관으로서, 모든 정보가 입력되어 있는 곳이다. 게다가 뒤팽과 경찰국장은 잘 아는 사이이다. 그것은 이미 「모르그가」와 「로제」를 통해 알려진 사실이다. 그들은 단순히 사건의 의뢰와 해결을 통해서 맺어진 관계가 아니다. 그들의 관계는 이미, 뒤팽이 모르그가의 살인 사건을 통해 유명해지기 이전부터 시작되고 있다: "우리가 가서 그 집을 눈으로 직접 볼까? 나는 경찰국장 G씨를 잘 알거든. 그러니까 필요한 허가를 얻는 데 별반 시끄러운 일은 없을 거야."[130] 따라서 경찰 국장은 사적이든 공적이든, 뒤팽에 관한 모든 인적 사항과 생활 형편을, 속속들이 알고 있었을 것이다. 그러니 그가 뒤팽이 몰락한 가문 출신으로 경제적으로 여러 가지 어려움을 겪고 있다는 사실과, <장관과 형제지간>[131]이라는 사실을 몰랐을 리 없다. 그러한 국장이 과연 사건 의뢰 차 뒤팽을 방문했을까? 그러나 이번에는 전과 상황이 다르다. 전에는 "경찰국에서 뒤팽의 힘을 빌려고 한 사건도 그 수가 적지 않았지만,"[132] 이번에는 범인이 뒤팽의 형인데다, 뒤팽은 돈을 필요로

128 로제, pp.821-2(207).
129 도둑, p.54(141).
130 모르그가, p.24(176).
131 뒤팽이 장관에게 남긴 크레비용의 시구나, 그 밖의 여러 가지 정황을 미루어 볼 때, 뒤팽과 장관은 형제이거나 쌍둥이 또는 분신일 가능성이 높다: 뒤팽과 장관의 <분신> 관계에 대해서는 임진수, 『정신분석 비평에 관한 한 연구—「도둑맞은 편지」에 대한 논의를 중심으로』, 서울대학교 박사학위 청구논문, 1994, 4장3절 <분신과 운하임리헤> 참조.

한다. 그러니 필시 국장은 경찰의 속성 상, 뒤팽이 장관의 <공범>일 가능성이 높다고 의심했을 것이고, 그러한 의심에 따라 뒤팽의 의중을 떠보기 위하여 그를 방문한 것일 것이다.

우리의 짐작대로, 그는 첫 방문부터 보상금 문제를 거론한다. 그는 뒤팽 역시 다른 사람과 마찬가지로, 돈의 유혹을 뿌리치지 못할 것이라고 생각하고 있었기 때문이다. 한 마디로 그는 사건을 의뢰하러 간 것이 아니라, 편지를 <흥정>하러 간 것이다: "3개월 동안 그 대부분을 나 혼자서 D 장관의 집안을 수색하지 않은 날이라고는 하룻밤도 없었습니다. 내 체면도 관계된 일이고 해서, 이것은 큰 비밀이지만, 현상금도 막대합니다."[133] 게다가 그 보상금은 편지의 거래 대금으로 국장 자신이 <직접> 제시한 것이다. 사실 왕비가 보상금을 내걸었다는 증거는, 그 소설 어디에서도 찾아볼 수 없다. 그럼에도 불구하고 그것이 왕비의 돈이라고 생각되는 이유는 무엇일까? 아마도 그것은, 왕비가 그렇게 중요한 편지를 되찾으려고 할 때에는, 십중팔구 현상금을 내걸었을 것이라는 사회적인 통념 때문일 것이다. 그렇지만 그것은 분명히 왕비가 제시한 것이 아니라 경찰국장이 제안한 것이다. 국장은 분명히 자기 입으로, 자기 <개인> 수표라고 말하고 있다:

> "제공된 보수는 얼마라고 했죠?(How much was the reward offered, did you say?)" 뒤팽이 물었다.
>
> "그야, 대단하죠 — 아주 후한 현상금입니다 — 정확히 얼마라고는 말하고 싶지 않습니다; 그러나 <내가 분명히 말해둘 것은>(one thing I *will* say), 그 편질 나의 손에 넣어주는 사람은 누구든지 5만 프랑에 상당하는 <내 개인 수표(my individual check>)를 드리겠습니다."[134]

---

132 로제, pp.818-9(204).
133 도둑, p.49(134).

이렇게 그것은 다른 누구의 수표도 아닌 경찰국장 자신의 것이었다. 또한 원문에서 조동사 <*will*>이 이탤릭체로 강조되어 있는 것으로 보아, 작가 자신도 보상금이 경찰국장의 <의지>에 의한 것이라는 사실을 은밀히 드러내려고 했던 것이 틀림없다. 그런데 우리가 여기서 주목해야 할 것은, 뒤팽이 보수의 액수를 묻는 대목이다. 그는 왜 보상금에 집착을 보이는 것일까? "그는 세상에 나와 활동해보겠다든가, 혹은 재산을 다시 회복해보겠다는 생각을 아예 단념한"[135] 사람이었다. 그만큼 그는 세속적인 데 관심이 없는 사람이었다. 그러한 사람이 왜 돈을 탐하는 것일까? 물론 그는, 국장에게 사건 해결의 대가로 약간의 보수를 받은 적은 있다. 그렇지만 "그 이익은 전혀 일시적인 것이었고,"[136] 또한 사양하기 일쑤였다. 그런데 그러한 그가 이번에는 5만 프랑이라는, 그 당시로서는 엄청난 돈을, 그것도 먼저 요구하는 까닭은 무엇일까? 지금으로서는 경제적인 압박이 그를 견딜 수 없게 만들었다고 판단하는 수밖에 없다. 그렇다면 결국 국장의 예측이 맞아떨어지는 것이 아닌가? 그리고 경찰의 의심이 점점 현실화되는 것이 아닌가? 그렇지만 아직까지 그렇다고 판단하기에는 이르다.

그런데 뒤팽은 그 돈이 누구에 의해 제공되는 것으로 생각하고 있었을까? 그의 말의 원문(<How much was the reward offered, did you say?>)은 수동태로 되어 있다. 게다가 그것은 간접목적보어와 동작주보어가 생략되어 있는 상태여서, 그 주체를 정확히 진단하기 어렵다. 그렇지만 논리적으로 그것의 동작주 보어는 <왕비> 아니면 <당신(경찰국장)>일 것이다. 만약 전자라면 <왕비에 의해 (당신에게) 제공된 보수는 얼마냐>가 되겠고, 후자라면 <당

134 도둑, pp.52-3(139).
135 모르그가, p.10(158-9).
136 로제, p.822(207).

신에 의해 (나에게) 제공<될> 보수는 얼마냐>가 될 것이다. 그러나 만약 후자의 경우라면, 그 문장은 미래형으로 되어 있었을 텐데, 그것은 과거형으로 되어 있다. 따라서 뒤팽은 보상금이 왕비에 의해 제공되는 것으로 생각하고 있었다고 보아야 한다.[137] 이에 대해 국장은, 뒤팽이 협상에 응해오는 줄 알고 다음과 같이 대답한다.

> "사실 그것은 날이 갈수록 중요해지고 있습니다. 그리고 <보상금도 최근에 두 배가 되었습니다. 그러나 그것이 세 배가 된다면, 나는 내가 했던 것 이상 할 수 없습니다." (the reward has been lately doubled. If it were trebled, however, I could do no more than I have done.)
>
> "글쎄요, <G씨, 나는 당신이 그 문제에 있어서 최선을 다하지 않았다고 생각이 드는데요. 약간 더 할 수 있으리라 생각되는데요.>" 뒤팽이 해포석 연기 사이로 느리게 말했다.(I really think, G — , you have not exerted yourself to the utmost in this matter. You might do a little more, I think, eh?)[138]

보상금이 최근에 <두 배가 되었다>는 것으로 보아, 처음에 제시된 금액은 2만5천 프랑이었다. 그렇지만 이번에도 원문이 수동태로 되어 있기 때문에, 그 주체는 확실히 알 수 없다. 대체 누가 올렸을까? 그 다음 말을 보자. 그런데 그 다음 말 — <그것이 세 배가 된다면> — 역시 수동태로 되어 있다. 그렇다면 여기서는 대체 누가 세 배로 올리는 것일까? 이 문제를 풀 수 있는 열쇠는, 능동태로 되어 있는 그 다음 말 — <내가 했던 것 이상 할 수 없습니다.> — 인데, 애석하게도 그 다음 말은 어떠한 뜻도 수용할

137 우리가 앞에서 이미 살펴보았듯이, 보상금은 국장 개인의 호주머니에서 나오는 돈이기 때문에, 뒤팽의 이러한 생각은 틀린 것이다. 이것이 뒤팽의 두 번째 어리석음이다.
138 도둑, p.53(139).

수 있는 대동사(<하다(do)>)로 되어 있다.[139] 그러나 해석의 실마리는 그 다음 말로부터 역으로 풀려나간다: 그것은 <약간 더 할 수 있는데요>[140]라는 뒤팽의 말이다.

그런데 뒤팽은 무엇을 더 하라고 국장을 독촉하는 것일까? 가택수색을 약간 더 하라는 말일까? 경찰의 수색 작업은 뒤팽 자신도 인정하는 바와 같이, 그 방면에서는 최상의 것이었다. 게다가 국장은 뒤팽의 마지막 조언에 따라, 한 달 간 재조사를 펼친 바 있다: "뒤팽씨의 말대로 재조사를 해보았습니다만, 내가 예기한 바와 같이 헛수고였습니다."[141] 따라서 그 말은 가택수사를 더 하라는 의미는 아니다. 그렇다면 무엇을 더 하라는 말일까? 그것은 아마 <돈을 약간 더 쓰라>는 말일 것이다. 이러한 사실을 염두에 두고, 그 앞에 있는 말로 거슬러 올라가면, <세 배로 올린다.>는 국장의 말은, 뒤팽 쪽에서 올린다는 뜻으로 파악될 수 있다. 따라서 국장의 마지막 말 — <그것이 세 배가 된다면, 나는 내가 했던 것 이상 할 수 없습니다.> — 은, <당신(뒤팽)에 의해 보상금이 세 배가 된다고 하더라도(또는 당신에 의해 보상금이 세 배가 된다면), 나는 두 배 이상 할 수 없다(또는 당신의 제안에

139 밀르네르에 따르면, 보들레르는 대동사 <do(하다)>를 <의무를 다하다(faire son devoir)>로 의역하고, 수동태를 능동태(주어; on)로 바꾸고, 경우에 따라 일어날 수 있는 일을 완전히 허구적인 가정으로 오역함으로써, 보상금을 제공하는 사람이 왕비라는 확신을 불란서 독자에게 심어주고 있다.(J.-Cl. Milner, *op. cit.*, p.23 주 (1) 참조)

140 여기서도 보들레르는 <당신은 약간 더 할 수 있는데요>라는 원문을 생략하고, 그 대신 원문에도 없는 <당신은 문제의 핵심까지 가지 못했다(vous n'êtes pas allé au fond de la question)>(도둑, p.53)는 주석을 첨가하고 있다. 그리하여 "그것은 다시 한 번 주의를, 국장의 수색 쪽으로 돌리고, 상업적인 흥정으로부터 벗어나게 하는 결과를 빚고 있다." 밀르네르에 따르면, 보들레르는 원문의 애매성을 인식하고 있었음에도 불구하고, 뒤팽-협잡꾼의 이미지를 불식시키고, 자신의 댄디즘(dansysme)에 부합하는 깨끗한 이미지를 뒤팽에게 보존하기 위하여, 의도적으로 그렇게 한 것이다. 따라서 "보들레르의 뒤팽은 포의 뒤팽이 아니다."(*Ibid.*, p.24 주 (1) 참조)

141 도둑, p.52(139).

응할 수 없다)>는 뜻으로 해석되어야 한다. 이러한 국장의 제안에 대해, 뒤팽은 조언을 받아들이는 것이 좋을 것이라고 말하면서, 애버니디(Abernethy)의 일화를 꺼낸다:

> "거 참, 어떻게 했으면 좋겠습니까?"
>
> "글쎄요, 푸 — 푸 — , 당신은, 푸 — 푸 — 그 문제 있어서는 충고를 받아들이는 것이 좋겠는데요? 푸 — 푸 — 푸 — , 당신은 애버니디의 얘기를 들어 본 적이 있습니까?"
>
> "아니요. 얼어 죽을 애버니디!"
>
> "물론 그야 당신 뜻에 달린 것이죠. 옛날에 어느 부자 구두쇠 한 사람이 애버니디를 찾아 와서, 의학상의 의견을 그저 슬그머니 물어볼 작정으로 우선 둘이서만 마주앉게 되었을 때, 처음에는 딴 얘기를 하다가, 가령 이러한 환자가 있다면 '당신은 무엇을 들라고(take) 처방을 하시겠습니까?'라고 물어보았습니다. 그랬더니 그는 '무엇을 드느냐고! 물론 <조언을 들면(take *advice*)> 되지'라고 대답했답니다."[142]

홍정이 지연됨에 따라 짜증 — <얼어 죽을 애버니디!> — 을 부리는 국장을 마다하고, 뒤팽이 굳이 애버니디의 일화를 계속 들먹이는 것은, 자기를 애버니디에 비유하고 국장을 인색한 부자에 비유함으로써, 국장이 편지를 헐값에 가져가려고 한다는 것을 암시하고 싶어서였을 것이다. 그러한 그의 암시는, 담배 연기를 내뿜는 그의 행위에도 그대로 반영되어 있다.[143] 즉 그는 충고를 받아들이는 것이 좋겠다고 말하면서, 간격을 두고 담배 연기를 <세> 차례 내뿜는다. 그것도 처음 두 차례는 <두> 번을 내뿜다가, 마지막

142 도둑, p.53(139-40).

143 이러한 암시의 발견은, 전적으로 밀르네르의 통찰력의 소산이다.(J.-Cl. Milner, *op. cit.*, p.24, 주 (2) 참조)

차례에 가서야 <세> 번을 내뿜는다. 그것은 아마 보상금을 <두> 배에서 <세> 배로 올리라는 암묵의 시위일 것이다. 거기에 대해 국장은 보상금을 세 배로 올려줄 수는 없지만, <조언을 들라>는 뒤팽의 조언은 문자 그대로 받아들이겠다고 말한다. 즉 그는 편지를 찾아주는 사람은 물론이려니와, <조언>을 주는 사람에게까지도 보상금을 지불하겠다고, 거래의 조건을 완화한다. "<그러나 나는 아주 기꺼이 <조언을 받아들여(take advice)>, 그것에 대해서도 사례를 하겠습니다. 그 문제 있어서 나를 도와주는 사람이면 누구에게나 5만 프랑을 <진짜> 드리겠습니다.> 국장이 약간 불안한 듯이 말했다."[144] 따라서 뒤팽은 국장에게 편지까지 줄 필요는 없었다. 그는 그에게 조언<만> 제공하더라고 보상금을 받을 수 있었다. 그럼에도 뒤팽은 <조언> 대신에 <편지> 자체를 내놓는다[145]:

> "그렇다면, 이제 말씀하신 금액의 수표를 써주십시오. 수표에 사인만 하면 당장에 편지를 드리겠습니다." 뒤팽이 서랍을 열고 수표를 꺼내면서 대답했다.[146]

거래는 여기서 끝이 난다. "국장은 벼락 맞은 사람처럼 잠시 아무 말 없이 꼼짝 않고 있다"가, 곧 정신을 차리고 편지를 살펴본 뒤, "기쁨에 겨워"[147] 문을 박차고 뛰어나간다. 그러나 국장의 기쁨은 화자의 놀라움과는 성질이 다르다. 화자의 놀라움은 자신이 전혀 눈치 채지 못한 상황이 벌어지는 것에 대한 반작용이지만, 국장의 놀라움은 전혀 그렇지 않다. 그는 처음

---

144 도둑, p.53(140).
145 이것이 뒤팽의 세 번째 어리석음이다.
146 도둑, p.53(140).
147 도둑, p.53(140).

부터 뒤팽을 공범으로 의심해왔기 때문에, 뒤팽이 편지를 가지고 있으리라는 확신을 가지고 있었다. 따라서 그의 놀라움은 자기의 짐작이 맞아떨어졌다는 데서 오는 기쁨이며, 또한 조언(또는 정보)말고도 의외의 소득(즉 편지)을 얻었다는 데서 오는 만족감이다.[148] 아마 예전 같았으면, 그는 사건 해결의 우선권을 뒤팽에게 빼앗긴 것에 대해 <분한> 마음을 가졌을 것이다: "국장은 나의 친구에 대하여 평소에 호의를 품고 있긴 했어도, 사태가 이렇게 된 데 대해서는 분한 생각을 완전히 감추지 못하여, 사람은 저마다 저 할 일이나 하면 된다고 한 두 마디 악담을 늘어놓으려 했다."[149] 그러나 이번 경우는 상황이 다르다. 이번에야말로 그는, 뒤팽 삼부작의 마지막 작품인 「도둑맞은 편지」에서, 처음이자 마지막으로 추리가 적중하는 기쁨을 만끽하는 것이다. 이제 이러한 사실을 염두에 두고, 제일 대화의 첫 장면으로 거슬러 올라가보자. 그러면 제일 대화 장면의 앞부분에 다음과 같은 대화가 나온다.

> "그런데 그 까다로운 사건이란 대체 어떤 것입니까? 또 살인 사건은 아니겠죠?" 내가 물었다.
> "아뇨, 전혀 그러한 성질의 것이 아닙니다."[150]

여기서 <그러한 성질의 것이 아니라>는 말은, 물론 살인 사건이 아니라는 뜻이다. 그러나 지금까지의 논의에 비추어 볼 때, 거기에는 그 이상의 의미가 숨어 있다. 즉 국장의 입장에서 보면, 그것은 예전의 살인 사건처럼 뒤팽에게 <의뢰>할 성질의 것이 아니라, 뒤팽과 <흥정>해야 할 성질의

148 J.-Cl. Milner, *op. cit.*, p.25 참조.
149 모르그가, p.44(201).
150 도둑, p.46(130).

것이라는 의미를 함축하고 있다.

이 대화는 곧바로, 우리가 앞에서 살펴보았던 국장과 화자의 대화로 이어진다. 거기서 국장은 서술된 화자에게, <그 편지는 장관의 집에 없다>는 사실을 계속해서 주지시키고 있다. 그렇지만, 그의 말이 실제로 지향하고 있는 사람은 화자가 아니라 뒤팽이다. 왜냐하면 국장이 찾아온 사람은 뒤팽이지 화자가 아니기 때문이다. 따라서 우리는 그 말을 다음과 같이 해석할 수 있을 것이다: <그 편지는 장관의 집에 있어야 하는 데 없다. 그러니 다른 곳에 있을 수밖에 없는데, 그것이 어디 있겠는가? 장관과 형제인 당신 집에 있을 수밖에 없지 않은가?> 그것은 그로서 충분히 가능한 생각이다. 왜냐하면 그는 뒤팽처럼 사건을 의미의 차원에서 생각하지는 못할 지라도, 경찰답게, 현실주의자답게, 장소의 차원에서 편지를 찾고 있기 때문이다. 경찰은 역시 경찰이다.

지금까지 우리는 대화 장면을 구성하는 세 등장인물 — 서술된 화자와 뒤팽과 경찰국장 — 의 관계를 알아보았다. 거기서 우리는 다음과 같은 결론을 얻을 수 있다: 즉 "편지의 거래가 화자의 앞에서 전개되고 있지만, 그는 아무것도 보지 못하고 있다. 그는, 뒤팽이 편지를 가지고 있다는 사실도, 국장이 그 사실을 예상하고 있다는 사실도, 그리고 거기에서 수요와 공급이 이루어지고 있다는 사실도 모르고 있다. 뒤팽에 관해서 말하자면, 그는 화자가 아무것도 보지 못하고 있다는 것은 보고 있지만, 국장이 옳건 그르건 간에,[151] 그를 공범으로 여기고 있다는 사실과, 국장에게는 다른 사

151 사실 뒤팽이 경찰의 지력을 정확히 파악하면서도 그의 우직함을 간과하듯이, 경찰 역시 뒤팽과 장관이 형제라는 사실은 알고 있었지만, 그들이 연적 관계라는 사실은 전혀 모르고 있다. 그러한 점에서 뒤팽이 장관의 공범이라는 국장의 판단은 틀렸다. 그렇지만 그의 의심의 결과는 적중한 셈이다. 왜냐하면 복수에 의한 것이건, 아니면 공범에 의한 것이건, 아무튼 편지는 뒤팽이 갖고 있었기 때문이다.

람이 아닌 뒤팽이 그 편지를 소지하고 있다는, 문자 그대로 확실한 예상만이 중요하다는 사실을 모르고 있다. 그래서 편지가 있는 곳을 보는 자리는 국장에게 돌아간다. 그는 편지가 거기에 없을 때조차 그것을 보고 있고(그 이유가 틀렸다는 것은 중요치 않다), 그것을 낚아채는 것이다. 그리하여 엄격하게 라캉 식으로 말하면, 도둑맞은 편지의 소유가, 뒤팽으로 하여금 예전에 왕비와 장관이 차지하고 있던 위치를 차지하게 하는 것이다."[152]

지금까지 살펴본 세 장면 — <원장면>과 <반복 장면>과 <대화 장면> — 에서 되풀이되는 반복강박적인 삼각구조를 도표화하면 다음과 같다:

편 지

	실재적 관점 (제일 시선)	←	상상적 관점 (제이 시선) ↓	←	상징적 관점 (제삼 시선)
제1장면 (원장면)	왕		왕 | 비		장관
제2장면 (반복 장면)	경찰국장		장 | 관		뒤팽
제3장면 (대화 장면)	서술된 화자		뒤 | 팽		경찰국장
			이동		

그렇다면 경찰은 편지를 넘겨받은 뒤 어떻게 하였을까? 순순히 왕비에게 넘겨주었을까? 아니면 그 편지를 이용하여 왕비와 장관에게 권력을 행사할까? 그러나 이야기가 어떻게 진행될 지는 아무도 모른다. 「도둑맞은 편지」는 여기서 끝나고 있다. 그렇지만 도표를 통해 알 수 있듯이, 모든 등장인물

152 J.-C. Milner, *op. cit.*, pp.26-7.

은 편지의 <소지>[153]와 함께, 모든 것을 조망할 수 있는 제3의 시점에서, 제 1열만 보일 뿐 제3의 시선이 자기를 보고 있다는 것을 보지 못하는 제2의 시점으로 전락하고 만다. 따라서 우리는 경찰국장 또한 편지의 소지와 함께 제2열로 떨어질 것이라고 충분히 예상할 수 있다. 그렇지만 그것은 상상의 장면에 속하는 것으로, 누구도 선불리 그렇다고 장담할 수 없다. 어쩌면 그가 고분고분하게 편지를 왕비에게 돌려줌으로써, 편지의 회로로부터 빠져나올 지도 모른다. 그러나 그 경우에도 편지의 영향력은 끝나지 않을지도 모른다. 왜냐하면 "18개월 간 장관이 그 귀부인을 자기 세력 안에 굴복시키고 있었지만, 이번에는 그가 그 귀부인에게 굴복당할 차례이기"[154] 때문이다. 아무튼 이러한 문제들은 "편지에 붙은 기분 나쁜 마력"[155]에 관계된 것으로, 우리를 편지의 상징성으로 안내한다.

2010년 10월 13일

153 "우리는 편지를 소지하고 있는 사람이라고 말했지 편지를 소유하고 있는 사람이라고 말하지 않았다. 왜냐하면 편지가 누구의 손에 들어가더라도, 편지의 소유권은 그에게 있는 것이 아니라, 그 편지의 수취인에게 있다는 것은 이론의 여지가 없기 때문이다"(라캉, p.28)

154 도둑, p.64(152): 이 인용문(뒤팽의 말)로 미루어 보아, 뒤팽은 편지가 아무 탈 없이 왕비에게 돌아갈 것으로 생각하고 있다. 그러나 그러한 생각이 반드시 정확한 것은 아니다. 왜냐하면 국장은 편지의 영향력을 충분히 알고 그것을 이용할 만큼, "교묘하고 교활한"(도둑, p.54(141)) 사람이기 때문에, 편지를 왕비에게 돌려주지 않을 공산이 크다. 이것이 뒤팽의 네 번째 어리석음이다.

155 J. Lacan, *Le séminaire, Livre II; Le moi dans la théorie de Freud et dans la technique de la psychanalyse*, Seuil, 1978., p.239.

3. 문자의 심역

1) 무의식적 욕망의 대상으로서의 편지

라캉에게 있어서, 도둑맞은 편지는 무엇을 상징하는 것일까? <편지>는 두말할 나위 없이 이야기의 중심에 있다. 「도둑맞은 편지」는 편지의 도난으로부터 시작해서 그것의 회수로 끝난다. 뿐만 아니라, 등장인물들의 관심 역시 편지에 총집중되면서, 그들은 그것을 얻기 위하여 온갖 노력과 지혜를 다 짜낸다. 비유적으로 말하면, 등장인물은 편지를 향한 해바라기들이다. 그리하여 그들의 희비도 편지의 향방에 따라 엇갈린다. 그러한 사실은 "편지가 어디서나 같은 의미를 갖는 것은 아니라는"[156] 것을 말해준다. 그것은 그것을 둘러싸고 있는 인물들에게, 사랑과 권력과 돈과 명예를 의미하기도 하지만, 파멸과 복수와 죽음을 가져오기도 한다. 이렇게 모든 등장인물의 욕망은 편지에서 교차한다. 그 결과 편지는 욕망의 응어리이며, 욕망의 매듭이 된다. 그리하여 편지는 "주체로부터 출발해서, 더 정확히 말하면 필연적인 상징적 연결을 통해서, 현실적인 주체의 갈망이 결정하는 관계로부터 출발하여 정의할 때",[157] 처음에는 왕, 왕비, 장관과 함께, 그리고 나중에는 경찰국장, 장관, 뒤팽과 함께 하나의 주체가 된다: "편지는 진실로 하나의 등장인물이어서 모든 것이 우리로 하여금 그것을 구조의 열쇠와 동일시하는 것을 허락게 해준다.(…) 여기서 편지는 최초의 근본적인 주체와 동의어이다."[158]

156 J. Lacan, *Le séminaire, Livre II; Le moi dans la théorie de Freud et dans la technique de la psychanalyse*, Seuil, 1978., p.233.
157 *Ibid.*, p.230.
158 *Ibid.*, p.231.

이렇게 주체들의 욕망의 대상인 편지는, 과연 정신분석적으로 무엇을 의미하는 것일까? 우리는 이미 보나파르트를 통해, 편지가 한 여인의 부정(不貞)과 관련을 맺고 있다는 사실로부터 출발하여, 그것이 벽난로에 걸려 있는 형상에 이르러서는 <편지 = 자지>의 산식이 도출된다는 사실을 알고 있다. 그리하여 그녀에 따르면, 편지의 도난과 회수는 정신분석학적으로 어머니의 거세와 재남근화를 각각 상징한다. 그러나 라캉은 그녀와 다르다. 보나파르트가 편지의 <내용>과 <형상>에 대한 관심으로부터 편지의 상징성을 이끌어냈다면, 라캉은 편지의 <이동>과 주체들 사이의 <삼각관계>에 초점을 맞춘다. 즉 그에 따르면, 편지는 항시 두 번째 시점(상상적 관점)의 소유자와 함께 있다. 그래서 세 번째 시점(상징적 관점)의 소유자는 편지의 소지와 함께, 두 번째 시점의 소유자로 전락한다. 그것도 그 자신도 모르게, 그렇게 된다. 여기서 <자신도 모르게>라는 말은, <무의식적으로>라는 뜻이다: "그들이 필연성 속으로, 즉 편지의 고유한 운동 속으로 들어간 이상, 그들 각자는 장면이 연속적으로 진행되는 동안, 그 편지가 구성하는 본질적인 실체에 대하여 다른 기능을 갖게 된다. 바꾸어 말하면, 그것을 모범으로 그 이야기를 조명하면, 그 편지는 각각에 대해 그의 <무의식>이다. 그것은 자신의 모든 결과를 포함하고 있는 그의 무의식이다. 즉 각자는 상징적 회로의 각 시점에서 다른 사람이 되어가는 것이다."[159] 이렇게 라캉은 편지를 무의식적 욕망의 알레고리로 파악하고 있다. 그리하여 우리도 등장인물들이 그들의 욕망의 대상인 편지의 소지와 함께, 전혀 다른 사람으로 변모해가는 과정을 살펴봄으로써, 주체에 대한 편지의 무의식적인 영향력을 입증해보이고자 한다.

159 *Id.*

먼저 편지를 최초로 소지하는(받는) 사람은 왕비이다. 그녀는 편지의 수신인으로서, 실질적인 편지의 소유자이다. 그렇지만 그녀는 편지를 받자마자, 그것을 다른 곳으로 치울 겨를도 없이 장관에게 뺏기고 만다. 그러나 편지가 왕비에게 잠시 머물렀다 간다는 사실로 해서, 그녀는 엄청난 변화를 겪게 된다. 그녀는 여느 부인들처럼, 한 남자의 아내로서, 의무를 다하려는 여자였다. 즉 그녀는 비록 다른 남자(S 공작)와 교제를 하고 있다고 하더라도, 부부의 협약이 깨지는 것을 두려워하는 조심성 있는(또는 소심한) 여자였다. 하물며 한 국가를 대표하는 왕의 부인인 왕비에게 있어서, 아내로서의 입장은 아무리 강조해도 지나치지 않을 것이다. 왜냐하면 "남자와 여자를 결합시키는 계약에 대한 존중은 전 사회에 대해 본질적인 가치를 지니고 있는데, 그 가치는 언제나 왕 부부에 있어서 최고로 구현되기 때문이다. 그 부부는 남성적 요소와 여성적 요소를 조화시키는 계약의 주된 상징이며, 그것은 전통적으로 우리가 알지 못하는 모든 것, 즉 우주와 사회 질서 사이를 중재하는 역할을 맡고 있다."[160] 그런 관계로 외간 남자(S 공작)로부터 온 편지를 읽고 있는 중에, 남편인 왕이 들어왔다면, 어떤 왕비라도 그것을 숨기려고 했을 것이다.

그것은 "사랑의 편지일까 아니면 음모의 편지일까. 밀고의 편지일까 아니면 지도편달의 편지일까. 독촉의 편지일까 아니면 고뇌를 호소하는 편지일까."[161] 그러나 그것이 어떠한 성질의 편지이든 상관없다. 여기서 중요한 것은, 설혹 그것이 그녀에게 전혀 흠이 되지 않는 편지라 할지라도, 그것이 외간 남자로부터 왔다는 사실과, 그녀의 주군이자 주인인 왕에게 그것을 숨기려고 했다는 사실이다. "그렇기 때문에 왕비가 그 편지

---

160 *Ibid.*, p.232.
161 라캉, p.27.

에 대해 어떠한 행위를 취하더라도, 그 편지가 하나의 계약의 상징이라는 사실은 남고, 설혹 수취인이 그 계약을 수용하지 않는 경우에라도, 그 편지의 존재는 그녀의 충성의 본질을 이루고 있는 것과는 무관한 상징의 연쇄 속에 그녀를 위치시켜 준다는 점이 남는다. 그것이 양립하지 않는다는 증거는 편지의 소유를 합법적이고 공개적으로 주장하는 것이 불가능하다는 사실과, 왕비가 편지를 고이 간직하기 위해서는 자신의 사생활의 권리만을 내세울 수밖에 없다는 사실에 의해 주어진다. 왜냐하면 그녀의 사생활의 특권은 명예에 근거를 두고 있는데, 편지의 소유는 그 명예에 위배되는 것이기 때문이다. 따라서 군주의 총애의 형태를 구현하고 있는 여성은, 권력에 관계하지 않고서는 사적인 것일지라도 내통을 받아들일 수 없는 것이고, 내밀 죄에 발을 들여놓지 않는 한 군주에 대해서 비밀을 행사할 수 없는 것이다."[162]

그러한 사실을 직시하고 편지를 탈취하는 사람은, 왕을 곧바로 뒤따라 들어온 장관이다. 그리고 그는 왕비에게 아무 짝에도 소용없는 그의 편지와, 그에게는 아무 권리도 없는 왕비의 편지를 바꿔치기한 뒤, 유유히 궁전을 빠져나간다. "그렇게 해서 얻어진 권세는 수개월 동안 아주 위험할 정도로 정치적 목적에 사용된다."[163] 그러나 엄격히 말하면, 장관은 편지를 통해 얻은 권력을 한 번도 휘두른 적이 없다. 그는 편지를 지닌 채 계속해서 침묵할 뿐이다: "그는 왕비에게 아무런 비난도 하지 않을뿐더러,(…) 교환조건도 말하지 않는다. 그렇게 함으로써 그는 편지가 그에게 부여하는 권력을 불확정 속으로 유예시킨다. 그는 편지에 어떠한 상징적 의미도 부여하지 않는다."[164]

---

162 라캉, pp.27-8.
163 도둑, p.48(133).

그는 분명히 편지를 이용할 수 있었다. 그리하여 그는 왕비를 권좌에서 영원히 사라지게 할 수 있었다. 그러나 그는 그렇게 하지 않는다. 그는 그렇게 할 수 없었던 것이다. 왜냐하면 편지의 "위력은 사용과 함께 사라져 버리기"[165] 때문이다. 즉 편지의 효력은 일회적이다. 뿐만 아니라, 편지가 일단 제3자의 손에 넘어가면, 왕비는 형장의 이슬로 사라질지 모르지만, 장관 또한 왕가의 명예를 훼손한 죄로 파멸될 것이다.[166] 따라서 장관은 편지의 공개와 함께 파멸의 길을 걷느냐, 아니면 왕비에게 무언의 압력을 행사함으로써 2인자로 남느냐 하는 갈림길에 놓여 있는 셈이다. 그러나 그는 후자의 길을 갈 수밖에 없다. 왜냐하면 죽음과 권력의 양자택일에서 선택의 여지는 없기 때문이다. 이러한 조건은 왕비에게도 똑같이 적용된다. 그녀 또한 왕에게 모든 사실을 고백하면 장관을 몰락시킬 수는 있지만, 그렇게 되면 왕과 왕비의 부부 관계가 깨짐과 동시에, 부부의 계약에 기초해 있는 왕비의 권력 또한 무너진다. 따라서 왕비 역시 편지의 영향력을 무화시킴으로써 장관과 함께 몰락하느냐, 아니면 침묵의 무게를 견디면서 3인자로 남느냐 하는 기로에 있다. 왕비가 두려워하는 것은 바로 그러한 계약의 파기에 따른 결과이며, 그렇기 때문에 침묵하는 것이다. 이렇게 "편지는 무서운 무기이지만 그것의 위력이 상실되기 위해서는 그것을 한 번 사용하는 것으로 충분할" 뿐만 아니라 "양날을 가진 무기이기도 하다.(…) 결국 편지가 이루는 압력의 특징은, 장관이 왕비가 편지에 대해 갖

---

164 J. Lacan, *op. cit.*, p.235.

165 도둑, p.48(133).

166 우리는 이렇게 가정할 수도 있다: 즉 장관이 왕비의 부정을 왕에게 고한다고 하더라도, 그는 파멸하지 않을지도 모른다. 그러나 그렇다고 하더라도, 모반을 하지 않는 이상, 그는 기껏해야 <3인자>로 남게 된다. 그러나 비밀만 지키면, 장관은 왕비보다 높은 이인자의 자리를 확실히 보장받는다. 따라서 어떤 경우든 간에, 왕비 없는 장관의 지위라는 것은, 결국 아무 의미도 없다.

고 있는 태도와 같은 태도를 갖고 있다는 사실에서 기인한다. 그래서 그는 그것에 대해서 말하지 않는 것이다. 그가 말하지 않는 것은 그녀처럼 말할 수 없기 때문이다. 그는 말하지 않는다는 사실로 해서 왕비와 같은 위치에 놓이게 된다."[167]

이렇게 왕비와 장관의 침묵은 서로 닮았다. 그런데 문제는, 장관은 왕비가 침묵하는 이유를 알고 있는 데 반해, 왕비는 장관이 도둑이라는 사실은 알고 있지만, 장관이 침묵할 수밖에 없는 이유와, 그 이유가 자신의 침묵의 이유와 같다는 사실은 모르고 있다는 데 있다. 그래서 그녀는 장관이 자신에게 압력을 가해오리라 스스로 생각하고, 정신적으로 압박감을 느끼고 있는 것이다. 그렇지만 앞에서 보았듯이, 장관은 왕비에게 압력을 가할 처지가 못 된다. 그러한 결과로 장관의 지위는 왕비에 <의해> 부여된 지위로서, 왕비에 <대해서만> 통용되는 지위이다. 역으로 왕비의 지위는 장관에 <의해> 강등된 지위로서, 장관<에게만> 통용되는 지위이다. 따라서 그들의 지위는 장관과 왕비의 머릿속에서만 작용하는 상상적 지위로서, "실제로는 완전히 무력한 지위이다."[168] 이렇게 "편지가 장관에게 부여하는 힘은, 장관과 왕비 사이에 내[역주: 라캉]가 방금 전에 나르시스적인 관계라고 말하면서 여러분들에게 이야기했던 것이 성립되어 있다는 사실 위에서만 작용하는 것이다."[169] 그러한 맥락에서 보면, "그렇게 얻어진 권세는 수개월 동안 아주 위험할 정도로 정치적 목적에 사용되고 있다"[170]는 국장의 말도, 곧이곧대로 믿어서는 안 된다. 국장은 으레 그러려니 생각했는지 모르지만, 아니면 왕비가 국장에게 그렇게 말했는지 모르지만, 실은 <그렇게 얻어진

167 J. Lacan, *op. cit.*, p.235.
168 라캉, p.33.
169 J. Lacan, *op. cit.*, p.235.
170 도둑, p.48(133).

권세는 수개월 동안 아주 위험할 정도로 왕비의 상상 속에서만 휘둘러지고 있었던 것이다.>

그러한 왕비의 정신적 압박감은, "편지의 중요성이 날이 갈수록 더 중요해지는"[171] 만큼, 점점 더 위험 수위에 육박한다. 그리하여 그녀는 "마치 세헤라자데가 천일야 동안 한 것 같이, (…) 그 기호의 영향력을 맛보는 데 18개월을 보낸다."[172] 그러다가 급기야 왕비는 경찰국장에게 사건을 일임한다: "도난당한 분은 어떻게 해서든지 그 편지를 찾아야 되겠다는 필요를 절실히 느끼지만, 물론 공공연하게 할 순 없고 해서 결국 실망한 끝에 나에게 일체를 맡겼습니다."[173]

그런데 왜 하필 다른 사람도 아닌 경찰국장에게 그 임무를 맡긴 것일까? 경찰국장은 왕의 오른팔이자 모든 행정의 감시꾼이다. 그런 그에게, 왜 그렇게 중차대한 일 — 어쩌면 목숨까지 걸게 될지도 모를 일 — 을 맡겼을까? 왕에게 정보가 흘러들어가는 가장 확실한 통로가 경찰이라는 사실을 전혀 모른 것일까? 사립 탐정에게 의뢰할 수는 없었을까? 아니면 경찰국장이 최적임자라는 이야기일까? 사실 뒤팽은 "당신보다 현명한 당사자는 바랄 수도 없고, 머리에 떠오르지도 않았겠지요."[174]라고 말하면서, 은근히 경찰국장을 치켜세우고 있다. 또한 화자는 뒤팽으로 하여금 그렇게 말하게 함으로써, 독자를 국장이 최적임자라는 생각으로 유도하고 있다. 그러나 그것은 표면적인 의미일 뿐, 실은 거기에 뒤팽 특유의 비웃음이 담겨 있음을 잊어서는 안 된다. 즉 뒤팽은 속으로 경찰국장에게, <왕비의 속마음도 모르고 자기에게 맡긴 것을 좋아만 하는 바보>라고 말하고 있는 것이다. 그렇다면

---

171 도둑, p.53(139).
172 라캉, p.39.
173 도둑, p.48(133).
174 도둑, p.48(133).

왕비의 속마음은 어떤 것이었을까? 한 마디로 그것은 <상상적인 압박감> 그 자체였다. 다시 말해 그녀는 심적인 자승자박으로 애태우는 상태였다. 그것은 자기 뒤에서 누군가가 자기를 보고 있다고 느낄 때의 불안감과 같다. 그러한 불안은 정확히 <14개월>[175] 동안 계속된다. 그리하여 그녀는 이미 절망을 넘어서, 의식의 각성을 유지할 수 없는 상태에 이르렀을 것이다. 따라서 "그녀가 주저하던 것을 단호히 감행한 것은, [국장에 의해] 우리에게 말해지고 있는 것처럼 절망 속으로 밀려들어갔기 때문이라기보다, 오히려 거울의 환영으로 돌려버려야 하는 초조함의 하중을 짊어지고 있었기 때문이다."[176] 그러다가 내부의 상상적 압력을 못 이겨, 풍선처럼 터져 나온 것이, 경찰국장에게 사건을 의뢰한 행동이다.

그것은 국장에게 조심하라고 경고하는 데서 잘 나타나고 있다: "특히 우리들의 계획이 그의 의심을 사게 된다면 위험이 생길 테니까 조심하라는 경고를 [왕비로부터] 받았습니다."[177] 대체 어떤 경고일까? 물론 장관이 물불을 가리지 않는 무서운 사람이기 때문에, 발각될 경우 목숨이 위태로울지 모른다는 경고이다. 그러나 여기서 중요한 것은, 경찰의 목숨이 위태롭다는 사실이 아니라, 왕비의 <경고> 자체이다. 왕비의 측면에서 볼 때, 경찰에게 조심을 환기시킨 것은 왕비의 조심성으로부터 나온 것이다. 그러나 그렇게 남에게 조심을 당부하는 순간, 비밀을 지켜야 하는 왕비의 조심성은 깨지고 만다. 따라서 그것은 조심성의 한계를 넘어선 조심성일 뿐 아니라, 그러한 사실조차 망각한 조심성이다. 그것은 진정한 의미에서

175 왕비가 순전히 혼자서 속앓이를 한 것은 정확히 14개월간이다. 그것은 편지의 도난부터 회수까지 걸린 총 <18개월>(도둑, p.64(152))에서, 국장이 장관의 집안을 수색한 <3개월>(도둑, p.49(134))과, 뒤팽에게 주어진 <1개월>(도둑, p.52(138))을 뺀 수치이다.

176 라캉, p.34.

177 도둑, p.48(133).

의 조심이 아니라, 이런 표현이 가능하다면, <조심신경증(강박증)>에서 나온 조심의 반작용이다. 그것은 한 마디로, 그녀에 대한 편지의 무의식적 억압의 발로이다. 요컨대 왕비는 편지의 수취(또는 상실)과 함께, 부부의 협약을 존중하려는 조심성 있는 부인에서, 조심해야 한다는 사실조차 의식하지 못하는 무모한 부인으로 변모해가고 있는 것이다.

이제 편지는 왕비의 손에서 장관의 손으로 넘어간다. 장관이 편지를 훔친 것이다. 그에 따라 편지의 그늘 속으로 들어가, 변모를 겪어야 할 사람은 이제 장관이다. 장관의 변모를 알아보기 위해서는, 먼저 장관이 어떤 인물이었는지부터 알아야 한다. 앞에서 우리가 이미 살펴보았듯이, D 장관은 편지의 비밀을 대뜸 간파할 정도로 상황 판단이 뛰어나고, 왕과 왕비가 지켜보는 앞에서 편지를 유유히 가지고 나갈 정도로 대담하다. 「도둑맞은 편지」에 나타나 있는, 그러한 장관에 대한 평가를 대충 정리해보면 다음과 같다.

> "그 도적은, 신사다운 일이고 아니고 간에[178] 아무거나 서슴지 않고 감행하는 D 장관이랍니다. 그 훔친 방법은 대담도 하고 교묘하기도 했지요."[179]
>
> "…섬세하고 단수가 높은 사람…"[180]

---

178 라캉에 따르면, 이 부분에서 보들레르는 원문이 갖고 있는 뉘앙스의 일부를 축소시키고 있다: "실제로 경찰국장은 장관을, 모든 일을 과감하게 하는 인물(who dares all things)로 우리에게 소개하면서, <those unbecoming as well as those becoming>이라는 의미심장한 주석을 달고 있는데, 그것은 <남자다운 것뿐만 아니라 남자답지 않은 것(ce qui est indigne aussi bien que ce qui est digne d'un homme)>이라는 뜻이다. 그런데 보들레르는 그것을 <어떤 사람에게 걸 맞는 것뿐만 아니라 그에게 어울리지 않는 것(ce qui est indigne d'un homme aussi bien que ce qui est digne de lui)>이라고 불역함으로써 신랄한 의미를 놓치고 있다. 왜냐하면 원문에서는 여성과 관계가 있는 것이라는 인상이 훨씬 더 적절하기 때문이다."(라캉, p.33)

179 도둑, p.47(132).

180 도둑, p.49(134).

"나는 정신(廷臣)으로서, 또 대담한 음모가로서의 그를 알고 있었네."[181]

"그러나 내가 D의 대담한, 당돌한, 영리한 두뇌의 교묘한 점을 생각하면 할수록(…)"[182]

"D는 물불을 가리지 않는 대담한 작자거든."[183]

"그 작자는 무서운 괴물이야. 파렴치한 천재야."[184]

이것을 대별해보면, 장관은 <대담>하고 <영리>하다는 것으로 압축된다. 전자가 그의 남성성을 말해주는 것이라면, 후자는 그의 천재성을 드러내는 것이다. 이러한 두 가지 속성이 잘 어우러져 나타난 극치가, 아마 편지를 편지함에 노출시킨 채로, 경찰에게 자신의 집을 수색하도록 일부러 비워준 행동일 것이다. 장관은 이미, 경찰의 감시와 수색이 자신의 신변을 더욱 안전하게 해줄 뿐만 아니라, 편지를 완벽하게 숨기는 데 기여하리라고 판단하고 있었다. 그러한 맥락에서 볼 때, 뒤팽이 편지를 바꿔치기하기 위하여 미리 조작해 놓은 거리의 총격 사건의 경우에도, 장관은 총소리와 비명 소리에 <놀라서> 창가로 달려갔다기보다, <경찰이 거리에 잠복해 있는데 웬 사건이란 말인가>라는 궁금증 때문이었을 것이다.[185]

이렇게 통이 크고 영특한 장관도, 편지의 소유와 함께 서서히 변모해간다. 우선 그가 명석한 천재에서 건망증 환자로 변모해가는 과정을 추적해보자. 앞에서도 지적했듯이, 편지를 사용하지 않고 그냥 소지하고 있는 것이, 가장 안전하게 편지의 영향력을 발휘할 수 있는 필수조건이다. 장관은 그 사실을

181 도둑, p.59(147).
182 도둑, p.61(149).
183 도둑, p.64(151).
184 도둑, p.64(152).
185 도둑, p.63(151) 참조.

너무나 잘 알고 있었다. 그래서 그는 아무 행동도 취하지 않고 침묵한다. 즉 그는 편지를 소지하고 있다는 사실을 내색하지 않고, 왕에게나 왕비에게 자기 맡은 바 소임을 다한다. 그렇기 때문에, 우리에게는 그가 "주인의 명예의 수호자"[186]로서, 신하의 도리와 의무를 다하는 것처럼 보인다. 한 마디로 그는 편지를 탈취해서 다시 빼앗기는 순간까지, 목숨을 건 줄다리기를 계속하면서도, 마치 게임을 하듯이 시종 침착하고 여유 있게 상대를 가지고 논다. 그만큼 그는 자기를 즐길 줄 알았던, "본질적으로 낭만적인 인물"[187]이었다.

그러다가 그는 시간이 갈수록, 자신이 편지를 소유하고 있다는 사실 자체를 완전히 잊어버린다. 뒤팽이 장관을 처음 찾아갈 때만 해도 그는 어느 정도 깨어 있었다. 다시 말해 그는 불청객을 달가워하지 않을 만큼 편지를 의식하고 있었다: "나는 어느 잘 갠 날 아침 푸른 안경을 쓰고, 갑자기 장관댁을 방문했네. 장관은 집에 있었네. 그러나 그는 평소와 같이 하품이나 하고 노곤해서 아주 견딜 수 없다는 태도를 하고 있었네. 세상에서 그 작자처럼 정력가는 없는데, 그건 사람이 없을 때만 그렇단 말일세."[188] 자기 집을 방문한 사람 앞에서, 이렇게 쓸데없는 몸짓을 쓰는 것은 빨리 돌아가 달라는 뜻일 것이다. 그만큼 그는 편지를 탈취한 이래, 이방인의 방문을 싫어한다. 더욱이 상대는 명탐정 뒤팽이 아닌가? 그러니 그가 그의 방문을 달가워하지 않는 것은 당연하다.

그러한 그가 그 다음날 뒤팽이 다시 방문하여 그 편지를 회수해간 뒤에, 아무런 조치도 취하지 않는다. 그러한 상황은 근 <한 달>[189] 가까이 계

---

186 J. Lacan, *op. cit.*, p.234.
187 *Ibid.*, p.235.
188 도둑, p.61(149).
189 경찰국장의 두 번째 방문이 첫 번째 방문으로부터 <한 달 뒤>(도둑, p.52(138))였고, 그

속된다. 그런데 우리가 알고 있다시피, "D는 물불을 가리지 않는 대담한 작자다. 또 그의 집에는 그를 위해 생명을 내던질 하인들도 있다."[190] 그러니 만약 그가 편지를 도난당한 사실을 알았다면, 가만히 있었을까? 그는 도둑놈을 잡아 죽이려고 했을 것이다. 그러나 뒤팽의 신변에는 아무 일도 일어나지 않는다. 그것도 장관으로서는 편지를 열어보기만 하면, 그 도둑놈이 누구인지를 금방 알 수 있는데도 말이다. 왜냐하면 뒤팽이 장관에게 자필로 글을 남겨 놓았는데, 장관은 "그의 필체를 잘 알고 있기"[191] 때문이다. 따라서 장관이 편지를 열어보지 않았다는 결론이 나온다. 그렇다면 그는 왜 편지를 열어보지 않았을까?[192] 한 마디로 그는 편지 자체를 잊어버리고 있는 것이다. 마치 "잊어버리기 위해 섬에 은둔한 사람처럼. 그러나 무엇을 (잊어버리기 위해서 일까)? 그는 이미 잊어버렸다. 마치 장관이 편지를 이용할 수 없었기 때문에 결국 그것을 잊어버린 것처럼. 바로 그것이 그의 행위의 집요함을 보여주는 것이다. 그러나 신경증 환자의 무의식이

사이에 뒤팽이 장관으로부터 편지를 되찾아 왔으니까, 뒤팽이 편지를 소지하고 있던 기간은 한 달 가량 된다.

190 도둑, p.64(151).

191 도둑, p.64(153).

192 그러나 반대로 장관이 편지를 열어보았다고 가정해볼 수도 있다. 그러나 그렇게 생각할 때조차, 한 가지 의문은 남는다: 그렇다면 그는 왜 잠자코 있었을까? 여기에는 한 가지 대답만이 가능하다: 그는 뒤팽이 남긴 편지를 통해, 뒤팽이 왕비를 위해 일하고 있고, 그렇기 때문에 편지는 뒤팽을 거쳐 왕비에게 돌아갔을 것이라고 판단했음에 틀림없다. 그래서 그는 <다시> 침묵할 수밖에 없는 것이다. 왜냐하면 처음에는 장관이 도둑<이라>는 사실을 왕비가 알고 있다는 것을 장관이 알고 있기 때문에 왕비가 장관에게 꼼짝 못하고 묶였었지만, 이번에는 장관이 도둑<이었다>는 사실을 왕비가 알고 있다는 사실을 장관이 알고 있기 때문에 장관이 왕비에게 정신적으로 붙들리게 되는 것이다. 그리하여 공수의 입장이 바뀐다. 즉 처음에는 장관이 왕비를 괴롭히고(가학증적) 왕비가 그것을 감수했지만(피학증적), 이번에는 왕비가 장관을 괴롭히고(가학증적) 장관이 그것을 감수할(피학증적) 차례인 것이다. 이렇게 해서 "장관의 권력은 그를 노리고 있는 피학증에 따라 견고해지고,"(J. Lacan, *Ecrits I*, Coll. ≪Points≫, p.8) 편지는 장관에게 억압의 요소로 작용하는 것이다.

신경증 환자를 잊어버리지 않듯이, 편지는 그를 잊지 않는다. 그리하여 편지가 그를 잊어버리지 않고 있기 때문에, 편지는 놀라움 속에서 그것을 제공할 수밖에 없었던 여자의 이미지로, 점점 더 그를 변모시키고, 급기야 그는 앞의 예에 따라, 비슷한 놀라움으로 그 편지를 양도하려고 하고 있는 것이다."[193]

그리하여 장관은 장관 특유의 대담한 남성적 모습을 잃어버리고, 여성적으로 변모해간다. 그것은 편지를 위장하는 방식에서부터 나타나고 있다. 우선 "경찰국장이 말하는 편지는 봉인이 작고 빨간 색이었으며, S 공작가의 문장이 찍혀 있었다.(…) 또한 그것은 현저하게 굵고 뚜렷한 글씨로 어느 왕족에게 보내는 것이었다."[194] 그에 반해 뒤팽이 발견한 편지의 "봉인은, 크고 까만색이었으며 D 라는 조합문자가 있었다.(…) 그것은 가는 여자의 필적으로 장관에게 보낸 것이었다."[195] 그리고 왕비의 편지는 갓 받은 것이기 때문에 아무런 구김이 없는 깨끗한 편지였을 텐데, 장관이 변형시켜 놓은 편지는 "아주 더럽게 구겨져 있었고, 처음에는 못 쓸 것으로 찢어버리려다 다시 생각하여 그대로 꽂아둔 것처럼 가운데에서 둘로 찢어져 있었다."[196] 이것을 종합 비교하면 다음과 같이 도해할 수 있다.

---

193 라캉, p.34.
194 도둑, p.62(149-50).
195 도둑, p.62(149-50).
196 도둑, p.62(149-50).

	원편지	변형된 편지
수신인	왕비 D	장관
	발신인 S	공작가의 사람 어떤 여자
인장	작고 빨간 봉인	크고 검은 봉인[197]
	S 공작가의 문장	D — 라는 조합문자
필체	굵고 뚜렷한 (남자)글씨	가는 여자 글씨
외모	(방금 전에 받은 편지)	더럽고 찢어진 못쓸 편지
위치	책상 위에 노출	편지함 속에 노출
	(수신인의 주소가	(편지의 안팎을 뒤집어서
	위로 올라오도록	수신인의 주소를 새로 쓰고
	편지를 뒤집어 놓음)	그 주소가 보이도록 꽂아놓음)

이렇게 위장된 편지는 편지함 제일 위 칸에 아무렇게나 내던지듯이 꽂혀 있었다. 아마 그렇게 하는 것이, 장관으로서는 남의 의심을 사지 않는 가장 확실한 위장 방식이었을 것이다. 왜냐하면 가장 눈에 띄는 곳이 가장 눈에 띄지 않는 법이며, 가장 자연스러운 것이 가장 좋은 위장이기 때문이다. 역시 그의 짐작대로, 경찰은 그것을 보지 못 하고 그냥 지나친다. 그러나 "장관이 그것을 감추기 위해선 도리어 그것을 감추려고 애를 쓴 흔적을 보이지 않으려는, 영리하고도 사려 깊은 방법을 채택할 것을 알고 있는"[198] 뒤팽으로서는, "그 편지를 보는 사람에게 그것이 아무 소용도 없는 것처럼

197 우리는 여기서 봉인의 색깔의 상징성에 주목할 필요가 있다. 원편지의 인장은 <빨간> 색이었고, 변형된 편지의 봉인은 <검은> 색이었다. 색깔의 일반적인 상징성을 고려할 때, 그것은 각각 <사랑>과 <죽음>을 의미한다. 이러한 상징성은, 도둑맞은 편지가 처음에는 <사랑>의 사신이었지만, 그것이 장관에게 넘어가는 순간부터, 죽음과 권력의 그림자를 까는 것과 맥을 같이 하고 있다. 그런데 라캉의 ≪세미나≫가, 삶욕동(에로스)과 죽음욕동(타나토스)을 주된 주제로 하고 있는 『쾌락원칙을 넘어서』의 주석의 형태로 이루어졌음에도 불구하고, 라캉이 인장색의 상징성을 간과하고 있다는 것은 흥미로운 사실이다.

198 도둑, p.61(149).

생각하게 하려는 계획을 암시하려고 한 점과, 또한 그 편지가 모든 방문자의 눈에 띌 수 있는 곳에 아무렇게나 꽂혀 있는 점을 통해 대번에 강한 의심을 갖는다."[199]

그런데 우리가 여기서 특히 주목해야 할 것은, "편지가 갑작스럽게 여성화되고, 동시에 나르시스적인 관계 속으로 들어간다."[200]는 사실이다. 다시 말해 그 편지가 여성의 필체로 되어 있다는 것은 장관 자신이 여성의 글씨를 흉내 냈다는 말이 되는데, 만약 그렇다면, 그것은 여성화된 장관이 남성인 자기 자신에게 보내는 일종의 자기애적인 편지가 되는 셈이다. 그러한 사실은 그 당시의 편지 접는 방식을 고려해보면, 더욱 여실히 드러난다.[201] 우선 그 당시의 편지를 보면, 별도의 봉투 없이 종이 한 장으로 모든 것이 해결되고 있었다: 즉 종이를 반으로 접어 네 페이지 — 앞면 두 페이지, 뒷면 두 페이지 — 를 만든 뒤, (앞면이든 뒷면이든) 같은 한 면의 한 페이지에는 편지의 내용을 쓰고, 다른 한 페이지에는 수신인의 주소와 인장을 찍는 방식이 통용되고 있었다. 그러니까 다른 한 면의 두 페이지는 그냥 백지로 남아 있게 된다. 장관이 이용한 것은 백지로 된 다른 한 면이었다. 즉 장관은 왕비의 편지를 펴서 그것을 반대로 다시 접은 뒤, 그 중의 한 페이지 위에

199 도둑, p.62(149-50).
200 J. Lacan, *op. cit.*, p.234.
201 그 당시의 편지 양식이 장관의 여성성과 연결된다는 사실을 처음으로 암시한 비평가는 라캉이다: "나는 그 당시의 편지를 내 호주머니에서 꺼내, 그것이 어떻게 접혔는지를 여러분들에게 보여주고 싶지만, 물론 나는 그것을 잊어버리고 집에 두고 왔다."(J. Lacan, *op. cit.*, p.233) "그리하여 우리는 우선적으로, 장관도 자기 차례에 편지를 뒤집었다(retourné) — 물론 왕비가 한 것처럼 서두르지 않고, 천을 뒤집어 옷을 다시 만들 때와 같은 방식으로 훨씬 주의를 기울여서 뒤집었다 — 는 사실을 알게 된다. 실제로 장관은 이렇게 새로운 주소를 기입할 수 있는 깨끗한 곳을 끌어내기 위해, 편지와 봉투를 접는 그 시대의 격식에 따라 조작해야 했던 것이다."(라캉, p.34. 20) 그렇지만 그것의 구체적인 실례를 들어가며, 장관의 나르시스적인 사랑을 증명해보인 사람은 밀르네르이다.(J.-Cl. Milner, *Détections fictives*, Seuil, pp.37-41 참조)

장관 자신의 주소를 쓰고 인장을 찍은 것이다: "그 편지 모서리를 자세히 들여다보니 필요 이상으로 구겨져 있고, 딱딱한 종이가 한번 접혀져 그 위를 집게로 누른 다음 그 꺾인 자리를 반대쪽으로 다시 꺾을 때 나타나는 갈라진 모양을 나타내고 있었네. (…) 편지가 장갑처럼 뒤집혀져 주소가 고쳐지고 다시 봉인을 한 것이 확실했네."[202] 그러니까 앞면에는 남성 필체로 된 여성(왕비)의 주소가, 뒷면에는 여성의 필체로 된 남성(장관)의 주소가 쓰여 있는 셈이다. 그것은 마치 한 사람 속의 두 남녀가, 종이 한 장을 사이에 두고 편지를 하는 모양을 띠고 있다.[203] 이렇게 장관은 편지를 변형

---

202 도둑, p.63(151): 밀르네르에 따르면, 보들레르는 이 문장을 오역함으로써, 그 당시의 편지가 네 페이지로 구성되어 있다는 원문의 암시를 놓치고 있다: "그 편지는 단지 두 페이지짜리인 한 장의 종이가 아니라, 십중팔구 둘로 접혀진 네 페이지짜리 한 장이라는 사실을 덧붙여야 한다. 그러한 사실은 번역보다 영어 텍스트에서 더욱 명확히 나타나고 있다. 장관의 조작은 다음과 같이 기술되어 있다: "The letter had been turned, as a glove, inside out, redirected and resealed." 보들레르는 그것을 다음과 같이 번역하고 있다: "La lettre avait été retournée comme un gant, repliée et recachetée." <repliée>라는 단어가 <inside out>을 번역하고 있는 것인지, 아니면 <redirected>(이 말은 사실 새로운 수신인의 주소가 첨가되었다는 것을 의미한다)를 오역하고 있는 것인지를 결정하기는 어렵다. 아무튼 이러한 사실로 해서 한 가지 지적이 누락되었다: 즉 그 편지는 속과 겉이 있을 뿐만 아니라, 앞면과 뒷면을 가지고 있다는 사실이 빠져버렸다."(J.-Cl. Milner, *op. cit.*, p.37)

203 그러니까 종이 한 장을 사이에 두고 앞뒷면에, 남성과 여성이 서로 뒤바뀐 형태로, 공존하고 있는 셈이다. 그것을 도표화하면, 다음과 같은 사각의 도형이 도출된다.

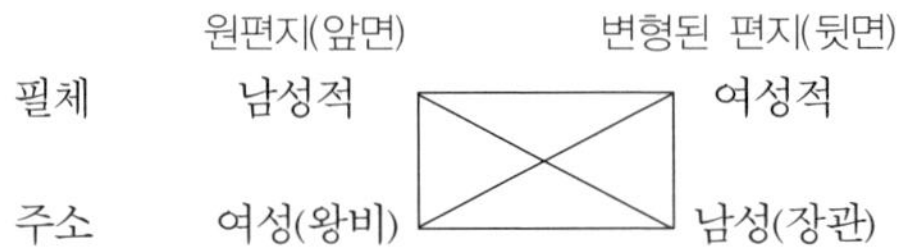

바슐라르는 『몽상의 시학』에서, 남녀 간의 사랑은 두 사람 속에 각각 내재해 있는 아니마–아니무스가 서로에게 온갖 가치를 투사함으로써 <4각의 관계>가 세워진다고 말하고 있다.(G. Bachelard, La *Poétique de la rêverie*, P.U.F., p.64) 이것은 우리가 위에서 그린 도표와 일치한다.

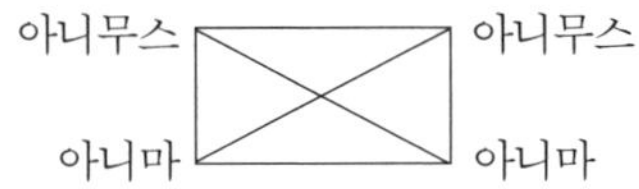

하는 순간, 자기도 모르게 자기 속에 있는 여성성을 드러내면서, 그 여성을 사랑하는 나르시스로 변모해간다.

라캉은 여기서 한 발자국 더 나아간다. 즉 그는 뒤팽이 방문했을 때 장관이 보인 나약한 모습과, 장관의 책상에 놓여 있었던 악기[204]에서까지 여성적 분위기를 읽어낸다: "어쨌든 나약한 모습을 가장하기까지 하는 무기력한 분위기, 그의 말 속에 나타나고 있는 혐오에 가까운 지루함의 표시, 실내 장식의 철학의 작가[역주 : 포]가 테이블 위의 악기로 표현하듯이 거의 감지할 수 없는 표현으로 불러일으킬 줄 아는 분위기, 이 모든 것은 자신의 말을 남성적 특징 일색으로 에워싸고 있는 인물이 정작 모습을 드러낼 때는 가장 야릇한 여성적 향기를 풍기게끔 계획된 것처럼 보인다."[205] 사실 뒤팽의 눈을 통해 투시되는 장관의 집무실의 분위기는 이상한 데가 있다. 어지럽게 널려진 책상, 아무렇게나 꽂혀있는 낡은 문제의 편지, 그것들은 서로 어우러져 상승효과를 일으키며, 매우 흐드러진 모습을 보여주고 있다. 아마 이 모든 것이 장관의 의도에 의해 꾸며진 것일 것이다.[206] 왜냐하면 만약에 방안이 깨끗하게 정돈되어 있었다면, 쓰레기 같은 편지는 금방 눈에 띄었을 것이기 때문이다. 그런데 일반적으로, 그러한 분위기 연출 자체가 남성적인 것과는 거리가 먼 것으로서, 장관의 여성성을 드러내는 것이라고 말할 수 있다.

결론적으로 장관은 편지를 소유하고 있다는 사실을 잊어버리는 길이, 편

---

204 「도둑맞은 편지」에는 다음과 같이 묘사되어 있다: "나는 그의 옆에 있는 큰 책상에 특히 주의했네. 그 위에는 여러 편지와 다른 서류와, 한두 개의 악기와, 책이 두서너 권 난삽하게 놓여 있었네."(도둑, p.61(149))

205 라캉, p.35.

206 또한 그것은 작가의 의도에 의한 것이기도 하다. 사실 포는 가구에 대한 철학을 갖고 있는 작가였다. 그것은, "그가 그러한 제목[역주 : 「가구의 철학(The philosophy of furniture)」]을 갖고 있는 에세이의 작가라는"(라캉, p.35 주 (1) 참조) 사실로 알 수 있다.

지를 가장 안전하게 사용하는 길임을 알고 있는 천재임에도 불구하고, 진짜 편지의 존재를 <망각>하게 되고, 또한 가장 남성적인 사람임에도 불구하고, 여성적인 속성을 가장함으로써 편지를 숨기고 있다. 라캉은 이러한 변모의 특징을 <신경증>으로 진단하고 있다: "장관은 정신착란 상태에 있으면서도, 완전히(*absolument*) 미친 것은 아니다. 그는 신경증의 양상에 따라 행동하고 있다.(…) 이러한 변모의 특징은 억압된 것의 회귀라는 사실로 접근시키는 것이 타당할 만큼 독특한 형태, 그렇지만 명백한 동기가 없는 형태로 기록되어 있다."[207]

한편 장관의 그러한 분위기 연출에 속지 않고, 오히려 그것으로부터 연출자의 의도를 읽어내는 사람이 있다. 그가 바로 뒤팽이다. 그래서 편지는 뒤팽의 차지가 된다. 그것은 이미 예견된 것이었다. 뒤팽은 경찰국장과의 첫 대화서부터 이미 사건의 핵심을 간파하고 있을 뿐만 아니라, 장관을 방문하기 전부터 이미 장관이 편지를 어떻게 숨길 것이라는 것을 예측하고 있다: "경찰국장은 그 편지를 장관이 세상의 어떤 사람으로부터도 들키지 않도록 세상 사람들의 바로 코밑에다 감춰둘 수 있으리라고는 생각지 못한 것일세."[208] 그렇게 해서 그는 편지가 눈에 띄는 곳에, 아주 자연스럽게 위장되어 있을 것이라는 생각을 가지고 장관을 방문한다. 편지는 예상대로, D 장관의 편지로 변형된 채, 편지함에 꽂혀 있었다. 그래서 "그는 될 수 있는 대로 오랫동안 머뭇머뭇 앉아 있으면서,(…) 편지로부터 일 순간도 주의를 떼지 않는다. 그와 같이 조사하는 동안, 그는 편지의 외모와 편지집에 꽂혀 있는 모양들을 머릿속에 깊이 집어넣는다. (…) 그리고 우정 금제 담뱃갑을 책상 위에 놓고 돌아온다."[209] 다음날 그는 똑같은 위조품을 만들

---

207 라캉, p.34.
208 도둑, p.61(148).

어가지고 장관을 다시 방문한다. 물론 그는 장관의 관심을 딴 데로 돌리기 위해, 총격 사건을 미리 조작해놓는다. 그리하여 거사는 완벽하게 성공한다.

뒤팽이 이렇게 치밀하고 냉철하게 처리할 수 있었던 것은, 그가 <의미의 차원>에서 생각하는 사람이었기 때문이다. 그것은 그가 시인이라는 사실이 말해주고 있다: "나 같은 사람도 서투른 시 나부랭이를 써본 적이 있는데요."[210] 시인은 의미를 천착하고 의미를 창조하는 사람이다. 그러한 맥락에서 보면, 장관이 국장의 눈으로부터 편지를 안전하게 숨길 수 있었던 것도, 그가 편지의 의미와 숨김의 의미를 천착할 수 있는 시인이었기 때문이다: "아냐 그건 자네 오해일세. 난 장관을 잘 알고 있는데, 그는 둘 다 일세. 시인 겸 수학자로서 잘 추리하지. 다만 수학자뿐이라면 추리가 다 뭔가. 국장의 굴레에 빠졌을 걸세."[211] 역으로 경찰국장이 장관의 놀음에 놀아난 것은, 그가 "장관이 시인이기 때문에 바보의 이웃사촌이라고 생각"[212]했기 때문이다. 즉 그는 시인이 무엇 하는 사람인지도 모를 만큼, <현실적 차원>에서 모든 것을 해결하려는 사람이었다. 이렇게 볼 때, 뒤팽은 장관이 생각했던 의미를 <다시> 생각하는 사람이고, 시인 중의 시인인 초시인이다: "뒤팽이라는 초시인의 개입이 있기까지 장관이 이기는 것은 그가 전략가이기 때문이 아니라 시인이기 때문이다."[213]

그러나 뒤팽이 아무리 <냉철>한 초시인이라고 할지라도, <편지의 마력>[214]을 벗어나지는 못한다. 그것은 그것을 만지는 사람이면 누구에게나

---

209 도둑, pp.62-3(150-1).
210 도둑, p.50(135).
211 도둑, p.57(144).
212 도둑, p.49(135).
213 J. Lacan, *op. cit.*, p.220.
214 *Ibid.*, p.239.

전염된다: "그 편지를 가지는 사람이면 누구든지 그것의 본영(本影) 속으로 들어가게 된다."[215] 그래서 "그 기호 속에는, 마치 소크라테스의 전기가오리처럼, 접촉이 금지된 어떤 것(*noli me tangere*)이 존재함에 틀림없다. 그것은 그것을 소유하는 사람을 마비시킨다."[216] 뒤팽도 예외는 아니다. 그리하여 그조차 편지의 영향권 내에 들어오자마자, 복수의 화신으로 변모하는 것이다: "D 는 언젠가 한 번 비인에서 나를 크게 골린 적이 있다네. 그 때 불쾌한 낯을 하지 않고 다만 언제든지 이 일을 기억하고 있겠노라고 했지. 그도 자신의 모략보다 한 걸음 더 앞선 녀석이 누군지 궁금해 할 것 같아서, 나는 단서를 알리지 않는 것이 오히려 동정이라고 생각했네. 내 필적을 그도 잘 알고 있으니까 나는 백지 한 가운데 다음과 같은 글을 써놓았네:

> …이러한 불행한 계획은
> 아트레우스(Atreus)에게는 어울리지 않을지 몰라도 티에스테스(Thyestes)에게는 어울린다."[217]

이렇게 뒤팽은 오래전부터 복수의 날을 기다려오다, 그 사건을 기회로 삼아 장관에게 칼을 내민다. 그렇기 때문에 평범한 독자의 눈에는, 장관에 대한 그의 복수가 아주 당연한 것처럼 비칠지 모른다. 그러나 문제는 복수의 정도와 방식에 있다. 다시 말해 장관이 비엔나에서 뒤팽에게 어떠한 장난을 쳤는지 모르지만, 뒤팽의 복수가 한 번의 골탕에 대한 복수치고는, 너무나 <가혹>하고 <비열>하다는 것이다. 왜냐하면 뒤팽에 대한 장관의 <골탕>은, 말 그대로 심한 장난(un vilain tour)이었지, 적어도 죽을죄는 아니었기

215 *Id.*
216 라캉, pp.31-2.
217 도둑, p.64(152-3): 아트레우스는 티에스테스의 쌍둥이 형.

때문이다. 그에 비해 뒤팽의 복수는 장관의 권력의 실추를 가져오는 것은 물론이려니와, 경우에 따라서는 죽음을 불러올 수도 있다. 우리가 장관의 <죄>에 비해 뒤팽의 <벌>이 가혹하다고 하는 이유는 바로 여기에 있다.

그러나 더욱 문제되는 것은 그 방식의 비열함이다. 다시 말해 장관의 골탕은 적어도 뒤팽에게 최후의 진술(<언제든지 이 일을 기억하고 있겠노라>)의 기회를 주었다. 그리고 그 진술이 장관의 면전에서 이루어졌다는 점, 그리고 장관이 더 이상 그 발언을 문제 삼지 않았다(왜냐하면 뒤팽을 계속 만나주고 있으니까)는 점에서, 그 골탕은 아마도 <정면 공격>이었던 것 같다. 그에 비해 뒤팽의 복수는 장관에게 최후의 진술의 기회를 주지 않고 있을 뿐만 아니라, 모든 것이 장관 모르게 이루어진다는 점에서, 그것은 <후면 공격>이었다. 그렇기 때문에 우리는 "그가 비엔나(비엔나 회의인가?)에서 당한 나쁜 처사에 대해 내세우고 있는 원한에는 <비열함>이 덧붙여지고 있다"[218]고 말하는 것이다. 이렇게 그의 복수는 원초적인 공격성의 발로라고 할 만큼, 비열함과 잔인함으로 얼룩져 있다. 그것은 복수에 대해 쾌재를 부르는 장면에서 한껏 고조되어 나타나고 있다:

> "18개월 간 장관은 그 귀부인을 자기 세력 안에 굴복시키고 있었는데, 이번에는 그가 그 귀부인에게 굴복 당할 차례지. 왜 그러냐 하면 그 편지가 그의 손안에 없다는 것을 모르니까, 아직 있는 줄만 알고 그는 여전히 제멋대로 행동할 것이 아닌가? 그래서 대번에 정치적 파멸을 초래할 것이란 말일세. 그 떨어지는 꼬락서니야 말로 절벽을 굴러 떨어지는 것 같고, 숨이 막힐 지경일 것일세. '지옥에 떨어지기는 쉽다'고 해도 좋지만, 카탈라니(Alfredo Catalani)가 성악에 대해서 얘기한 바와 같이 올라가는 것은 무엇이고 간에

218 라캉, p.37.

> 떨어지는 것보다 썩 쉬운 것이니까. 이 경우에 있어선 나는 떨어지는 자에게 아무 동정도 하기 싫단 말일세. 적어도 조금도 불쌍하다고 생각하지는 않네. (…) 그러나 국장이 말하는 <어떤 귀부인>한테 납작하게 되어, 편지함에 들어 있는 그 편지를 펴보지 않으면 아니 될 경우에까지 이르렀을 때 그 위인은 어찌 생각할 것인가? 그 꼬락서니가 알고 싶어 죽겠네."[219]

뒤팽은 원래 <공상벽>[220]이 있는 <침울한 기질>[221]의 소유자였다. 그래서 그는 혼자 있기를 좋아하고 남에게 알려지는 것을 싫어했다.[222] 게다가 그는 <남을 해칠 줄 모르는>[223] 사람이었다. 그러한 그가 남을 공격해놓고 재미있어 하니, 대체 어찌 된 일인가? 그것은 마치, 뒤팽 스스로가 인용한 비극에서와 같이, 아내를 빼앗고 권력을 찬탈한 쌍둥이 동생 티에스테스에게 그의 자식을 구워 먹이면서 희희낙락하는 아트레우스의 모습과 흡사하다. 만약 그를 아는 사람이 그러한 그의 행동을 보았다면, 아마 <돌았다>고 말할 것이다.

이러한 돌변은 그가 스스로 <청빈>한 이미지를 불식하고, 국장에게 편지를 파는 장면에서도 찾아볼 수 있다. 그는 가난하지만 깨끗한 사람이었다. "그 젊은 신사는 뼈대가 있고 점잖은 가문 출신이었지만, 여러 가지 곤란한 사건으로 말미암아 정력적인 성격도 그 빛을 발휘해낼 수 없을 만큼 가난에 쪼들려들고 말았다. 그리하여 그는 세상에 나와 활동해보겠다든가, 혹은 재산을 다시 회복해보겠다는 생각은 아예 단념하고 말았다."[224] 그러면서

---

219 도둑, p.64(152).
220 모르그가, p.11(160).
221 모르그가, p.11(159).
222 모르그가, p.11(159-60) 참조.
223 모르그가, p.11(160).
224 모르그가, p.10(158-9).

그는 책을 벗하며 사는 <선비>였다. "책이야말로 실제에 있어 그의 유일한 사치품이었다."[225] 한 마디로 그는 안빈낙도(安貧樂道)하는 사람이었다. 그러한 그가 편지를 손에 넣게 되자[226], 국장에게 돈을 요구하는 것이다. 우리는 이러한 뒤팽의 행동을 어떻게 해석해야 될까? 지금 우리로서 말할 수 있는 것은, 깨끗하고 유능한 탐정이 더럽고 돈만 아는 <협잡꾼>으로 전락한다는 사실이다.

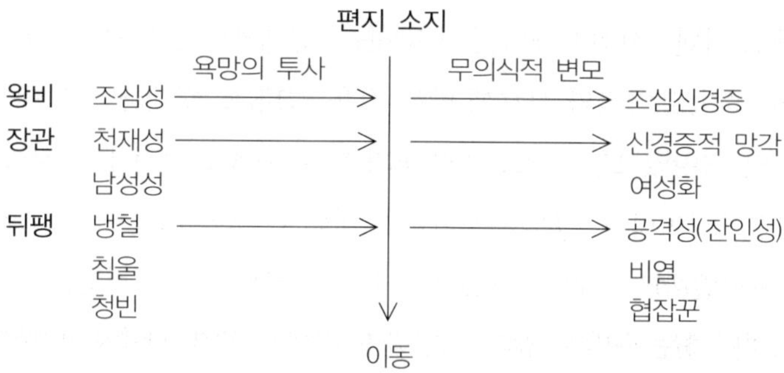

우리는 지금까지 편지의 획득에 따르는 주체들의 변모를 알아보았다. 요컨대 위의 도식이 보여주듯이, 왕비는 조심성 있는 여인에서 소심증 환자로, 장관은 남성답고 명석한 천재에서 여성화를 동반하는 건망증 환자로, 그리고 뒤팽은 냉철하고 조용하고 청빈한 선비에서 비열하고 잔인한 협잡꾼으로 변모해가고 있다. 이렇게 모든 주체들은 편지의 소지와 함께 변모한다. 그러한 사실은 그들 모두가 편지의 영향권 내에 있다는 것을 말해준다. 그래서 그들 스스로는 편지를 <소지>하면서부터, 편지를 <소유>하고

225 모르그가, p.10(159).

226 편지의 소지는 뒤팽의 변모에 결정적인 계기가 된다. 그의 복수심이 발동하는 것도, 장관의 집에서 그 편지를 알아본 직후, 즉 "편지를 빼앗은 거나 다름없을 때"(라캉, p.37.)부터이며, 협잡꾼으로 전락하는 것도, 편지를 되찾아온 뒤, 국장을 만났을 때부터이다.

있다고 생각하지만, 실은 편지가 그들을 소유하고 변화시키는 것이다. 그들은 단지, 편지가 지나갈 때, 편지라는 무의식의 법에 따라 움직이는 자리일 뿐이다. "이렇게 주체들의 등장이나 역할을 좌우하는 것은, 편지와 그 편지가 도는 길이다. 편지가 미결 상태라면 괴로워하는 것은 그들이다. 그들이 편지의 그림자 아래로 지나가게 되면, 그들은 그것의 반영이 되어버린다. 또한 어쩌다 그들이 편지를 소유하게 되면(대단히 애매한 말이지만), 그들의 마음을 사로잡는 것은 바로 편지의 의미이다."[227]

2) 기호형식 / 대상 a로서의 편지

다 아는 바와 같이, <언어 기호>는 <기호형식>과 <기호내용>으로 이루어져 있다. 기호형식은 언어 기호의 물질적인 부분으로서 청각적 이미지와 철자를 말하고, 기호내용은 그것의 의미인 개념을 말한다. 소쉬르에 따르면, 기호형식과 기호내용 사이의 관계는 자의적이고 관습적이다. 그것은 <나무>라는 개념에 해당하는 [나무]라는 기호형식이 각 언어 공동체에 따라 서로 다르다는 사실로써 입증되고 있다. 즉 그것에 해당하는 기호형식은 불어권에서는 arbre[arbr], 영어권에서는 tree[tri], 중국어에서는 木(목), 일어에서는 き(끼)로 각기 다르다. 그러한 사실은 기호형식과 기호내용의 관계가 무연하다는 것을 보여준다. 소쉬르는 기호형식과 기호내용의 그러한 관계를, 기호내용 / 기호형식으로 표시하고 있다.(도표 1)[228] 이 때 그것들을 가르고 있는 횡선(/)은 그 둘 사이가 불연속적이고 임의적임을 나타낸다.

---

227 라캉, p.30.
228 F. de Saussure, *Cours de linguistique générale*, Payot, 1981. p.158.

그러나 소쉬르는 기호내용에 대한 기호형식의 상대적인 독립성을 발견했음에도 불구하고, 그것들은 한 언어 체계 내에서 안정적으로 연결되어 있다고 보았다: "그 두 요소는 긴밀하게 결합되어 있으며, 서로 호응하고 있다."[229]

(도표 1)

위의 도표에서도 알 수 있듯이, 소쉬르적인 언어기호는 기호내용과 기호형식이 하나의 타원 속에 "종이의 앞뒷면처럼"[230] 사이좋게 붙어 있다. 다시 말해 그것들은 한 쌍의 부부처럼 "하나의 독방, 즉 <닫힌 체계> 속에 함께"[231] 살고 있다. 비록 소쉬르가 기호내용으로부터 기호형식을 분리해내는데 성공했지만, 그의 이론체계 내에서 그것들은 조화로운 관계를 유지하고 있는 것이다. 그러한 의미에서 상대를 향하고 있는 대립적인 화살 표시는, 서로가 서로의 전제 조건임을 암시하고 있을 뿐 아니라, 기호내용과 기호형식을 수직으로 가르고 있는 횡선(barre)도 분리선이라기보다 오히려 결합선에 더 가깝다.

라캉은 그러한 소쉬르의 언어 기호 이론을 전적으로 수용한다: "학파의 다양성에도 불구하고 언어학의 현 단계를 특징짓는 기호형식 / 기호내용이라는 도식에 대해서는 페르디낭 드 소쉬르에게 경의를 표하는 것이 합당하다."[232] 그러면서도 "그는 기호형식과 기호내용의 결합이 확고하다는 생각

229 *Ibid.*, p.99.
230 *Ibid.*, p.159.
231 M. Arrivé, 『언어학과 정신분석학』(최용호 역), 인간사랑, 1992, p.195.

에는 의문을 제기하면서 비판을 가한다. 그는 하나의 기호내용에 두 개의 기호형식이 있을 수 있다고 하면서, 화장실 문 위에 쓰인 [숙녀]와 [신사]라는 기호형식은 둘 다 [문]이라는 하나의 기호형식을 나타낸다는 것을 예로 들고 있다."[233] 마찬가지로 하나의 기호형식에 두 개 이상의 기호내용이 결합될 수도 있다. 가령 [신사]라는 기호형식이 화장실 문 앞에 쓰여 있으면 <문>을 의미하지지만, 그것이 남자 그림 위에 쓰여 있으면 문자 그대로 <신사>를 의미한다.[234] 따라서 기호형식과 기호내용의 관계는, 한 언어 체계 내에서도, 그렇게 안정적인 것이 못 된다. 그리하여 라캉은 소쉬르의 언어 기호의 도식을 다음과 같은 산식으로 바꾸어 표시한다.

$$\frac{S\ (\text{기호형식})}{s\ (\text{기호내용})}$$

위와 같은 라캉의 산식은 소쉬르의 그것과 비교해서, 세 가지 점에서 차이를 보이고 있다: 첫째, 라캉의 산식에는 언어 기호(기호내용과 기호형식)를 둘러싸고 있는 타원과, 서로를 향하고 있는 화살 표시가 지워져 있다. 둘째, 라캉은 기호형식을 기호내용 위에 놓음으로써, 소쉬르의 산식을 뒤집어놓는다. 마지막으로 그는 기호형식을 대문자로, 기호내용을 소문자로 쓴다. 그러나 라캉이 이렇게 언어 기호의 산식을 뒤집는 것은, 소쉬르의 이론을 전복하려는 의도에 의한 것은 아니다. 단지 그는 그러한 전복을 통해, 그의 이론이 놓치고 있는 부분, 즉 <기호내용에 대한 기호형식의 우위>와

---

232 라캉, p.497.

233 E. Wright, *Psychoanalytic Criticism: Theory in Practice*, London, Methuen, 1984., p.109(148); 라캉, p.499.

234 *Id.*

<기호형식의 상대적인 자율성>을 강조하고자 했을 뿐이다. 그러한 의미에서, 기호형식과 기호내용을 수직적으로 나누고 있는 횡선의 의미 또한 소쉬르의 그것과는 상당히 다르다. 소쉬르에게 있어서 그것은 분리이면서 동시에 결합이며, 불연속이면서도 동시에 연속을 상징하는 선이었다. 그러한 의미에서, 그것은 점선으로 표시하는 것이 더 적합할지 모른다. 그러나 라캉은 소쉬르와는 다르게, 거기에서 결합과 연속의 의미를 약화시키고, 실선(횡선)이 갖고 있는 본래의 의미를 더욱 더 강화한다. 다시 말해 라캉에게 있어서 그것은 완전한 절단(coupure)을 의미한다: "소쉬르에게 그 막대기는 단순한 임의 관계를 뜻하지만, 라캉의 경우에 그것은 기호형식과 기호내용이 잘 대응하지 못하게 하는 차단과 저항의 선을 뜻하고 무의식의 벽을 말한다. 즉 기호내용의 억압을 뜻한다."[235] "그 때부터 사실 그 과학[역주: 언어과학]의 주제는, 기호형식과 기호내용의 원초적인 위치, 즉 의미작용에의 저항의 벽에 의해 애초부터 분리되고 갈라진 질서로서의 자세에 매달려 있게 된다."[236]

이러한 사실과 함께, 라캉에게 있어서 기호형식과 주체와의 관계를 고려해볼 때, 횡선 아래에 있는 소문자 s 는 주체(sujet)로 대체할 수도 있을 것이다. 왜냐하면 "횡선 위에 있는 대문자 S는 기호형식의 원초적인 기능을 보여주고 있는데, 라캉은 분석 경험을 통해 기호형식이 주체의 담화에 있어서 지배적일 뿐만 아니라, 주체 자신을 지배한다는 사실을 보여주고 있기"[237] 때문이다. 라캉이 ≪세미나≫에서 보여주려고 했던 것도, 그리고 우리가 지금부터 밝히고자하는 것도, 「도둑맞은 편지」에 있어서 주체에

235 김형효, 『데리다의 해체 철학』, 민음사, 1993, p.231.
236 라캉, p.497.
237 J. Dor, *Introduction à la lecture de Lacan — 1. L'inconscient structuré comme un langage*, L'Espace Analytique, Deno l, 1992, p.53.

대한 기호형식의 결정작용이다:

> "주체가 한 기호형식의 도정으로부터 받는 불가항력적인 결정작용…"[238]
>
> "주체에 있어서 기호형식의 지배력…"[239]
>
> "기호형식은 주체에 대해 시간적으로 우선권을 갖고 있다."[240]
>
> "기호형식의 전이는, 주체들의 행위, 숙명, 거절, 무분별, 성공 그리고 운명에 있어서, 타고난 재능이나 사회적 경험에 좌우되지 않고, 그리고 성격이나 성에 관계없이 그 주체를 결정한다는 사실이다."[241]

라캉은 은유와 환유의 과정을 재해석함으로써, 이러한 <기호내용에 대한 기호형식의 우위>와 <주체에 대한 기호형식의 결정작용>을 보여준다. 전통적인 언어학에서 은유는 비교를 유도하는 요소의 개입 없이, <비교되는 항>과 <비교하는 항>을 등가로 묶어주는 전의(trope)이다. 즉 그것은 <처럼>이나 <같다>나 <듯하다>와 같은 말이 "생략된 직유"[242]이다. 그것은 비교를 나타내는 말의 매개가 없는 직접적인 비유라는 점에서 직유와 다르다. 그래서 때로는 비교되는 항이 문장의 표면상에 드러나지 않는 경우도 있다. 가령 <인간은 갈대>라는 표현 대신에 <생각하는 갈대>라는 표현을 썼을 경우가 그것이다. 이 때 <갈대>에 대응하는 비교되는 항을 찾는 것은 순전히 정신 작용에 의해 이루어진다. 그렇기 때문에 후자가 전자보다 상상에 대한 의존도가 높다고 할 수 있다. 그런데 비교되는 항과 비교하는 항 사이의 이러한 등가는, <유사(simularité)>나 <유추(analogie)>

238 라캉 p.12.
239 라캉, p.20
240 라캉, p.39.
241 라캉, p.30.
242 H. Morier, *Dictionnaire de poétique et de rhétorique*, P.U.F., 1981, p.670.

를 통해, 공통적인 요소를 확보함으로써 가능해진다. 위에서 예로 든 <인간은 생각하는 갈대>라는 은유는, 논리적으로 양립할 수 없는 두 요소— 인간(동물)과 갈대(식물) — 를 유추를 통하여 하나로 만들고 있는데, 그러한 양립을 가능케 하는 것은, 이를테면 <연약함>이라는 공통적인 요소이다. 이 때 <식물성>과 <동물성>이라는 각 낱말에 고유한 의미소(sème)는 일단 보류된다. 이렇게 "은유적 과정은 의미소의 조직화에 관여하여,"[243] "원초적인 의미의 확대"[244]에 기여한다. 즉 은유는 거기에 관계된 "어휘소(lexème)를 구성하는 의미작용의 요소들 중에서, 문맥과 양립 가능한 것을 선택함으로써,"[245] 나머지 의미소들의 "일시적인 중지"[246] 또는 "괄호 넣기"[247]를 가져온다. 그렇게 함으로써 은유는 언어 내적인 의미의 변화를 야기한다.

이와는 대조적으로, 환유는 언어 내적인 의미소의 조직에 관계하는 것이 아니라, "지칭 관계만을 변경시킬 뿐이다."[248] 다시 말해 그것은 지칭의 차원에서, 언어와 언어 외적인 실체 사이의 정상적인 관계의 탈선으로 특징지어진다. 가령 <모차르트를 연주하다>라는 환유에서, 모차르트가 작곡가라는 사실은 전혀 사라지지 않고, <모차르트>는 단지 그의 작품을 지칭하고 있을 뿐이다. <한 잔 마시다>라는 환유의 경우도 마찬가지이다. 논리적으로 보면, 자기나 도기로 된 그릇을 먹을 수 없는 것이기 때문에 그것은 비문이다. 그럼에도 불구하고 그 문장이 난해하다는 느낌을 주지 않는 것은, <잔>이라는 말이 그것에 인접한 내용물을 지칭하기 때문이다. 그것은

243 M. Le Guern, *Sémantique de la métaphore et de la métonymie*, Larousse, p.14.
244 *Ibid.*, p.19.
245 *Ibid.*, p.16.
246 *Ibid.*, pp.19-20.
247 *Ibid.*, p.15.
248 *Ibid.*, p.14.

<파리는 유럽의 꽃이다>라는 은유에서, <꽃>이라는 말이 실재하는 꽃 이외의 다른 사물을 지칭하는 것이 문제되는 것이 아니라, 그것에 고유한 의미소가 일시 중지되고 <아름다움>이라는 의미소가 부상하는 것과 비교해보면, 엄청난 차이가 있음을 알 수 있다. 이것을 의미론적으로 말한다면, 은유(métaphore)는 두 기호(또는 기호내용)가 의미소(I)를 공유하고 있을 때, 하나의 기호(D)가 다른 기호(A)에 의해 대체되는 것이고, 환유(métonymie)는 문제가 되는 두 기호(또는 기호내용)를 동시에 포함하고 있는 또 다른 기호(I)가 전제될 때, 하나의 기호(D)가 다른 기호(A)로 이동하는 것이다. 이것을 μ 그룹의 수사학자들은 다음과 같이 도표화하고 있다.[249]

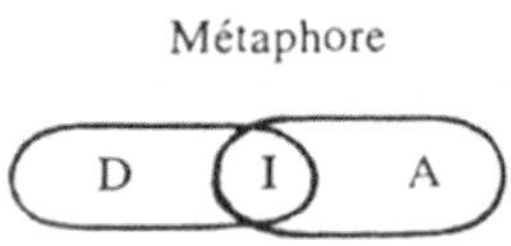

〈은유〉

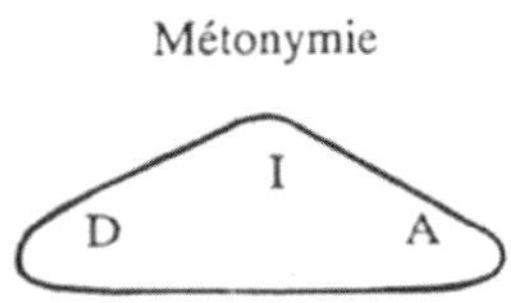

〈환유〉

그러나 라캉이 언어학에서 은유와 환유라는 개념을 빌려오긴 하지만, 그것의 개념은 전통적인 수사학의 그것과는 상당히 다르다. 우선 그는 은유와 환유를 전통적인 수사학에서와 같이, 기호(또는 기호내용)에 의한 기호(또는 기호내용)의 대체로 보지 않고, 기호형식에 대한 기호형식의 대체로 파악한다. 가령 <인간은 갈대>라는 은유에서, 전통적인 수사학은 <갈대>라는 고유한 의미에서 <연약성>이라는 비유적 의미로 가는 과정에 초점을 맞추는데 반해, 라캉은 기호형식의 대체(substitution)에 역점을 둔다. 다시 말해

249 J. Dubois et al., 『일반수사학』(용경식 역), 한길사, 1989, p.204.

[갈대]라는 기호형식(S)이 <연약성>이라는 새로운 기호내용(s')을 내포하기 위해서는 반드시 [인간]이라는 기호형식(S')이 그 기호형식(S)에 의해 대체되어야 한다. 따라서 S는 S'를 매개로 하여 s'와 관계를 맺을 수밖에 없는 것이다. 이 때 만약 [갈대]라는 기호형식이 [인간]이라는 기호형식을 매개로 하지 않고 <연약성>이라는 기호내용을 갖게 된다면, 그것은 은유가 아니라 새로운 기호 — 즉 [갈대]라는 기호형식과 <연약성>이라는 기호내용으로 구성된 기호 — 가 탄생하는 것이다. 라캉은 이러한 "은유의 공식 또는 기호형식의 대체의 공식"을 다음과 같이 표시한다:

$$\frac{S}{S'} \cdot \frac{S'}{x} \rightarrow S\left(\frac{I}{s}\right)$$ [250]

"여기서 대문자 S들은 기호형식들이고, x는 미지의 의미작용이고, s는 은유에 의해 도출된 기호내용이다. 이렇게 은유는 S에서 S'에 이르는 기호형식의 연쇄 속의 대체에 있는 것이다. 여기서 삭제 선으로 나타난 S'의 생략은 은유의 성공의 조건이다."[251] 즉 삭제되어 보이지 않는 S'(기호형식)는 은유 밖으로 발설되지 않기 때문에, 그것은 무의식적인 체계(I(inconscient)) 속에 보존된다. 이에 반해 새로운 기호내용 s는, 비록 텍스트의 표면에 드러나지는 않는다고 하더라도, 그것의 돌출은 무의식의 장벽(—)을 넘어 즉각적으로 이루어진다. 그리하여 라캉은 그러한 새로운 의미의 출현을 강조하기

---

250 라캉은 이것을 다음과 같은 산식으로 표시하기도 한다.(J. Lacan, *Le Séminaire XI: Les quatre concepts fondamentaux de la psychanalyse*, Seuil, 1973, p.225)

$$\frac{S}{S'} \times \frac{S'}{s} \rightarrow \frac{\frac{S}{s}}{\frac{S'}{S'}}$$

251 라캉, p.557.

위하여, 은유의 구조를 다음과 같이 고쳐 쓰기도 한다.

$$f\left(\frac{S'}{S}\right) S \cong S\,(+)\,s$$

"이러한 은유의 구조는 기호형식에 대한 기호형식의 대체 속에서 시나 창조의 성격을 띠고 있는 의미작용의 효과, 다른 말로 하면 문제의 의미작용이 도래한다는 것을 보여주고 있다. 여기서 괄호 속에 있는 + 기호는, 횡선(—)의 건너뜀과 의미작용의 출현에 있어서, 그 건너뜀이 구성하는 가치를 나타낸다."[252]

한편 환유는 기호형식의 대체에 의한다는 점에서는 은유와 같지만, 대체되는 기호형식이 대체하는 기호형식에 의해 횡선 밑으로 억압되지 않는다는 점에서 은유와 다르다. 그것은 하나의 기호형식이 다른 기호형식에 의해 대체될 때, 그 기호내용이 횡선 밑에 그대로 남아 있는 상태에서, 자리바꿈만 하기 때문이다. 가령 <한 잔 마시다>라는 환유는 원래 <한 잔의 (물, 술)을 마시다>라는 말이었다. 달리 말하면, <한 잔 마시다>라는 말은, <한 잔의 (물, 술)을 마시다>라는 문장에서 <물, 술>이라는 말이 생략된 말이다. 그리하여 <잔>이라는 말은, 그 문장에서 생략된 공간 — 즉 <물, 술 등>이 있던 자리 — 까지 포함하게 된다. 이것을 라캉 식으로 이야기하면, <물, 술>이라는 기호에서 <물, 술>이라는 기호내용(s)은 그대로 남아 있는 채로, [물, 술]이라는 기호형식(S)이 [잔]이라는 기호형식(S')으로 이동 합병된다. 그리하여 기호내용(s)는 기호형식들의 사슬 밑으로 미끄러진다(glissement). 그것을 라캉은 다음과 같은 산식으로 표시한다:

---

252 라캉, p.515.

$$f\ (S \cdots S')\ S \cong S\ (-)\ s$$ [253]

여기서 점선은 인접성을 상징하고, “괄호 속에 있는 (−) 기호는 횡선(—)의 유지를 나타낸다. 이 때 횡선은 앞의 산식(S / s)에서, 기호형식과 기호내용의 관계 속에 구성되어 있는 불환원성, 즉 의미작용에의 저항을 표시한다.”[254] 즉 환유에서 횡선의 기능 — 즉 <의미작용에의 저항> — 은 그대로 유지되며, 따라서 환유는 “명백한 비의미”[255]로서 나타난다. 이에 반해 “은유는 의미가 비의미 속에서 생산되는 바로 그 점에 위치해 있다.”[256] “달리 말하면 환유적인 표현의 의미를 파악하기 위해서는, S 와 S'사이에 연결끈을 만드는 정신 작용이 반드시 필요하게 되는데 반해, 은유에서의 의미의 분출은 즉각적이다. 왜냐하면 정확히 횡선의 건너뜀이 일어나기 때문이다.”[257] 요컨대 라캉은 은유와 환유가 기호형식의 이동 또는 대체에 의해 이루어지고 있음을 강조한다. 그렇게 함으로써, 그는 기호내용에 대한 기호형식의 상대적인 자율성과 우위를 증명해보이고 있는 것이다.

라캉의 이러한 이론적 성과를 바탕으로, 우리는 이제 「도둑맞은 편지」에서 도둑맞은 편지가 어떻게 기호형식의 알레고리로 작용하며, 그것의 이동이 어떻게 은유와 환유의 과정을 따르면서, 주체의 무의식을 구조화하는가를 추적해보자. 그것은 곧 「도둑맞은 편지」를 통해, <무의식은 언어처럼 구조화되어 있다>는 라캉의 유명한 명제를 증명해보이고, <문자의 심역>

---

253 우리는 이것을 다음과 같이 도식화할 수 있다:

$$\frac{S \cdots\cdots\cdots S'}{s} = S'\ (-)\ s$$

254 라캉, p.515.
255 J. Dor, *op. cit.*, p.62.
256 라캉, p.508.
257 J. Dor, *op. cit.*, p.62.

을 이해하는 길이 될 것이다.

상식적으로 생각해보더라도, 편지는 언어 소통의 중요한 부분을 이루고 있다. 그것은 발신인과 수신인을 갖고 있고, 일정한 코드가 있는 메시지이다. 그래서 우리는 편지를 하나의 <언어 기호>에 비유해볼 수 있을 것이다. 즉 편지는 봉투와 편지지라는 물질과, 거기에 쓰여 있는 내용으로 이루어져 있는데, 전자를 편지의 기호형식이라고 한다면, 후자는 편지의 기호내용이라고 할 수 있다. 그렇다면 「도둑맞은 편지」에서의 도둑맞은 편지는 어디에 더 가까울까? <기호내용>적인 성격에 더 가까울까, 아니면 <기호형식>적인 성격에 더 가까울까? 단적으로 그것은 기호형식의 속성을 극단적으로 보여주고 있다. 물론 도둑맞은 편지에도 무엇인가 내용이 담겨 있었을 것이다. 그러나 「도둑맞은 편지」 어디에도 그 내용에 대한 보고는 없다. 단지 경찰국장이 뒤팽으로부터 편지를 돌려받고, "그 내용을 읽는다."[258]는 단 한 마디가 언급되어 있을 뿐이다. 그러나 그 경우에도 독자는 물론이려니와 경찰국장에게조차 그 내용은 알려지지 않은 상태로 남아 있다. 우리가 알고 있는 것은 경찰국장이 뒤팽과 화자에게 가르쳐준 편지의 <내외적인 모양> 뿐이다.

> "물론 당신은 편지의 모양이야 잘 아시고 있겠죠?"
> "아, 그럼요!" 이렇게 말하며 국장은 수첩을 꺼내 없어진 편지의 내외적인 모양에 관해서 더욱 자세히 큰소리로 설명하기 시작했다.[259]

그렇기 때문에 도둑맞은 편지는 내용이 <없는>, 정확히 말하면 내용이

258 도둑, p.54(140).
259 도둑, p.52(138).

비밀로 되어 있는 편지이다: "그 이야기는 우리로 하여금 편지의 내용은 물론이려니와 그 발신인에 대해 거의 모든 것을 모르게 하고 있다. 단지 왕비 앞으로 된 주소의 필적을 장관이 단번에 알아차렸다는 사실만 우리에게 알려져 있다. 그리고 부수적으로 장관에 의한 은폐 공작에 대하여, 그것의 원래 도장은 S… 공작의 것이라는 사실이 언급되고 있을 뿐이다. 편지의 중요성에 대해서도, 우리는 단지 그것이 어떤 제3자의 손에 들어갈 때 생기는 위험과, 그것의 소유가 장관에게 <상당히 위험한 정도까지 정치적 목적으로> 이해 당사자[역주 : 왕비]에 대해 지배력을 행사할 수 있게 한다는 사실을 알고 있을 뿐이다. 그렇다고 해서 그러한 사실이 편지가 전달하고 있는 내용에 대해서 어떤 것을 우리에게 알려주는 것은 아니다."[260] 그렇게 그것은 껍데기로서만 이야기되고, 물질성으로서만 존재하는 편지, 즉 기호 형식으로서의 편지이다.

더욱이 그것의 내용이 설혹 독자에게 알려졌다고 하더라도, 소설의 전개에는 아무런 영향을 미치지 못했을 것이다. 왜냐하면 등장인물들에게 중요한 것은 편지의 <내용>이 아니라, 편지가 각자에게 가져오는 <의미>이기 때문이다. 사실 편지가 거쳐 간 사람 — 즉 순서대로 처음에는 장관, 그 다음에는 뒤팽, 그리고 마지막으로 경찰국장 — 은 그 내용을 읽을 수 있었고, 아마 읽었을 것이다. 그러나 그들은 그것에 대해 언급하지 않는다. 언급할 필요가 없기 때문이다. 장관은 장관 나름대로 그 편지를 담보로 하여 왕비에게 압력을 가함으로써 지위 상승을 노렸을 뿐이고, 뒤팽은 뒤팽 나름대로 그 사건을 계기로 장관에게 복수하려 했을 뿐이고, 국장의 편에서는 거듭된 사건 해결의 실패로 말미암아 실추된 명예를 회복하려 했을 뿐이다.

260 라캉, p.27.

따라서 그들에게 그것은 <증거물>에 불과할 뿐, 그 내용 자체는 조금도 중요하지 않다. "그 편지가 어디서나 동일한 의미를 갖는 것은 아니다. 그것이 장관의 주머니 속으로 들어가자마자, 그것이 예전에 어떠한 편지이었던 간에, 그것은 그 이전의 편지가 아니다. 그것은 더 이상 연애편지도, 비밀편지도, 통지서도 아니다. 그것은 증거이고 경우에 따라서 그것은 증거물이다."[261] 그러한 상황은 왕비에게도 똑같이 통용된다. 즉 그녀에게도 편지의 내용은 처음에만(받아서 읽는 순간에만) 의미가 있었을 뿐, 장관이 그녀의 편지를 목격한 이래, 그것은 그녀에게 배반을 상징하는 증거물이다. 그렇기 때문에 그녀는 어떠한 희생을 치르더라도 그것을 찾으려고 하는 것이다. 이렇게 편지의 의미작용은 등장인물에 따라 각각 다르다. 그것은 왕비에게는 배신을, 장관에게는 권력을, 뒤팽에게는 복수를, 경찰국장에게는 명예를 의미하고 있다. 그러나 그러한 의미작용은 편지의 <내용>으로부터 나오는 것이 아니라, 편지라는 <물체>로부터 나온다. 그리하여 그것은 각각의 등장인물들에게 물질로서만 증거하는 것이다. 라캉이 도둑맞은 편지를 기호형식의 알레고리로 삼을 수 있었던 것도, 바로 그 때문이다.

그러나 라캉이 도둑맞은 편지를 기호형식의 알레고리로 삼는 것은, 비단 그 편지의 내용이 알려지지 않았다는 사실 때문만은 아니다. 그가 그렇게 할 수 있었던 데는 더 적극적인 이유가 있다. 그것은 도둑맞은 편지가 기호형식처럼, 기호내용이 알려지지 않은 채로 의미의 <효과>를 나타내기 때문이다. 사실 언어의 기호형식은 물질은 물질이되, 그 자체로는 아무런 실체도 갖고 있지 않은 물질이다. 그것은 다른 기호형식과의 <차이>를 통해서 기능을 발휘하는 물질이다. 가령 [나]라는 기호형식이 그 기호형식이 속한

---

261 J. Lacan, *Le séminaire, Livre II; Le moi dans la théorie de Freud et dans la technique de la psychanalyse, Seuil, 1978.,* p.233.

언어체계와 관련을 맺지 않고, 독립적으로 발음될 때, 그것은 단순한 소리(소음)에 불과하다. 그것은 [나]라는 기호형식이 다른 언어권에서 발음될 때, 아무런 의미도 갖지 못하는 것을 보면 금방 알 수 있다. 그것은 한국어의 다른 기호형식들 — 즉 [너], [그], [그녀], [당신] 등과 <비교>될 때만 비로소 의미의 효과를 낸다. 그렇기 때문에 그 기호형식의 실체는 <그 자리에 없다.>[262] 그것은 다른 기호형식과의 <관계> 속에 있다. 따라서 그것이 의미의 효과를 나타내기 위해서는 다른 기호형식으로 <이동>해야 하고, 그 다른 기호형식은 또 다른 기호형식으로 이동해야 한다. 그리하여 하나의 기호형식은 전 기호형식을 그 계합체로서 요구한다. 그러한 관계로, 하나의 기호형식을 찾으면 사전 전체가 따라 올라오는 것이며, 하나의 텍스트를 알려면 도서관 전체가 움직이는 것이다.

「도둑맞은 편지」의 도둑맞은 편지도 마찬가지이다. 그것은 앞에서도 말했듯이, 우선 물질(물체)이다. 그렇기 때문에, 하나의 물질이 분자로 세분된다고 하더라도 여전히 물질이듯이, 그리고 하나의 진술이 형태소(morphème)로 분절된다고 하더라도 의미를 지니고 있듯이, 도둑맞은 편지 역시 아무리 잘게 쪼갠다고 하더라도 종이로 남는 물질이다: "편지를 잘게 찢어보십시오. 그래도 그것은 있는 그대로의 편지로 남게 된다."그러나 분자와 원자 사이에는 뛰어넘을 수 없는 거리가 있듯이, 그리고 일차분절과 이차분절 사이에는 의미의 소멸이라는 엄청난 차이가 있듯이, 도둑맞은 편지가 "우선 기호형식의 물질성이라고 하더라도, 그 물질성은 많은 점에서 독특한 것이다. 그것은 분할을 조금도 용납하지 않는다."[263] 왜냐하면 그것은 증거물의 소실을 의미하기 때문이다. 따라서 그것은 항시 <전체>로서만 말하고,

262 라캉, p.25.
263 라캉, p.24.

<전체>로서만 기능하는 이상한 물질이다. 그러한 사실은 불어의 lettre(편지, 문자)라는 말의 사용에서 여실히 드러난다. 즉 lettre는 부분 관사(de la lettre)를 전혀 허락하지 않는 단어이다: "la lettre에 대해서 말하자면, 그 말을 인쇄 상의 요소라는 의미로 받아들이든지, 아니면 편지라는 의미나 학식 있는 사람을 만드는 것이라는 의미로 받아들이든지 간에, <말하는 것이 문자 그대로(à la lettre) 들린다.>고, <우편계 하사관의 손에서 한 통의 편지(une lettre)가 당신을 기다리고 있다>고, 게다가 <당신은 학식(des lettres)이 있다>고 말할 수는 있지만, 늦게 도착한 우편을 지칭하는 경우라 하더라도, 어떤 이유로건 그것이 여러분들과 관계를 갖고 있는 이상, 결코 <약간의 편지(de la lettre)는 아무데도 없다>고 말하진 않는다."[264]

또한 도둑맞은 편지는 언어의 기호형식처럼, 다른 곳으로의 <이동>을 통해서 의미의 <효과>를 나타낸다. 즉 그것은 왕비의 손에서 장관의 손으로 넘어감으로써, 비로소 왕비에게는 배반의 증거가 되고, 장관에게는 권력의 상징이 된다. 만약 그것이 장관에게 탈취당하지 않고 왕비의 손에 그대로 남아 있었다면, 그것은 아무 효력도 발휘하지 못했을 것이다. 그리하여 그것

---

264 라캉, p.24: 이에 반해 양화될 수 없는 편지에 대한 주체들의 정신 작용은 양화된다: "언어는 그것을 들을 줄 아는 사람에게 판결을 내린다: 예컨대 부분관사로 사용되는 관사를 이용해보자. 가령 정신이 살아 있는 의미 작용이라고 하더라도, 이상하게도 그것은 편지보다 더 양화(quantification)에 제공되는 것처럼 보인다. 다음과 같은 표현을 허용하는 의미작용 자체, 즉 의미로 가득 찬(plein de signification) 담화로부터 시작하자: 사람들은 어떤 행위에서 의도(de l'intention)를 알아차리고, 더 이상 애정(plus d'amour)이 없다는 것을 한탄하고, 증오(de la haine)를 쌓고, 충성(du dévouement)을 바친다. 그리고 많은 자기도취(tant d'infatuation)는, 다시 팔아야 할 여자의 엉덩이(de la cuisse)와 싸움(du rififi)이 남자들에게 영원히 있을 것이라는 사실과 서로 화해한다."(라캉, p.24) 한편 라캉이 아무렇게나 나열하는 것 같은 위의 인용문에는, 「도둑맞은 편지」의 가능한 모든 주제와 해석이 담겨 있다: 뒤팽의 <의도>, 왕-왕비-S공작과 장관-미지의 여인-뒤팽의 삼각(<애정>) 관계, 왕비와 뒤팽의 <증오>, 왕과 왕비에 대한 장관과 국장의 <충성> 등이 그것이다.(B. Johnson, *The frame of reference: Poe, Lacan, Derrida,* in *Yale French Studies*, no 55-56, 1977, p.500 참조)

은 장관에게 종잇조각만큼의 의미도 없었을 것이다. 마찬가지로, 그것은 다시 뒤팽의 손에 넘어감으로써, 장관에게는 권력의 실추를, 뒤팽에게는 복수와 돈을 가져다준다. 국장이 그것을 손에 쥐게 될 때도 마찬가지다. 그것의 이동이 국장에게는 명예 회복의 계기가 되는 것이다. 이렇게 편지는 이동함으로써 의미의 효과를 발휘하고, 이동할 때마다 각기 다른 의미를 띠고 있다.

도둑맞은 편지(기호형식으로서의 문자)가 <이동>을 그 특성으로 한다는 사실은, 이미 그것의 제목에서부터 암시되어 있다. 「도둑맞은 편지」의 원제는 「*The purloined letter*」인데, "*To purloin*은 옥스포드 사전에 의하면, 영불 합성어이다. 즉, 목적(*purpose*), 구매(*purchase*), 의미(*purport*) 등에서 볼 수 있는 접두사 *pur*-와, 고대 불어 loing, loigner, longé가 합성된 것이다. 우리는 첫 번째 요소로, 라틴어의 접두사 *pro*-를 식별해낼 수 있을 것이다. 그런데 그것은 간혹 뒤를 보증하기 위하여, 더욱이 뒤를 책임지기 위하여 그것이 떠맡고 있는 것에 앞서서, 그 뒤를 예상하게 한다는 점에서 *ante*-와 구별된다(반면에 *ante*-는 그것을 만나러 오는 것을 마중 나간다)."[265] 다시 말해 pro-는 미래 지향적으로 목적을 향한 전진(이동)을 함축하고 있는데 반하여, *ante*-는 과거 지향적으로 전제조건으로의 후퇴(이동)를 내포하고 있다. 그리고 "두 번째 요소는 고대불어에서 장소를 나타내는 속사 *au loing*(또는 *longé*)의 동사인 *loigner*로서, 그것은 au loin(멀리)을 의미하는 것이 아니라, au long de(옆을 따라서)를 의미한다. 결국 *mettre de côté*(옆에 놓다)가 문제가 되든지, 아니면 두 개의 의미에 걸쳐 있는 구어적인 표현을 빌린다면, *mettre à gauche*(옆에 놓다; 숨기다)가 문제가 되고 있는 것이다. 그래서 우리는 우리를 유도하고 있는 대상

265 라캉, pp.29.

그 자체에 의해서, 우리가 둘러가고 있는 우회도로에 대해 확신을 가지게 되는 것이다. 왜냐하면 우리를 사로잡고 있는 것은 실제로 빼돌린 편지(*la lettre détournée*), 즉 그것의 도정이 연장된(*prolongé*)(이것은 문자 그대로 영어이다) 편지, 혹은 우편용어를 빌린다면 미결 편지(*lettre en souffrance*)이기 때문이다."[266]

한편 보들레르는 그 제목을 「La Lettre volée」라고 불역한다. 그러나 그러한 번역은, 라캉에 따르면, 포의 원의를 반역하는 것이다: "보들레르는 포에 대한 공경에도 불구하고 *the purloined letter* — 이 원제는 그 단어의 용법보다, 그것의 어원을 정의하는 것이 우리에게 더 쉬운 아주 드문 단어를 사용하고 있다 — 로 되어 있는 제목을 ≪도둑맞은 편지(*la lettre volée*)≫로 불역함으로써 그를 배반하고 있는 것이다."[267] 그럼에도 불구하고 라캉이 보들레르의 제목을 그대로 사용하는 것은, 그러한 오역이 역설적으로 <기호내용에 대한 기호형식의 우위>라는 그의 명제를 증명해주기 때문이다: "지금이야말로 말할 기회이어서 여러분에게 모든 것을 털어놓는데, 사람들이 잘못 짚어 말하는 것처럼 기호형식의 관습적인 특성을 지적하려는 생각에서가 아니라, 차라리 기호내용에 대한 기호형식의 우선권을 지적한다는 생각으로 보들레르의 제목을 채택했다."[268]

그런데 라캉은 무슨 이유로 번역이 기호형식의 우위를 보여준다고 하는 것일까? 그 생각의 배경은 아마 이럴 것이다: 번역은 한 언어체계 내의 기호가 다른 언어 체계의 기호로 이동하는 것이다. 이때 문제가 되는 것은, 기호형식이 아니라, 원어의 기호내용(원의)을 번역어의 기호내용으로 옮기

---

266 라캉, pp.29.
267 라캉, p.29.
268 라캉, pp.28-9.

는 것이다. 따라서 번역은 기호내용은 그대로 남겨둔 채로, 기호형식만을 이동시키는 것을 목적으로 하고 있다. 그러한 의미에서 번역은 <환유적>이다. 그러나 일단 번역자에 의해 번역어의 기호형식이 정해지면, 원어의 기호내용은 번역어의 기호형식을 뚫고 돌출하지 못한다. 즉 원어의 기호내용은 번역어의 기호형식에 의해 억압된다. 그리하여 번역본을 읽는 독자의 편에서 보면, 번역어의 기호형식에 대응하는 번역어의 기호내용을 선택할 수밖에 없게 되고, 기호내용에 대한 기호형식의 우선권이 주어지는 것이다.

이것과는 조금 다른 경우이지만, 포 역시 기호내용에 대한 기호형식의 우위와, 기호형식의 이동을 통해서 기호내용이 드러난다는 사실을 통시적인 차원에서 암시하고 있다: "라틴어의 ambitus[역주: 에움길, 우회도로]가 거기서 나온 영어의 ambition[역주: 야망]을, religio[역주: 양심의 가책]가 거기서 나온 religion[역주: 종교]을, homines honesti[역주: 존경할 만한 사람]가 거기서 나온 honorable men[역주: 저명인사]을 의미하는 것은 아니다."[269] 즉 현재에 살고 있는 우리로서는, 라틴어 <ambitus>, <religio>, <homines honesti>의 뜻을, 그것과 기호형식이 유사한 [ambition], [religion], [honorable men]을 통해 유추하는데, 그것이 바로 통시적인 차원에서, 기호형식의 미끄러짐과 기호내용에 대한 기호형식의 우위를 보여주는 것이다. 더욱이 포가 다른 많은 라틴어 중에서, 유독 <ambitus>라는 단어를 선택했다는 것은, 기호형식의 우회(또는 이동)와 관련해볼 때 의미심장하다 아니할 수 없다.[270]

---

269 도둑, p.58(145).

270 라캉은 이 단어들을 이용하여, 어떠한 주체도 편지의 마력으로부터 벗어날 수 없음을 다음과 같이 말하고 있다: "존경할 만한 사람(honesti homines)도 피해 없이 난관을 벗어날 수 없다. 한 개 이상의 양심(religio)이 있지만, 신성한 끈이 우리를 반대 방향으로 끌어당기는 것을 멈추는 것이 내일로 예정되어 있는 것은 아니다. 우회(l'ambitus)로 말하자면, 알다시피 그것을 생각나게 하는 것이 언제나 야망(l'ambition)은 아니다."(라캉, p.28) 여기서 존경할 만한 사람은 <뒤팽>을, 양심은 <왕비>의 가책을, 우회는 <편지>의 이동을, 야망은 <장

아무튼 이렇게 제목에서부터 시작된, 편지의 이동에 대한 암시는, 그 소설의 첫 대화를 장식하고 있는 <묘한다(odd)>라는 말로 이어진다. 우리가 이미 알고 있다시피, <묘하다>라는 말은, 국장과 뒤팽 사이에 서너 차례의 대화가 오가는 중에, 무려 다섯 번이나 사용되고 있다. 그야말로 「도둑맞은 편지」는, 그 말이 자주 사용되고 있다는 의미에서 뿐만 아니라, 그 말에 <묘한> 뉘앙스가 들어가 있다는 의미에서, <묘한> 텍스트이다. 한 마디로 그 말 역시, 제목과 마찬가지로, <장소의 이탈>을 그 내포적 의미로 하고 있다: 즉 웹스터 사전을 보면, 영어의 odd는 <길을 벗어난(out of the way)>(웹스터)이란 뜻을 갖고 있다. 그런데 장소와의 "관계를 형용하는 말인 영어의 odd에 딱 들어맞는 프랑스 말은 없다. 보들레르는 <bizarre>[271]라는 역어로 대응시키고 있지만, 그것은 근사적 의미만 있을 뿐이다. 이를테면 기호형식이 장소와 유지하고 있는 것은 관계 자체이기 때문에, 그 관계는 독특한 것이다."[272]

이제 도둑맞은 편지는 이동하기 시작한다. 그것이 이동하는 것은 그것이 <도둑맞은> 편지이기 때문이기도 하겠지만, <편지(문자)>의 속성 상 이동할 수밖에 없기 때문이다. 편지(문자)는 항시 이동한다. 그것은 그것의 주인과 내용을 찾아 영원히 이동한다. 그것은 마치 그릇이 빈 공간을 가지고 있음으로 해서, 거기에 담기는 내용물을 끊임없이 요구하는 것과 같다. 라캉이 편지(문자)의 여행에 주목한 것도 이와 비슷한 이유에서이다: "편지는 우회를 겪기 때문에 그것 특유의 도정을 갖고 있다. 이것이야말로 기호형식

관>의 야심을 의미한다.

271 불어의 bizarre는 장소에 대한 뉘앙스를 내포하고 있지 않다. 그것은 로베르(Robert) 사전에, ≪Qui est inhabituel, qu'on explique mal(비일상적인, 잘 설명되지 않는)≫이라고 정의되어 있다.

272 라캉, p.23.

의 영향력이 확인되는 모습이다. 왜냐하면 우리는 기호형식이, 전광게시판의 필름이나 인간-처럼-생각하는-기계의 회전식 기억장치에서의 이동 작용에 비견될 수 있는 이동에 의해서만, 유지된다는 사실을 배워서 잘 알고 있기 때문이다. 그리고 이 작용은 원리상 교대 운동의 기능을 갖고 있기 때문에, 원래의 위치로 순환적으로 되돌아가는 한이 있더라도, 자신의 위치를 떠나는 것을 요구하는 것이다."[273]

이렇게 편지가 이동할 수밖에 없는 것은, 언어의 기호형식처럼, 그것의 실체가 그것의 <물질> 속에 있는 것이 아니라, 다른 것과의 <관계> 속에 있기 때문이다. 그것은 그 물질 속에 <있으면서도 없다>.[274] 왜냐하면 그것은 물질이라는 점에서는 <있지만>, 그것이 <차이>로서 기능하는 물질이라는 점에서는 <없다>. 그것은 마치 빛처럼 <파동>으로서 기능하는 <입자>다. 그렇기 때문에 그것은 <제자리에 없다>. "그것은 기호형식이 성질 상 단지 부재라는 속성을 띠고 있는 상징으로 유일한 존재 단위이기 때문이다. 그렇기 때문에 도둑맞은 편지에 대해서는 다른 대상과 같이 그것이 어디엔가 있든지 아니면(ou) 없어야 한다고 말할 수 있는 것이 아니라, 다른 대상과는 달리 그것은 어디로 가든지 간에, 지금 그것이 있는 장소에 있으면서 동시에(et) 없을 것이라고 말할 수 있는 것이다."[275]

예컨대 경찰국장은 편지가 있다고 믿는 <모든 곳>을 찾아보았지만 <아무 곳>에서도 발견하지 못한다. 그것은 그가 물질로서의 편지를 찾고 있기

273 라캉, p.29.

274 라캉은 이러한 기호형식의 특성을, <무존재성>(nullibiété)이라고 하기도 한다: "편지는 모든 물건 가운데서도, 로제(Roget)의 표제로 잘 알려져 있는 단어집이 윌킨스(Wilkins) 사제의 기호학적 유토피아에서 재수록한 용어를 사용한다면, <무존재성>이라는 속성을 부여받아야만 하지 않을까."(라캉, p.23)

275 라캉, p.24.

때문이다. 장관도 그것이 편지함 속에 있다고 믿고 있지만 그곳에는 이미 없다. 그것은 이미 뒤팽이 가져간 지 오래다. 그리하여 그는 편지라는 <물체>를 믿고, 권력을 휘두르지만, 뒤팽에 의해 실추되고 만다. 이렇게 그것의 효력이 그것의 물질로부터 나온다고 믿는 사람에게, 그것은 없다: "그것은 등장인물들이 있어야 한다고 믿고 있는 장소에는 결코 없다."[276] 그렇지만 <글(종이)>로 된 편지는 이미 날아가지만, 편지라는 <말>은 머릿속에 남아 끊임없이 그들을 괴롭힌다. 그것은 그들이 편지라는 물건에 집착하기 때문이다. 이렇게 "도둑맞은 편지가 있을 수 있는 것은 편지가 날아가는 편지이기 때문이다. 날아가는 것은 써진 것이고, 말은 애석하게도 남는다. 말은 아무도 그것을 더 이상 기억하지 못 할 때조차도 남는 법이다."[277] 그렇게 <있으면서 없고>, "제자리에 없다(ceci manque à sa place)고 글자 그대로(à la lettre)말할 수 있을 것은 상징계뿐이다." 다시 말해 그것은 기호형식의 세계에서만 가능한 일이다. 왜냐하면 물질계나 "실재계로 말하자면, 약간의 혼란이 올 수 있다고 하더라도 그것은 항상 거기에 존재하고, 그것은 제 자리로부터 자기를 떼어내는 것이 무엇인지 모른 채, 어떤 일이 있어도 제 자리에서 악착같이 따라다니기 때문이다."[278]

그렇다면 도둑맞은 편지는 어떻게 다른 편지와 <관계>를 맺으면서 이동하는 것일까? 우리가 가정한 대로, 그것은 언어의 기호형식처럼, 은유와

---

276 J. Lacan, *op. cit.,* p.221.

277 *Ibid.*, p.232: 라캉은 또한 다음과 같이 말하고 있다: "경찰은 쓸데없이 호화판 인문주의의 책에서, <말은 사라진다(verba volant)>는 말로 끝나는 <써진 것은 남는다(Scripta manent)>라는 속담의 교훈이나 배운다. 차라리 말의 경우에서처럼 써진 것이 남았으면 좋겠다. 왜냐하면 말에 대한 지울 수 없는 빚은 적어도, 그것의 이동이 우리의 행위를 풍부하게 하는 데 있다. 써진 것은 미쳐 날뛰는 백지 어음을 바람에 날려 보낸다. 그리고 써진 것이 나는 종잇조각이 아니라면, 도둑맞은 편지 따위는 존재하지 않을 것이다."(라캉, pp.26-7)

278 라캉, p.25.

환유의 방식에 따라 이동한다. 우선 사건의 진행에 따라, 편지의 이동과 그 방식을 재구성해보면 다음과 같다:

1. 왕비가 S 공작으로부터 온 편지(A)를 왕에게 들키지 않게 하기 위하여, 그것의 앞뒤를 뒤집어 놓는다.(첫 번째 뒤집기)
2. 장관이 자기가 가져온 편지(A')와 왕비의 편지를 바꿔치기한다.(첫 번째 대체)
3. 장관이 왕비로부터 훔친 편지를 안팎을 뒤집어(두 번째 뒤집기), 주소와 인장을 변형시켜 놓는다.(B)
4. 뒤팽이 장관의 편지(B)와 똑같은 위조 편지(B')를 만들어, 그것과 바꿔치기한다.(두 번째 대체)
5. 뒤팽이 장관에게서 훔쳐온 편지(B)를 다시 안팎을 뒤집어(세 번째 뒤집기) 원상태(C)로 복원한다.
6. 뒤팽이 복원한 편지(C)를, 국장의 수표(C')와 맞바꾼다.(세 번째 대체)

이러한 사실로부터 우리는 다음과 같은 사실[279]을 이끌어낼 수 있다: 첫째, A와 A', B와 B'는 실재적 관점에서는 서로 다르지만, 상상적 관점에서는 서로 비슷하다. 다시 말해 그 두 편지의 대체는 <유사성>의 축 위에서 이루어진다. 둘째, C와 C'는 현실적인 관점에서건 상상적인 관점에서건 서로 다르지만, C'가 지불인(발신인)과 수취인(수신인)이 있는 "특수한 종류의 편지"[280]라는 점에서, 그리고 그것들은 상징적 관점에서 교환가치가 같다는

279 이러한 사실은 밀르네르의 의견을 많이 참조했음을 밝힌다. (J.-Cl. Milner, *Détections fictives*, Seuil, pp.29-36 참조)

280 J.-Cl. Milner, *op. cit.*, p.26: 텍스트 상에는 <수표(check)>(불어로는 chèque)라는 말이 두 번 나오는데, 보들레르는 그것을 한번은 <주머니돈(bourse)(이것은 어원적으로 <주머니(sac)>라는 뜻이다)>(도둑, p.53(139))으로, 다른 한번은 <우편환(mandat)(이것은 어원적으로 <칙서(rescrit du pape)>라는 뜻이다)>(도둑, p.53(140))으로 불역함으로써, 전자에서는 보상금이

점에서, 그 둘의 대체 역시 <유추>를 기반으로 하고 있다고 할 수 있다. 셋째, A와 B, B와 C는 현실적인 관점에서는 완전히 하나이지만, 상징적인 관점에서는 서로 다른 의미를 갖고 있다. 즉 그것들은 기호내용이 동일한 상태에서, 기호형식만 이동하고 있다. 따라서 그것은 <인접성>의 축(종이의 앞뒤 뒤집기, 또는 안팎 뒤집기)에 따라 움직이고 있다. 이것을 도표화하면 다음과 같다:

		유사성(은유)	→	대체
왕비 앞뒤 뒤집기	———	편지 A	→	편지 A'
장관 안팎 뒤집기	———	|		
		편지 B	→	편지 B'
뒤팽 다시 안팎 뒤집기	———	|		
		편지 C	→	편지 C'
인접성(환유)	———	↓		
		이동		

이러한 사실과 함께, 우리가 여기서 주목해야 할 것은, 주체들의 변모 역시 위와 같은 편지의 <이동 대체>와 병행해서 일어난다는 것이다. 즉 각각의 주체 — 왕비, 장관, 뒤팽 — 는 편지를 입수함과 동시에 그것을 <뒤집고> 있는데, 바로 그것과 궤를 같이하여, 그들에게는 심리적인 <전환(뒤집기)>이 일어난다. 또한 한 주체가 다른 주체의 편지를 가로챌 때, 그것과 <유사한> 편지를 만들어 <바꿔치기>하는데, 바로 그것과 궤를 같이 하여, 그는 상대방의 증상을 <닮아> 간다. 이러한 사실을 증명해보이기 위해

국장의 개인 호주머니에서 나간다는 점을 원문보다 강조하고 있으며, 후자에서는 수표가 일종의 편지라는 점을 원문보다 더욱 여실히 드러내고 있다. 이렇게 오역이 원문보다 더 풍부한 뉘앙스를 제공하는 경우도 있다.

서, 우리는 앞 장에서 고찰했던 사실을 다시 한 번 떠올려보자.

먼저 왕비는 편지를 숨기려고 책상 위에 <뒤집어> 놓지만, 장관에게 들키고 만다. 그 뒤 그녀는 14개월 동안 혼자서 <속으로(피학적으로)> 애를 태우다가, 비밀리에 경찰국장에게 사건을 맡긴다. 그러나 그것은 조심을 <망각한> 조심증으로, 그녀의 속앓이가 <밖으로(공격적)> 터져 나온 것이다. 이렇게 볼 때, 왕비의 심리는, 속(수동적)에서 밖(능동적)으로, 자학에서 공격으로, 조심에서 방심으로, 완전히 <뒤집어지고> 있다.

한편 장관은 <교활>하면서도 <대담한> 사람이었다. 그런 그가 편지를 보고, 그것에 어떤 비밀이 있다는 사실을 놓칠 리가 없다. 그 다음에 그가 할 일은 뻔하다. 그것을 훔치는 길이다. 그래서 그는 왕비의 편지와 <비슷한> 편지를 꺼내어 읽다가, 그것 <대신에> 왕비의 편지를 가지고 나온다. 그리고 그것을 <뒤집어서>, <여성>의 필체로 자기 주소를 쓴 뒤, 편지함에 자연스럽게 꽂아놓는다. 그리고는 그 편지 자체를 아예 <잊어버린다.> 편지에 대해 <침묵>하는 길이, 그것을 두고두고 사용하는 첩경이라는 사실을 꿰뚫어볼 정도로 <영리>했던 것이다. 그리하여 그는 <천재>에서 <건망증> 환자로, <남성적>에서 <여성적>으로 변모해간다.

마찬가지로 뒤팽은 장관이 갖고 있는 편지를 되찾기 위하여, 그것과 <똑같은> 모조품을 만들어 가지고 장관의 집을 방문한다. 그리고 미리 조작해 놓은 거리의 총격 사건을 틈타, 모조품과 원품을 <맞바꿔 친다.> 그만큼 그는 치밀하고 <냉철>하다. 또한 그는 은둔자에 가까울 정도로 <청빈>한 사람이었다. 그런데 그러한 그가 편지의 소지와 함께 장관에 대한 <분노(복수심)>을 폭발시키고, 국장에게 편지를 5만 프랑에 팔아넘긴다. 그것은 분명히, 예전의 그의 이미지와 <반대되는>, <공격>적이고 <비열>한 행동이었다.

이렇게 왕비와 장관과 뒤팽은, 각각 자기의 입장에서 편지를 <뒤집으면

서>, 자기 심리의 이면(인접한 면)으로 환유적으로 이동하고 있다. 또한 장관은 왕비의 편지를 자기의 편지와 맞바꾸면서, 그리고 뒤팽은 자기가 만든 모조품을 장관이 갖고 있는 편지와 바꿔치기하면서, 그들은 각각 상대의 증상을 유사성의 축 위에서 대체해가고 있다. 다시 말해 장관의 망각에 가까운 침묵은 왕비(여성)의 자학적인 침묵과 닮았으며, 뒤팽의 비열한 복수는 왕비의 분노와 장관의 교활함을 본뜨고 있다. 이렇게 주체들의 증상은 편지의 교환과 함께, 은유적으로 대체되고 있다. 그것을 도표화하면 다음과 같다.

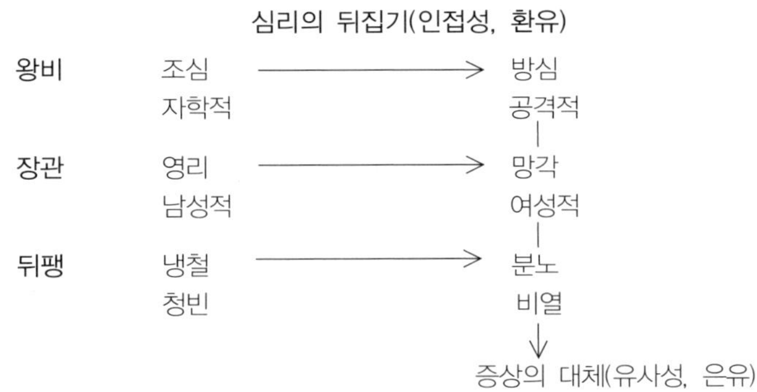

지금까지 우리는 도둑맞은 편지가 주체들의 욕망의 대상임과 동시에, 기호형식으로 기능한다는 사실을 알아보았다. 그 결과 그것은 언어의 기호형식처럼 은유와 환유의 방식으로 이동하면서, 주체들을 억압하고 그들을 무의식적으로(이것도 은유와 환유의 방식에 따라) 변모시킨다는 사실을 알게 되었다. 이렇게 라캉에게 있어서, 문자(편지) — 불어의 lettre에는 <편지>라는 뜻뿐만 아니라 <문자>라는 뜻도 있다 — 는 주체들의 욕망이 기호형식과 결합되는 장소에 다름 아니다. 이것이 바로 라캉이 말하는 <문자의 심역(instance de la lettre)>이다. 그것은 "구체적인 언술이 언어로부터 빌려오는

물질적인 관계를 총칭한다."[281] 그렇기 때문에 그것은 소쉬르적인 기호형식에 대응하는 라캉 식 용어이다. 그러나 엄밀한 의미에서 "문자는 기호형식 이상의 것이다."[282] 그것은 기호형식이 기록되는 장소 — 프로이트 식으로 이야기하면 무의식, 라캉 식으로 말하면 큰타자, 소쉬르 식으로 이야기하면 랑그 — 와 관계를 맺고 있는 기호형식이다. 따라서 라캉의 문자는 소쉬르의 기호형식과 프로이트의 무의식을 포괄하는 개념으로서, <주체를 무의식적으로 형성하는 기호형식의 법이 기록되어 있는 장소>라고 정의할 수 있다. 아무튼 라캉이 도둑맞은 <편지>를 <문자 이론>에 연결시키고 있다는 것은 의미심장하다. 그러한 사실은 ≪세미나≫가 「무의식에 있어서 문자의 심역」의 기초가 된다는 것을 보여주고 있다.

아무튼 결론적으로 <하나의 기호형식은 다른 기호형식을 향해 주체를 표상한다>는 라캉의 명제는 포의 「도둑맞은 편지」에서 가장 잘 예증되는 것이다: 즉 도둑맞은 편지는 다른 곳으로(즉 다른 소지자를 찾아) 이동하면서, 주체를 표상하고, 주체에게 증상의 효과를 나타낸다.

2010년 10월 27일 / 11월 3일

---

281 F. Peraldi, ≪Lettre≫, in *Les Notions Philosophiques* (Dictionnaire), P.U.F., p.1463.
282 *Ibid.*, p.1464.

4. 진실, 숨김 / 드러냄의 변증법

「도둑맞은 편지」에서 가장 중요한 주제 중의 하나는, 편지를 숨기는 방식이다. 왕비가 편지를 숨길 때, 그녀는 편지의 앞뒷면을 뒤집어서 <책상 위>에 그대로 노출시키는 방식을 택했으며, 장관이 편지를 숨길 때 역시, 편지의 안팎을 뒤집어서 <편지함> 속에 그대로 꽂아두는 방식을 택했다. 그들은 그렇게 함으로써, 편지를 숨길 수 있다고 믿었다. 여기에 뒤팽까지 가세한다. 뒤팽이 경찰국장에게 편지를 넘겨주기 위해서, 그것을 꺼낸 곳은, 바로 눈앞에 있는 <서랍>이었다. "뒤팽은 수표를 조심해서 조사한 다음, 지갑에 집어넣더니 사무용 책상 열쇠를 열고 편지를 꺼내 국장에게 건네주었다."[283] 그러니까 뒤팽은 근 <한 달간> 편지를 서랍 속에 방치해둔 셈이다. 그러나 등장인물 중의 그 누구도 편지가 서랍 속에 있으리라고는 생각지 못한다. 그래서 그 소설은 <눈에 가장 잘 띄는 곳이 가장 숨기기 좋은 장소>라는 우화적인 교훈을 전해주고 있는 듯이 보인다. 그렇다고 그 소설에서 <등잔 밑이 어둡다>는 식의 교훈만을 얻는다는 것은, 편협한 독서에 머무르는 것이 될 것이다: "그 전체를 하나의 우화로 환원하는 것은 다른 의미에서 도를 지나치는 일이다."[284] 그 콩트는 그 이상의 의미를 숨기고 있다. 즉 숨기기 위하여 드러내고, 드러냄으로써 숨기는 <숨김 / 드러냄의 변증법>이 그것이다. 그것은 뒤팽이 생각한 <진실>의 모습이면서,

283 도둑, p.54(140): 비록 자물쇠가 잠긴 서랍이었지만, "잘 훈련된 경찰에게는 비밀 서랍 같은 것은 있을 수 없기 때문에,"(도둑, p.50(135)), 그것은 노출된 장소나 다름없다.

284 라캉, p.17.

“지나치게 심오해서는 안 되는 걸세. 진실은 우물 속에만 있는 것은 아니거든. 사실 상 좀 더 중요한 지식에 관해서는 진실이 으레 표면에 있다고 나는 생각하네. 우리가 진실을 찾는 골짜기에는 깊이가 있지만, 진실이 존재하는 산꼭대기에는 깊이라는 건 없거든.”[285]

동시에 라캉이 「도둑맞은 편지」에서 주목한 것이기도 하다: “진실은 우물로부터 나오지만 허리까지만 나온다.”[286] 그러니까 뒤팽과 라캉에게 있어서, 진실은 항시 반쯤은 드러나 있고, 반쯤은 감추어져 있다. 이 때 “존재-부재 속에 감추어져 있는”[287] 것을 드러내는 행위를 <진실적>이라고 한다면, 역으로 숨어 / 드러나 있는 것을 드러내지 못하거나 숨기는 행위는 <비진실적>[288]이다. 그러나 숨김이 없는 완전한 드러냄이란 있을 수 없다. 왜냐하면 드러냄은 숨김을, 숨김은 드러냄을 전제하고 있기 때문이다. 따라서 숨김없는 드러냄은 있을 수 없다. 그러한 의미에서, 비진실은 진실의 반대가 아니라 진실의 다른 모습이자, 진실의 전제 조건이다. 우리가 앞 장에서 살펴본 지명 찾기 놀이 역시, 그러한 진실의 모습을 우리에게 전해주고 있다: 즉 큰 글씨로 된 지명이건, 아니면 작은 글씨로 된 지명이건, 그것은 이미 지도의 표면 위에 나타나 있다. 그럼에도 불구하고, 우리가 그것을

285 모르그가, p.24(175-6).

286 J. Lacan, *Ecrits I*, Coll. ≪Points≫, p.8.

287 J. Lacan, *Le séminaire, Livre II; Le moi dans la théorie de Freud et dans la technique de la psychanalyse*, Seuil, 1978., p.233.

288 <비진실>라는 말은 하이데거의 용어이다. 라캉은 그러한 용어를 사용한 적이 없다. 그러나 <진실>의 개념에 관한 한, 라캉은 하이데거의 영향 하에 있으며, 라캉 자신도 그것을 간접적으로 인정하고 있다: “우리가 마르틴 하이데거가 <진실한(αληθηζ)>이라는 말로써 진실의 유희를 폭로하는 방식에 마음을 열고 주의를 기울이면, 우리는 어떤 비밀 — 즉 진실은 항시 그 비밀을 통해 연인들에게 비법을 전수하고, 반대로 그들은 그 비밀로부터 진실은 감추어져 있다는 점에서 가장 진실하게(le plus vraiment) 제공된다는 사실을 파악하게 되는 비밀 — 을 계속해서 발견하게 된다.”(라캉, p.21)

찾지 못하는 것은, 그러한 지명이 없기 때문이 아니라, 눈에 띄지 않기 때문이다. 따라서 찾는다는 것은 없는 것을 <창조하는> 것이 아니라, 있는 것을 <드러내는> 것이다.

도둑맞은 편지를 찾는 놀이도 이와 크게 다르지 않다. 그것은 애초부터 숨어 / 드러나 있다. 그래서 그것은 처음부터 누군가에 의해 드러나기를 기다리고 있다. 먼저 왕비는 원장면에서 편지의 앞뒷면을 뒤집어서 책상 위에 그대로 노출시킴으로써 숨기려고 한다. 그것은 왕에게 적중한다. 왕은 그 편지를 <보지> 못하는 것이다. 그러한 점에서 그는 <비진실적>이다. 그러나 장관은 그러한 왕비의 행동으로부터 그 편지의 비밀을 드러낸다. 다시 말해 그의 행위는 <진실적>이다. 마찬가지로 반복 장면에서 장관은 편지함에 편지를 노출시키면서 / 감춘다. 그 방법은 국장에게 적중한다. 국장은 그것을 <찾지> 못하는 것이다. 그러한 점에서 그의 행위는 <비진실적>이다. 그러나 뒤에 오는 뒤팽은 그러한 장관의 마음을 백일하에 드러낸다. 다시 말해 그의 태도는 <진실적>이다. 이렇게 도둑맞은 편지는 <숨김 / 드러냄의 변증법>에 따라 움직이고 있다.

이렇게 볼 때, <삼각구조> 내의 <상징적 관점>은 편지를 드러내는 입장에 있다는 점에서 <진실적>이고, <상상적 관점>은 편지를 숨기는 입장에 있다는 점에서 <비진실적>이다. 그러나 후자에 속하는 사람은, 편지를 드러내면서 숨기는 행위의 주체라는 점에서, 적어도 숨김 / 드러냄의 의미를 알고 있다. 이에 비해 <실재적 관점>은 숨김 / 드러냄의 차원 바깥에 있다. 왜냐하면 그러한 관점의 소유자는 숨김 / 드러냄의 차원에서 편지를 찾는 것이 아니라, 있다(존재) / 없다(부재)의 차원에서 편지를 찾고 있기 때문이다. 그러한 의미에서, 그들은 숨김 / 드러냄의 의미조차 모르는 사람들이다.

그러한 숨김 / 드러냄의 차원이 비단 편지를 숨기는 행위(<서술된 장면>)

에만 통용되는 것은 아니다. 그것은 「도둑맞은 편지」에서, <대화 장면>과 <서술 장면>에도 그대로 연장되고 있다. 우리가 앞 장에서 이미 살펴보았듯이, 대화 장면은 경찰국장과 뒤팽과 서술된 화자의 담화로 엮어져 있는 장면으로서, <제일 대화>와 <제이 대화>로 나눌 수 있다. 그러나 그 두 대화는 여러 가지 면에서 성격을 달리한다. 먼저 제일 대화가 뒤팽-국장-화자의 삼자간 대화라면, 제이 대화는 뒤팽-화자의 이자간 대화이다.[289] 그리고 전자가 사건이 해결되기 <이전>의 대화라면, 후자는 사건이 해결된 <이후>의 대화이다. 그렇기 때문에 제일 대화가 편지의 도난과 수색에 대한 <사실>적인 이야기라면, 제이 대화는 사건에 대한 뒤팽의 <해설>이다. 그래서 전자에서는 담화의 <사실성>이 문제가 되고 있는데 반해, 후자에서는 담화의 <의미>가 문제가 되고 있다. 라캉은 이것을 각각 <정확성의 영역(champ de l'exactitude)>과 <진실의 영역(registre de la vérité)>이라고 부르고 있다: "제이 대화는 제일 대화와 대립된다.(…) 제이 대화에서는 정확성의 영역에서 진실의 영역으로 넘어간다."[290]

다 알고 있다시피, 제일 대화 — 특히 뒤팽과 국장의 대화 — 는, 마치 "귀머거리와 귀가 뚫린 사람의 대화처럼 행해지고 있다."[291] 국장은 국장 나름대로, 뒤팽이 장관의 공범일 가능성을 점치고 편지를 탐문 홍정하러 왔는데, 뒤팽은 그것을 전혀 눈치 채지 못하고 있으며, 뒤팽은 뒤팽 나름대로, 사건의 핵심을 꼬집어주고 있는데, 국장은 그것을 간과하고 있다. 그렇게 그들은 상대방의 속뜻을 모른 채, 서로 동문서답만 하고 있다. 그래서

289 물론 국장도 제이 대화에 참여하고 있다. 그러나 그것은 아주 잠시일 뿐, 그는 뒤팽으로부터 편지를 돌려받은 즉시 돌아간다. 그래서 제이 대화는 거의 대부분, 뒤팽과 화자 사이에 이루어지고 있다.

290 라캉, pp.19-20.

291 라캉, p.18.

그 대화는 “마치 귀가 들리는 사람에게는 의미가 충만한 주석이 귀가 들리지 않는 사람에게는 눈에 띄지 않기 때문에 중성화된 것으로 여겨질 수 있는 것처럼, 단 하나의 의미만을 포함하고 있다는 인상”[292]을 주고 있다.

이것은 담화 속에 숨어 / 드러나 있는 발신자의 <의도>를 수신자가 포착하지 못한다는 사실과 무관하지 않다. 라캉은 이러한 담화의 속성을, 「탈무드」의 예를 들어 설명하고 있다: “우리는 여기서 그 위치를 가리켜 주기 위해서, 유태의 헐벗은 역사라고 부를 만한 가치가 있는 것처럼 보이는 대화를 상기하는 것으로 만족하자. 유태의 역사에서는 헐벗음이 최고도에 달하게 되는 기도 속에, 기호형식의 파롤에 대한 관계가 나타난다: ≪<너는 왜 나에게 거짓말을 하니?>라고 누군가가 숨 가쁘게 외친다. <그렇다 너는 실제로는 크라코비를 향하고 있는데, 렘베르크를 향하고 있다고 내가 믿게끔, 크라코비를 향하고 있다고 나에게 왜 거짓말을 하니.>≫”[293] 사실 <크라코비를 향하고 있다>라는 말의 <진실> — 말하는 주체의 의도 — 은 세 가지로 나누어 볼 수 있다: 하나는 그렇게 말하면서 진짜 크라코비를 향하는 경우이고, 둘은 실제로는 렘베르크를 향하면서 크라코비를 향하고 있다고 거짓말하는 경우이고, 셋은 「탈무드」에서처럼 실제로는 크라코비를 향하고 있으면서 상대방으로 하여금 렘베르크를 향하고 있다고 믿게 하려고 일부러 크라코비를 향하고 있다고 말하는 경우이다.

이렇게 담화의 표면적 의미와 거기에 숨겨진 진실이 반드시 일치하는 것은 아니다. 그렇기 때문에 “대화 상대자는 단순히 발화내용 — ≪나는 렘베르크로 간다≫ — 만 문제 삼지 않는다. 그는 발화내용의 진위를 따진다. 그는 진실한(차라리 정확한) 발화내용에 속임수가 있다는 것을 느끼는

---

292 라캉, p.18.
293 라캉, p.20.

것이다. 따라서 속임수는 발화내용과는 다른 위상 — 즉 큰타자를 연루시키는 위상인 발화행위와 주체의 위상 — 속에 위치한다. 대화 상대자가 ≪왜 너는 나에게 거짓말을 하니…?≫라고 외칠 때, 그는 진실의 증인인 큰타자에게 호소하는 것이다. 진실의 차원이 기록되는 곳은 큰타자 속이다. 그렇다고 해서 거기에 그러한 진실의 마지막 보증이 있는 것은 아니다."[294] 아무튼 어떠한 경우에도, 그것은 그 담화의 표면에 드러나 있으면서 동시에 숨어 있다. 제일 대화는 이러한 말하는 주체의 <진실(또는 의도)>을 <기호(표현)> 속에 감추면서 / 노출시키고 있다는 점에서, 그것은 편지의 <존재> 자체를 숨기면서 / 드러내는 행위 장면과 구별된다. 아마 대화 장면에 재미가 있다면, 그것은 진실이 기호 속에 숨겨지고 / 드러나는 숨바꼭질에 있을 것이다: "제일 드라마는 무언극이라고 부를 수 있지만, 제이 드라마의 재미는 담화의 속성에 달려 있다. 우리는 실제 드라마의 두 장면 각각이 서로 다른 대화를 통해 우리에게 말해지고 있다는 사실이 실제로 명백하다고 하더라도, 가장 좋은 것은 우리가 강의 중에 유효하게 사용하고 있는 개념들이 갖추어져 있다는 점에서, 그 대화가 전시 효과만을 위해 있는 것이 아니라, 대화 자체가 말의 효능에 의해 만들어지는 상반된 사용 속에서, 또 다른 드라마 — 우리의 용어로는 상징계에 의해 지탱되고 있는 것으로서 제일 드라마와 구분되는 드라마 — 를 만드는 긴장을 띠게 된다는 사실을 인정하게 된다."[295]

그러나 제이 대화는 제일 대화와 여러 가지 면에서 성격을 달리 한다. 제일 대화가 사건의 개요에 대한 <설명>이라면, 제이 대화는 사건의 성격에 대한 <해석>이다. 또한 전자가 진실을 둘러싼 쌍방 간의 탐색전이라면,

---

294 R. Chemama, ≪vérité≫, in *Dictionnaire de la psychanalyse*, Larousse, 2009, p.597.
295 라캉, pp.17-8.

후자는 대화랄 것도 없는 뒤팽의 일방적인 <분석적 담화>이다. 따라서 전자에서는 말의 일차적 의미와 주체의 의도의 일치 여부가 문제인데 비해, 후자에서는 분석적 내용과 진실의 합치 여부가 관건이다. 아마 그러한 점에서, 라캉도 보나파르트처럼, 뒤팽을 정신분석가와 동일시하고, 그의 담화를 분석적 담화로 보는 것인지 모른다. "우리의 뒤팽은 그의 성공에 있어서 정신분석가의 성공과 비견하는 것으로 나타난다."[296] 이렇게 제이 대화에서의 뒤팽의 작업을 정신분석가의 그것과 동일시할 수 있는 것은, 첫째, 그의 분석이 각 주체들의 <의식>[297]을 읽어내는 것을 목표로 하고 있고, 둘째, 그의 분석은 오로지 국장의 <말>[298]에 근거해서 이루어지고 있으며, 셋째, 정신분석가가 치료비를 받듯이, 뒤팽이 사건 해결의 대가로 <보상금>[299]을 받기 때문이다. 그밖에도 뒤팽 자신이 분석가처럼 <분석> 행위 자체에 만족하고 있고,

> "그는 엉킨 것을 <풀어내는(débrouiller)>[300] 도덕적 활동에 영광을 느낀다. 그는 자기 재능을 발휘하는 일이라면 극히 사소한 일거리에서도 쾌감을 끌어낸다. 그는 수수께끼라든가 상형문자라든가를 좋아하여 그런 것들을 풀어내는 데 있어, 평범한 이해력밖에 가지지 않은 사람들의 눈에는 선천적이라

296 J. Lacan, *Ecrits I*, Coll. ≪Points≫, p.8.

297 뒤팽의 분석은 국장과 장관의 <속마음>을 풀이하는 데 바쳐지고 있다.

298 분석가는 무엇보다도 환자의 말을 경청하고 번역하는 사람이다. 말은 분석가가 환자의 의식 속으로 들어갈 수 있는 유일한 수단이다: "정신분석은 스스로 치료자가 되길 원하건, 아니면 교육자나 조사자가 되기를 원하건 간에, 환자의 말이라는 단 하나의 매체를 가지고 있을 뿐이다."(라캉, p.247)

299 라캉은 이러한 보수를, <전이(transfert)>에 따른 책임을 무화시키기 위해 받는 것으로 보고 있다: "우리가 완전한 의미작용의 성격을 띠고 있는 가장 파괴적인 기호형식, 즉 돈과 편지를 등가로 만듦으로써 중립화시키고 있는 것은, 전이가 내포하고 있는 책임이 아니겠는가."(라캉, p.37)

300 <분석하다(analyser)>는 어원적으로 <풀다>라는 뜻이다.(존슨, p.498 참조)

고 생각되는 날카로운 <통찰력(acumen)>을 나타낸다."[301]

또한 각 <주체>가 뒤팽에 대해 갖고 있는 경외심은, <환자>가 치료 중에 분석가에 대해 갖는 존경심과 동일하다[302]:

> "탐정배들 사이에 뒤팽이라는 이름 두자가 오르내리게 되었다. 그가 수수께끼를 풀 때에 쓴 추리의 단순한 성격은 나 이외의 누구에게도 경찰국장에게 조차도 설명되지 않았으므로, 그 사건이 기적적인 것으로 생각되고, 혹은 뒤팽의 분석능력에 대하여 즉각적이라는 이름이 붙은 것도 별로 놀랄 만한 일은 아니다."[303]

이렇게 뒤팽과 등장인물의 관계는 정신분석가와 환자 사이의 관계와 같다. 그러나 분석가의 담화라고 해서, 모든 진실을 남김없이 드러내는 것은 아니다. 그것 역시 진실 / 비진실의 차원을 벗어날 수 없다. 즉 "말은 환자와 분석가의 만남에 있어서 본질적인 차원인데도 불구하고, 분석가는 침묵하거나 <빈말(parole vide)>을 내보낼 뿐이다."[304] 라캉에 따르면 분석적 담화에는 <빈말>과 <참말(parole pleine)>이 있다. <빈말>은 진실을 완전히 드러내지 못하고 비진실을 숨기고 있는 말이고, <참말>은 진실을 숨김없이 완전히 드러내놓는 마지막 말이다. 그러한 문맥에서 (피)분석자[305]의 말

---

301 모르그가, p.7(154-5).
302 불어의 <sujet>는 <주체>라는 뜻 외에 <환자>라는 의미를 갖고 있다.
303 로제, p.818(204).
304 J.-B. Fages, *Comprendre Jacques Lacan*, Privat, 1986, p.22.
305 프로이트까지는 피분석자(analysé)라는 용어를 사용했지만, 라캉은 그것을 분석자(analysant)이라는 용어로 바꾼다. 왜냐하면 분석가 앞에 있는 환자는 분석을 수동적으로 <받는> 사람이 아니라, 능동적으로 분석을 <하는> 사람이기 때문이다. 그에 따라 우리도 피분석자라는 용어 대신 분석자라는 용어를 사용하려 한다.

은 빈말이다. 그는 분석가 앞에서 넋 놓고 말을 한다. 때로는 실언을 하고, 때로는 쓸데없는 말을 하기도 하고, 때로는 말을 더듬기도 한다. 그 모든 것은 환자 자신의 무의식적 욕망을 숨기면서 / 드러내는 빈말들이다. 분석가는 그러한 분석자의 말을 유도하고 예의주시한다. 그렇지만 환자는 분석가에게, 자기의 말에 대한 대답을 끊임없이 요구해온다. 그러나 그는 거기에 개입해서는 안 된다. 만약 분석가가 환자의 부름에 응하게 되면, 그 역시 빈말의 연쇄 속에 빠져들고 만다. 다시 말해 그렇게 되면, 그는 환자에게 자신의 욕망과 외디푸스 콤플렉스를 투사하고 전이시키게 된다. 따라서 환자의 갈등이 완전히 해소될 때까지, 환자의 요구를 거절해야 한다. 그러면서 그는 분석자의 말로부터 그의 무의식적 사고의 골조를 찾아내야만 한다.

"분석가는 기다리게 하면서, 환자에게서 그의 요구에 대한 대답을 빼앗아야 한다.(…) 죽음을 보여주고, 좌절을 야기하는 것은 곧, 환자가 그의 욕망의 최초의 무의식적 요구를 향하여 역행하기 위하여, 요구의 연쇄를 중단시키는 것이다. 언어라는 관계 속에서 그러한 연속되는 요구는 많은 기호형식으로 이루어져 있으며, 그것은 기호형식의 연쇄를 구성하고 있는데, 말하자면 분석가는 대답하지 않음으로써 환자로 하여금 그의 욕망의 최초의 (무의식적인) 기호형식에까지 거슬러 올라가게 하는 것이다. 그것이 바로 <빈말의 변증법>이다: 즉 그것은 분석가의 빔(空)이거나 중립성이며, 주체가 그의 최초의 결핍 — 남근이 아니었고 지금도 남근이 아니라는 사실 — 을 발견할 때까지 주체의 요구의 비우기이다."[306] "해결과 치료의 시간은 바로, 환자가 그의 최초의 기호형식으로부터 짜왔던 것을, 분석가가 그 환자에게 지명하고 <폭로>하는 시간이다. <정신분석은 죽을 숙명의 수수께끼가

306 *Ibid.*, p.23.

환자에게 폭로되는, <너는 바로 그렇다>는 황홀한 한계까지 환자를 동반해간다.> 이러한 지명, 즉 이러한 참말은 환자를 상징계에 돌려준다. 그리고 그에게 그가 무의식적으로 짠 모든 것을 말하고 언표할 수 있도록 해준다. 폭로와 참말의 시간에 도달했을 때, 라캉은 <진실>이라는 말까지 한다. 그것은 <폭로>하는 말에 의해 세워진 <진실>이다."[307]

307 *Ibid.*, pp.23-4: : 미리 결론부터 말한다면, 그렇다면 어떤 말에 도달해야 진실이 진실일 수 있을까? 진실의 발현 양태가 숨김 / 드러냄이라면, 다시 말해 허구적 숨김이 진실의 드러냄의 존재조건이라면 말이다. "본질적인 것은 속임수와 거짓이 진실과 반대로서 대립되는 것이 아니라는 점이다. 분석자가 <나는 거짓말한다.>고 말한다고 가정해보자. 논리학자에게 <나는 거짓말한다.>는 말은 하나의 역설이다. 러셀(Russell)을 포함한 몇몇 논리학자들은 언어의 차원을 구분해냄으로써 그 역설을 해결한다. 거짓말하는 것과 거짓말한다고 말하는 것은, 언어의 서로 다른 두 차원에 위치한다. 그래서 거짓말한다고 말하는 사람은 실제로는 진실을 말하고 있는 것이다. 정신분석가가 그러한 위치를 취한다면 — 자아의 건강한 부분을 가정하고 그 부분과 진실에 대해 토론하는 사람들이 그렇듯이—, 그는 주체를 분열이 없다고 간주하는 것이다. 그러나 진실이 있는 것은 바로 그러한 분열 때문이다. 관여적인(pertinent) 분열은 발화내용과 발화행위 사이의 분열이다.(『세미나 XI: 정신분석의 네 가지 기본 개념』, 1964) 분석가의 개입은 발화내용 속에서 확인되는 <나(je)>를 겨냥하지 않는다.(이것은 양자관계일 것이다.) 그것은 발화행위의 주체에 관심을 가져서, 분석자가 자신의 메시지를 거꾸로(en retour) <나는 너를 속이고 있다.>는 말로 들을 수 있도록, 그리고 분석가의 구두점(찍기)이 <너는 진실을 말하고 있다.>로 들을 수 있도록 해야 한다. 여기서 진실의 효과를 생산하는 것은, 전이 속에서 무의식의 속임수를 폭로하는 것이다. 진실의 효과가 얻어지는 것은, 모든 확언의 애매성에 통달한 분석가가, 유태 이야기의 대화상대자와 다르게 속았다고 느끼지 않기 때문이다. 분석가는 분석자에게 그의 말(le dire)의 진실을 듣게 한다. 그는 <진실에 대한 진실을 말하는> 입장에 자신을 위치시키지 않는다. 그렇게 하는 것은 불가능을 은폐하는 것으로 귀결된다.(라캉은 <메타언어는 없다>고 말함으로써 불가능을 진술하고 있다. 그는 그것을 S(Ⱥ)라는 수학소로 나타낸다.) 분석자 쪽에서, 치료의 진전에 근본적인 진실의 효과는 <환원할 수 없는 베일에 가려진 것에서 절정을 이룬다.> 여기서 라캉은 다시 한 번 하이데거를 참조한다. 그렇지만 그가 보기에, 진실이 드러냄과 동시에 숨긴다면, 그것은 존재라는 것에서 기인하는 것이 아니라, 기호형식에 의해 결정되는 존재 결핍과, 그것이 자리 매김하는 실재계에서 기인한다. 진실을 말하려고 애쓰는 사람이 <반쯤 말하기(mi-dire)>밖에 하지 못하는 것과, 진실이 <허구의 구조>를 갖는 것은, 그 실재계가 있기 때문이다. 그러나 정신분석은 그러한 사실에 멈출 수 없고, 그래서 진실은 실재계의 인정이 되는 것이다. 그러한 의미에서 라캉은 진실이 이질적이고 비인간적이라고 말한다. [그리하여] 그것의 끔찍함을 거부하는 것은 모든 사람의 운명인 것이다. 그 결과, 진실이 말하는 것이다.(유명한 ≪나, 진실이 말한다.(Moi, la vérité, je parle.)

그렇다면 이러한 라캉의 <빈말>과 <참말>에 비추어볼 때, 뒤팽의 분석적 담화는 어떠한 성질의 말일까? 그는 과연, 라캉의 말대로 분석가의 임무를 훌륭하게 수행하고 있는 것일까? 다시 말해 그의 분석적 담화는 과연, 그 사건의 의미와 거기에 연루된 사람들의 의식을 낱낱이 <드러내고> 있는 것일까? 그의 담화는 과연 마지막 <진실>일까? 물론 이러한 의문에 대한 해답도 그의 담화 속에 드러나/숨어 있다. 결론부터 말한다면, 뒤팽이 갖고 있는 분석가의 지위는, 우리가 생각하듯이 그렇게 완전무결한 것이 아니다. 라캉도 <뒤팽의 성공이 정신분석가의 성공과 비견한 것>이라고 말하면서 다음과 같이 덧붙이고 있다: "그러나 정신분석가의 행위는 그것이 어쩌다 지니게 되는, 타자에 대한 예상 밖의 서투름만을 띠고 있다. 보통 그의 메시지는 폭로되기 전의 뒤팽의 메시지만큼, 그의 치료의 유일하고 실제적인 추락이다. (…) 그렇지만 내가 그러한 말들을 설명하면 할수록, 그것들은 점점 더 들리지 않을 것이다. 정신분석가들에게는 그 말들이 도둑맞은 편지만큼 눈에 띈다는 사실로 해서, 그리고 그들이 편지를 자신 속에서 보면서도 자신을 뒤팽처럼 주인이라고 믿고 있다는 사실로 해서, 그 말들은 그들에게 점점 더 들리지 않을 것이다."[308]

그렇다면 라캉은 무슨 이유로, 뒤팽을 정신분석가로 격상시켰다가 곧바로 <조야한 정신분석가> — 프로이트의 말대로 — 로 격하시키는 것일까? 뒤팽의 분석적 담화가 대체 무엇을 숨기고 있기에, 진실의 담화가 되지 못하는 것일까? 그러나 애석하게도 라캉은 이러한 우리의 궁금증을 풀어주지 않는다. 그는 <분석가답게> 그것을 독자의 몫으로 남겨둔다. 그리하여

≫ 참조. 「프로이트의 큰사물」, in 『에크리』) 그것은 무의식의 형성물과 증상 속에서 말한다. 신경증 증상의 진실은 원인으로서의 진실을 갖고 있다고 라캉은 말한다."(R. Chemama, ≪vérité≫, in *Dictionnaire de la psychanalyse*, Larousse, 2009, p.597.)

308 J. Lacan, *Ecrits I*, Coll. ≪Points≫, p.8.

우리가 지금부터 할 일은, 뒤팽의 담화 속에 숨겨져 있는 <빈말>을 폭로하는 것이다. 우선 뒤팽의 분석의 근간이 되고 있는 <홀짝 놀이>의 논리 자체가, 서술된 화자와 우리-독자가 탄복할 만큼 완벽한 추론은 아니다:

— 나는 여덟 살 난 아이를 알고 있는데, 그는 홀짝 놀이에서 빈틈없는 정확성으로 모든 사람의 감탄을 자아냈다네. 그 놀이는 구슬을 갖고 하는 간단한 놀이일세. 그것은 놀이꾼 중의 하나가 손에 자기 구슬 몇 개를 쥐고 상대방에게 <짝이냐 아니냐?>를 물어, 상대방이 정확하게 맞추면 돌 하나를 따고, 틀리면 하나를 잃는 놀이일세. 내가 말한 그 아이는 그 학교의 모든 구슬을 따버린 것일세. 물론 그는 알아맞히는 방법(추리 원칙)이 있었다네. 그것은 단지 상대방의 술책을 관찰하고 측정하는 데 있었다네. 우선 상대방이 완전한 바보라고 가정해보세. 그리고 그런 그가 손에 구슬을 쥐고 그에게 <홀이냐 짝이야?>라고 물었을 때, 우리의 친구가 <홀>이라고 대답해서 잃었다고 치세. 그렇지만 두 번째 시도에서 그는 딸 것일세. 왜냐하면 그는 속으로 <이 바보는 첫 번째에 짝을 쥐어 땄지만, 그의 술책은 기껏해야 두 번째에 홀을 쥘 정도에 이르지 못하기 때문에, 나는 <홀>이라고 대답할 것이다>라고 생각하기 때문일세. 그래서 그는 <홀>이라고 말하고, 딴다네.

그리고 좀 들 단순한 상대라면, 그는 다음과 같이 추리할 것일세:<이 녀석은 첫 번째 내가 홀이라고 말한 것을 알고, 두 번째에는 첫 번째 바보가 그랬듯이 홀을 짝으로 바꿔볼까 생각하지만, 그렇게 하는 것은 너무 단순한 변화라고 생각하고는, 첫 번째와 같은 짝을 쥐겠다고 생각을 고쳐먹을 것이다. 그래서 나는 <짝>이라고 말할 것이다.> 그는 짝이라고 말하고 딴다네. 그의 동료들이 운이라고 부르는, 우리 친구의 이러한 추리법은, 최후의 분석에서는 무엇이겠는가?

— 그것은 단순히 우리의 지력을 상대방의 지력과 동일화하는 것이겠지? 라고 내가 말했다.

— 바로 그걸세, 라고 뒤팽이 말한다, 내가 그 아이에게 어떤 방법으로, 성공을 만드는 완전한 동일화를 행할 수 있었냐고 물었을 때, 그 아이는 다음

과 같이 대답했네: <어떤 사람이 어느 정도까지 신중하고 어리석은지, 그리고 그가 어느 정도까지 선하고 악한지, 그리고 그의 실질적인 생각은 무엇인지를 알기 위해서, 나는 가능한 한 정확하게 내 표정을 그의 표정에 맞춘 뒤 기다리면, 나의 모습에 일치하는 어떤 생각이나 감정이 내 가슴 속에 떠오르는지를 알게 됩니다.> 이 아이의 대답은 라 로슈푸코나, 라 브뤼예르나, 마키아벨리나, 캄파넬라의 전유물인 궤변의 깊이보다 훨씬 더 깊은 데가 있다네.

— 추리자의 지력을 상대방의 지력에 일치시키는 것은, 내가 당신을 잘 이해했다면, 상대방의 지력이 어느 만치 정확하게 평가되느냐에 달려 있다는 말일 걸세.[309]

이것은 <홀짝 놀이>에서 다른 학생의 돌을 전부 딴 여덟 살 먹은 초등학생의 이야기다. 이미 다 알고 있다시피, <홀짝 놀이>는 상대방의 손에 쥔 구슬이 홀인지 짝인지를 알아맞히는 놀이로서, 알아맞히면 구슬을 따게 되고, 알아맞히지 못하면 구슬을 잃는다. 그런데 뒤팽이 예로 들고 있는 아이는, 돌을 다 딸 수 있는 비결을 가지고 있었다는 것이다. 예컨대 상대방이 아주 바보라면, 처음에는 그냥 넘어가더라도 다음번엔 반드시 맞추게 된다. 왜냐하면 그는 바보이기 때문에, 다음번에도 이기기 위하여 자기가 쥔 것과 다른 것을 쥘 것이기 때문이다. 또한 상대가 이보다 조금 나은 애라고 하더라도, 상황은 마찬가지이다. 왜냐하면 그는 바로 전에 잡았던 것을 다른 것으로 바꿔볼까 생각하지만, 상대방이 자신의 그러한 생각을 읽을까봐 생각을 고쳐먹고 전과 같은 것을 잡을 것이기 때문이다. 포는 이러한 추리의 원칙을 통해, 놀이에서 가장 중요한 것은 추리자의 지력을 상대방의 지력에 일치시키는 것이라고 말하고 있다.[310] 사실 상대방의 지력

309 도둑, pp.54-6(141-3).

이 추리자가 생각하는 대로라면, 즉 추리자가 상대방의 생각을 읽을 수 있다면, 추리자는 상대보다 앞서갈 수 있을 것이다.

그러나 상대방의 생각을 어떻게 알 수 있는가? 그 소년의 말인 즉, 상대방의 심리가 그의 표정에 반영되기 때문에, 그의 표정을 모방하면 그의 생각이 떠오른다는 것이다. 그러나 심리가 표정에 그대로 반영된다는 거울의 논리가 바로 문제다. 만약 상대방의 표정이 일부러 조작된 것이라면 어떻게 되는가? 상대방이 바보 시늉을 한 것이라면 어떻게 되는가? 예컨대 홀짝 놀이에는 위에서 예로 든 두 가지 경우 이외에 다른 경우가 있다. 그것은 일차 시기에서 땄기 때문에 이차 시기에서도 일차 시기와 똑같은 것을 잡으면 또 딸 것이라고, 아주 순진하게 생각하는 경우이다. 그것은 가장 바보인 경우로, 홀로 땄으면 홀을, 짝으로 땄으면 다시 짝을 잡는 경우이다. 그런데 그렇게 되면 첫 번째 경우와 세 번째 경우는 결과적으로 동일하게 된다. 다시 말해 첫 번째 바보의 표정과 세 번째 바보의 표정이 지시하는 심리적 내용이 같다. 그러한 사실은 동일한 결론이 서로 다른 표정으로 나타날 수 있다는 것을 함축하고 있다.

게다가 홀짝 놀이가 <삼차 시기>[311] 이상으로 가면, 추론은 더욱 복잡해진다. 왜냐하면 "내가 그를 내 자신과 동일하다고 가정하면, 결국 나는, 내가 그에 대해서 생각하고 있는 것을 그가 나에 대해서 생각할 것이라고 가정하는 것임과 동시에, 내가 지금 생각하고 있다고 그가 생각하는 것과 반대로, 그가 행할 것이라는 사실을 내가 생각할 거라고 그가 생각할 것이라고 가정할 것이기" 때문이다. 그리하여 "그것은 영원히 되돌아오는 단진

---

310 이것이 라캉이 말하는 <상호주체적인 동일시>이다. 그렇지만 <상호주체성>에 바탕을 둔 추론은 상상적인 논리에 불과하다.

311 구술 세미나와 ≪세미나≫의 보유는, 이러한 삼차 시기 이상의 추론에 바쳐져 있다.

동"[312]으로 끝나게 마련이다. 따라서 그러한 논리를 극으로 밀고 가면, 가장 똑똑해지는 길은 가장 어리석어지는 것이며, 가장 논리적인 것은 그냥 우연에 맡기는 길이다. 왜냐하면 나에 대한 상대방의 파악을 무화시키는 지름길은 바보 시늉을 하는 것이고, 상대방의 추론을 봉쇄하는 가장 좋은 방법은 추리를 아예 하지 않는 길이기 때문이다. 그럼에도 불구하고, 뒤팽은 그러한 <상상적 동일시>[313]에 근거를 둔 자신의 논리를 서술된 화자에게 설득시키기에 여념이 없다:

> "국장과 그 부하들이 여러 번 실패한 것은 우선 그러한 일치가 없었던 것과, 다음 원인인 상대방의 지력을 오산한 것, 아니 오히려 무계산한 것일세. 그들은 다만 자기네들의 재주만 믿고, 감춘 물건을 찾는 데 있어선 자기네들이 감출 듯한 방법에만 뜻을 두었단 말일세. 그들의 재주는 이런 정도에선, 즉 일반 민중의 재주의 충실한 대표라는 의미에선 옳단 말일세. 하나 악한의 노회성이 그들의 재주와 상이할 때에는 말할 것도 없이 그들은 악한에게 넘어간단 말일세. 상대방의 지력이 그들 이상인 경우에는 언제든지 반드시 넘어가고, 또 이하일 적에도 그렇단 말일세."[314]

그렇지만 그의 말은 여기서도 허점을 드러낸다. 그것은 바로, 국장이 상대방과의 일치가 없었기 때문에 상대방을 오산했다(무계산적이었다)고 말하는 부분이다. 그것은 논리적인 선후가 뒤바뀐 것이다. 즉 상대방의 지력에 대한 계산이 없었기 때문에 자신의 지력을 그것에 일치시키지 못했던 것이지, 상대방의 지력에 자신의 지력을 일치시키지 못했기 때문에 상대방의 지력

---

312 J. Lacan, *Le séminaire, Livre II; Le moi dans la théorie de Freud et dans la technique de la psychanalyse*, Seuil, 1978., p.217.
313 라캉, p.59.
314 도둑, p.56(143).

을 계산 못했던 것은 아니다. 그런데도 뒤팽은 신들린 듯, 자신의 추론을 계속한다. 그러다가 그는 국장의 추론의 오류를 지적하면서 또 다른 오류를 범한다:

> "그의 실패의 먼 원인은, 장관이 시인으로서의 명성을 얻었기 때문에 그가 <바보>[315]라는 가정에 있네. 경찰국장은 (실제로는) 모든 바보는 시인이라고 느끼고 있었던 거야. 그런데 그는 그로부터 모든 시인은 바보라고 추론함으로써, <매개념 부주연의 오류(non distributio medii)>를 범하고 있는 걸세."[316]

뒤팽에 따르면, 국장은 <1. 모든 바보는 시인이다. 2. 장관은 시인이다. 3. 따라서 그는 바보다>라는 삼단논법을 따르고 있다. 만약 그러한 뒤팽의 말이 맞는다면, 국장은 분명히, <매개념 부주연의 오류>를 범하고 있다. 왜냐하면 <모든 바보가 시인>이라고 해서 <모든 시인이 바보>는 아니기 때문이다. 그러나 경찰국장이 <모든 바보가 시인>이라고 생각하고 있다고 하는 뒤팽의 생각은, 그야말로 뒤팽의 <상상>에 불과하다. 오히려 국장은 위의 인용문이 보여주듯이, 과거에 몇 명의 시인을 만난 적이 있는데, 그가 보기에 그들은 모두 바보였기 때문에, <시인은 모두 바보>라고 생각했다고 보아야 한다. 즉 국장은 <1. 모든 시인은 바보다. 2. 장관은 시인이다. 3. 따라서 그는 바보다>라는 정확한 삼단논법을 따르고 있지만, 자기의 경험을 일반화하는 <일반화의 오류>를 범하고 있는 것이다.

---

315 "보들레르는 포의 이야기를 불역하면서, <fool(바보)>이라는 단어를, 그것의 강한 고어적인 의미인 <미친(fou)>이라는 말로 만들고 있다."(Sh. Felman, *Jacques Lacan and the Advecture of Insight*, p.47) 그 결과 보들레르의 불역본은 본의 아니게, 시인을 정신병자로 보는 응용정신분석학자들의 견해와 부합한다.

316 도둑, p.57(144).

이렇게 해서 뒤팽은 이류 분석가로 전락하고, 그의 담화는 <빈말>의 연쇄에 가담한다. 그가 편지의 소재를 정확히 진단해냈고, 그래서 자만했는지는 모르지만, 그는 사건과 인물 분석에는 실패하고 만다. 그런데도 <서술된 화자>가 뒤팽의 분석력에 감탄하는 이유는 무엇일까? 그리고 서술된 화자와 마찬가지로, 우리 같은 독자까지도, 그의 담화를 완벽하다고 느끼는 까닭은 무엇일까? 분명히 그의 "재담 — 그것은 그 이야기에서는 그 본래의 의미와는 정반대로, 너무 완벽해서 오히려 진실이 허구적인 배열로 되어 있다고 보일만큼 완벽한 의진실(vraisemblace)을 우리에게 보여주고 있다."[317] 그래서 서술된 화자는 물론이려니와, 그것을 읽는 독자까지도, "새로운 허세 꾼의 전형인 그 신출내기 탐정의 당당한 풍채에 홀딱 반하게"[318] 된다. 어쩌면 뒤팽의 담화의 "의미를, 문자 그대로 받아들이는 것이, 곧 그 이야기의 백미인지"[319] 모른다. 그렇게 함으로써 우리같은 독자는 자신의 소영웅주의적 심리를 충족시킬지 모른다. 그러나 만약 그러한 독자가 있다면, 그의 <상상적 믿음>은 재고되어야 한다. 그는 <속고> 있는 것이다. 그렇다면 대체 우리를 속이는 사람은 누구일까? 뒤팽일까? 아니다. 뒤팽은 서술된 화자에게 말하고 있지 우리에게 말하고 있지 않다. 우리에게 말하고 있는 사람은 따로 있다. 그는 뒤팽을 자신의 대변인으로 만들고 있는 사람, 즉 <서술하는 화자>이다. 그는 뒤팽 뒤에서 뒤팽을 통해 말하고 있다. 우리가 뒤팽이 우리에게 말하고 있다고 믿는 것도, 사실은 그가 조작한 것이다. 어찌 보면 "국장이 우둔하다"[320]는 우리의 믿음도, 그리고 뒤팽이 천재라는 우리의 느낌도, 모두 그가 만들어낸 <허구>이다. 그는 그러한 <허구>를

---

317 라캉, p.17.
318 라캉, p.17.
319 라캉, p.23.
320 라캉, p.22.

통해서 <진실>을 전하려는 작가이다.[321] 그렇기 때문에 허구 속에 숨어 / 드러나 있는 진실을 드러내기 위해서는, 허구의 유혹을 뿌리치고 그의 의도를 문제 삼아야 한다. "그의 유혹이 우리를 속이는 바로 그 곳에서 그의 발자취를 찾아내야 한다."[322]

「도둑맞은 편지」의 작가도 뒤팽의 입을 빌어, 우화를 실화처럼 믿어서는 안 된다는 사실을, 다음과 같이 지적하고 있다: "브라이언트가 그의 온축 깊은 신화학에서 <이교도의 우화는 믿을 것이 아니지만, 우리들은 늘 자기 자신을 잊어버리고 그것을 실화와 같이 인정하고 그런 우화로부터 추론한다.>고 한 말은 똑같은 오류를 지적한 말일세."[323] 말하자면 「도둑맞은 편지」의 작가는 문학적 담화의 허구성에 대해 <말>하면서, 그 말을 역으로 자신의 허구적 담화의 설득력을 위해 이용하고 있는 셈이다. 그래서 "은유와 비유는 의론을 강하게 하고 기술을 아름답게 하기 위하여 만들어진다는 수사학상의 독단이 다소 진실의 색채를 띠게 되는 것이다."[324] 이러한 맥락에서, "뒤팽의 박학의 과시는 드라마의 주문(呪文)을 우리로 하여금 듣게 하려고 계획된 것이" 분명하다. 그리하여 작가는 마치 "마술사가 자신의 마술의 비밀을 우리에게 알려준다는 미끼로 꾀어내서는, 우리가 전혀 보지 못했지만 실제로는 그 비밀을 우리에게 가르쳐주었다고 하면서, 우리 앞에서 그의 내기를 밀고나가며 그의 재주를 반복하는"[325] 것처럼, 담화의 마술을 한껏 뽐내고 있는 것이다.[326]

---

321 엄격히 말해 <서술하는 화자>와 <작가>는 구분되어야 한다. 전자는 발화행위의 주체로서 이야기의 서술에 관계하고 후자는 작품의 구성과 편집에 관여한다. <작가>는 <서술하는 화자>보다 뒤에 있다. 그러나 우리는 그것들을 구분 없이 사용할 것이다.

322 라캉, p.22.

323 도둑, p.59(146).

324 도둑, p.60(148).

325 라캉, p.21.

이러한 상황은 비단 「도둑맞은 편지」라는 텍스트에만 국한되어 있는 것은 아니다. 문학의 존재 방식 자체가 이미 허구와 진실의 변증법으로 되어 있다. 다시 말해 소설에 있어서 "허구의 존재 자체를 가능하게 하는 것은 바로 그러한 진실이고,"[327] 진실의 존재를 가능케 하는 것도 허구이다. 그리하여 "그 허구의 존재에 의해서 우리를 진실로 속이는 것(véritablement tromper)이 아마 마술사가 도달할 수 있는 정점이듯이,"[328] 문학적 담화 역시 완벽하게 독자를 속이는 것이 문학-마술의 정점인 것이다. 이러한 문맥에서 볼 때, 「도둑맞은 편지」라는 텍스트는 도둑맞은 편지의 존재 양태를 반복하고 있다. 즉 도둑맞은 편지의 진실이 숨김/드러냄이라는 위장 속에 감추어져 있듯이, 「도둑맞은 편지」의 진실 역시 허구 속에 드러나/감춰져 있는 것이다. 이러한 문학 텍스트의 존재 양식은, <시의 죄>를 운운하는 뒤팽의 말 속에 이미 은폐/폭로되어 있다:

> 뒤팽은 "사실입니다,"라고 말한 뒤, 해포석을 생각을 하는 듯이 길게 한 모금 들이빨며 다시 말했다. "나 자신도 엉터리 시를 쓴 죄를 지은 적이 있습니다만 사실입니다."[329]

<시의 죄>란 대체 무슨 뜻인가? "라캉이 언급하지 않는 한 가지 문제가 지금 여기서 제기될 수 있다.[330] 그것은 너무나 분명히 드러나 있으면서도

---

326 라캉은 뒤팽 뒤에 숨어 있는 포를 다음과 같이 빈정대고 있다: (a) "뒤팽은 당신들과 함께, (…) 즐기고 있는 것이 아닐까. 아마도 포(Poe)도 즐기고 있음에 틀림없다…"(라캉, p.21); (b) "뒤팽은 그 위치에서 우월한 듯이 행동하면서 동시에 우리에게 작가의 의도를 드러내 보이려는 것일까?"(라캉, pp.37-8)

327 라캉, p.12.

328 라캉, p.21.

329 도둑, pp.49-50(135).

330 라캉이 언급하지 않은 것은 아니다. 어쩌면 라캉은 하이데거와 함께, 시가 은폐/폭로라

사소한 것이어서, 이따금 무심코 지나치곤 하는 또 다른 점을 강조할 때 제기된다. 뒤팽은 왜 자신 또한, 시에 대한 죄를 짓고 있다고 말하는 것일까? 어떻게 시인의 신분이 죄를 포함할 수 있단 말인가? 우리는 <시의 죄>를 어떠한 의미로 이해할 수 있을까?"[331] 그것을 이해하기 위하여 텍스트의 다른 곳을 살펴보면, 장관이 편지를 안전하게 숨길 수 있었던 것은, 그가 <시인>이기 때문이라는 설명이 나온다. "아냐 그건 자네 오해일세. 난 장관을 잘 알고 있는데, 그는 둘 다일세. 시인 겸 수학자란 말일세. 시인 겸 수학자로서 잘 추리하지. 다만 수학자뿐이라면 추리가 다 뭔가. 국장의 굴레에 빠졌을 걸세."[332]

이러한 사실을 고려해볼 때, 그 텍스트에서 <시(詩)>는 <은닉술>과 관계가 있다. 그렇다면 <시의 죄>는 <은닉>의 무슨 죄에 해당될까? 그것은 아마도 진실을 <제대로> 드러내지 못하는 죄일 것이다. 여기서 강조되어야 할 말은, <드러내다>라는 말이 아니라 <제대로>라는 말이다. 왜냐하면 모든 문학은 허구를 통해 진실을 드러내고/숨기는 것을 존재 조건으로 하고 있기 때문에, 아무리 하찮은 문학도 진실을 드러내는 데 일조를 하고 있기 때문이다. 따라서 <시의 죄>는 허구를 통해 진실을 드러내고/숨기는 <시의 기술>에 관계된 것이다. 이러한 문맥에서 국장이 장관이 숨긴 편지를

는 진실의 존재 양태와 밀접한 관련을 맺고 있다는 사실을 인식한 드문 비평가 중의 하나이다: "게다가 국장은 장관이 시인이기 때문에 바보와 종이 한 장 차이라고 추론함으로써 범하게 되는 잘못에 대해서도 뒷공론을 듣게 된다.(…) 그렇긴 하다. 그렇지만 우리는 여전히 <비밀 장소의 문제에 관한 한, 무엇이 시인의 우월성을 세워 주는가?>라는 점에 대해서는 헤매게 된다."(라캉, p.22) 마찬가지로 "「도둑맞은 편지」가 특별히 <은폐의 예술에 대한 시인의 탁월함>의 이야기라면, 그것은 정신분석의 알레고리일 뿐만 아니라, 동시에 시 쓰기의 알레고리이기도 하다. 그리고 라캉 자신이 시인이라고 한다면, 시에 대한 생각은 그의 세미나에 훌륭하게 감추어져 있다."(Sh. Felman, *op. cit.*, p.48)

331 Sh. Felman, *op. cit.*, pp.46-7.

332 도둑, p.57(144).

찾지 못하는 것은, 그가 시인이 아닌 관계로, 그에게는 아예 <시의 기술>이 없었기 때문이다. 역으로 뒤팽이 장관이 숨긴 편지를 찾아내는 것은, 그가 장관-시인보다 더 나은 <시의 기술>을 가진 <초시인>이기 때문이다: "뒤팽이라는 초시인의 개입이 있기까지 장관이 이기는 것은 장관이 전략가이기 때문이 아니라, 시인이기 때문이다."[333] 이러한 논리를 끝까지 밀고가면, 진실을 <제대로> 폭로하지 못하는 분석가는 환자에게 <죄>를 짓는 것이고, <시의 기술>이 없는 작가는 독자에게 <죄>를 짓는 것이다.

그렇다면 「도둑맞은 편지」는 <시의 죄>를 짓는 작품일까, 아니면 신기에 가까운 마술적인 시일까? 이러한 의문에 단적으로 대답하기는 곤란하다. 단지 그것에 대한 정신분석적 논의가 60년이 지난 지금도 계속되는 것으로 미루어보아, 아마 후자에 가까울 것이라고 짐작될 뿐이다. 그러나 그러한 문제보다 더 중요한 것은, 「도둑맞은 편지」에 숨어 / 드러나 있는 작가의 진실을 밝히는 것이다. 그것은 대체 어디에 어떻게 숨어 / 드러나 있는 것일까? 그리고 「도둑맞은 편지」 속에 숨어 / 드러나 있는 그의 진실은 무엇일까? 그것은 우선 <서술하는 화자>와 그의 <서술 장면> 속에 숨어 / 드러나 있다. 앞에서도 말했지만, 그는 텍스트의 모든 것을 말하고, 조작하는 사람이다. 그럼에도 우리는 그가 텍스트의 모든 것을 말하고 조정하고 있다고 느끼지 못한다. 오히려 우리는 그를, 다른 등장인물들의 말이나 전하는 사람이라고 치부해버린다. 그러나 그것이 바로 함정이다. 엄격히 말해, 모든 등장인물의 모든 말이 서술하는 화자의 입을 빌어 우리에게 전달되는 것이 아니라, 역으로 서술하는 화자가 그들의 입으로 하여금 그렇게 말하도록 만들고 있는 것이다. 즉 그는 뒤팽의 이야기를 우리에게 전하고 있는 것이

333 J. Lacan, *op. cit.*, p.220.

아니라, 자신의 이야기를 하기 위하여 뒤팽의 이야기라는 허구를 만든 것이다. 그러한 의미에서, <서술하는 화자>가 등장인물의 대변인이 아니라, 모든 등장인물이 그의 <대변인들>이다. 따라서 모든 등장인물의 언행에는 이미, <서술하는 화자>의 의도가 숨어 / 드러나 있게 마련이다.

그러나 그는 투명인간처럼 그들 뒤에 붙어서, 좀처럼 모습을 드러내지 않는다. 그렇기 때문에 그의 진실을 밝혀낸다는 것 또한 여간 어려운 일이 아니다. 게다가 그는 이미 사라진 지 오래다. 우리가 아무리 그의 말에 이러쿵저러쿵 토를 달아도, 그는 개의치 않는다. 그는 150년 전에 이미 자신의 말을 <모두> 해버리고, 지금은 영원히 침묵 속에 은거하고 있다. 그렇기 때문에 책과의 대화는 항시 일방적인 방향에서만 이루어지고, 우리의 독서는 대답 없는 메아리로 되돌아올 뿐이다. 그래서 어떤 의미에서 <서술하는 화자>는 무책임하다.

그렇다고 그의 진실을 전혀 알 수 없는 것은 아니다. 그는 간간이 텍스트에 자신의 모습을 드러낸다. 그것이 바로 <서술 장면>이다. 「도둑맞은 편지」에서 그것은, 제목과, 제사, 본 이야기가 시작되기 전의 서술과, 제일 대화와 제이 대화 사이에 삽입되어 있는 서술로 이루어져 있다. 그리고 인용문을 전하는 모든 <전달문>과, 이야기의 배열과 구성이 거기에 속한다. 그 속에 그의 마술과 진실이 숨어 / 드러나 있다. 특히 우리는 그것을 통해, 뒤팽에 대한 서술하는 화자의 일단의 진실을 엿볼 수 있다. 그 진실은 서술하는 화자가 스스로 뒤팽 이야기를 하면서, 그에 대해 어떻게 생각하고 있었느냐 하는 문제에 관계된 것이다.[334] 우선 「도둑맞은 편지」에 제사로

334 뒤팽의 분석 행위에 대한 서술하는 화자의 분석을 분석하기 위해서는, 뒤팽 삼부작에서 서술하는 화자에 관계된 부분을 낱낱이 분리한 뒤, 그것의 추이 과정을 살펴보아야 한다. 그러나 그것은 또 다른 논문을 필요로 할 정도로 엄청난 작업이기 때문에, 여기서는 단지 「도둑맞은 편지」에 초점을 맞춰, 서술하는 화자의 입장을 간략히 정리하기로 한다.

인용된 세네카의 말로부터 시작하자. 그것을 번역하면 다음과 같다: "지나친 통찰력만큼 지혜에 해로운 것은 없다.(*Nil sapientiae odiosius acumine nimio*)"[335] 그것은 「도둑맞은 편지」의 첫마디이면서, 동시에 「도둑맞은 편지」의 플롯에 대한 구상이 끝난 뒤에, 서술하는 화자(또는 작가)[336]가 내린 최종 결론이다. 그렇기 때문에 그것은 서두이면서 결론이고, 시작이면서 끝이다. 그렇다면 그 말은 대체 누구를 향하고 있는 것일까? 얼핏 보기에 그것은 모든 독자에게 일반적인 진실을 전하고 있는 것 같다. 그러나 뒤팽 삼부작을 통틀어서 <통찰력(acumen)>[337]이라는 말이 유일하게 뒤팽을 지칭하는데 사용됐다는 사실로 미루어보건대, 그 제사는 일반적인 사람뿐만 아니라, 뒤팽도 겨냥하고 있는 것이 아닌가 싶다. 우리가 그렇게 생각하게 된 데에는, 또 다른 이유가 있다. 그것은 뒤팽에 대한 서술하는 화자의 인식이, 뒤팽 삼부작을 따라 급격히 변화하고 있다는 사실이다: 우선 「모르그가」에서는 뒤팽에 대한 칭찬과 감탄 일변도였다.

> "그의 독서범위가 광대한 데 또한 놀랐다. 그리고 그 무엇보다도 그의 난폭한 열정과 발랄하고도 생생한 상상력에 의하여, 내 체내에서도 나의 영혼이

---

335 도둑, p.63: 이것은 영어로는 <Nothing is more detestable to wisdom than too much subtlety>(E. Poe, *Selected writings*, The Penguin English Library, 1976, p.532)이며, 불어로는 <Rien de plus détestable à la sagesse qu'une excessive pénétration>(J.-Cl. Milner, *op. cit*. p.27)이다. 그런데 "이 제사는 세네카에게서 발견되지 않는다."(E. Poe, Selected writings, The Penguin English Library, 1976, p.532) 그것이 작가의 의도에 의한 것인지, 아니면 작가의 착각에 의한 것인지는 알 수 없다. 그러나 포같이 대단한 라틴어의 실력과 기억력의 소유자가, 그것을 착각했다고 생각하기는 힘들다. 그래서 추측컨대, 포가 세네카의 이름을 의도적으로 도용한 것이 아닌가 싶다. 다시 말해 포는, 서술된 화자가 뒤팽의 박학에 놀아났듯이, 일반 독자 역시 자신의 박학에 현혹될 것이라는 사실을 미리 예측하고, 독자를 우롱하고 있는 것일 성싶다.

336 엄격히 말해 작품의 제사는 작품의 구성에 속한 것이기 때문에 작가의 의도에 의한 것이라고 할 수 있다.

337 모르그가, p.7(154).

불붙어 올라옴을 느꼈다."[338]

"이럴 때 나는 뒤팽의 뛰어난 분석 능력을 주목하고(그의 풍부한 관념적 경향에 마음의 준비가 되어 있기는 했지만), 그것을 감탄하지 않을 수 없었다."[339]

그러던 것이 「모르그가」의 속편인 「로제」에 이르러서는, 화자 입으로 직접 하는 찬사는 사라진다. 그것은 다른 사람의 입을 통해 간접화된다. 그것도 단 일 회에 그칠 뿐이다. 급기야 뒤팽 삼부작의 마지막 작품인 「도둑맞은 편지」에 이르러서는, 뒤팽에 대한 화자의 놀라움은 아예 멈추어버린다. 그리하여 뒤팽에 대한 미사여구는, 「도둑맞은 편지」 어디에서도 찾아보려야 찾아 볼 수 없다. <지나친 통찰력만큼 지혜에 해로운 것은 없다>는 말만이, 독자의 눈에 가장 잘 띄는 제목 바로 밑에, 책상 위의 왕비 편지처럼, 덩그러니 놓여 있다. 그것은 마치 "들을 줄 아는 사람에게만 판결을 내리는"[340] 말인 양, 벽난로에 매달려 있는 장관의 편지처럼 제목에 <매달려>, 들을 줄 아는 독자에게 소리치고 있는 것이다.

그렇다면 결국 「도둑맞은 편지」의 제사는, 뒤팽의 <지나친 통찰력>에 대한 화자의 우려를 숨기고/드러내고 있는 것이 아닐까? 그는 분명히 뒤팽 뒤에서 뒤팽을 꿰뚫어보고 있었다. 그러면서 뒤팽에 대한 그의 환상은 서서히 식어가고 있었다. 그리하여 내린 결론이 <지나친 것은 못 미치는 것과 같다(過猶不及)>는 사실이었다. 그는 그렇게 <서술하는 장면>에서, 뒤팽의 분석 행위를 분석함으로써, 그의 통찰력과 통찰력 일반에 대해서 마지막 진실을 내보내고 있는 것이다. 여기서 뒤팽과 (서술된) 화자 사이의 분석가

338 모르그가, p.11(159).
339 모르그가, p.12(160-1).
340 라캉, p.24.

/ 분석자의 관계는 역전된다. 서술하는 화자가 분석가가 되고, 뒤팽은 분석자 내지는 <조야한 분석가>의 지위로 전락하는 것이다. 사실 라캉이 말하는 분석적 담화는 뒤팽의 그것과 비슷하다기보다, 서술하는 화자의 그것과 비슷하다. 왜냐하면 라캉적인 분석가는 침묵한 채로 환자의 <빈말>을 기록 청취하다가, 그의 무의식의 구조를 마지막으로 드러내는 최후의 <참말>을 환자[로부터 듣고 그것을 그]에게 되돌려주는 것을 특징으로 하고 있는데, 서술하는 화자 자신이 바로 그러한 방식을 택하고 있기 때문이다. 즉 대화 장면에서 이미 살펴본 바와 같이, 화자는 모든 등장인물 — 국장과 뒤팽 — 로 하여금 말하게 하면서도 결코 그들의 말에 개입하지 않고 침묵하다가, 그들을 분석한 마지막 말을 마지막 서술로, 그들에게 뿐만 아니라 모든 독자에게 내보내고 있기 때문이다. 거기에 비해 뒤팽은 너무 많은 말을 하고 있을 뿐만 아니라, 그것도 <빈말>을 계속 내보내고 있다. 그러나 앞에서 살펴본 바와 같이, 그러한 빈말조차, 서술하는 화자-분석가가 뒤팽-분석자으로 하여금 그렇게 말하도록 유도한 것에 불과하다. 그리하여 뒤팽은 <서술 장면>에 이르러, 서술하는 화자에 의해 <상상적 관점>으로 떨어지고 만다. 그렇다면 독자는 여기서 어떠한 위치에 있는 것일까? 가능성은 둘이다. 하나는 뒤팽의 말에 편승하여 텍스트 상에 숨어 / 드러나 있는 화자(내지는 작가)의 진실을 드러내지 못하는 독자이고, 다른 하나는 뒤팽의 담화 뒤에 숨어 있는 화자의 진정한 전술을 드러내는 독자이다. 전자는 뒤팽에 의해 <읽히는> 독자로서, 뒤팽보다 한 수 아래인 <실재적 관점>의 소유자로 남게 되고, 후자는 뒤팽을 <읽는> 독자로서, 뒤팽의 관점(<상상적 관점>)보다 한 수 위에 서게 된다. 이렇게 해서 도둑맞은 편지와 「도둑맞은 편지」라는 텍스트의 영향력은, 텍스트 안에서 밖으로, <독서 장면>까지 연장되는 것이다: "그 본질은 아무도 편지가 의미하는 것에 신경을 쓰지 않지만, 그 편지는 그 이야기 안에서는 화자를 포함한 그 이야기

속의 등장인물들에게 영향을 미치고, 그 이야기 바깥에서는 우리 독자들과 그것의 작가에 대해서도 영향을 미친다. 그리고 그것은 글로 써진 모든 것이 갖는 일반적인 운명인 것이다."[341]

	실재적 관점	상상적 관점	상징적 관점
원장면	왕	왕비	장관
반복 장면	국장	장관	뒤팽
대화 장면	서술된 화자	뒤팽	(국장)
서술 장면	가상의 독자(청자)	뒤팽	서술하는 화자
독서 장면	읽히는 독자	읽는 독자	작가

그러나 뒤팽을 읽음으로써, 뒤팽을 넘어서는 독자라고 하더라도, 그가 과연 텍스트에 숨고/드러나 있는 작가의 모든 진실을 드러낼 수 있을까? 다시 말해 텍스트의 모든 의미를 드러내는 총체적인 독서가 가능할까? 만약 어떤 <읽는> 독자가 문학 텍스트의 모든 의미를 드러낸다면, 그는 작가를 <상상적 관점>으로 밀어내고 그 자신이 <상징적 관점>에 서게 될 것이다. 그러나 그것을 완전히 드러내지 못한다면, 그는 작가에 의해 <상상적 관점>으로 머물게 될 것이다. 아마 그러한 <상징적 관점>에서의 총체적 독서야말로 모든 비평이 목표하는 것일 것이다. 그러나 그것은 불가능한 일이다. 왜냐하면 설혹 우리가 작가의 모든 진실을 드러낸다고 하더라도, 그것을 검증해줄 작가는 이미 사라지고 없을 뿐만 아니라, 그보다 더 중요한 사실로서, 드러냄 자체가 이미 숨김을 전제로 하고 있기 때문에, 우리의 드러냄 역시 숨김의 그림자로부터 완전히 벗어날 수 없기 때문이다. 그것이 말과 글의 운명이다. 게다가 작가는 우리의 드러냄/숨김을 교묘히 이용할

341 라캉, p.57.

줄 아는 담화의 전술가 내지는 언어의 마술사이니, 더 이상 무슨 말이 필요하겠는가? 그리하여 작가의 진실을 밝히려는 우리로서는, 진실 / 허구라는 문학 텍스트의 속성 자체를 마지막 분석으로 발견하게 되는 것이고, 문학 텍스트로서는, 그러한 사실만 독자에게 남겨놓고 제 자리로 되돌아가는 것이다. 따라서 "언젠가 그 편지의 주소를 쓴 사람들을 뛰어넘어, 독자가 문제의 편지에, 그가 마지막 말로서 발견하게 될 사실 자체, 즉 그것의 목적지를 되돌려주는 것은 바로 그러한 독자의 차례이다. 그 목적지는 독자가 포의 전언을 읽으면, 허구 속에 살 때의 진실보다 더 위장되지 않았다고 스스로 생각한다는 점에서, 그 독자로부터 해독되고 되돌아가는 포의 전언이다."[342] 이것이 바로 라캉이 「도둑맞은 편지」에서 발견한 마지막 진실이다. 그는 ≪세미나≫를 다음과 같은 결론으로 맺고 있다:

> "그것이 전부인가? 우리는 과연 뒤팽이 우리를 꾀어냈던 상상적인 속임수 너머에 있는 그의 진정한 전술을 해독해냈다고 믿어도 되는가? 아마도 그럴 것이다. 왜냐하면 뒤팽이 처음에 말한 것처럼, <심사숙고를 요하는 모든 것은 어둠 속에서 검토하는 것이 제일 좋다>고 하더라도, 우리는 지금 대낮에 그 해결을 쉽게 읽을 수 있지 않은가? 그것(해결)은 이미 우리의 콩트의 제목에 포함되어 있기 때문에, 그로부터 쉽게 끄집어낼 수 있다. 즉 우리가 여러분에게 말했듯이, 상호주체적인 통신에 관해, 우리가 오래 전부터 여러분들의 판단에 맡겨왔던 그 방식에 따라, 발신자는 수신자로부터 자기 자신의 메시지를 거꾸로 된 형태로 받는다. 그리하여 <도둑맞은 편지>, 아니 차라리 <미결 중의 편지>라는 말이 의미하는 것은 편지는 언제나 목적지에 도달한다는 것이다."[343]

342 라캉, p.10.
343 라캉, p.41.

즉 라캉에 따르면, 문학 텍스트에 숨어 / 드러나 있는 진실을 밝히려는 우리의 노력은 계속되지만, 그것은 우리에게 그것의 일부를 드러내고 되돌아간다. 그리하여 독자(발신자)는 수신자인 텍스트에 이르지 못하고, 텍스트로부터 자기 자신의 상상적 메시지(담화)를 거꾸로 된 형태로 되받을 뿐이다: "즉 언어에 있어서 우리의 전언은 큰타자로부터 우리에게 온다. 그것도 거꾸로 된 형태로 온다."[344] 그러니까 라캉은 텍스트라는 큰 담화체에 도달할 수 없다는 마지막 진실에 도달하는 것이다. 그것이 그가 말하는 목적지이다. 그렇기 때문에 「도둑맞은 편지」의 모든 등장인물이 편지의 소지와 함께 <상상적 관점>으로 추락했듯이, 우리는 「도둑맞은 편지」라는 텍스트의 소지와 함께, <상징적 관점>에 이르지 못하고 <상상적 관점>에 머무를 수밖에 없는 것이다. 이 순간이야말로, 라캉이 말하는 주체에 대한 기호형식(텍스트)의 지배력이 증명되는 순간이다. 라캉은 모든 사람이 텍스트 앞에서, 「도둑맞은 편지」에 나오는 왕이 될 수밖에 없는 숙명을, 볼테르의 『캉디드(Candide)』에 나오는 이행시를 빌어 다음과 같이 피력하고 있다:

> "오늘날 지구 위에는 다섯 명의 왕만이 있다.
> 카드에 있는 네 명의 왕과 영국의 왕."[345]

요컨대 「도둑맞은 편지」에 이용되고 있는 숨김 / 드러냄의 변증법을 개략하면, 어떤 등장인물이 편지를 숨기면서 / 드러내는 이야기(제일 드라마)는, 말하는 주체의 진실이 숨어 / 드러나는 대화(제이 드라마)를 통해 전달되고

---

344 라캉, p.9.
345 라캉, p.38 각주 (1): 여기서 카드에 있는 네 명의 왕은 왕-왕비-장관-뒤팽을, 영국의 왕은 편지 자체를 의미한다. 따라서 라캉은 이 시구로써, 모든 주체가 편지 앞에서 어리석은 왕이 될 수밖에 없음을 풍자하고 있다.

있으며, 그것은 다시 서술하는 화자에 의해 독자에게 진실/허구로써 이야기되고 있다. 그것을 요해하면 다음과 같다:

	장면	주체	대상	존재 양태
제일드라마	원장면	왕비	편지	드러냄/숨김
반복 장면	장관	편지		드러냄/숨김
제이드라마	제일 대화 (정확성의 영역)	국장	사실	표면적 의미/숨은 의도
	제이 대화 (진실의 영역 : 분석적 담화)	뒤팽	진실	참말/빈말
서술 장면	문학적 담화 (텍스트의 영역)	서술하는 화자	진실	허구/진실

그러나 라캉은 이렇게 작가의 진실이 우리에게 도달할 때까지 거치게 되는 "주관적인 필터가 우연한 배열의 결과가 아니다"[346]라는 사실을 인식했음에도 불구하고, 그것을 최종적으로 조종하는 사람이 누구이고, 왜 우리는 그 사람(또는 그의 텍스트) 앞에서 <상상적 관점>으로 떨어질 수밖에 없는가에 대해서는 깊은 분석에 이르지 못하고 있다. 다시 말해 그는 「도둑맞은 편지」라는 텍스트로부터, 뒤팽 뒤에서 뒤팽으로 하여금 사건에 대해 주석을 붙이게 하고, 그 주석 방식에 보이지 않게 개입하는 제삼의 인물인 <서술하는 화자>를 분리해내지 못하고 있으며, 동시에 그 <서술하는 화자>의 역할과, 그의 마술(담화술)에 사용되고 있는 방법과 도구 — 즉 텍스트라는 <틀> — 에 대한 구체적인 연구를 소홀히 하고 있다. 한 마디로 그의 ≪세미나≫는 <텍스트>의 연구에까지 이르지 못하고 있는 것이다. 그 문제가 표면화되기 위해서는, 우리는 데리다를 기다려야 한다. 그러나

---

346 라캉, p.18.

우리는 여기서 데리다의 텍스트 해체 이론을 다루지는 않을 것이다. 단지 그가 「진실의 배달부」라는 논문에서 제기하고 있는, 라캉의 말대로 <도둑맞은 편지는 과연 목적지에 도달할 수 있는가?>라는 문제를 다루는 것으로 만족하고자 한다.

2010년 11월 10일 / 17일

5. 마지막 목적지 : 진실 보증 불가의 장소

우리는 라캉을 위한 장에서, 라캉이 도둑맞은 편지를 기호형식의 알레고리로 삼는다는 사실을 지적한 바 있다. 그것은 도둑맞은 편지가 그 내용이 전혀 알려지지 않은 편지이기 때문이라기보다, 언어 기호의 기호형식과 같은 속성을 지녔기 때문이다. 즉 첫째, 도둑맞은 편지는 언어 기호와 같은 <독특한 물질성>을 가지고 있다. 다시 말해 언어 기호가 이차 분절이 될 경우에 그것의 물질성은 남지만, 그것의 의미는 사라지듯이, 도둑맞은 편지도 <아무리 잘게 쪼개도 편지 그대로 남지만>, 그것은 증거로서의 가치를 상실하게 된다. 따라서 그것은 그것의 상징성을 보존하기 위해서, <분할을 조금도 허락하지 않는> 독특한 물질이다. 우리는 그것의 그러한 속성을, <불가분성(indivisibilité)으로서의 물질성>[347]이라고 부를 수 있을 것이다.

둘째, 도둑맞은 편지는 언어의 기호형식처럼 <차이>와 <이동(déplacement)>을 통해서 그 <효과>를 발휘한다. 다시 말해 하나의 기호 표현은 다른 기호형식과의 <차이>를 통해서 의미의 효과를 나타내기 때문에, 그 기호형식의 실체는 그 자체 속에 없을 뿐만 아니라(<제 자리에 없음(manque à sa place)>), 그 실체를 알기 위해서는 다른 기호형식으로 <이동>해야 한다. 마찬가지로, 도둑맞은 편지도 왕비의 손을 떠남으로써 비로소, 그것을 소지하는 각 주체들에게 그 영향력을 과시하고 있다. 만약 도둑맞은 편지가 이동하지 않고 왕비의 손에 그대로 있었다면, 그것은 다른 주체들에게 아무 쓸모도 없는 한낱 종잇조각에 불과했을 것이다. "이렇게 해서 제목이 지시하는 것처럼 그 단편 소설의 <진정한 주제(*sujet véritable*)>인 편지의

---

347 J. Derrida, *Le facteur de la vérité*, in *Poétique*, n° 21, Seuil, p.102: 이 논문의 인용은 앞으로 <데리다>라는 약자 옆에 페이지 수를 기입하기로 한다.

특이성은, 가장 간결한 표현으로 압축되고 있는 첫 페이지에서부터 우리에게 예고된 것처럼, <단순하면서도 묘한(*simple and odd*)> 것이다. 편지는 우회를 겪기 때문에, <그것 특유의(*qui lui est propre*)> 도정을 갖고 있다. 이것이야말로 기호형식의 영향력이 확인되는 모습인 것이다. 왜냐하면 우리는 기호형식이, 전광게시판의 필름이나 인간-처럼-생각하는-기계의 회전식 기억장치에서의 이동 작용에 비견할 수 있는 이동에 의해서만, 유지된다는 사실을 배워서 잘 알고 있기 때문이다. 그리고 그 작용은 원리상 교대 운동의 기능을 갖고 있기 때문에, 원래의 위치로 <순환적으로(circulairement)> 되돌아가는 한이 있더라도 자신의 위치를 떠나는 것을 요구하는 것이다."[348]

이렇게 ≪세미나≫에서는 기호형식의 논리가 기호내용의 논리를 압도하고 있다. 그렇기 때문에 "우리는 ≪세미나≫가 포스트-프로이트적인(post-freudienne) 정신분석 비평에 비해 훨씬 앞서 있다는 사실을 아주 분명히 알 수 있다. 거기에는 한 텍스트의 의미론적이고, 게다가 주제론적인 내용을 향한 돌진 없이, 형식과 물질성에 있어서의 기호형식의 조직이 고려되고 있다."[349] 그러나 데리다는 도둑맞은 편지를 기호형식의 알레고리로 삼는 것 자체를 반대한다. 왜냐하면 도둑맞은 편지의 내용이 텍스트 상에 알려지지 않은 것은 사실이지만, 그것이 없다면 편지는 애초부터 도둑맞을 필요가 없기 때문이다. 또한 그것이 없다면 왕비가 괴로워 할 필요도, 장관이 그것을 권력의 수단으로 이용할 수도 없는 것이다. 그것이 설혹 아무런 내용이 없는 백지였다 할지라도, S 공작이 왕비에게 쓴 주소 자체가 이미 S 공작과 왕비의 <사이>를 말해주는 내용인 것이다. 따라서 그 편지가 아무리 기호형식으로만 구실을 한다고 하더라도, 그 편지에는 기호내용의 <흔적>이

---

348 라캉, p.29.
349 데리다, p.102.

남아 있게 마련이다. 그렇기 때문에 그것은 기호내용으로만 존재하는 것도, 기호형식으로만 존재하는 것도 아니다. 그것은 기호형식도 기호내용도 아닌 그 <사이>로 존재한다.

그러므로 라캉이 편지가 무엇을 의미하는 지에 신경을 쓰지 않은 채로, 모든 것이 일어났다고 주장하는 것은, 여러 가지 이유에서 틀린 것이다: 왜냐하면, 첫째, 경찰국장이 상기시켜 주고 있듯이, 모든 사람은 적어도 그 편지가 <고위층 인사의 명예를 위태롭게 할 수 있는 것>을 내포하고 있다는 것을 알고 있고, 둘째, 라캉 자신도 등장인물들의 그러한 앎에 간접적으로 동의하고 있기 때문이다: "우리는 단 한 가지 사실만 파악할 수 있다: 왕비는 그것을 그녀의 주군에게 알릴 수 없다는 것이다."[350] 그러나 왕비가 누구에게 편지를 보내는 것이 금지되어 있는 것이 아니고, 또한 그녀가 누구에게 편지를 받는 것이 금지되어 있는 것이 아니기 때문에, 왕비가 자기 남편인 왕에게 알릴 수 없다는 사실 자체가, 이미 그 편지가 전달하고 있는 메시지의 본질을 우리에게 말해주고 있는 것이다. 즉 그 편지는 왕과의 계약이나 맹세의 위반을 내포하고 있어야 한다. 그리하여 ≪세미나≫는 몇 줄을 사이에 두고, 그러한 사실을 솔직하게 인정할 수밖에 없는 자가당착에 빠지게 된다: "그 편지는 계약의 상징이라는 사실이 남는다."[351]

이렇게 데리다는 도둑맞은 편지가 <기호형식>으로서 기능한다는 라캉의 논지 자체를 부정한 뒤, 라캉의 <기호형식의 논리> 자체를 일대일로 전복시킨다. 다시 말해 그는 라캉의 <편지의 불가분성>에 대해서는 <편지의 분할 가능성>을, 라캉의 <목적지에 도달하는 편지의 이동>에 대해

350 라캉, p.27.
351 라캉, p.28.

서는 <목적지에 도달하지 못하는 편지의 이동>을 대응시킨다. 그것을 정리하면 다음과 같다:

1. 편지의 분할 가능성 : "그것의 <물질성>과 그것의 <위상>은, 그것의 분할 가능성, 즉 항시 가능한 그것의 분할에서 기인한다. 그것은 영원히 세분될 수 있다. 상징계나, 거세나, 기호형식이나, 진실이나, 계약 등의 체계는, 항시 그러한 세분에 대해서 물질성을 보존하려 한다."[352]
2. 목적지에 도달하지 못하는 편지의 이동 : "우회가 없다면 길도 없다. 우회는 도중에 일어난 것이 아니다. 우회가 길을 구성하고 개척한다."[353] 그렇지만 "그것은 주소 없는 목적지로부터 시작한다. 방향은 결국 위치를 정할 수 없다. 목적지가 없는 것이다."[354] "편지에서 남아있는 구조는, ≪세미나≫가 마지막으로 하고 있는 말("<도둑맞은 편지>, 게다가 <미결 편지>라는 말이 의미하는 것은, 편지는 항시 목적지에 도달한다는 것이다")과는 반대로, 편지는 목적지에 항시 도달하지 않을 수 있다. (…) 그것은 편지가 목적지에 결코 도달하지 않는다는 뜻이 아니다. 항시 거기에 도달하는 것이 아닐 수 있는 것은 그것의 구조에 달려 있다는 것이다."[355]

---

352 데리다, p.115.

353 J. Derrida, *La carte postale*, Flammarion, 1980, p.304; 김형효, 『데리다의 해체철학』, 민음사, p.370 에서 재인용.

354 J. Derrida, *op. cit.*, p.34; 김형효, 『데리다의 해체철학』, p.368 에서 재인용.

355 데리다, pp.114-5: 편지에 목적지가 없다는 사실이, 이 인용문에서는 아직 확정적으로 진술되어 있지 않다. 그렇지만 데리다는 「진실의 배달부」의 후반으로 갈수록, 편지의 회귀 불가능성을 점점 더 확정적으로 이야기한다. 그것은 실로 중대한 사실을 내포하고 있다. 왜냐하면 의미의 불확정성을 이야기하는 <산종>이 확정적인 의미를 전달하고 있기 때문이다. 그것이 그의 진술의 역설이다. 결국 마지막 목적지가 없다는 <산종>이, <산종>이

데리다의 이러한 논리를 도둑맞은 편지에 대입해보면, 첫째 도둑맞은 편지는 계속해서 분열(또는 분할)을 겪고 있으며, 둘째 그것은 아직도 이동 중이며 영원히 이동할 것이다. 그도 그럴 것이, 우리가 <기호형식으로서의 편지>에서 보았듯이, 왕비의 편지는 장관에 의해 그와 <유사한> 다른 편지로 대체된 뒤 이동하며, 그것은 다시 뒤팽의 복제품과 교환된 뒤 이동한다. 이렇게 편지는 자기와 닮았지만 자기가 아닌 자기의 분신을 남기면서 <분열>된다. 그리하여 그것은 둘로 분열되고, 또 다시 둘로 분열된다. 복제와 반-복제를 거듭하는 것이다. 또한 도둑맞은 편지는 텍스트의 이야기가 끝날 때까지, 아직 목적지(왕비)에 도달하지 않은 상태였다. 그 이야기는 경찰국장의 수중에 편지가 넘어와 있는 상태로 끝을 맺고 있다. 그 이후의 진행에 대해서 우리에게 알려진 바는 없다. 따라서 도둑맞은 편지가 앞으로도 계속 우회할 여지는 남아 있다. 게다가 이미 앞 장에서 살펴보았듯이, 경찰국장의 성격이나 여러 가지 정황으로 봐서, 경찰국장이 그 편지를 왕비에게 전한다고 보장할 수 없다. 왜냐하면 국장은 좀 <야비한>[356] 데가 있는 사람일 뿐만 아니라, 편지를 소지한 사람은 누구나 편지의 영향력으로부터 벗어날 수 없고 무의식적 변모를 겪기 때문에, 국장 역시 편지를 손에 넣음에 따라 무슨 흑심을 품을지 모르는 일이다. 따라서 편지는 아직 공중에 떠 있는 것이고, 그에 따라 편지가 영원히 목적지에 도달하지 않을 가능성도

라는 마지막 목적지에 정박하는 셈이다. 다음 인용문을, 위의 인용문과 비교하면 읽어보자: (1) "「도둑맞은 편지」에서 산종적(disséminale) 구조, 즉 편지의 영원회귀-불가능(sans-retour-possible)을(…) <엿보기> 위해 거기로 돌아가자."(데리다, p.133); (2) "편지가 항시 목적지에 도달하는 것은 아니다(pas toujours). 그리고 그것이 그것의 구조에서 기인하는 이상, 그것은 결코 거기에 도달할 수 없다고 말할 수도 있다. 그리고 설혹 그것이 도달한다고 하더라도, 그것의 도달-불능(pouvoir-ne-pas-arriver)이 그것을 내적인 표류로써 괴롭힌다고 말할 수 있다."(데리다, p.136)

356 도둑, p.45(129).

전혀 배제할 수는 없는 것이다. 그런데도 라캉이 도둑맞은 편지(또는 문자)[357]를 자꾸 목적지로 인도하는 것은, 데리다가 보기에, 그가 전통적인 형이상학의 개념으로부터 벗어나지 못했기 때문이다. 데리다가 생각하고 있는, 라캉의 형이상학적 오류는 이렇다:

첫째, <기호형식-문자>가 <불가분성>의 속성을 갖기 위해서는, 그 물질성은 <관념으로서의 물질성>이어야 한다: "아무 곳에도 없는 불가분성으로부터 추론된, 그러한 <물질성>은 사실 관념에 일치하는 것이다. 문자의 관념성만이 파괴적인 분할에 저항한다. 경험적 물질성에 대해서는, "편지를 작은 조각들로 쪼개보십시오. 그래도 그것은 현재의 편지로 남게 된다."라고 말할 수 없는 것이기 때문에, 관념성(변질 없이 이동하는 아이덴티티 그 자체의 파악불가능)이 거기에 내포되어야만 한다. 그것만이 문자의 특수성을 보존할 수 있다. 이러한 관념성이, 의미라는 내용물이 아니라면, 그것은 기호형식의 어떤 관념성(그 형태의 신원확인)이든가, 아니면 기호형식을 기호내용에 거는 <누빔점(point de capiton)>이어야 한다. 후자의 가설이 체계에 좀 더 부합한다. 그러한 체계는 사실 기호형식의 관념성의 체계이다. (…) 라캉이 그러한 <독특한> <물질성>을 발견했다고 이해되고 있다: 그는 오로지 그것의 관념성만을 기억하고 있다."[358]

둘째, 라캉이 말하는 기호형식-문자는 <제 자리에 없음(결핍)>을 그 특성으로 하고 있는데, 그것은 그 결핍을 보충하기 위하여 이동하고, 마지막에는 최초의 결핍의 장소로 회귀하기 때문에, 결국 그것은 <제 자리>를 갖고

357 사실 도둑맞은 편지(lettre)는 언어기호에 비유한다면, 기호형식의 알레고리이지만, 그것은 <문자(lettre)>라는 뜻도 있다. 다시 말해 <lettre>는 기호형식임과 동시에 문자인 것이다. 그것은 도둑맞은 편지가 라캉에게 남근의 기호형식과 문자로서의 <대상 a>를 동시에 의미하는 것으로 이어진다.

358 데리다, p.126.

있다: "편지는 발신지와 목적지를 갖고 있다. 그것은 주체가 아니라 하나의 구멍이며, 주체가 구성되는 출발점에 있는 결핍이다. 이 구멍의 윤곽은 결정될 수 있다. 그것은 구멍에서 구멍으로, 구멍에서 그 구멍 자체로 인도되는, 따라서 <순환적인(*circulaire*)> 형태를 갖고 있는 우회의 전 노정을 자화(磁化)시킨다. 그 구멍을 향한 우회의 회귀를 조직하는 일정한 <순환(*circulation*)>이 문제되는 것이다."[359] 따라서 데리다의 말대로, 라캉의 기호형식이 순환적으로 최초의 장소로 되돌아오는 것이 사실이라면, "아마 <제 자리에 없음(manque à sa place)>이라는 표현에서 한 문자도 채 안 되는 것을 바꾸는 것, 즉 악상이 없는 a 를 그 표현에 삽입하는 것으로 충분할 것이다."[360]

셋째, 라캉이 말하는 최초의 결핍의 장소(출발점)이자 마지막 목적지는, 정신분석학이 말하는 <거세의 장소>이다. 따라서 그의 이론은 전통적인 정신분석학의 진실에 정박한다: "여성성(Féminité)과 진실(Vérité)의 관계가 그것의 궁극적인 기호내용이다. 14년 뒤, 『에크리』의 모두에 ≪세미나≫를 다시 도입하면서 덧붙인, 간행되지 않았던 「소개문」(*Points* 총서, 1, 1969)에서,

---

359 데리다, p.111: 데리다는 이러한 기호형식의 순환적 특성을, <반지의 구조(la strIcture de l'anneau)>(J. Derrida, *op. cit.*, p.113)라는 말로써[역주 : 대문자 I와 U 철자의 모양의 차이로써] 풍자하고 있다: 즉 그에 따르면, 라캉의 기호형식의 논리는, <반지의 구조(la strUcture de l'anneau)>처럼 회귀(U 턴)의 구조를 보여주고 있을 뿐만 아니라, 그 회귀도 단순한 회귀가 아니라, <반지의 구조(la strIcture de l'anneau)>처럼 초월적인 관념을 향한 선조적인 운동이 내포하고 있다: "선조주의에 대해 말하자면, 당신도 잘 알다시피, 그것은 내게 맞지 않는 말입니다. 나는 항상, 그리고 매우 정확히 그것을 언어중심주의, 음성중심주의, 의미주의 그리고 관념론에 연결시켜왔습니다."(J. Derrida, *Positions*, Les Editions de Minuit, p.68)

360 데리다, p.103: 이렇게 <à>를 <a>로 바꾸면 <manque a sa place>가 되는데, 그것은 <결핍은 자기 자리를 갖고 있다>는 뜻이다. 또한 데리다는 라캉의 기호형식이 고유한 목적지를 갖고 있다는 것을, <장소-소유(l'avoir-lieu)>(데리다, p.127)라는 말로 표현하기도 한다. 그런데 그는 그 말의 주석에서 <어디서 그런 생각이 났을까>라는 말을 덧붙이고 있다.(데리다, p.142, 주 (16) 참조) 따라서 그 말은 <어떻게 그런 일이 일어날 수 있는가>라는 야유를 숨기고 있다고 할 수 있다.(불어의 <avoir lieu>는 원래 <일어나다, 발생하다>라는 뜻이다)

라캉은 그 관계와 의미를 특히 강조한다. 그는 거기서 다른 곳에서는 흔히 진실(Vérité)라는 말에만 남겨두었던 대문자를, 여성(Femme)이나 여성성(Féminité)이라는 말에도 사용한다: <포의 꽁트가 내 배려를 통해 증명하고 있는 것은, 기호형식, 경우에 따라서 도둑맞은 편지의 구속의 효과가, 무엇보다도 도난 뒤의 편지의 소지자에게 미치고 있다는 것이다. 그리고 그것의 노정이 진행됨에 따라, 그것이 전하고 있는 것은 그것이 그것의 그림자 속에 갖고 있는 여성성(Féminité) 자체라는 것이다.(…)> 여성성은 거세(의) 진실이다. 그것은 거세의 가장 좋은 모습이다. 왜냐하면 그것은 기호형식의 논리 속에서, 항시 이미 거세되어 있기 때문이다."[361]

넷째, 세 번째 사실의 결과로, 편지는 결국 남근의 상징으로 귀착된다.[362] <편지=남근>이 <거세의 장소=왕비>와 합궁에 들어가는 것이다: "우리는 항시 단계적으로, 그러한 계약들 중의 계약으로 다시 인도되는데, 그 계약이야말로 기호내용의 영향 하에 놓여 있는, <기호형식 중의 기호형식>인 동일한(*même*) 기호형식(남근)의 <존재>(뒤에 보게 될 것이다) 덕분으로, 모든 <누빔점>을 통한 기호형식과 기호내용의 통일성을 보증하는 것이다. 따라서 그러한 초월적인 기호형식은 모든 기호내용의 기호내용이며, 그것은 문자(철자 또는 음성)의 불가분성 속에서 보호받고 있는 것이다."[363] 그러나 "이러한 상황에서 남근은 그것이 상징하는 기관이나, 자지나, 클리토리스가 아니다. 거기서 그것은 자지를 상징하면서도 동시에 그 이상을

---

361 데리다, pp.113-4.

362 데리다가 라캉의 학문적 도덕성을 의심하는 것은, 그의 <편지 = 남근>이라는 결론이 보나파르트의 결론과 일치하기 때문이었다: "그것은 ≪세미나≫가 결코 보나파르트를 거명하지는 않지만, 라캉은 그녀를 읽었다는 사실을 보여준다. 그가 빚과 우선권에 대해 신경을 쓰는 저자라면, 그의 모든 해석을 방향 짓는 소통과정(frayage) — 즉, 편지의 고유한 도정으로서의 재남근화의 과정 — 를 인정했을 것이다."(데리다, p.116)

363 데리다, p.126.

상징하고 있다."[364]

이상을 종합해보면, 라캉의 <기호형식의 논리>는 <형이상학적 관념론>을 뒤에 숨기고 있을 뿐 아니라, 최후에는 <정신분석적인 진실>에 도달하고 있다. 그리하여 그의 <기호형식>은 <기호내용>을 재단해냄으로써 자율적인 체계를 형성하고 있는 것 같지만, 실은 정신분석학적인 새로운 의미론적 내용을 그 재단된 공간에 끌어들이고 있다. 따라서 라캉에게 있어서, "형식주의와 해석학적 의미주의는 항시 서로 돕고 있다. (…) 즉 문학에 응용된 정신분석학과, 정신분석학을 벗어난다고 주장할지도 모를 형식주의의 숨겨진 부분 사이에 역사적이고 이론적인 깊은 공모 관계가 있는 것이다."[365]

데리다는 이것을 <남근언어중심주의(phallogocentrisme)>라 부르고 있다: "남근언어중심주의는 하나의 사실이다. 남자라 불리는 것과 여자라 불리는 것이 그것에 예속될 수 있을 것이다. 그것은 남근이 하나의 환상(<상상적 효과>)도, 하나의 (<부분적인, 내적인 , 좋은, 나쁜…등>) 대상도, <하물며 그것이 상징하는 기관이나 자지나 클리토리스는 더욱 더 아니라는> 사실을 상기하면 더욱 더 그렇다. 따라서 남성중심주의(androcentrisme)는 다른 것임에 틀림없을 것이다."[366] 따라서 데리다가 말하는 "형이상학의 언어 중심주의가 그것 자체로 존재하고 기초로 간주되는 의미의 질서 — 사고, 진실, 이성, 논리, 말 — 를 향한 철학의 움직임"[367]이라면, <남근언어중심주의>는 <남근>이라는 <의미>를 향한 초월적인 움직임이다. 그러한 남근은 "분할할 수 없고, 독특하고, 살아 있고, 세분할 수 없는 전체성을 보호하는

364 데리다, p.133.
365 데리다, pp.107-8.
366 데리다, p.133.
367 J. Culler, *On Deconstruction*, Cornell Univ. Press, 1982, p.92.

데 필요한 관념성이나 관념화의 힘을 내포하게 된다."[368] 그리하여 그것은 <남근언어중심적인 초월주의>[369]가 되는 것이다. 그러한 의미에서 라캉의 정신분석학은 형이상학적 정신분석학이고, 정신분석학적 형이상학이다. 그것은 깊이의 정신분석학을 끌어올린 <높이의 정신분석학>이다: "남근은 스스로 사라짐으로써 창출하는(전수하는), 그러한 지양(止揚)(*Aufhebung*) 자체의 기호형식이다."[370]

그런데 데리다에 따르면, 전체로서 "남근이 보존되고, 출발점으로 되돌아오고, 도중에 산종(dissémination)되지 않기 위해서는 문자의 음성화를 필요로 한다."[371] 비록 "라캉이 그림 수수께끼나 상형문자나 판화 등에 대해 프로이트를 반복하고 있다고 하더라도, 그는 마지막에는 항시 음성에 의해 세워진 <쓰기(écriture)>[372]에 의존하고 있다. 그것을 보여주기는 쉽다. 많은 다른 것들 중의 하나인 예: "쓰기는 꿈 자체처럼 형상적일 수 있다. 그것은 그것이 읽혀지는 이상, 항시 상징적으로 분절된 언어와 같이, 즉 언어와 똑같이, 음소적(*phonématique*)이고, 실은 음성적(phonétique)이다."(「1956년의 정신분석학의 상황」, p.470) 이 사실(*fait*)은 소위 음성적인 쓰기의 한계 속에서만 사실적(*fait*) 가치를 갖는다. 기껏해야 그렇다. 왜냐하면 쓰기에는 비음성적인 요소들도 있기 때문이다. 쓰기의 비음성적인 영역으로 말할 것 같으면, 그것의 사실적인 거대함은 더 이상 논증할 필요가 없다."[373]

그러면 데리다가 말하는 <음성중심주의(phonocentrisme)>와 <남근언어

---

368 데리다, p.132.
369 데리다, p.132.
370 라캉, p.692.
371 데리다, p.126.
372 데리다의 <écriture>는 <(글)쓰기>, <글>, <문자> 등, 여러 가지로 해석될 수 있다. 여기서 <쓰기>는 라캉의 <문자>에 해당한다고 할 수 있다.
373 데리다, p.125.

중심주의>는 어떠한 관계에 있는 것일까? 데리다에 따르면, 말은 소리를 매개로 하여 의미(기호내용)를 전달하는 기호이지만, 발설되는 순간 그것의 기호형식인 음성적 이미지는 사라져버린다는 특징을 갖고 있다. 그렇기 때문에 말은 기호내용만을 남긴다는 인상, 다시 말해 의미와 직접적으로 연결되어 있다는 인상을 청자에게 심어준다. 그렇지만 그것은 <음성적 이미지>가 의미에 대해 중립적이고 투명하다는 환상에 불과하다. 말에 있어서, 그러한 환상을 부채질하는 것은, <발화자>의 존재이다. 그는 자기의 생각이 제대로 전달되었는지를 확인하고 애매한 부분을 다시 설명함으로써, 기호형식이 없는 순수한 기호내용에 도달할 수 있다는 인상을 주는 주범이다. 그것은 비유적으로 말한다면, 의미를 애매하게 만드는 불투명한 껍질(기호형식)을 계속해서 제거해나감으로써, 마지막에는 정확한 의미에 도달하려는 노력과 같다. 그러나 그것은 그야말로 <환상>이다. 어떠한 형태로든 기호내용으로부터 기호형식을 완전히 제거할 수는 없다. 기호형식이 없는 기호내용은 있을 수 없으며, 따라서 기호내용은 기호형식으로부터 완전히 자유로울 수 없는 것이다. 기호형식은 이미 기호내용의 일부분이며, 그것의 존재조건이다.

사실 서구적인 사고의 전통에서, "말은 의미와 직접적인 관계를 맺고 있는 것으로 여겨져 왔다: 말은 화자로부터, 그의 현재의 사고의 자발적이고 거의 투명한 기호로서 나오기 때문에, 청자는 그것에 대한 파악을 기대하고 희망할 수 있다. 반면에 쓰기는 물질적 흔적으로 이루어져 있는데, 그 물질적 흔적은 사고에 의해 생산됐지만 사고로부터 분리되어 있다. 그것은 특징적으로 화자의 부재 속에서 기능하고, 사고에 대한 불확실한 접근을 유도하고, 화자나 작가가 제거된 완전히 익명으로 나타나기까지 한다. 그래서 쓰기는 말을 재현하는 기술적인 고안물로 여겨지고 있을 뿐 아니라, 말의 왜곡으로서 여겨지고 있는 것이다."[374] 이렇게 데리다가 말하는, 전통적인 철학의 저변에 깔려 있는 음성중심주의는, <음성-기호형식>이 투명하기 때문에 의미(기호내용)에 직접 닿아 있다는 왜곡된 환상을 총칭하는 말이다. 그러한 사실과 함께, 음성중심주의는 쓰기를 상대적으로 폄하한다. 왜냐하면 쓰기는 말에 비해, 그리고 문자는 음성에 비해, 기호형식의 저항이 심하기 때문이다.[375]

그렇다고 데리다가 <문자중심주의>를 표방하고 나서는 것도 아니다.[376] 그가 굳이 <음성중심주의>라는 명칭으로써, 기호형식을 폄하하고 그것을 기호내용으로부터 분리시키려는 태도 일반을 총칭하는 까닭은, 음성적 기호형식이 문자적 기호형식에 비해 일회적으로 사라져버려 순수한 기호내용만 남는다는 인상을 주기 때문이다. 만약 음성적 기호형식을 폄하하는 문자중심주의가 있다면, 그리고 문자적 기호형식의 역할만 강조하는 문자중심주의가 있다면, 그는 당연히 그것도 해체해버렸을 것이다. 왜냐하면 그가 강조하고자 하는 것은, 기호형식을 기호내용에 부수적인 것으로 생각하는 경향의 허구성이며, 또한 그러한 이분법적인 개념들로 쌓아올린 사유체계의 허실이다. 따라서 음성중심주의는 문자중심주의를 대립되는 개념이 아니다. 데리다에게 중요한 것은, <음성중심주의>라는 개념도, <문자중심주의>라는 개념도 아니다.

---

374 J. Culler, *op. cit.*, p.100.

375 데리다의 <쓰기>는 일반적으로 <음성적 쓰기>와 <문자적 쓰기>로 나눌 수 있다.(J. Culler, *op. cit.*, p.101), 그러나 엄격한 의미에서, 문자적 쓰기가 음성적 쓰기보다, 데리다의 쓰기의 정의에 더 가깝다. 왜냐하면 기호의 조건은, "하나의 기호형식이 반복될 수 있을 때만, 다시 말해 서로 다른 상황에서도 그것이 <동일한> 것으로 인지될 수 있을 때만, 하나의 기호형식으로서 기능할 수 있는 것"(*Ibid.*, p.102)인데, 문자적 기호는 화자의 기억력이나 시간의 흐름에 따라 변하지 않기 때문이다.

376 데리다에 따르면, 라캉은 그의 <문자학>을 문자 중심의 이론으로 잘못 알고 <음성>이라는 말을 <문자>라는 용어로 슬쩍 바꾸어 쓰는 촌극을 벌이고 있다. 그렇지만 그는 라캉식의 <문자학>을 제창한 바가 없다고 말하고 있다.

그러한 맥락에서 그가 창출한 개념들 — <문자학>이라든가, <음성중심주의>라든가 하는 것들은, 음성과 문자의 거꾸로 된 위상을 바로 잡기 위한 것이다. 그러나 그보다 더 중요한 사실로서, 그는 그 개념들을 통하여, 전통적으로 생각하듯이 쓰기가 그렇게 투명하지 않을 뿐더러, 더 나아가 기호내용은 기호형식과 무관하게 실재하는 것이 아니라, 기호형식의 <차이>가 만들어낸 <흔적>일 뿐이라는 사실을 강조한다. 그리하여 기호내용에서 기호형식의 흔적을 영원히 지울 수 없는 것이다. 그리고 그러한 흔적에는 기호의 전 체계의 흔적이 참여하고 있기 때문에, 그것의 기호내용은 불확정성 속으로 영원히 <차연>될 수밖에 없는 것이다. 따라서 데리다에게 있어서 중요한 것은, 기호내용도 기호형식도, <음성적 쓰기>도 <문자적 쓰기>도, <음성학>도 <문자학>도 아니다. 그의 초점은 그것들 <사이>에 있다. 그 <사이>는 기호내용과 기호형식, <음성적 쓰기>와 <문자적 쓰기>가 <서로> 상감되어 있는 장소로, 기호내용도 기호형식도 아니다. 그렇다고 그 곳이 기호내용이 아닌 것도, 기호형식이 아닌 것도 아니다. 그 곳은 기호내용이 아니면서 기호형식도 아니고, 기호내용이면서 기호형식인 장소이다. 따라서 거기는 <양면 부정>과 <양면 긍정>의 장소이다.

> "문자(gramme)는 기호형식도 기호내용도, 기호도 사물도, 현전도 부재도, 입장도 부정도 아닙니다. (…) '…도 아니고 …도 아님'이란 '…임과 동시에 …임'이거나 아니면 '…혹은 …임'입니다."[377]

이것이 바로 데리다가 말하는 <흔적(trace)>의 논리이다. 즉 흔적은 기호형식을 있어도 좋고 없어도 좋은 기호내용의 장식, 즉 <외-기호내용>으로

---

377 J. Derrida, *Positions*, Les Editions de Minuit, pp.58-9.

여기는 것이 아니라, 다시 말해 기호형식을 기호내용이라는 <안(본질)>의 가장자리를 꾸미고 있는 <겉(껍데기)>으로 취급하는 것이 아니라, 기호형식을 기호내용으로부터 <분리할 수 없는 분리>로 생각한다. 그것은 분리되면서 동시에 분리될 수 없는 어떤 것을 일컫는다. 사실 기호형식은 그 자체의 물질성 — 음성이나 철자 — 을 갖고 있다는 점에서, 그것은 기호내용으로부터 분리된다. 그렇지만, 그 기호형식이 없다면 기호내용도 있을 수 없다는 점에서(왜냐하면 의미작용은 기호형식의 차이를 통해 드러나는 효과에 다름 아니기 때문에), 그것은 기호내용으로부터 분리될 수 없다. 그것은 옷은 옷이되, 이미 몸이 되어버린 옷이다. 그렇기 때문에 몸의 형체는 옷을 통해 드러나고, 그 옷을 제거하는 순간 몸도 사라진다. 단지 그 옷은 옷이라는 바로 그 사실 때문에, 분리될 수 있다고 여겨지는 옷이다. 데리다는 그것들의 관계를 귀의 <고막>에 비유한다: "중이의 역할은 공기의 내이에 대한 저항과 이강 미로의 액체의 저항을 동일하게 하고, 안의 압력과 바깥의 압력을 균형 잡게 한다." "따라서 <고막>의 위치는 <이전의 중용>이나 <중간태>처럼 차연의 역할을 한다. 그런 귀의 고막은 사이이며 동시에 비스듬히 기대선 줄금과 같다."[378]

이렇게 기호형식은 기호내용에 대해서 <분리될 수 없는 분리>이지만, 그것은 다른 기호형식에 대해서도 <경계를 나눌 수 없는 경계>를 형성하고 있다. 왜냐하면 모든 기호형식은 다른 기호형식들과의 <차이>로서 그 효과를 발휘하기 때문에, 만약 다른 기호형식이 없다면 그 기호형식의 <기능> 또한 없다는 점에서, 그것은 다른 기호형식과 경계를 나눌 수 없다. 다시 말해 하나의 기호형식에는 이미 다른 기호형식들의 흔적, 정확히 말해

378 김형효, *op. cit.*, p.241.

서 기호형식의 전체계의 흔적이 스미어 있는 것이다. 하나의 기호형식은 다른 기호형식 없이는 존재할 수 없으며, 그러한 의미에서 기호형식은 기호의 그물 속에서만 비로소 존재의 가치를 획득한다. 따라서 모든 기호형식은 상호 의존적이며, 서로가 서로에게 삼투되어 있다.

> 차이들의 유희는 실제로 어떤 순간에, 어떤 의미에서도 어떤 단일한 요소가 그 자체로 현전하거나, 스스로만을 참조하는 것을 금지시키는 종합과 참조를 전제로 한다. 말해진 담화의 영역이건, 써진 담화의 영역이건 간에 어떤 요소도 그 역시 단순히 현전하지 않는 또 다른 요소를 참조하지 않고서는 기호로서 기능할 없다. 그러한 연쇄적인 맞물림은 각 '요소' — 그것이 음소이건 문자소이건 간에 — 가 그 자신 속에 있는 연쇄 망 혹은 체계의 다른 요소들의 흔적에 의거해 구성되게 한다. 그러한 연쇄적 맞물림과 망의 구조가 텍스트이며, 그것은 또 다른 텍스트의 변형 속에서만 산출되는 것이다. 개별적인 요소들과 마찬가지로 체계 내에서도 그 어떤 것도 단순히 현전하거나 부재하지 않는다. 그러므로 흔적들의 차이와 흔적들만이 도처에 존재한다.[379]

이러한 맥락에서 하나의 기호형식은 이미 다른 기호형식이고, 그 다른 기호형식은 또 다른 기호형식이다. 이러한 방식으로 하나의 기호형식은 무한히 <자라나고>, 역으로 모든 기호형식은 하나의 기호형식에 이미 담겨 있다. 그렇기 때문에 하나의 기호형식은 모든 기호형식의 <종자>이며, 모든 기호형식은 하나의 기호형식의 <발아>이다. 데리다가 말하는 <산종(dissémination)>는 바로 그러한 종자의 발아를 이르는 것에 다름 아니다: "발아가 곧 산종이다. 첫 수정은 없다. 종자는 우선 분봉되어 있다. 최초의 자가 수정은 산종이다. 산종은 흔적이고 흔적이 지워진 접목이다. 언어활동

379 J. Derrida, *op. cit.*, pp.37-8.

(담화와 텍스트 등)이나, 현실적 파종이라는 것이 중요하다면, 각각의 말(terme)은 하나의 종자이고, 각 종자는 진실로 하나의 종말(terme)이다. 원자적 요소로서의 말은 스스로 쪼개지면서, 서로 접목되면서, 번식하면서 태어난다. 말은 하나의 종자이지, 하나의 절대적 종말이 아니다. 그러나 각 종자는 자기 자신의 종말이고, 자신의 종말을 자기 바깥이 아닌 자신 속에 내적 한계로서 갖고 있다."[380]

따라서 산종에는 시작도 끝도, 출발지도 목적지도 없다. 거기서 끝난다는 것은 시작한다는 것을 의미하고, 시작한다는 것은 다시 시작한다는 것을 의미한다. 그러한 관점에서 데리다에게 마지막이란 없다: "편지가 도착하여야 할 최종의 주소란 없다. 돌고 도는 연쇄의 와중에서는 창조의 시작과 종말의 목적이 있을 수 없다."[381] 모든 것이 <불확정> 속으로 영원히 유예될 뿐이다. 따라서 그에게 있어서, <기호형식 중의 기호형식>이면서 동시에 <모든 기호내용의 기호내용>이며, 최초의 발신지이자 마지막 목적지인 남근이란 있을 수 없다. 라캉이 생각한 마지막 주소인 <거세의 법>조차, 그에게는 산종되어야 할 주소에 불과할 뿐이다: "그 회로는 영원히 끝나지 않을 수 있는 것이다. 여기서 산종은 기호형식의 법과, 진실의 계약으로서의 거세의 법을 위협한다. 그것은 남근의 통일성에 상처를 입힌다."[382] 그러니까 데리다는 영원한 거세만을 인정할 뿐, 최초의 거세, 거세 중의 거세, 그리고 언젠가는 회귀해서 정착해야 할 거세, 초월적이고 관념화된 거세는 거부한다. 다시 말해, 데리다를 라캉에 비춰 이야기한다면, 라캉에게 있어서 <결핍>은 마지막에는 <제 자리>를 찾아가지만, "산종에서 결핍은 제

---

380 J. Derrida, *La Dissémination*, Editions du Seuil, 1972, pp.337-8; 김형효, *op. cit.*, pp.242-3 재인용.
381 김형효, *op. cit.*, p.201.
382 데리다, p.115.

자리를 가지고 있지 않다."[383]

이러한 산종의 논리는 라캉의 <텍스트>의 논리 — 또는 <참말>과 <빈말>의 논리 — 도 해체시킨다. 정신분석적(또는 라캉적)으로 텍스트는 <일차적인 재료>에 대한 <이차적인 가공>으로 만들어진 것이다. 즉 그것은 <폭로>되어야 할 어떤 것 — 어린 시절의 원초적인 억압 — 을 <숨기고> 있는 변장이다. 위장은 항시 허구이다. 따라서 텍스트는 진실이라는 나체에 입힌 허구라는 옷이다. 그러나 다른 한편 <꿈내용>을 통하지 않고서는 <꿈사고>에 도달할 수 없듯이, 텍스트를 통하지 않고서는 진실에 도달할 수 없다. 그러한 의미에서, "진실은 허구의 집 속에 산다."[384] 진실로 라캉에게 있어서, "진실은 집의 주인처럼, 집의 법처럼, 허구의 경제론처럼, 허구 속에 살고 있다. 진실은 허구를 저축하고, 그것은 허구를 지휘지도하고, 조직하며, 가능하게 만든다. <허구라는 존재 자체를 가능하게 하는 것은 그러한 진실이라는 사실에 주목하자.> 따라서 진실 속에 허구의 기초를 세우고, 거기에 허구의 가능성의 조건을 보증하는 것이 문제가 된다."[385] 이 말은, 진실은 허구라는 말이 아니라, 진실은 허구를 통해 글자 그대로 확인된다는 말이다. 이렇게 "진실은 그것이 드러날 때, 허구적 요소를 주문한다. 그 요소는 진실이 현재 있는 그대로의 것이거나 그렇게 되게 하며, 또한 그것이 확인되도록 해준다. 진실은 그 기원부터, 또는 그것의 목적(telos)부터, 그것을 주문한다. (…) 그것은 진실을 향한 우회이다. 사실 속에서보다 허구적인 재현 속에 더 많은 진실이 있다. 그것은 확대된 충실성이며, <탁월한 사실주의>이다."[386] 한 마디로 라캉에게 있어서, 텍스트는

383 데리다, p.113.
384 라캉, p.10.
385 데리다, p.104.
386 데리다, pp.127-8.

진실을 숨기면서/드러내는 허구이다.

따라서 허구로부터 진실을 드러내려는 텍스트 — 또는 말 — 의 운동은 계속된다. 허구가 완전히 벗겨진 진실에 도달할 때까지, 폭로할 것이 더 이상 없을 때까지, 계속된다. 그리하여 도달한 마지막 말(또는 텍스트)이 <참말>이며, <현전하는 말>이고, <진정한 말>이다. 그것은 "진실을 증거하는 말로 이루어진 현전하는 <폭로>이다."[387] 역으로 <참말>에 도달하기 직전까지의 모든 말(또는 텍스트)은 <빈말>이다. 그렇기 때문에, 우리는 <참말>에 이르기까지, <빈말의 연쇄>에 가담해야 한다. 이렇게 "라캉은 진실, 사라지지 않는 진실을 향해 우리를 이끌고 간다."[388] 그가 지향하고 있는 것은 오로지 진실이다. 그것은 「도둑맞은 편지」의 진실이면서, 동시에 진실에 대한 진실이다.

이렇게 해서 라캉이 도달한 마지막 진실은, 우리가 앞에서 살펴본, 최초의 결핍의 장소이자 남근이 되돌아가야 할 마지막 장소인 <거세>의 진실이다. 결론적으로 "≪세미나≫에는 진실의 가치의 두 영향력이 나타나고 있다. 1. 합치(*Adéquation*). 순환적 회귀와 고유한 도정에 있어서, 기원과 종말의 합치, 기호형식의 분리의 장소와 재결합의 장소와의 합치. 이러한 합치의 회로는, 협약, 계약, 맹세의 회로를 지키고 또 지킨다. 전자는 후자를, 위협에 대항해서, 그리고 상징적 질서로서 복원한다. 그리고 그것은 남근의 보존(*gardé*)이 결핍의(*du*) 보존으로서 왕에 의해 왕비에게 맡겨지는 순간에 세워진다. 그렇지만 그로부터 그것은 끊임없는 교대의 놀이 속에서 이루어진다. 2. 결핍의 구조로서의 은폐－폭로(*Voilement-dévoilement*): 기호형식의 고유한 장소이자, 편지의 기원과 목적지인 거세는 폭로될 아무것도 보여주지 않는다.

387 데리다, p.129.
388 데리다, p.110.

그래서 그것은 폭로 속에 가려진다. 그러나 이러한 진실의 작용은 하나의 고유한 장소와 윤곽을 갖고 있다: 그 장소는 존재결핍 이후에 기호형식이 순환을 위하여 이탈되는 장소이다. 진실의 그러한 두 가치는 서로 의존하고 있다. 그것들은 서로 분리될 수 없다."[389]

반면에 데리다의 "산종은 진실(합치나 폭로)도 베일도 갖고 있지 않다."[390] 라캉의 숨김 / 드러냄의 변증법은, 숨기는 것(기호형식)에 대한 숨겨져 있는 것(기호내용)의 상대적인 우위와, 숨김이 없는 완전한 드러냄이라는 최종의 목적지를 가정하고 있는 데 비해, 산종의 관점에서 텍스트는 <숨겨지는 것>과 <숨기는 것>이 우열 없이 서로 침투되고 상감되어 있는 <어떤 것>이다. 게다가 그것은 언젠가 목적지에 도달할 숨김 / 드러냄의 교대운동을 인정하지 않는다. "산종은 끝없는 대체를 <긍정>하며, 유희(영원한 유희로서의 거세)를 중단시키지도 감독하지도 않는다."[391] 거기에는 <범람하는 텍스트>와 끝나지 않는 범람의 운동만이 있을 뿐이다. 그러한 의미에서 "텍스트는 산종의 이명(異名)이다."[392] 요컨대 라캉이 「도둑맞은 편지」라는 텍스트에서, 숨김 / 드러냄의 변증법을 통해 마지막 진실에 도달하는 진실의 존재 양태를 보았다면, 데리다는 도둑맞은 편지를 씨앗으로 하는 「도둑맞은 편지」라는 텍스트의 넘쳐흐르는 틀을 보고 있는 것이다. 그것이 라캉적인 진실과 데리다적인 산종의 차이이다.

★

389 데리다, pp.125-6.
390 J. Derrida, *Positions*, p.121.
391 J. Derrida, *Ibid.*, pp.120-1.
392 김형효, *op. cit.*, p.244.

그러나 데리다의 <산종>과 <흔적> 이론이 나름의 논리로 라캉의 이론의 <틈>[393]을 비집고 들어와 그것의 허점을 정확히 짚고 있다 하더라도, 데리다가 말하듯이, 라캉의 도둑맞은 편지가 마지막 목적지 — 진실 — 에 도달하는 것은 아니다. 물론 라캉은 분명히 "<도둑맞은 편지> 게다가 <미결 편지>가 의미하는 것은, 편지는 항시 목적지에 도달한다는 것이다."[394] 라고 말하고 있다. 그러나 그 목적지는 데리다가 생각하듯이, 왕비이고, 왕비의 장소가 상징하는 거세가 아니다. 어쩌면 상상적인(텍스트 바깥의 이야기라는 점에서) 의미의 차원에서는 그럴 수도 있다. 그러나 그것은 의미가 무한히 산종되고 차연(différance)되기 때문에 불확정적으로 유예된다는 데리다의 관점에서 볼 때 그렇다. 라캉이 말하는 대로, 도둑맞은 편지를 의미 이전의 기호형식(또는 문자)의 알레고리로 본다면, 그 기호형식이 도달하는 목적지는 언제나 큰타자에게 없는 마지막 기호형식의 장소, 즉 (−1)에 도달한다. 그것은 기호형식의 장소인 큰타자를 가정하는 순간, 거기에 반드시 있게 마련인 그것의 구멍 — 마지막 기호형식 하나가 들어갈 만한 구멍 — 이다.

다 알다시피, <하나의 기호형식은 다른 기호형식과의 차이에 의해 그 가치가 결정된다.> 20세기 인문과학의 판도를 바꾸어놓은 코페르니쿠스적인 이 명제는, 정신분석의 차원에서도 혁명적인 하위명제들을 연속해서 불러온다. 우선 이 명제가 자명하다면, 최소한 두 개 이상의 기호형식이 있어

393 실제로 데리다의 이론은 <틈> 이론이다. 앞에서도 보았듯이, 하나만 예를 들더라도, 라캉의 이론은 기호형식과 기호내용을 분리한 뒤, 기호형식의 우위로써 기호내용의 효과를 설명하는데 반해, 데리다의 이론은 기호형식과 기호내용을 그렇게 분리할 수 없고, 각각은 상대의 흔적을 갖고 있기 때문에, 그것들 <사이>로부터 그것들을 조명할 수밖에 없다는 식으로 전개된다

394 라캉, p.41.

야 한다. 그 두 개의 기호형식(Signifiant: S)을 S1, S2라고 하자. 그러면 S1은 자신의 가치 결정을 위해 연상의 차원에서 S2를 지향해야 한다. 라캉은 그것을 다음과 같은 산식으로 표시한다.

$$S1 \rightarrow S2$$

이러한 S1의 움직임은 그것이 속한 기호형식의 전체 집합을 답파해야 한다. 따라서 S2는 기호형식의 전체 집합이라고 말해도 무방하다. 라캉은 그러한 <기호형식들의 장소(lieu des signifiants)>를 대문자 타자(Autre) — 필자는 이것을 <큰타자>라고 번역한다 — 라고 부른다. 말하자면 S2는 S1이 아닌 다른 기호형식 각각을 나타내기도 하고, 기호형식들의 집합을 가리키기도 한다. 그런데 문제는 S2도 기호형식이기 때문에 자신의 가치 결정을 위해 S1을 지향해야 한다는 것이다. 그것은 순환 논증(circulus in probando) 또는 선결문제 요구의 오류(petitio principii)이다. 즉 증명을 필요로 하는 내용을 이미 증명된 것으로 가정할 때 생기는 오류이다. 예컨대 <친구>라는 한국어 단어의 뜻을 몰라 한국어 사전을 찾아보았더니, <오래두고 가까이 사귄 벗>이라고 정의가 되어 있었다. 그런데 이번에는 <벗>이라는 단어의 뜻을 몰라 <벗>이라는 단어를 사전에서 찾았더니, <친구>라는 단어를 참조하라고 되어 있는 것이다. 그러니 결국 <친구>의 뜻도, <벗>의 뜻도 이해하지 못하고 만다. 따라서 <S1 → S2>의 방정식은 S1의 가치도, S2의 가치도 확정하지 못한다.

그러한 논리는 대문자 타자(Autre: A) 전체에 적용된다. 다시 말해 큰타자에 속해 있는 모든 기호형식들(S2)은 S1에 대해서 다른 기호형식일 뿐이기 때문에, 그 중 어느 하나도 S1의 가치를 결정해줄 수 없다. 결국 큰타자에는 S1의 가치를 결정해줄 마지막 기호형식이 없는 셈이다. 그것을 라캉은 <큰

타자의 결핍>이라고 부르고 빗금 친 Ⱥ 또는 (−1)로 표시한다. 그리고 그 기호형식을 <큰타자의 결핍의 기호형식(signifiant du manque de l'Autre)> 이라고 부르고, S(Ⱥ)로 표시한다. 어찌 보면 그것은 상징계가 기호형식으로 구성되고, 기호형식이 다른 기호형식과의 차이에 의해서 그 가치가 결정되는 한, 필연적인 결과이다. 따라서 <태초에 언어가 있은> 이래, <언어와 함께 결핍이 있었고>, 그 결과 상징계는 탄생과 동시에 실패로 끝나게 마련이다. 이것이 바로 라캉이 말하는 <상징계의 실패>이다. 말하자면 괴델(Gödel)의 개념을 빌린다면, 상징계는 애초부터 <불완전>하기 때문에, 기호형식의 가치도 결정하기 <불가능>한 것이다. 이러한 문맥에서 볼 때, 데리다의 산종과 차연 이론은 오히려 물리학적으로 하이젠베르크(Heisenberg)의 <불확정성>이론과 맥을 같이 한다고 할 수 있다. 두 이론 중 어떤 이론이 더 옳은가 하는 옳고 그름의 문제를 떠나서, 두 이론은 서로 다른 차원에 있을 뿐 아니라, 동일한 문제를 다룬다고 하더라도, 서로 다른 측면에서 접근하고 있다. 그런데 문제는 데리다가 라캉의 큰타자의 결핍을, 어머니(왕비)의 거세를 의미하는 것으로 몰아가고 있다는 데 있다. 그러나 큰타자는 (기호형식의) <장소>일 뿐이고, 큰타자의 결핍은 그것에 내포되어 있는 <구멍>일 뿐이다. 큰타자의 상징계는 그저 구조화된 언어의 질서일 뿐이다. 만약 그러한 큰타자의 결핍이 어머니의 거세로 해석된다면 그것은 큰타자의 결핍이 상상적으로 어머니에게 투사되었기 때문이다: "거세는 순전히 논리적인 구조에 속하는 것이다. 그것[거세]은 큰타자(기호형식의 장소) 속에, 큰타자(기호형식의 보고)의 가치와 진실을 보증하는 어떤 기호형식의 결핍을 상상적 형태로 제시하는 것이다."[395]

395 R. Chemama, ≪objet a≫, in *Dictionnaire de la psychanalyse*, Larousse, 2009, p.402.

결론적으로 라캉이 말하는 도둑맞은 편지가 도달하는 마지막 목적지는 진실을 보증할 수 있는 마지막 기호형식이 없는 장소, 즉 구멍(−1)인 것이다. 따라서 데리다가 생각하듯이, 그 목적지는 진실의 장소가 아니라, 진실의 보증 불가능의 장소이다. 그러한 의미에서 도둑맞은 편지가 진실에 도달한다는 것 자체가 오인이고, 그 진실이 거세의 진실이라고 의미를 확정짓는 것은 더 환상이다. 라캉이 ≪세미나≫에서 보여주려고 한 것은, 바로 그러한 기호형식(또는 문자)로서의 도둑맞은 편지의 운명이다.

2010년 11월 24일

XI

라캉의 반복의 개념

— 2. 투케와 아우토마톤

실재계와의 만남과 기호형식의 그물망
내-재(insistance)
acting out에서 talking cure로
반복강박과 동종요법의 치료
정신분석은 관념론이 아니다

프로이트는 『쾌락원칙을 넘어서』(1920)에서 죽음욕동을 생물학적인 차원에서 설명한다. 그에 따르면 그것은 쾌락원칙을 넘어서는 것으로서, 외상적 사건의 충격으로 말미암아 심리의 보호막이 뚫고, 죽음의 딸꾹질처럼 반복강박으로 심리에 나타난다.

> 우리는 방어적 방책을 꿰뚫을 정도로 강력한, 외부에서 오는 자극을 <외상적>이라고 기술하고 있다. 외상의 개념은 자극에 대해서 효과적으로 대체하던 장벽에 어떤 파열구가 생긴 것과의 관련성을 필연적으로 시사하게 된다고 생각된다. 심리적 외상과 같은 사건은 인체의 에너지 기능에 대규모의 혼란을 초래하고, 가능한 모든 방어적 장치를 가동하지 않을 수 없게 한다. 그와 동시에 쾌락원칙은 당분간 활동이 정지된다. 이제 더 이상 다량의 자극

이 범람하는 사태에서 정신기관을 보호할 수 없게 된다. 여기서 또 다른 문제가 발생하는데, 그것은 방어망을 뚫고 들어온 자극의 양을 다스리고, 그것을 처분할 수 있도록 정신적인 의미에서 그것을 묶어두는 문제이다.[1]

이 인용문에서 프로이트가 말하려고 하는 것은, 첫째, 강력한 외상은 심리의 보호막을 뚫고 심리 내부로 침범해 심리를 교란시킨다는 것이고, 둘째, 심리는 박테리아를 백혈구가 묶어두듯이 그것을 묶어 두려고 하지만, 셋째, 정신적 외상의 영향력은 쾌락원칙을 정지시키면서 그것을 넘어간다는 것이다. 이 글을 읽으면 외적인 외상적 사건이 심리를 교란하는 것으로 기술되어 있다. 그러나 우리는 외적 사건과는 별개로 내적인 외상을 가져오는 심리적 현실을 가정하지 않을 수 없다. 그것은 「지붕 위의 기병」에 나타난 두 꿈의 비교를 통해 설명할 수 있다.

우선 첫 번째 꿈은 외적 죽음(의 상황)이 다가오는 것을 인지하면서도 잠을 깨우지 못하는 반면, 두 번째 꿈은 내적 죽음(남편의 가정된 죽음)이 꿈의 스크린에 나타나 꿈꾸는 자를 소름끼치게 하면서 잠을 깨우고 있다. 후자는 전자보다 훨씬 끔찍할 뿐만 아니라, 전자와는 다르게 피할 수도 없다. 그것은 직접적으로 드러나지는 않지만, 스크린 뒤에 숨어서 스크린을 통해 무언가 일어났다는 강렬한 느낌을 우리에게 전해주고 있기 때문에, 무언가 일어났다고 가정하지 않을 수 없는 가상적 외상이다. 프로이트는 그것을 인류 최초의 역사적 진실 — 가령 부친 살해 — 이라고 말하면서, 신화적인 원인 이외의 다른 원인이 없다고 생각한다. 그래서 그는 오이디푸스 신화, 유목민의 원초적 아버지 신화, 그리고 백성에 의한 모세 살해 신화를 찾아가는 것이다.

1 프로이트, 『쾌락원칙을 넘어서』, 열린책들, p.299.

그러나 라캉은 그 외상을 구조적인 데서 찾는다. 물론 그것의 실마리는 프로이트의 <fort-da> 놀이에 있다. 앞에서 말했지만, 반복강박을 설명하기 위해 제시한 그 예는, 죽음의 욕동을 생물학적이 아니라 언어학적으로, 육체의 죽음이 아니라 대상(또는 사물)의 죽음으로 해석하도록 도와준다. 라캉은 거기서 상징(언어)계의 개입으로 사물이 살해되고 현실로부터 추방되어 실재계가 구성된다는 것을 본다. 그에 따라 라캉에게 외상은 상징계에 의해 실재계가 살해되고 추방되는 구조적 사건, 또는 심리구조를 창설하는 사건이다. 라캉에게 죽음(의 욕동)은 살해된 사물 또는 실재의 도래에 다름 아니다. 그것이 심리적 외상인 것이다. 실재계의 그러한 특성을 잘 보여주는 라캉의 말을 다시 한 번 들어보자.

> 우리의 경험은 하나의 문제를 제기한다. 그 문제는 일차 과정의 중심에서 트라우마가 끈질기게 우리를 의식하게 만든다는 사실에서 기인한다. 실제로 트라우마는 아주 자주 베일을 벗은 채로 거기에 나타난다. 주체의 욕망의 전달자인 꿈이, 어떻게 트라우마를 반복해서 나타나게 할 수 있을까? 그 모습 자체는 아닐지라도, 트라우마가 뒤에 숨어 있다는 것을 보여주는 스크린이 계속 나타나는 것은 무엇 때문일까? 우리는 여기서 이런 결론을 내릴 수밖에 없다. 아무리 정교하게 개발된 현실 원칙이라 할지라도, 그 원칙은 실재계의 본질적인 일부분을, 쾌락원칙이라는 그물망 속에 죄수로 남겨놓을 수는 없다.[2]

라캉은 이 인용문에서 가상적인 내적 외상 — 필자는 이것을 원외상이라고 부른다 — 와 꿈의 관계를 제시하고 있다. 다 알다시피, 꿈은 프로이트의 정의에 따라 욕망을 실현하는 기능이 있다. 따라서 그것은 쾌락원칙을 벗어

2 라캉, 『세미나 XI: 정신분석의 네 가지 기본 개념』, Seuil, p.55.

나지 않는다. 욕망의 실현은 당연히 쾌락을 가져올 것이기 때문이다. 그런데 그 꿈이 고통스러운 어떤 정신적 외상, 실제로 일어났는지조차 알려지지 않는 정신적 외상을 반복해서 상연한다. 그것이 바로 악몽이다. 그것은 분명히 쾌락원칙에 위배되는 것이다. 게다가 그것은 쾌락원칙의 제한으로 작용하는 현실원칙조차 무력화시킨다. 우리는 현실원칙이 쾌락원칙에 반하는 것으로 알고 있지만(왜냐하면 그것들은 대립쌍으로 나타나기 때문에), 사실 그것들은 상호보충적인 것으로 떼려야 뗄 수 없는 것이다. 가령 장발장처럼 배고픈데 돈이 없으면, 배고픔과 돈이 없는 현실은 서로 대립한다. 그러나 배고프다가 밥을 먹으면 포만감이 오면서 쾌감을 느끼는데, 그렇다고 배부른데도 계속해서 먹으면 또 다른 불쾌감이 시작되는 육체적인 현실의 한계에 봉착한다. 이 경우로부터, 우리는 현실원칙이 쾌락원칙을 잠시 중지하거나 우회하게 만들 뿐, 궁극적으로는 쾌락원칙을 위해서 존재한다는 것을 알 수 있다. 현실원칙은 나중의 쾌락을 위해서 현재의 쾌락을 잠시 제한하는 것이다.

아무튼 라캉은 심적 경향과 욕동을 중심으로 심리 구도를 설명하는 프로이트와 달리, 구조적인 차원에서 죽음욕동을 명명하고 다시 편성한다. 그에 따르면, 악몽이 죽음욕동의 소산인 것은 틀림없지만, 죽음욕동만으로는 그것의 외상성 — 즉 사건으로서의 악몽 — 을 설명하기에 불충분하다. 그리하여 그는 외적 외상적 사건과는 구분되는 내적인 구조적 외상을 가정해야 한다고 주장한다. 그러한 가상적인 내적 외상이 바로 실재계이다. 그에 따르면 그것은 무의식의 중심에서[3] 무의식의 스크린 뒤에 숨어 그 스크린에

3 우리는 쾌락과 향락, 무의식과 죽음의 욕동의 관계를 평면적으로, 그것도 두루마리 그림처럼 펼쳐서 그렸지만, 무의식의 중심에 실재계가 있다는 라캉의 말에 따라 그것을 다시 그린다면 다음과 같다.

모습을 드러낸다. 그렇다면 현실원칙은 라캉의 개념에서 어디에서 일어나는 것일까? 당연히 상징계와 상상계에서 일어난다.[4] 왜냐하면 실재계는 상징계가 폐기(forclusion)될 때 실제 현실로 돌아오는 것이라는 라캉의 정의[5]로 미루어볼 때, 상징계는 실재계의 도래를 막고 있는 방어벽이기 때문이다. 그 방벽은 삼투막과 같아서 구멍이 뚫리지 않아도 언제든지(프로이트의 말에 따르면, 특히 의식작용이 약화되는 잠을 잘 때) 실재계가 상징계 너머로 넘어올 수 있다. 그것이 정상인인데도 밤마다 악몽을 꾸는 이유이다. 따라서 그것은 쾌락과 현실원칙 너머에 있기 때문에, 쾌락과 현실원칙으로 그것을 묶어놓을 수 없다.

어떤 정신분석가가 <실재계를 만나러 가자>는 구호를 외친 적이 있다. 그러나 그것은 두 가지 이유에서 실재계를 잘못 짚은 것이다. 첫째, 실재계가 주체를 만나러 오는 것이지, 주체가 실재계를 만나러 가는 것이 아니다. 왜냐하면 실재에 대해 주체가 능동적으로 할 수 있는 일은 아무것도 없기 때문이다. 실재계에 대해서 주체는 수동적일 수밖에 없는 것이다. 주체는 실재계에 대해 아무것도 모른다. 그것이 언제 어떻게 오는지, 그것이 무엇인지조차 모른다. 둘째, 실재를 만나러 갈 수도 없지만, 설혹 갈 수 있다고

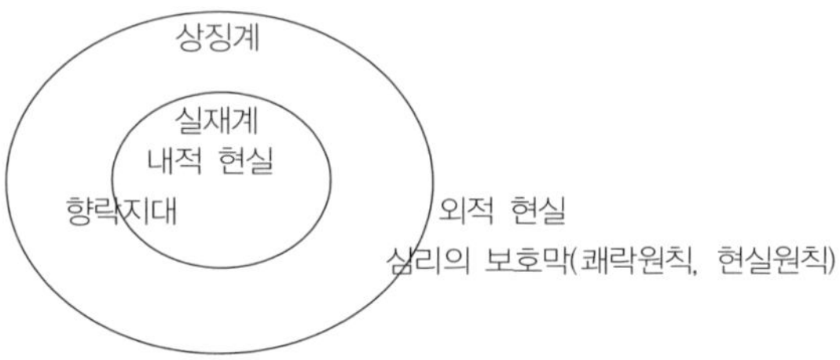

4 그렇다고 상징계가 곧 현실원칙은 아니다. 나는 단지 프로이트의 구도와 라캉의 구도를 서로 대응시킴으로써 개념의 이해를 돕고자 할 따름이다.

5 라캉은 상징계와 실재계의 대립 관계를 다음과 같이 표현하고 있다: "상징계의 빛 속으로 들어오지 못한 것은, 실재계에서 다시 나타난다."(『에크리』, p.388)

하더라도 가서는 안된다. 왜냐하면 실재계와의 만남은 곧 죽음을 의미하기 때문이다. 더 정확히 말하면, 죽음 자체는 아닐지라도 상상도 할 수 없는 죽음의 끔찍함을 정신증의 환각에서처럼 경험하게 되기 때문이다.

> 실재계는 특히 주체를 기다리지 않는다. 왜냐하면 그것은 말에 대해 아무것도 기대하지 않기 때문이다. 그러나 그것은 거기에 있다. 그것은 자신의 존재와 동일하고(identique à son existence), 모든 것이 들려오는 소음이며, <현실원칙>이 외부 세계의 이름으로 건설하는 것을 그의 파편으로 침몰시킬 준비가 되어 있다.[6]

단지 우리가 알 수 있는 것은, 그것이 우연히 찾아온다는 것이다. 우연이라는 말보다 그것의 도래의 특성을 정확히 표현하는 말은 없다. 우연인 만큼 그것은 산발적이고 간헐적이다. 그러나 우연성만큼 중요한 그것의 특성은 반복성이다. 프로이트가 죽음의 욕동을 반복강박과 연결시키는 이유가 거기에 있다. 따라서 그것은 부정기적으로 반복된다. 라캉이 말하는 실재계의 우연성과 반복성은, 우리로 하여금 우리가 언젠가 한번쯤 거론한 아리스토텔레스의 유명한 개념인 투케(tukhe)와 아우토마톤(automaton)을 떠올리게 한다. 아리스토텔레스에게 투케와 아우토마톤은 둘 다 <우연>을 뜻한다. 단지 전자는 행운을 말한다면 후자는 순전히 자연적인 우연을 가리킨다. 즉 전자는 지고선이라는 어떤 목적(telos)에 이바지하는 우연인데 반해, 후자는 그 말 자체가 <autos(자기 자신)>와 <menos(움직임)>이라는 희랍어가 결합되어 만들어진 형용사일 뿐 아니라, <automatisme(자동성)>이라는 오늘날의 단어를 연상시키듯이, 순수한 우연을 뜻한다. 게다가 아리스토텔레

6 라캉, p.388.

스는 투케를 어느 정도 숙고된 선택(proairesis)에 의한 인간 행동을 기술하는 데도 사용한다. 그러한 각도에서 투케는 목적에 따라 작용하는 신이나 자연(phusis)보다 열등한 아난케(anagke)와도 분명히 구분된다.[7] 아무튼 투케는 목적론적인 우연인 행운인데 반해, 아우토마톤은 고유한 의미에서의 우연이다. 그것은 그것의 어원인 희랍어 동사 <tugkhanein>이라는 동사의 뜻(<우연히 만나다>)에서도 알 수 있다. 그 동사는 우연과 만남의 요행을 동시에 전해주고 있다. 라캉은 『세미나 XI: 정신분석의 네 가지 기본개념』에서 투케와 실재계를, 그리고 아우토마톤과 상징계를 연결시키고 있다. 라캉이 실재계와 상징계의 관계로 죽음(욕동)을 풀어가는 투케와 아우토마톤을 다시 살펴보아야 하는 까닭이 여기에 있다.

1.

지난 세미나에서 우리는 <실재계와의 만남>의 두 가지 특성에 대해 이야기했다. 하나는 우연성이고 다른 하나는 반복성이다. 라캉은 실재계가 도래할 때 나타나는 그러한 특성을 설명하기 위하여, 아리스토텔레스의 투케(tukhe)와 아우토마톤(automaton)이라는 개념을 빌려온다. 아리스토텔레스에게 그 두 용어는 모두 우연을 뜻하는 말이지만, 전자는 어떤 목적에 이바지하는 행운인데 반해, 후자는 아무런 목적이 없는, 그야말로 순수한 의미에서의 우연을 뜻한다. 그러나 라캉은 그러한 아리스토텔레스의 개념을 나름대로 재해석하면서 정신분석적인 의미로 전복시킨다. 그것은 「투케와 아우

7 아리스토텔레스, 『물리학』, 2권, 4-6; 『형이상학』, Z, 9, K 8 참조.

토마톤」(in 『세미나 XI: 정신분석의 네 가지 기본 개념』)이라는 세미나에 잘 개진되어 있다.

> 우리는 실재계를 어디서 만나는가? 사실 정신분석이 발견한 것 중에서 문제가 되는 것은 어떤 만남, 본질적인 만남, 즉 도망가는 어떤 실재계와의 만남이다. 우리는 항상 그 만남에 부름을 받는다. (…) 우선 우리가 아리스토텔레스의 어휘에서 빌려온 <투케>를 (…) 우리는 <실재계와의 만남>으로 번역했다. 실재계는 <아우토마톤> 너머에 있다. 그것은 우리가 쾌락원칙에 의해 지배되는 기호의 회귀, 복귀, 끈질긴 내재(insistance) 너머에 있다. 실재계는 항상 아우토마톤 뒤에 있다. 프로이트의 전 탐구에서 그의 관심사가 바로 그것[실재계]이라는 사실은 아주 명백하다.[8]

우선 위의 인용문에서, 실재계가 우리를 부르고, 우리는 실재계의 부름을 받는다는 말이 재미있다. 그렇다. 우리는 신에 의해 부름을 받듯이, 실재계에 의해 부름을 받을 뿐, 우리가 실재계를 부를 수는 없다. 실재계가 우리의 주인이지, 우리가 실재계의 주인이 아니라는 말이다. 또한 그러한 실재계가 프로이트가 일생동안 발견하려고 노력한 것이라는 말도 재미있다. 그것은 프로이트의 전 탐구가 실재계를 지향하고 있지만, 정작 실재계를 발견해서 그것의 이름을 불러주지는 못했다는 사실을 함축하고 있다. 아마 라캉은 그 말을 할 당시, <심리적 현실>이나 <역사적 진실> 또는 <사물>과 같은 프로이트의 개념을 생각했을 것이다. 그러나 결국 실재계를 발견한 공로는 라캉에게로 돌아간다. 라캉은 그것을 프로이트에 대한 면밀한 독서를 통해 도출해낸다. 재주는 곰이 부리고 돈은

8 라캉, 『세미나 XI: 정신분석의 네 가지 기본 개념』, Seuil, pp.53-54.

왕 서방이 챙긴 것이다.

그런데 무엇보다도 우리가 위의 인용문에서 주목해야 할 것은, 투케와 아우토마톤에 대한 라캉의 정의이다. 라캉은 투케를 <실재계와의 만남>으로 번역하고, 아우토마톤을 <기호형식의 그물망>으로 풀이하고 있다. 그러한 사실은 앞의 인용문을 면밀히 읽어보면 금방 알 수 있다. 앞의 인용문은 실재계가 아우토마톤 <너머에> 그리고 <뒤에> 있다고 계속해서 말하면서, 아우토마톤을 쾌락원칙이 지배하는 기호 이편의 세계로 규정하고 있다. 이 책 8장1절의 도표가 보여주듯이, 사실 실재계는 쾌락원칙을 넘어서는 지대에 있다. 그리고 쾌락원칙이 지배하는 지역과 그것을 넘어서는 지역 사이에 상징계가 있다. 따라서 라캉의 이론적 구도에서 아우토마톤은 상징의 영역과 동일시되고 있다고 할 수 있다.

그러한 구도에서 투케는 <실재계와의 만남>으로 규정된다. 투케는 실재계 자체가 아니라 실재계와의 만남[9]이라는 데 주목해야 한다. 그것은 실재계가 우연이라기보다 실재계가 주체를 만나러 오는 것이 우연이라는 사실과 일치한다. 투케는 <우연>이라는 뜻을 가진 희랍어라는 사실을 다시 한 번 상기하자. 그런데 문제는 그 <우연>이 아리스토텔레스에게는 <행운>을 의미하는데, 라캉에게는 <나쁜 만남>을 의미한다는 것이다. 「지붕 위의 기병」의 두 번째 꿈이 증명하듯이, 실재계의 부름은 꿈꾸는 주체에게 끔찍한 느낌을 불러일으킨다. 그것은 실제 죽음보다 더 무시무시한 죽음의 현실이다. 그러한 맥락에서 우리는 <실재계와의 만남>을 <나쁜 만남>으로 정의할 수 있다. 반면에 아리스토텔레스적인 의미의 투케가 <행운>이라면, 그것은 <좋은 만남>으로 정의할 수

9 사실 투케(tukhe)는 <만나다>라는 뜻을 가진 <tugkhanein>이라는 동사로부터 왔다.

있을 것이다. 이렇게 라캉은 아리스토텔레스를 지나치게 확대 해석한 나머지 왜곡까지 하고 있다. 그러나 그러한 왜곡을 비난하기에 앞서, 우리가 해야 할 일은 아리스토텔레스적인 개념과의 차이를 통해 라캉의 개념을 정확히 이해하는 일이다.

그런데 앞의 인용문에서 이해하기 힘든 것은, <기호의 회귀, 복귀, 끈질긴 내재(insistance)>라는 표현이다. 그것은 분명히 기호형식의 그물망 내에서 일어나는 일에 틀림없다. 실재계가 그 너머에 있다는 말을 미루어볼 때 그렇다. <기호의 회귀, 복귀, 끈질긴 내재>라는 말은 대체 무슨 말인가? 특히 <내재(insistance)>라는 말은, 라캉이 <ex-sistence(외-재)>라는 조어의 대구로서 자주 사용하는 표현이다. <insistance>는 원래 <insister(강조하다)>라는 동사의 명사형으로 <강조>라는 뜻이다. 그러나 라캉은 그것을 어원적으로 <in-sistance>로 분리하여 <안에 존재(즉 내-재)>한다는 의미로 사용한다. 왜냐하면 <sistance>는 라틴어 <sistere(있다)>에서 왔기 때문이다. 따라서 우리는 이렇게 가정할 수 있다: 실재계가 주체를 만나러 올 때 우연히 어떤 기호형식에 접속되면서 그 기호형식이 주체에게 끈질기게 <강박적으로 반복>[10]된다고 말이다. 그것은 위에서 <기호의 회귀, 복귀>로 표현되고 있는 기호형식의 반복적 특성으로부터 오는 결과이다.

10 우리는 <강박적>이라는 말을 <자동적(automatique)>이라는 말로 바꿀 수 있다는 것을 다 알고 있다. 라캉이 아리스토텔레스의 <아우토마톤>이라는 개념을 끌어들이는 이유가 바로 여기에 있다. 또한 전통적으로 <compulsion de répétition>으로 번역되어 오던 <Wiederholungszwang(반복강박)>을 <automatisme de répétition>으로 새롭게 번역하는 이유도 바로 여기에 있다. 아무튼, 이렇게 해서 실재계, 투케, 아우토마톤은 라캉에게서 반복강박이라는 개념으로 이어진다.

쾌락원칙을 넘어서는 지대	쾌락원칙이 지배하는 지대
투케	아우토마톤
만남	자동성 　　반복
실재계 ----------------(내재)--〉	어떤 기호형식 ---〉 기호형식의 그물망
우연	상징계

2.

라캉은 상징계와 실재계의 관계를 다음과 같은 말로 표현한다. "상징계의 경계로부터 주체에 의해 잘려나갔지만, 바로 그런 사실로 해서 말(파롤)의 가능성을 벗어난 거세는 간헐적으로 실재계에 다시 나타난다." 그리고 또 다음과 같은 유명한 명제를 제출한다: "상징계의 빛 속으로 들어오지 않은 것은 실재계에서 다시 나타난다." 그러한 말들은 상징계의 수용 여부에 따라 실재계의 도래 여부가 결정된다는 것을 의미한다. 역으로 상징계는 실재계가 주체 속으로 침범하지 않도록 그것의 가장자리에서 그것을 붙잡고 있다고 할 수 있다. 멜라니 클라인의 <딕> 사례를 한 번 생각해보라. 그는 말에 접속하기 전에는 자폐증적인 불안 속에서 살았다. 그러다가 말과 접속을 하면서부터 그 불안은 급격하게 줄어든다. 우리는 보통 싸우려는 사람들에게 <말로 합시다!>라고 말한다. 그 말에는 <acting out>을 <talking cure>로 돌리려는 간절한 염원이 들어 있다. 그러한 의미에서 그 말은 정신분석 치료의 목표에 닿아 있다. 상징계와 실재계 사이에 있는 주체를 보면 마치 실재계의 죽음으로 떨어지지 않기 위하여 언어에 대롱대롱 매달려 있는 형상이 떠오른다. 그것은 불교의 『아함경』에 나오는, 인생을 비유한 설화를 연상시키기에 충분하다.

> 어떤 사람이 미친 코끼리에 쫓겨 덩굴을 타고 우물 속으로 내려갔다. 그러나 바닥에는 독사가 입을 벌리고 있었다. 다시 오르려 해도 코끼리가 입을 벌리고 있어서 이러지도 저러지도 못했다. 의지할 것이라곤 잡고 있는 덩굴뿐이었다. 이것을 흰 쥐 한 마리와 검은 쥐 한 마리가 나타나서 갉기 시작했다. 그런데 이 절대 절명의 순간에 벌집에서 꿀이 흘러나왔고, 그는 그 꿀의 단맛에 취한다.

물론 이 설화는 라캉의 상징계-실재계-상상계의 개념과 아무런 관계가 없다. 여기서 코끼리는 업(業)을, 독사는 지옥, 덩굴은 인간의 삶, 그리고 꿀은 탐(貪), 진(瞋), 치(痴)의 삼독(三毒)을 나타내고, 흰쥐는 낮, 검은 쥐는 밤을 상징한다. 그러나 이 설화는 상징계의 기능과 실재계의 위험 그리고 상상계의 감미로움을, 적어도 필자에게는 잘 형상화하고 있는 듯이 보인다. 우리는 상징계와 실재계의 관계를 오존층을 포함한 대기권과 빛의 관계로 비유할 수도 있다. 만약 오존층이 없다면, 자외선이 여과 없이 인간의 피부에 와 닿기 때문에 많은 피부 질환을 야기할 것이다. 오존층과 대기권이 있기 때문에 자외선을 걸러주고, 또한 빛은 굴절되어 인간에게 도달한다. 우리는 오존층과 대기권 바깥을 실재계에 비유한다면, 오존층과 대기권을 상징계(와 원초적 억압)에 비유할 수 있고, 굴절되어 지상에 도달한 빛을 상상계에 비유할 수 있다.

또 다른 차원에서 그것들의 관계를 비유할 수 있다. 가령 기호형식의 사슬 S_1, S_2,…… S_n이 일정한 규칙에 따라 결합 배열되어야 올바른 문장이 된다. 만약 그 기호형식들을 엮고 있는 문법이 제 기능을 하지 못한다면, 비유적으로 말하면, 그것들을 엮고 있는 줄이 끊어진다면, 거기에 꿰어 있던 기호형식들은 끈이 풀어진 구슬처럼 제 각기 흩어질 것이다. 그렇게 끈에 해당하는 문법이 끊어지는 것을 라캉은 폐기라고 명명한다. 그렇다면 그

끈은 라캉의 이론 체계에서 무엇에 해당할까요? <아버지의-이름(nom-du-père)>이다. 아버지의 이름이 소파의 솜이 흘러내리지 않도록 고정시켜주는 누빔점(point de capiton) 구실을 하는 것이다. 그리고 기호형식의 결합은 <기호형식의 사슬(la chaîne signifiante)[11]>이라고 부른다. 결과적으로 <아버지의-이름>은 기호형식에 속박으로 작용한다. 그것이 바로 억압이다.

그렇다면 그 비유에서 <아버지의 은유>는 어디에 위치시킬 수 있을까? 사실 그 비유로써 아버지의 은유 전체를 이해하기는 어렵다. 단지 은유가 같은 자리에서 어떤 기호형식이 다른 기호형식을 대체함으로써 의미를 생산하는 것이기 때문에, 아버지의 은유는 아버지의-이름 바깥에 있는 어머니의 욕망을 아버지의-이름으로 대체하는 것을 말한다. 아버지의 은유에 성공하면 멜라니 클라인의 딕처럼 어두운 불안의 세계로부터 밝은 의미의 세계로 나오게 된다. 그것이 바로 아버지의-이름의 <긍정(Bejahung)>이고, <내입(introjection)>이다.[12] 그러한 상징계의 승인이 일어나야만, 주체는 비로소 고유한 의미에서의 <인간>이라는 이름을 얻을 수 있으며, 동시에 무의식의 주체로 새로 태어난다. 왜냐하면 상징계를 인정한다는 것은 억압의 세계 속으로 진입한다는 것을 뜻하고, 따라서 무의식계가 형성된다는

---

11 이것은 보통 <의미화 연쇄>라고 번역된다. <signifiante>가 <signifier(의미하다)>의 현재분사로서 형용사 역할을 했으니, <의미화 (연쇄)>라고 번역하는 것은 당연하다. 그러나 우리가 그것을 <기호형식의 사슬>이라고 번역하는 것은, 라캉이 다른 곳에서 <la chaîne signifiante>를 <la chaîne des signifiants>이라고 표현하고 있을 뿐 아니라, 라캉에 따르면 의미화(또는 의미작용)를 가능케 하는 것이 기호형식이기 때문이다. 라캉의 이론 체계 내에서는 기호형식이 기호내용보다 우위에 있을 뿐 아니라, 의미작용보다 우선한다. 그래서 필자는 <기호형식의 사슬>이라고 번역함으로써, 기호형식의 우위를 강조하고 싶었다.

12 프로이트의 체계 내에서, <긍정>과 <내입>은 전혀 다른 의미를 갖고 있다. 그러나 라캉을 그 용어들을 자신의 이론에 편입시키면서, 상징계 또는 아버지의-이름의 수용(assomption)이라는 의미로 사용하고 있다. 그것의 반대는 <부정>이 아니라, <폐기(forclusion)>이다.

것을 의미하기 때문이다.[13]

슈레버의 사례를 생각해보자. 슈레버에게 플레이지히는 생명의 은인으로, 슈레버가 다른 모든 사람(아버지를 포함해서)의 사진을 제쳐놓고 그의 사진만을 거실에 걸어놓을 정도로 존경하는 사람이었다. 플레히지히는 그에게 아버지와 같은 존재였다. 그런 그가 슈레버의 피해망상에서 슈레버를 박해하는 사람으로 등장한다. 즉 그의 수없이 분열된 분신들이 신이 되어 슈레버를 공격한다. 그것은 단순히 관념상의 일이 아니다. 슈레버는 그것을 실제로 당한다고 느끼고 있다. 우리는 여기서 플레히지히는 아버지를 상징하고 있고, 그 아버지가 밖에서 실재가 되어 돌아오고 있다는 것을 알 수 있다. 그러나 슈레버 원장은 그 의미도 모를 뿐 아니라, 그것을 해석할 수도 없다. 그러한 사실은 상징계의 핵심은 <아버지의-이름>이고, 그 이름이 폐기되면, 라캉의 말대로, 이름이었던 아버지(실재적 아버지)가 실재계로부터 실제로 되돌아온다는 것을 보여주고 있다. 한 마디로 슈레버가 신에게 말을 걸고 그에게서 메시지를 받는 것은, 아버지의 기능이 폐기되어 실재계가 회귀한다는 것을 보여주고 있다. 라캉은 『에크리』에서 다음과 같이 말하고 있다.

> 정신병이 개시되려면, 폐기된(다시 말해 큰타자의 자리에 오지 못한) 아버지의 이름이 상징적인 반작용으로 주체에게 부름을 받아야 한다. 그 자리에 아버지의 이름이 없다는 것이, 그 결여가 기호내용 속에 열어놓는 구멍을

13 여기서 갑자기, <그렇다면 무의식은 존재 판단과 속성 판단 중 어느 것과 관계가 있나?> 라는 의문이 스쳐 지나간다. 한 마디로, <속성>은 자아에 동화될 수 있는 표상되는 것이기 때문에, 무의식은 속성 판단에 관계한다고 말할 수 있다. <큰사물>은 상징계 밖으로 영원히 상실되어 실재계를 구성하는 것이다. 따라서 상징계의 수용은 속성 판단의 근간이 되는, 그것의 출발이다.

> 통하여, 기호형식에 대한 대대적인 수정을 착수시킨다. 그로부터 상상계의 재앙이 증가한다. 그 결과, 망상적 은유에서, 기호형식과 기호내용이 교착되는 지경에 이르게 된다.[14]

역으로 말하면, 상징계의 인준은 실재계와의 만남을 실패하게 만든다고 할 수 있다. 말하자면 주체는 기호형식의 그물망을 통하여 실재계를 간접적으로 만남으로써, 실재계의 끔찍함으로부터 보호받고 있는 것이다. 기호형식은 실재계가 주체를 만나러 올 때, 직접 만나지 못하게 하는 유리벽과 같다.

3.

그렇다면 실재계와의 만남은 무엇이고, 그것이 기호형식에 붙잡혀(또는 내재하여) 반복된다는 것은 무슨 뜻인가? 가령 아들이 불에 타 죽는 꿈을 예로 들어보자. 아버지는 꿈속에서 아들이 <불에 타는 것이 보이지 않느냐?>는 말에 소스라쳐 놀라며 불안과 고통 속에서 잠을 깬다. 이를테면 여기서 <불>은 실재계를 상징한다. 그러나 그 <불>은 다행히도 <아버지, 내가 불에 타는 것이 보이지 않으세요?>라는 말에 걸린다. 그 <말>이 <불>을 붙잡는 바람에, <불>이 <말>에 내재하는 것이다. 결과적으로 아버지는 정신증자가 아니다. 그에게 <아버지의-이름>은 폐기되지 않았다. 만약 그것이 폐기가 되었다면, 꿈속에서는 물론이려니와 깨어나서도 그는 꿈과 현실을 구분하지 못하고, 불의 환각에 계속 시달렸을 것이다.

---

14 라캉, p.577.

이렇게 대상의 가장 잔인한 지점에서 실재계 자체가 말로 발설되어야만 상징계에 의한 억압의 세계에 정상적으로 발을 들여놓을 수 있다. 그렇지만, 불을 붙잡은 말, 다시 말해 우연히 말에 내재하게 된 불은 그 말이 반복됨에 따라 강박적으로 의식에 환기된다. 그것이 반복강박이다.

어쩌면 우울증 환자들의 자살을 막을 수 있는 길도 여기에 있는지 모른다. 말하자면 환자로 하여금 말을 하게 하는 것이다. 앞에서도 말했지만, 정신분석에서는 그 길만이 <acting out>을 <talking cure>로 돌릴 수 있다고 말한다. 그것은 다른 정신질환의 치료에도 똑같이 적용된다. 말은 증상과 고통으로부터 벗어나는 유일한 길이다. 만약 말을 계속 함에도 불구하고 고통이 완화되지 않는다면, 그것은 아직 말하지 않은 것이다. 말에 의해 이해되지 않은 것은 계속해서 되돌아오는 법이다.

다른 예를 들어보자. <이르마의 꿈>은 실재계와 상징계의 관계에 대한 좋은 예를 제공한다. 이르마의 꿈은 프로이트의 환자인 이르마가 꾼 꿈이 아니라, 프로이트의 꿈에 이르마가 나타난 꿈이다. 그 꿈에서 프로이트는 이르마의 <목에 생긴 흰 반점과 코선반들의 딱지>를 보고 무시무시한 공포를 느낀다. 그것은 라캉에 따르면, 실재계가 회귀할 때의 현상이고, 그 때 주체는 불안과 섬뜩함을 느낀다. 그것이 바로 라캉이 실재계와의 만남으로 해석하는 투케의 순간이다. 그런데 그 꿈의 마지막에 <트리메틸아민>이라는 글자가 아주 굵은 글씨로, 마치 강조라도 하려는 듯 선명하게 프로이트의 눈앞에 나타난다. 라캉은 그것을 실재계가 기호형식의 그물망에 걸린 것으로 해석한다. 다른 말로 하면, 그것은 아우토마톤의 순간이다. 그렇게 투케가 아우토마톤에 붙들리면, 반복강박적으로 그 기호형식이 회귀할지는 모르지만(그러한 회귀는 「도둑맞은 편지」에서 보았듯이 기호형식의 운명이다), 일단 주체는 정신병적인 망상이나 환각에는 시달리지 않는다. 상징계가 폐기되지 않았기 때문이다. 투케가 아우토마톤에 걸리는 과정, 달리 말하면, 아우토마톤이 투케의 위험으로부터 주체를 구하는 과정을 살펴보자.

우선 <목의 흰 반점과 코선반들의 딱지>에 대한 연상의 흐름을 따라가 보면, 연상은 첫째, 이르마의 친구의 디프테리아 반점, 둘째, 프로이트 장녀의 디프테리아 반점, 셋째, 프로이트 자신의 코 점막에 생긴 종창, 넷째, 프로이트의 권장으로 코카인[15]을 과다 사용함에 따라 코 점막의 넓은 부위가 마비된 여자 환자, 다섯째, 코카인의 과다 사용으로 죽은 프로이트의 친구로 이어지면서, 프로이트에게 자신의 잘못된 처방 때문에 죽은 친구에 대한 엄청난 죄책감을 불러일으킨다.

그러나 그 죄책감은 <트리메틸아민>에 의해 잠재워지고 있다는 것을, 우리는 그것에 대한 연상을 통해 알 수 있다. 우선 그것은 프로이트에게, 첫째, 트리메틸아민이 친구가 발견한 성적인 신진대사 물질이라는 사실을 떠오르게 한 뒤, 둘째, 성생활이 신경질환의 원인이라는 자신의 이론을 환기시킨다. 그러한 연상은 이르마가 신경증 환자로 미망인이라는 사실로 연결되고, 그것은 다시, 역시 신경증 환자이자 미망인인 이르마의 친구로 이어지면서, 그녀들이 치료가 안 되는 것은 애초에 봉쇄되어 있는 성생활 때문이지 자기 잘못이 아니라는 생각으로 발전한다. 급기야 프로이트는 코선반과 여성의 생식기는 연관성이 있다는 논문을 발표한, 그 방면에 뛰어난 전문가이자 의학자인 자신의 친구를 떠올린다. 여기에 이르면, 친구의 죽음도 코카인의 과다 사용 때문이 아니라, 성생활과 관계가 있을지 모른다는, 따라서 그의 죽음은 자기 책임이 아니라는 죄책감에 대한 합리화가 이루어지는 것을 목격할 수 있다. 그리고 <코선반의 딱지>에 대한 연상과 <트리메틸

15 코카인을 프로이트가 발견했다는 것은 이미 여러 차례 말한 바 있다. 프로이트에게는 「코카인에 대하여(*Sur Cocaine*)」라는 유명한 논문이 있다. 그것으로 프로이트는 마취학 방면에도 혁혁한 공헌을 세운다. 그러나 그것의 효능을 과신한 나머지 프로이트는 그의 환자를 죽이는 오점을 남긴다.

아민>에 대한 연상이 뿌리에서 서로 연결되면서, 전자로부터 시작된 불안이 후자에 의해 진정된다. 전자의 실재계가 후자의 기호형식의 손아귀에 붙잡힌 것이다. 그리하여 프로이트는 꿈에서 깨어나 지나치게 불안해하지 않게 된다.

4.

그렇다면 평소에 비교적 정상적인 사람들은 어떻게 정신증적인 망상이나 환각에 시달리지도 않고, 반복강박에 고통스러워하지도 않는 것인가? 다시 말해 그들에게 있어서, 상징계는 실재계를 어떻게 <막고> 있는 것인가? 필자는 한 논문[16]에서, 환상의 충전(充塡)작용(obturation)에 대해 언급한 바 있다. 한 마디로, 상징계의 <아버지의-이름>에 구멍이 생기면, 그것을 메우기(즉 재건하기) 위하여 실재계가 망상이 되어 돌아오고(이것이 <망상적 은유>이다), 그것이 제 기능을 다하면, 그것은 억압되어 억압물로 회귀하면서 무의식의 형성물을 만들어낸다. 그것이 바로 <아버지의 은유>의 결과물(또는 타협물)인 환상이다. 우리는 이것을 다른 차원에서 말할 수 있다. 환상이 생기면 상징계가 정상적인 것이고, 따라서 환상은 상징계에 구멍이 뚫리지 않도록 그것을 막고[충전(充塡)하고] 있는 것이라고 말이다.

그러나 기호형식에는 실재계의 침범을 막는 장치가 있다. 그 장치야말로 환상의 충전보다 훨씬 더 근본적인 것이다. 우리는 그것을 동종요법(homeopathy)에 비유할 수 있다. 동종요법은 예방주사와 같은 것이다. 그러나

16 졸고, 「환상과 망상」, in 『인문학 연구』 제38집, 계명대학교 인문과학 연구소, 2005, 39-55쪽 참조.

어떤 질병에 대한 면역을 인공적으로 만들기 위해 극소량의 면역원을 인체에 접종하는 예방주사와는 달리, 동종요법은 어떤 증상이 나타났을 때, 그것과 똑같은 증상을 일으키는 약을 투여하는 치료법이다. 가령 화상 환자에게 뜨거운 찜질을 하는 경우가 그것이다. 그렇다면 실재계의 치료[17]를 위해 기호형식에 동종요법에 해당하는 것이 무엇이 있을까? 조지훈의 시에 <병에게>라는 시가 있다. 그 시는 병을 친구로 부르고, 따라서 병이 찾아오는 것을 오래된 친구가 자신을 보러 오는 것에 비유하고 있다.(말하자면 <유붕자원방래…>인 셈이다. 그러니 친구가 반갑지 않을 수 없다.) 실재계도 마찬가지이다. 실재계가 회귀할 때, 우리는 죽음의 공포를 느낀다. 그렇다면 실재계의 회귀에 대한 동종요법은 죽음의 약을 그것에 투여하면 되지 않겠는가? 그렇다. 기호형식은 헤겔의 명제에 따라 이미 사물의 죽음을 전제하고 있다. 다시 말해 어떤 사물이 기호형식에 의해 지칭되는 순간(이것은 사물이 기호형식으로 대체되는 은유의 순간이다), 그 기호형식은 사물을 살해하고, 그것의 부재와 상실을 자신 속에 내포하게 된다. 사실 우리가 상징계에 진입하여 상징을 사용하는 순간, 이미 죽음의 예방주사를 맞은 셈이다. 실재계의 죽음에 대해 상징계에 의한 사물의 살해로 맞서고 있는 셈이다.[18] 이것을 어디에 비유해야 조금 더 쉽게 이해할 수 있을지 모르겠다. 필자는 언젠가 어떤 건물에 <냉방 중>이라고 써있으면서 문이 열려 있는 것에 의아해 한 적이

---

17 엄격히 말해 실재계는 치료되는 것이 아니다. 그것은 치료와 관계없이 항상 이미 거기에 있는 것이다. 단지 상징계가 그것을 <막고> 있을 뿐이다. 그럼에도 불구하고 <치료>라는 말을 사용한 것은 동종요법에 대구(對句)를 맞추기 위해서이다.

18 어떻게 보면, 세 가지 죽음이 있는 셈이다. 하나는 현실에서 실제로 일어나는 생물학적인 죽음이고, 다른 하나는 상징계에 의해 살해됨으로써 실재계로 영원히 상실된 죽음이고, 마지막 하나는 기호형식이 포함하고 있는 죽음이다. 그런데 그 세 죽음 사이에는 모종의 관계가 있는 것 같다. 왜냐하면 대구 지하철 참사나 삼풍백화점 붕괴와 같은 사회적 사건(죽음)이 트라우마로 작용하여, 상징계의 보호막을 뚫고 실재계의 죽음이 도래하게 만들기 때문이다. 이 문제에 대해서는 좀 더 많은 연구가 필요하다고 생각된다.

있다. 그래서 그리고 들어가 보았다. 그런데 열린 문으로 한 발 들여놓으려는 순간, 위에서 강력한 바람이 아래로 계속해서 내려오고 있었다. 그렇다. 밖에서 들어오는 뜨거운 바람을 위에서 내려오는 바람이 차단하고 있었던 것이다. 밖으로부터 오는 죽음의 실재계와 안에 죽음이 내재된 상징계의 관계도 그와 같지 않을까? 바람이 바람을 막듯이, 죽음이 죽음을 막는 격이다.

그런데 만약 이 때 암수막새가 서로 물리듯이 실재계가 어떤 기호형식에 접합되면 반복강박이 시작된다. 반복강박은 한 마디로 주체의 운명이 기록된 기호형식이 반복적으로 회귀하는 것을 말한다. 가장 대표적인 것으로, 『쾌락원칙을 넘어서』는 악몽을 들고 있다. 가령 전쟁 신경증 환자들은 전쟁이라는 고통스러운 기억을 꿈에서 반복하고 있다. 프로이트는 그것을 죽음의 욕동의 소산으로 설명한다. 그러나 그것만 가지고는 그것의 반복성과 우연성을 설명해내지 못한다. 그리고 정상적인 사람에게도 죽음의 욕동이 있다는데, 왜 그들에게는 전쟁 신경증 환자와 같은 악몽이 일어나지 않는지를 설명하지 못한다. 라캉은 그것을 실재계와 기호형식의 관계로 풀어간다. 실재계가 우연히(우연한 사건에 의해) 어떤 기호형식에 걸리면, 그 기호형식은 기호형식의 특성에 따라 자기 자신과의 차이를 생산해내면서 반복되며, 나아가 다른 기호형식과의 차이를 위해 다른 기호형식으로 이동하고 결합한다. 그것은 반복과 차이라는 기호형식의 속성으로부터 나오는 어쩔 수 없는 현상이다. 그러나 반복강박에 시달리는 사람은 신경증 환자일지언정 정신증자는 아니다. 왜냐하면 그에게는 상징계의 기능이 폐기되지 않았기 때문이다. 그것이 폐기된 사람은 아예 기호형식이 파괴되고 해체된다. 그렇지만 아무튼 어떤 방식이든 실재계와의 만남은 아주 기분 나쁜 만남이다.

라캉이 <정신분석은 관념론이 아니다>라고 말하는 까닭이 거기에 있다. 왜냐하면 정신분석은 궁극적으로 실재계를 다루는 학문인데, 실재계는 현실보다 더 현실 같고, 트라우마보다 훨씬 더 강력한 트라우마 같기 때문이다. 그것은 현실 너머의 현실이고, 피할 수 있는 외적인 현실과는 다르게 피할 수조차 없는 내적인 현실이다. 따라서 그것은 일반적인 의미에서 꿈과 같은 신기루가 아니라, 실제로 경험되는 꿈이다. 그러한 의미에서 정신분석은 리얼리즘이다. 라캉은 말한다.

> 정신분석은 관념론이 아니다. […] 나는 정신분석이 우선 우리를 관념론으로 인도하도록 잘 만들어져 있다는 소리를 들었다. […] 반대로 정신분석은 우리로 하여금 조금도 <인생은 꿈이다>와 같은 금언으로 귀착되도록 허락하지 않는다. 경험의 중심에서 실재계의 핵이라는 것을 향해 가는 데, 분석보다 더 실천적인 것은 없다.[19]

라캉은 초창기에는 상징계에 중심으로 두고 자신의 이론을 전개하기 때문에, 상징계(S), 실재계(R). 상상계(I)의 관계를 <SRI>로 표시한다. 그러다가 그는 후기에 이르러 <RSI>로 순서를 조정하는데, 그것은 실재계에 더 중점을 두겠다는 의지의 표현이며, 동시에 정신분석은 상징계의 학문을 넘어서서 실재계의 학문이라는 사실의 천명이다. 그러한 상징계에서 실재계로의 이동은, 프로이트가 제1지형학에서 무의식을 중심으로 자신의 이론을 전개하다가, 제2지형학에서 무게의 중심을 <그거>로 바꾸는 것과 맥을 같이 한다. 그러나 프로이트가 <그거>에 <그거>라는 명칭을 부여할 수밖에 없었던 것처럼, 라캉도 실재계를 말로 표현하기 <불가능>한 것(왜냐하면 상징계의 개입으로 인해 현실에서 영원히 추방된 것이기 때문에), 또는 <계속해서 써질 수 없는 것>(왜냐하면 말로 써지기 불가능하지만 계속해서 말로 써지려

19 라캉, 『세미나 XI: 정신분석의 네 가지 기본 개념』, p.53.

고 하기 때문에)으로 정의한다. 따라서 라캉의 말대로, 정신분석이 실재계의 학문이라면, 그것은 현실에 대한 실증 과학인 정밀과학과는 다르게, 그 대상이 불확실할 뿐 아니라, 그 대상 자체에 도달할 수 없다. 그렇기 때문에 그는 정신분석을 진실의 학문이라고 정의한다. 정밀과학이 사실을 지향한다면, 정신분석은 진실을 지향하는 것이다.[20] 그와 같은 문맥에서 프로이트는 「끝이 있는 분석과 끝이 없는 분석」에서 정신분석 치료를 진실에 대한 사랑으로 기술하고 있다. 프로이트와 라캉을 연결하면, 결과적으로 정신분석 치료에서 <사랑은 실재계를 인정하는 길>이 되는 셈이다. 그것은 마치 연어가 모천으로 회귀하여 산란한 뒤, 궁극적으로 죽음을 맞이하는 것을 연상시킨다. 그렇다면 정신분석은 결국 죽음을 인정하는 지난한 과정인가? 라캉은 「도둑맞은 편지」에 대한 세미나에서 그와 비슷한 뉘앙스를 풍기는 말을 하고 있다.

> 이제 그[뒤팽]에게는 정확히, 하나의 기호형식[도둑맞은 편지]이 더 이상 의미작용을 갖지 못할 때 그것에서 남은 것이 무엇인지에 대한 답을 찾는

---

20 정신분석의 역사는 진실과 심리적 현실(또는 실재계)을 찾아가는 역사라고 할 수 있다. 그것은 프로이트에서 라캉에 이르는 길과도 일치한다. 우선 프로이트는 히스테리 증상의 원인으로 트라우마(사실적 현실)에 주목한다. 그러나 그는 곧바로 그것이 환상, 즉 허구적 현실이라는 사실을 발견한다. 그렇지만 그의 탐구는 거기서 그치지 않고 계속 파고들어가, 환상 속에 일말의 진실(즉 역사적 진실)이 있음을 밝혀낸다. 그는 그것을 심리적 현실과 연결시킨다. 이제 라캉은 자신 편에서 그것에 실재계라는 이름을 부여하고, 그러한 심역이 생기는 이유와 진실이 허구와 불가분의 관계에 있을 수밖에 없는 이유를 상징계와 실재계의 관계를 통해 설명해낸다. 그에 따르면 실재계는 상징계의 개입으로 인해 영원히 추방된 심리적 현실로, 말로 표현하기 불가능한 것이다.

프로이트의 탐구 →
트라우마 → 환상 → 진실 → 심리적 현실
‖
상징계 ⟷ 실재계 : 라캉의 탐구

> 일만 남아 있다. 그 질문은 뒤팽이 맹목의 낙인이 찍혀 있는 장소에서 찾고 있는 것[편지]이 그에게 물었던 질문이다.
>
> 사실 우리에게 전해진 대로, 그리고 그의 행위가 충분히 보여주고 있는 것처럼, 장관이 도박사라면, 그를 도박으로 끌고 간 것도 바로 그 질문이다. 왜냐하면 도박사의 열정은, 우연이라는 automaton이 나타내고 있는, 기호형식에 제기된 질문에 다름 아니기 때문이다.
>
> <내가 너와의 tukhe(만남)에 내 재산을 걸고 굴리는 주사위의 모습인 너는 무엇이냐? 그것은 죽음의 현전(現前) 외에 아무 것도 아니다. 그 죽음의 현전은 인간의 삶을, 아침마다 의미작용 — 너의 기호는 이 의미작용의 지팡이이다 — 의 이름으로 받아내는 집행유예로 만든다. 천 하룻밤(千一夜) 동안 세헤라자데도 그러했다. 그리고 나도 18개월 전부터, 홀짝 게임에서 현기증 나는 일련의 주사위(속임수 표시가 된 주사위) 던지기의 대가로, 그 기호의 영향력을 경험하면서, 그렇게 하고 있다.>[21]

라캉에 따르면, 결국 우리는 기호형식의 그물망(아우토마톤)을 통해 실재계를 만나기(투케) 위해 놀이를 하고 있는데, 그 놀이는 의미작용이라는 속임수로 우리를 죽음으로부터 집행 유예시키고 있는 것이다. <C'est la vie!(그게 삶이다.)> 그러한 놀이로부터 자유로울 수 있는 사람은 아무도 없다. 뒤팽도, 장관도, 세헤라자데도 그것으로부터 벗어나지 못한다. 아니, 그들은 오히려 그것을 즐긴다. 삶의 향락은 죽음의 놀이에 있기 때문이다.

2010년 12월 1일 / 8일

21 라캉, p.39.

전이와 반복

2016년 6월 25일 초판 인쇄
2016년 6월 30일 초판 발행

지은이 | 임진수
발행인 | 유제구
발행처 | 파워북
홈페이지 | www.powerbook.kr
주 소 | 경기도 고양시 일산동구 호수로 358-25 동문굿모닝타워 2차 529호
전 화 | (02) 730-1412
팩 스 | (031) 908-1410
등 록 | 1997. 1. 1 제 300-1997-13

정 가 | 20,000원
ISBN | 978-89-8160-279-6 (93100)